Hautes-Alpes

Alpes-de-Haute-Provence
• Digne-les-Bains

Riviera und Alpes Maritimes

• Monaco
• Nice (Nizza)
• Cannes

Var und Îles d'Hyères

• St-Raphaël
• St-Tropez
• Toulon

Îles d'Hyères

Mittelmeer

Riviera und Alpes Maritimes
Seiten 64–103

Var und Îles d'Hyères
Seiten 104–129

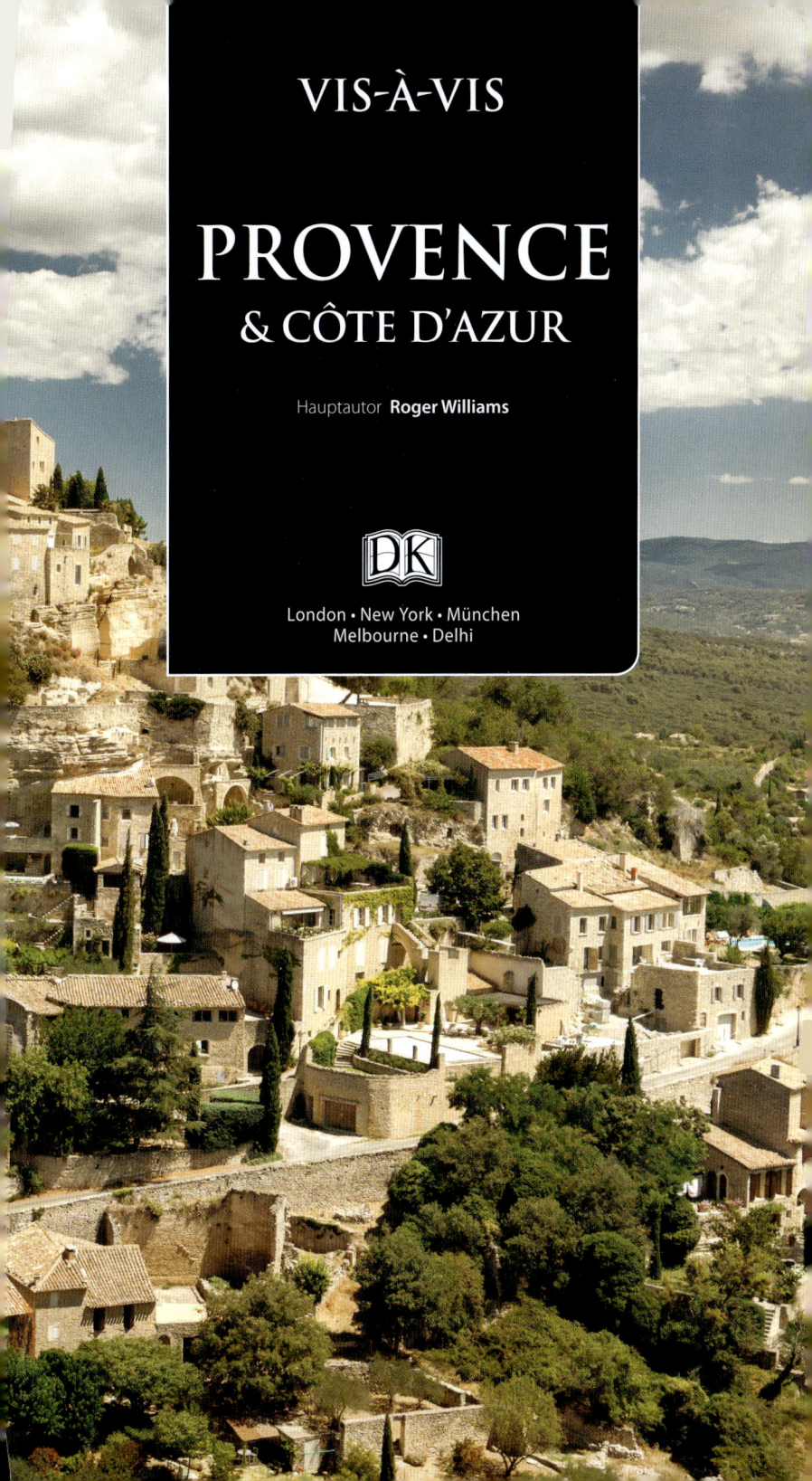

VIS-À-VIS

PROVENCE
& CÔTE D'AZUR

Hauptautor **Roger Williams**

DK

London • New York • München
Melbourne • Delhi

www.dorlingkindersley.de

Texte
Roger Williams, John Flower, Jim Keeble, Martin Walters

Fotografien
Max Alexander, John Heseltine,
Kim Sayer, Alan Williams

Illustrationen
Stephen Conlin, Stephen Gyapay,
Maltings Partnership

Kartografie
Jennifer Skelley, Samantha James (Lovell Johns Ltd., Oxford)

Redaktion und Gestaltung
Dorling Kindersley Ltd., London: Jane Simmonds, Jane Ewart, Fay Franklin,
Tom Fraser, Elaine Harries, Fiona Morgan, Claire Edwards, Pippa Hurst,
Malcolm Parchment, Georgina Matthews, Gaye Allan, Salim Qurashi,
Douglas Amrine

© 1995, 2015 Dorling Kindersley Ltd., London
Titel der englischen Originalausgabe:
Eyewitness Travel Guide Provence & The Côte d'Azur
Zuerst erschienen 1995 in Großbritannien
bei Dorling Kindersley Ltd., London
A Penguin Random House Company

Für die deutsche Ausgabe:
© 1995, 2015 Dorling Kindersley Verlag GmbH, München
Ein Unternehmen der Penguin Random House Group

Aktualisierte Neuauflage 2015 / 2016

Alle Rechte vorbehalten. Reproduktionen, Speicherung in
Datenverarbeitungsanlagen, Wiedergabe auf elektronischen, fotomechanischen
oder ähnlichen Wegen, Funk und Vortrag – auch auszugsweise –
nur mit schriftlicher Genehmigung des Copyright-Inhabers.

Programmleitung Dr. Jörg Theilacker, DK Verlag
Projektleitung Stefanie Franz, DK Verlag
Projektassistenz Antonia Knittel, DK Verlag
Übersetzung Verlagsbüro Simon & Magiera und Gaby Krause
Redaktion Dr. Elfi Ledig, München; Robert Kutschera, München
Schlussredaktion Philip Anton, Köln
Umschlaggestaltung Ute Berretz, München
Satz und Produktion DK Verlag
Druck Leo Paper Products Ltd., China

ISBN 978-3-7342-0018-2
14 15 16 17   18 17 16 15

Dieser Reiseführer wird regelmäßig aktualisiert. Angaben wie
Telefonnummern, Öffnungszeiten, Adressen, Preise und Fahrpläne können
sich jedoch ändern. Der Verlag kann für fehlerhafte oder veraltete Angaben
nicht haftbar gemacht werden. Für Hinweise, Verbesserungsvorschläge und
Korrekturen ist der Verlag dankbar. Bitte richten Sie Ihr Schreiben an:

Dorling Kindersley Verlag GmbH
Redaktion Reiseführer
Arnulfstraße 124 • 80636 München
travel@dk-germany.de

◀ Gordes auf einem Felsvorsprung im Département Vaucluse (siehe S. 173)
◀ ◀ Umschlag: Lavendelfeld bei Simiane-la-Rotonde, Alpes-de-Haute-Provence

Inhalt

Benutzerhinweise **6**

Mohnfeld bei Sisteron (siehe S. 182)

Die Provence stellt sich vor

Die Provence entdecken **10**

Die Provence auf der Karte **16**

Plage de Pampelonne südlich von St-Tropez (siehe S. 122–126)

Fischer im Hafen von Marseille

Ein Porträt
der Provence **18**

Das Jahr
in der Provence
36

Die Geschichte
der Provence **40**

Die Regionen
der Provence

Die Provence
im Überblick **62**

Die Burg Tarascon an der Rhône
(siehe S. 144)

Riviera und
Alpes Maritimes **64**

Var und Îles d'Hyères **104**

Bouches-du-Rhône
und Nîmes **130**

Vaucluse **158**

Alpes-de-
Haute-Provence **178**

Ziegenkäse in Kastanienblättern

Zu Gast
in der Provence

Hotels **194**

Restaurants **202**

Parfum aus der Provence

Shopping **220**

Unterhaltung **224**

Themenferien
und Aktivurlaub **230**

Grund-
informationen

Praktische Hinweise **236**

Reise-
informationen **244**

Textregister **254**

Sprachführer **270**

Provenzalische Landschaft
zwischen Grasse und Castellane

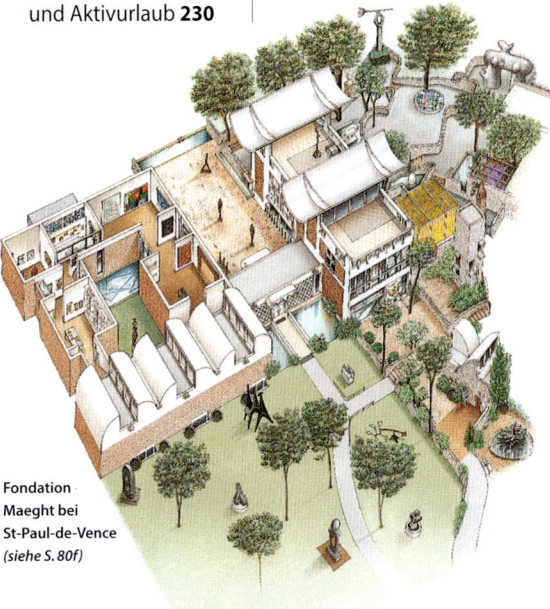

Fondation
Maeght bei
St-Paul-de-Vence
(siehe S. 80f)

Benutzerhinweise

Dieser Reiseführer soll Ihren Besuch in der Provence mit hilfreichen Informationen und Tipps zu einem unvergesslichen Erlebnis machen. Der Abschnitt *Die Provence stellt sich vor* beschreibt Land und Leute und stellt historische Zusammenhänge dar. Im Kapitel *Die Regionen der Provence* werden Sehenswürdigkeiten in Text und Bild erläutert. Empfehlenswerte Restaurants, Hotels, Läden oder Unterhaltungsmöglichkeiten finden Sie im Kapitel *Zu Gast in der Provence*. Nützliche Hinweise in den *Grundinformationen* helfen sowohl bei der Reiseplanung als auch beim Zurechtfinden vor Ort.

Die Regionen der Provence

Die Provence wurde in diesem Reiseführer in fünf Regionen unterteilt, denen jeweils ein Kapitel gewidmet ist. Die interessantesten Sehenswürdigkeiten sind mit Nummern versehen, die mit denen auf der *Stadtteil-* und *Detailkarte* sowie in den folgenden Erläuterungen identisch sind.

Jedes Gebiet der Provence kann anhand der Farbcodierung leicht gefunden werden.

1 Einführung
Hier werden Landschaft, Geschichte und Charakter jeder Region beschrieben. Die Einführung zeigt, wie sich das Gebiet über die Jahrhunderte entwickelt hat und wie es sich heute präsentiert.

Eine Orientierungskarte gibt die Lage der behandelten Region innerhalb der Provence an.

2 Regionalkarte
Diese Karte zeigt das Straßennetz und eine Übersicht der ganzen Region. Alle Sehenswürdigkeiten sind nummeriert. Die Karte gibt hilfreiche Tipps für die Erkundung des Gebiets mit Auto, Bus oder Bahn.

Kästen bieten Wissenswertes zu den Sehenswürdigkeiten.

3 Detaillierte Informationen
Alle wichtigen Städte und Schauplätze werden einzeln in der Reihenfolge ihrer Nummerierung auf der *Regionalkarte* beschrieben. Zu jedem Ort gibt es detaillierte Informationen über wichtige Sehenswürdigkeiten.

BENUTZERHINWEISE | 7

4 Wichtige Städte
Eine Einführung umreißt Geschichte, Charakter und Geografie der Stadt. Die beschriebenen Hauptsehenswürdigkeiten finden Sie auch auf der Zentrumskarte.

Die Straßenkarte finden Sie auf den beiden hinteren Umschlaginnenseiten.

Die Infobox gibt Auskunft über günstige Verkehrsverbindungen, Informationsstellen, Markttage und örtliche Feste.

Die Zentrumskarte zeigt Haupt- und Nebenstraßen, die für Besucher der Stadt interessant sind. Sehenswürdigkeiten sind darauf ebenso verzeichnet wie Bahnhöfe, Parkplätze, Tourist-Info und Kirchen.

5 Detailkarte
Interessante Viertel sind aus der Vogelperspektive dargestellt. Fotos veranschaulichen wichtige Sehenswürdigkeiten.

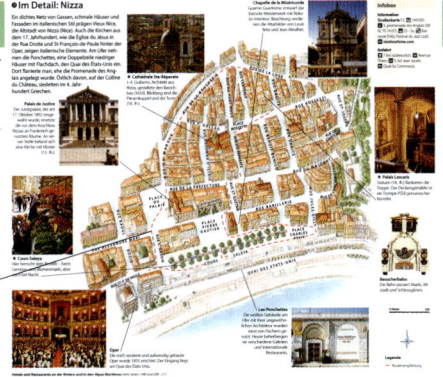

Die Routenempfehlung führt Sie beim Spaziergang durch die interessantesten Straßen eines Stadtteils.

Die Infobox liefert praktische Informationen, die für Ihren Besuch hilfreich sind.

Sterne kennzeichnen Herausragendes oder Kunstwerke, die Sie keinesfalls versäumen sollten.

6 Hauptsehenswürdigkeiten
Den Highlights der Provence werden zwei oder mehr Seiten gewidmet. Historische Gebäude werden im Aufriss gezeigt. Für Museen gibt es einen Grundrissplan mit Farbcodierung.

Der »Außerdem«-Kasten bringt zusätzliche Detailinformationen oder nette Kleinigkeiten.

Der Kurzführer erklärt den Aufbau eines Museums und gibt Auskunft über die Sammlungen.

DIE PROVENCE STELLT SICH VOR

Die Provence entdecken	10–15
Die Provence auf der Karte	16–17
Ein Porträt der Provence	18–35
Das Jahr in der Provence	36–39
Die Geschichte der Provence	40–59

Die Provence entdecken

Die folgenden Touren sind so konzipiert, dass Sie möglichst viele Highlights sehen, ohne allzu lange Wege zurücklegen zu müssen. Zunächst stellen wir Ihnen Nizza und Avignon in zweitägigen Touren vor. Man kann beide Städte auch eine Woche lang besichtigen. Es folgen drei Sieben-Tage-Touren. Die erste führt zur Côte d'Azur mit ihren Stränden, dem schönen Umland und den exquisiten Museen, die zweite zu Orten entlang der Rhône von Orange bis zur Camargue mit einigen der besterhaltenen römischen und mittelalterlichen Monumente. Die dritte Tour spricht Autofahrer an und führt zu typischen Landschaften und Orten der Provence. Zu allen Touren finden Sie Extratipps, mit denen Sie die Tour auf zehn Tage verlängern können. Suchen Sie die Ihnen genehme Tour aus, oder folgen Sie Ihrem eigenen Weg. Doch bevor Sie aufbrechen, sollten Sie sich die Veranstaltungen *(siehe S. 36 – 39)* ansehen – vielleicht passen Zeit und Reiseziel für eines der vielen Feste.

Nizza (Nice)
Sonnenschirme und Strandliegen – Besucher des Strandclubs an der Promenade des Anglais werden verwöhnt.

Eine Woche an der Côte d'Azur

- Morgendlicher Marktbummel in **Nizza** und anschließend Kunst im Musée Matisse.
- Spektakulär: Villa Ephrussi de Rothschild am **Cap Ferrat** und Sonnenuntergang an der Riviera bei **Èze**.
- Jacques Cousteaus Musée Océanographique in **Monaco** und Römerdenkmal Trophée des Alpes in **La Turbie**.
- Zeitgenössische Kunst in **St-Paul-de-Vence** und Renoirs Atelier im Musée Renoir in **Cagnes-sur-Mer**.
- Picassos Werke in **Antibes** und Strandvergnügen im angesagten **Juan-les-Pins**.
- Kontraste: Glamour und Trubel von **Cannes** und die meditative Stille der **Îles de Lérins**.

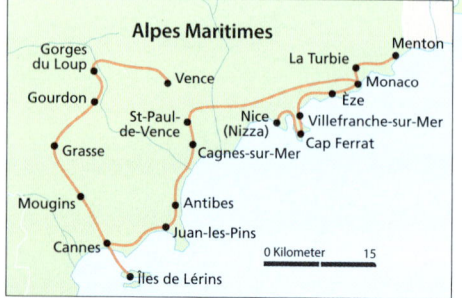

◀ Historische Aufnahme der Promenade des Anglais in Nizza *(siehe S. 84 – 89)*

DIE PROVENCE ENTDECKEN | 11

Vaison-la-Romaine
Das Städtchen mit den roten Ziegeldächern an der Ouvèze bietet faszinierende römische Relikte, darunter ein Theater, das im Sommer immer noch bespielt wird. In der Oberstadt gibt es einige hübsche Straßencafés, in denen man nach dem Sightseeing entspannen kann.

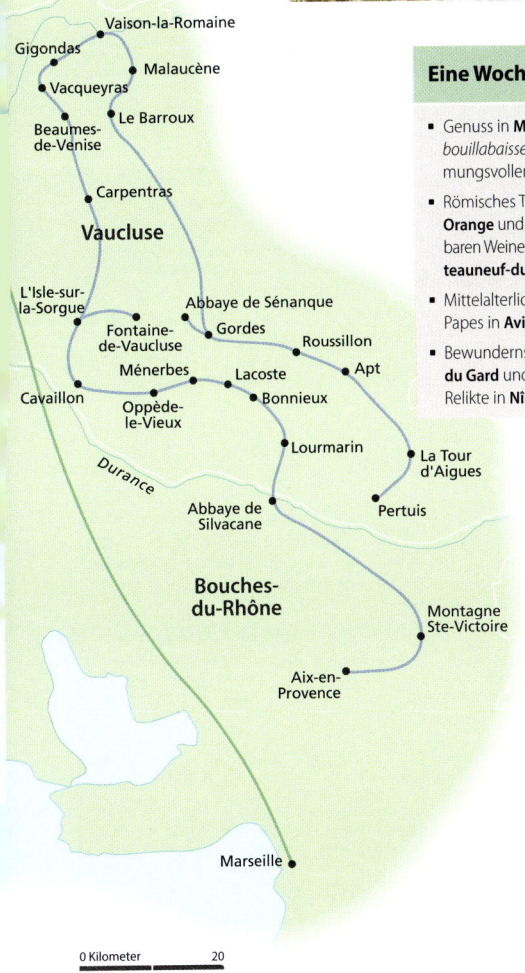

Eine Woche entlang der Rhône

- Genuss in **Marseille** –, *bouillabaisse* im stimmungsvollen Vieux Port.
- Römisches Theater in **Orange** und die wunderbaren Weine von **Châteauneuf-du-Pape**.
- Mittelalterlich: Palais des Papes in **Avignon**.
- Bewundernswert: **Pont du Gard** und römische Relikte in **Nîmes**.
- Die Orte in **St-Rémy**, die van Gogh gemalt hat, und der Ausblick von der Zitadelle in **Les Baux-de-Provence**.
- **Aigues-Mortes**, die ummauerte Stadt am Rand der **Camargue**.
- Römische und mittelalterliche Meisterwerke: **Arles** gilt als französisches Rom.

Eine Woche im Herzen der Provence

- **Aix**, die frühere Provinzhauptstadt und Geburtsort von Paul Cézanne, bietet viel Kultur.
- Hübsche Dörfer und Naturschönheit: der **Petit Luberon**.
- Antiquitäten in **L'Isle-sur-la-Sorgue** und die Quelle der Sorgue in **Fontaine-de-Vaucluse**.
- Weinberge am Fuß der **Dentelles de Montmirail** und römische Ruinen im schicken **Vaison-la-Romaine**.
- Faszinierend: das *village perché* **Gordes**. Betörend: der Lavendelduft in der **Abbaye de Sénanque** (12. Jh.). Farbenspiel: die Ockersteinbrüche von **Roussillon**.
- Kandierte Früchte in **Apt** und das Renaissance-Château in **La Tour d'Aigues**.

Legende
— Eine Woche entlang der Rhône
— Eine Woche im Herzen der Provence
— Eine Woche an der Côte d'Azur

Zwei Tage in Nizza

Die Hafenstadt bietet viele Museen und eine wunderbare Promenade.

- **Anreise** Der Flughafen liegt 7 Kilometer außerhalb. Busse fahren ins Zentrum.
- **Weiterreise** Die Fahrt von Nizza nach Avignon im TGV dauert keine 3 Stunden.

Zu den Sehenswürdigkeiten in Nizza siehe S. 84–89.

Erster Tag
Vormittags Bummeln Sie durch Nizzas quasi italienische Altstadt. Ein Muss sind die **Cathédrale Ste-Réparate** mit ihrer Fliesenkuppel und die Kunstwerke der **Chapelle de la Miséricorde**. Mediterran ist der Markt am **Cours Saleya**, danach gehen Sie zu den Gärten der **Colline du Château** hinauf – und blicken über die Baie des Anges.

Nachmittags Im eleganten Viertel Cimiez präsentiert das **Musée Matisse** das Werk des einstigen Stadtbewohners. Halten Sie am Kloster **Notre-Dame**, wo der Künstler begraben liegt. Besuchen Sie nun das **Musée Chagall** mit seinen farbenfrohen Werken.

Zweiter Tag
Vormittags Lernen Sie Nizzas alte und neue Seele kennen: Beginnen Sie im 17. Jahrhundert (als die Stadt zu Italien gehörte) – nämlich im barocken **Palais Lascaris** mit seiner Sammlung alter Musikinstrumente. Dann überspringen Sie vier Jahrhunderte und landen im **Musée d'Art Moderne et d'Art Contemporain** mitten in einem Skulpturengarten.

Nachmittags Promenieren Sie an der berühmten **Promenade des Anglais**. Hier können Sie essen oder auch schwimmen gehen. Auch Nizzas Geschichtsmuseum, das **Musée Massena** beim berühmten **Hotel Négresco**, lohnt einen

Sonnenliegen entlang der Promenade in Nizza

Besuch. Abends gönnen Sie sich ein Essen oder einen Drink im **Cours Saleya**.

> **Tipp zur Verlängerung**
> Die Panoramafahrt im **Train des Pignes** *(S. 185)* führt Sie nach **Entrevaux** *(S. 191)*.

Zwei Tage in Avignon

Die Rhône-Stadt gilt als Tor zur Provence und beherbergt das Palais des Papes sowie exquisite Museen.

- **Anreise** Der nächstgelegene internationale Flughafen ist in Marseille (88 km). Vom Airport fährt ein TGV in nur 54 Minuten nach Avignon.

Zu den Sehenswürdigkeiten in Avignon siehe S. 170–172.

Erster Tag
Vormittags Tauchen Sie in Avignons Glanzzeit ein: Besuchen Sie das **Palais des Papes**, den weltweit größten mittelalterlichen Palast. Die nahe **Cathédrale Notre-Dame-des-Doms** beherbergt Gräber zweier Päpste. Hübsch ist der Garten auf dem Felsvorsprung **Rocher des Doms**.

Nachmittags Das **Musée du Petit Palais** präsentiert die gotische Sakralkunst der Päpste. Machen Sie einen Spaziergang über Avignons hübscheste Brücke, den **Pont St-Bénézet**. Viel Mittelalter atmen die Rue du Roi-René und die Rue des Teinturiers.

Zweiter Tag
Vormittags Die Stadt besitzt zwei exzellente Kunstmuseen: **Musée Calvet** und **Musée Angladon**. Nach der Kunst entspannen Sie in einem Café an der **Place de l'Horloge**.

Nachmittags Nehmen Sie den Bus nach **Villeneuve-lès-Avignon** *(S. 134)*. Erklimmen Sie einen der Türme (**Fort St-André** oder **Tour de Philippe le Bel**), um die Aussicht zu genießen. Bewundern Sie das Meisterstück der Schule von Avignon: Enguerrand Quartons *Die Krönung der Jungfrau* im **Musée Pierre de Luxembourg**. Dann gehen Sie zum Kloster, für das es gemalt wurde: **Chartreuse du Val-de-la-Bénédiction**.

> **Tipp zur Verlängerung**
> Fahren Sie nach **Nîmes** *(S. 136f)* mit dem majestätischen **Pont du Gard** *(S. 135)*.

Essen im Freien in der Rue des Teinturiers an der Sorgue, Avignon

STÄDTE- UND WOCHENTOUREN | 13

Der Jardin Botanique Exotique der Villa Val Rahmeh (19. Jh.), Menton

Eine Woche an der Côte d'Azur

- **Dauer** 7 Tage – mit Tipps zur Verlängerung auf 10 Tage.
- **Flughafen** Ankunft und Abflug am Aéroport Nice Côte d'Azur.
- **Weiterreise** Busse der Lignes d'Azur führen zu jedem Ort. Züge verbinden die Küstenstädte. Für das Hinterland kann man sich in Cannes ein Auto mieten.

Erster Tag: Nizza
Wählen Sie einen Tag aus der Stadttour auf Seite 12 aus.

Zweiter Tag: Cap Ferrat, Villefranche-sur-Mer, Èze
Besichtigen Sie die Villa Ephrussi de Rothschild am **Cap Ferrat** (S. 89–91), dann folgen Sie dem Weg, der östlich am Hafen von St-Jean-Cap-Ferrat beginnt. Entspannen Sie am Strand von **Villefranche-sur-Mer** (S. 92). Bummeln Sie in den mittelalterlichen Gassen, setzen Sie sich in eines der Hafencafés. Dann brechen Sie nach **Èze** (S. 92) auf. Der spektakuläre Blick auf die Riviera ist bei Sonnenuntergang am schönsten.

Dritter Tag: Monaco, La Turbie und Menton
Bewundern Sie die Meerestiere im Musée Océanographique in **Monaco** (S. 94–98). Besuchen Sie das Palais Princier, das Refugium der Grimaldis. Dann fahren Sie die Steilkurven zu **La Turbie** (S. 93) hinauf. Der Ort ist berühmt für die Trophée des Alpes zu Ehren von Kaiser Augustus. In **Menton** (S. 102f) warten der Jardin Exotique und das Musée Jean Cocteau auf Sie. Abends kehren Sie nach Monaco zurück – für einen Drink in **Monte Carlos** (S. 96f) glamourösem Café de Paris. Wer will, besucht auch Europas berühmtestes Casino.

Vierter Tag: St-Paul-de-Vence und Cagnes-sur-Mer
Das charmante **St-Paul-de-Vence** (S. 79) bietet zeitgenössische Kunst in der **Fondation Maeght** (S. 80f), in den vielen Galerien und der Auberge La Colombe d'Or. Nächtes Ziel ist **Cagnes-sur-Mer** (S. 82) mit dem Château Musée Grimaldi und dem Musée Renoir, der letzten Wohnung des Impressionisten.

Fünfter Tag: Antibes und Juan-les-Pins
Beim Bummel durch die Altstadt von **Antibes** (S. 76) sieht man die Yachten der Milliardäre im Hafen. Das Musée Picasso liegt in einem Schloss am Meer. Cap d'Antibes ist eine Zusammenballung an Reichtum. Danach faulenzen Sie in **Juan-les-Pins** (S. 76) am Strand.

Sechster Tag: Cannes und Îles de Lérins
Entdecken Sie die beiden Seiten von **Cannes** (S. 72f): die lärmende Croisette mit den berühmten Hotels und dem Palais des Festivals – und die Altstadt mit dem Marché Forville. Hier kann man sich wunderbar für ein Picknick eindecken. Dieses braucht man für den Trip zu einer der Inseln der **Îles de Lérins** (S. 74f): Wählen Sie zwischen der ruhigen Insel St-Honorat und der größeren Ste-Marguerite, wo der Mann mit der eisernen Maske gefangen gehalten wurde.

> **Tipp zur Verlängerung**
> Besuchen Sie die römischen Ruinen von **Fréjus** (S. 129; 36 km westlich von Cannes) und das schicke **St-Tropez** (S. 122–126). Am nächsten Tag setzen Sie von **Hyères** (S. 119; 51 km von Cannes) aus zur autofreien Insel **Porquerolles** (S. 118) über.

Römische Statuen im Musée d'Art Classique de Mougins

Siebter Tag: Mougins, Grasse, Gorges du Loup, Gourdon und Vence
Start ist in **Mougins** (S. 70), das für seine guten Restaurants bekannt ist. Im Musée de la Photographie gibt es Werke von Picasso. Ebenfalls faszinierend: das **Musée d'Art Classique** (S. 70). Parfumherstellung wird in **Grasse** (S. 70) im Musée International de la Parfumerie erläutert. Befahren Sie dann die **Gorges du Loup** (S. 69), halten Sie im schönen Bergdorf **Gourdon** (S. 69) und im hübschen **Vence** (S. 78f), bevor Sie nach Nizza zurückkehren.

> **Tipp zur Verlängerung**
> 64 km nördlich von Grasse liegt **Castellane** (S. 190). In der Nähe befinden sich die atemberaubenden **Gorges du Verdon** (S. 188f).

Eine Woche entlang der Rhône

- **Dauer** 7 Tage – mit Tipps zur Verlängerung auf 10 Tage.
- **Flughafen** Ankunft und Abflug am Aéroport Marseille Provence.
- **Weiterreise** Bei dieser Tour kann man sowohl Busse als auch Züge nutzen. Mit einem Mietwagen besitzt man allerdings eine größere Flexibilität.

Erster Tag: Marseille

Machen Sie das Beste aus nur einem Tag **Marseille** (S. 154–156). Ausgangspunkt ist der malerische Vieux Port mit dem Fischmarkt sowie der Abbaye de St-Victor. Notre-Dame-de-la-Garde bietet eine gute Aussicht. Der neue Blickpunkt ist allerdings das 2013 eröffnete Musée des Civilisations de l'Europe et de la Méditerranée.

Gäste genießen die *bouillabaisse* im Restaurant Miramar, Marseille

Tipp zur Verlängerung
Machen Sie eine Bootsfahrt zu den **Calanques** (S. 157). Besuchen Sie das Weinstädtchen **Cassis** (S. 157).

Zweiter Tag: Orange und Châteauneuf-du-Pape

Nehmen Sie den Zug nach **Orange** (S. 165–167) zum römischen Théâtre Antique, Schauplatz des Sommerfestivals der Stadt. Noch gut erhalten ist der Arc de Triomphe. Nachmittags fahren Sie weiter nach Süden, nach **Châteauneuf-du-Pape** (S. 168), dort können Sie an einer Weinprobe teilnehmen.

Dritter Tag: Avignon
Wählen Sie einen Tag aus der Stadttour auf Seite 12 aus.

Tipp zur Verlängerung
Mit dem Mietwagen fahren Sie nach **Fontaine-de-Vaucluse** (S. 169; 33 km östlich von Avignon). Nahebei liegen **Gordes** (S. 173), die **Abbaye de Sénanque** (S. 168f) und **Roussillon** (S. 173).

Vierter Tag: Pont du Gard, Nîmes, Beaucaire und Tarascon

Überqueren Sie die Rhône, um den majestätischen **Pont du Gard** (S. 135) zu bewundern, bevor Sie die Stadt, die er versorgte, besichtigen: **Nîmes** (S. 136f). Nicht versäumen: das Amphitheater (Les Arènes), die Maison Carrée (ein römischer Tempel) und das Castellum, wo das Wasser des Aquädukts verteilt wurde. Unweit an der Rhône liegen sich zwei mittelalterliche Burgen gegenüber: **Beaucaire** (S. 143), das für Stierkämpfe bekannt war, und **Tarascon** (S. 144), das die Souleïado-Stoffe produzierte.

Fünfter Tag: St-Rémy und Les Baux-de-Provence

St-Rémy (S. 144f) ist eine attraktive Stadt, van Gogh malte sie häufig. Spazieren Sie zur Clinique St-Paul, um Werke von van Gogh zu sehen. In der Nähe liegen die Ruinen des griechisch-römischen Glanum. Fahren Sie zur kleinen Bergkette der **Alpilles** (S. 145) und zur Burg von **Les Baux-de-Provence** (S. 146), die im Mittelalter Zentrum des Minnesangs und der Troubadourdichtung war. Der Rundblick ist herrlich.

Sechster Tag: St-Gilles-du-Gard und Aigues-Mortes

Camargue-Pferde, schwarze Stiere und rosa Flamingos: Die **Camargue** (S. 140–143) ist faszinierend. Sie bietet auch kunsthistorisches: **St-Gilles-du-Gard** (S. 143) und die schöne romanische Fassade der Abbaye de St-Gilles. Im Süden liegt die einzigartige Kreuzfahrer-Stadt **Aigues-Mortes** (S. 138f) aus dem 13. Jahrhundert.

Siebter Tag: Arles

Arles (S. 148–150) hat beides: ein Römisches Theater und ein Amphitheater. Les Thermes de Constantin sind der Rest des Konstantinischen Palasts. Das Musée de l'Arles Antique widmet sich dieser Zeit. Sehenswert sind auch der Kreuzgang von St-Trophime, die Nekropole Les Alyscamps sowie der Espace Van Gogh mit Ausstellungen zu den Aufenthalten des Künstlers in Arles.

Tipp zur Verlängerung
Informieren Sie sich im **Musée Camarguais** (S. 143) über die Geschichte der Camargue. Vögel kann man im **Parc Ornithologique du Pont-de-Gau** (S. 142f) beobachten. **Saintes-Maries-de-la-Mer** (S. 142) ist Ziel der größten Roma-Pilgerfahrt.

Wildschweinjagd, römischer Sarkophag im Musée de l'Arles Antique

Weitere Infos zu Verkehrsmitteln in der Provence siehe S. 244–253

Eine Woche im Herzen der Provence

- **Dauer** 7 Tage – mit Tipps zur Verlängerung auf 10 Tage.
- **Flughafen** Ankunft und Abflug am Aéroport Marseille Provence.
- **Weiterreise** Ein Mietwagen ist die beste Option. Größere Wegstrecken sind zwar auch per Bus möglich, doch die Anschlüsse sind schlecht, der Zeitverlust ist groß.

Brantes und Mont Ventoux, nördlich des Luberon-Höhenzugs

Erster Tag: Aix-en-Provence

Einst war **Aix** (S. 152f) die Hauptstadt der Provence. Heute ist die Universitätsstadt Ort eines berühmten Musikfestivals. Bummeln Sie durch das Zentrum mit den eleganten *hôtels* (17./18. Jh.) und Brunnen. Nicht versäumen: Cathédrale St-Sauveur mit dem *Brennenden Dornbusch* und das angrenzende Musée des Tapisseries mit seinen Beauvais-Wandteppichen. Luxuriös: der Pavillon de Vendôme, eine Villa aus dem 17. Jahrhundert.

Zweiter Tag: Aix und Montagne Ste-Victoire

Paul Cézannes Bilder hängen im Musée Granet, sein Atelier ist noch original erhalten. Eine Panoramafahrt führt zur Montagne Ste-Victoire, die Cézanne oft malte. Gönnen Sie sich einen Drink im Lieblingslokal des Malers: dem Café des Deux Garçons.

Dritter Tag: Abbaye de Silvacane, Petit Luberon, Cavaillon

Der Petit Luberon nördlich von Aix bietet hübsche Dörfer und Landschaften. Ein Muss ist das Zisterzienserkloster (12. Jh.): die **Abbaye de Silvacane** (S. 151). Eine Rundfahrt (S. 174f) startet in **Lourmarin** und führt nach **Bonnieux**, **Lacoste**, **Ménerbes** und **Oppède-le-Vieux**. Sie endet in **Cavaillon** (S. 174), das für seine Melonen bekannt ist. Hier sollten Sie übernachten, um am nächsten Tag den Morgenmarkt zu erleben.

Vierter Tag: L'Isle-sur-la-Sorgue, Fontaine-de-Vaucluse und Carpentras

Das kanaldurchzogene **L'Isle-sur-la-Sorgue** (S. 169) bietet an den Wochenenden Antiquitäten feil. Die Quelle der Sorgue befindet sich in **Fontaine-de-Vaucluse** (S. 169), das auch eine Papiermühle sowie das Musée d'Histoire 1939–45 aufweist. **Carpentras** (S. 168) besitzt eine Synagoge (14. Jh.) und eine Kathedrale.

Fünfter Tag: Dentelles de Montmirail und Vaison-la-Romaine

Die Felslandschaft der Dentelles de Montmirail ist faszinierend. Eine Panoramatour (S. 163) startet in **Beaumes-de-Venise**, das für seinen süßen Weißwein bekannt ist. Weiter geht es nach **Vacqueyras** und **Gigondas**, Heimat des berühmten Rotweins. In **Vaison-la-Romaine** (S. 162) gibt es in der Haute Ville schicke Läden.

> **Tipp zur Verlängerung**
> Erkunden Sie den **Mont Ventoux** (S. 164; 32 km von Vaison) – mit dem Auto, dem Fahrrad oder zu Fuß.

Sechster Tag: Gordes, Abbaye de Sénanque und Roussillon

Nun geht es nach Süden. Halten Sie im Hugenottendorf **Malaucène** und in **Le Barroux** – wegen der Aussicht vom Château. Als nächstes Dorf folgt **Gordes** (S. 173), ein *village perché*. Die nahe **Abbaye de Sénanque** (S. 168f) stammt aus dem 12. Jahrhundert. In **Roussillon** (S. 173) sollten Sie die Ockersteinbrüche besichtigen.

Siebter Tag: Apt, La Tour d'Aigues und Pertuis

Apt (S. 176) besitzt eine bemerkenswerte Kathedrale. Das Musée de l'Aventure Industrielle zeigt die Herstellung kandierter Früchte. Ein Muss: der Parc Naturel Régional du Luberon. In **La Tour d'Aigues** (S. 177) steht eine Renaissance-Burg, in **Pertuis** (S. 177) die gotische Église St-Nicolas. Dann geht es zurück nach Marseille.

> **Tipp zur Verlängerung**
> 42 Kilometer östlich von Apt liegt **Forcalquier** (S. 186). Verbringen Sie zwei Tage in Alpes-de-Haute-Provence.

Wochenend-Antikmarkt in L'Isle-sur-la-Sorgue

Die Provence auf der Karte

Die Provence liegt im sonnigen Südosten Frankreichs und wird im Süden vom Mittelmeer begrenzt. Ihr berühmtester, als Côte d'Azur bekannter Küstenstrich reicht etwa von Menton bis Bandol und wird auf dem Italien zugewandten Abschnitt Riviera genannt. Im Osten liegen Italien und die Alpen, im Westen fließt die Rhône. Die Region umfasst mehr als 31 000 Quadratkilometer mit etwa 4,9 Millionen Einwohnern.

Legende
- Provence und Côte d'Azur
- Fährhafen
- Internationaler Flughafen
- Autobahn
- Hauptstraße
- Eisenbahn

0 Kilometer 100

Weitere Zeichenerklärungen *siehe hintere Umschlagklappe*

Ein Porträt der Provence

Das Ansehen der Provence hat sich in relativ kurzer Zeit gewandelt. Vor einigen Jahrzehnten galt sie in Frankreich als bäuerlich-gemütlich, kurz als Provinz, im Ausland dagegen als idyllischer Ort, der Künstlern und reichen Urlaubern vorbehalten schien. Schon im 19. Jahrhundert war der Küstenstrich, der seinerzeit bereits als Côte d'Azur bezeichnet wurde, Anziehungspunkt für englische Aristokraten, die dem regnerischen kalten Norden entfliehen wollten. Heute ist die Provence eine touristisch bestens erschlossene Region, die in der Gunst von Einheimischen wie Besuchern ganz oben steht.

Die regionale Hightech-Industrie zieht Fachleute aus aller Welt an, gleichwohl ist die Provence auch eine ländliche Gegend geblieben. In ihren Randgebieten ist ein südländischer Einschlag zu spüren: fast schon spanisch in der westlichen Camargue, eher italienisch in Nizza und weiter im Osten. Eine beschauliche Lebensart bestimmt das Bild auch in der übrigen Region. Vor allem beim Pétanque-Spiel oder bei Diskussionen über europäische Bürokratie wird es lebhafter. Die Provenzalen gelten als großzügige und herzliche, auf Höflichkeit bedachte Gastgeber. Ladenbesitzer grüßen immer freundlich, schließen aber – wie auch Ämter und andere Institutionen – kompromisslos um Punkt zwölf Uhr, denn die Mittagspause ist (noch) heilig.

Traditionen sind den Bewohnern der Provence lieb und teuer. Das heimische Handwerk wurzelt in überliefertem Wissen, seine Produkte sind von zeitloser Schönheit. Künstler, die die Provence wegen des Lichts und der Landschaft bereisten, fanden hier auch andere Inspirationen. Picasso lernte bei einem Handwerker das Töpfern. In den Häusern finden sich handgefertigte Möbel aus heimischer Kastanie oder Eiche, Töpfe aus gebrannter roter Erde, Glaswaren aus Biot, Fayencen aus Moustiers und Stoffe aus Arles oder Nîmes mit den traditionellen *Indiennes*-Mustern.

Spieler und Zuschauer beim Pétanque in Châteauneuf-du-Pape

◀ Basilique de Notre-Dame-de-la-Garde in Marseille *(siehe S. 155)*

Traditionelle Bäckerei in Ville-sur-Auzon, Vaucluse

Lebensstil

Das provenzalische Familienleben spielt sich seit Generationen ähnlich ab. Mittelpunkt der Geselligkeit ist die Küche. Hier entstehen Gerichte, die Einfachheit und Fülle, Kräuterdüfte und Wein wunderbar verbinden – in den Augen bewundernder Besucher der Inbegriff von Geschmackserlebnis.

In diesem ländlichen Ambiente kreisen die Gespräche um Wetter, Jahreszeiten oder Ernte. Jeder Gartenbesitzer ist stolz auf seine Obstbäume, sein Gemüse, seine Blumen. Selbst Stadtbewohner kennen sich mit dem Anbau aus. Das Angebot eines jeden der hübsch ausgelegten Marktstände wird sorgfältig begutachtet und kommentiert.

Hitzige Debatten lösen nach wie vor die Entscheidungen der Europäischen Union aus, die sich in der Vergangenheit – so die Bauern – sehr nachteilig auf den Bodenertrag ausgewirkt haben, wenn beispielsweise alte Weinberge umgegraben und Landbesitzer dadurch in den Ruin getrieben wurden.

Religion

Der Erntezyklus steht in enger Verbindung zu göttlichem Wirken, was den Ertrag ebenso beeinflussen kann wie jeder EU-Bürokrat. Katholisch wie das übrige Frankreich, haben die Provenzalen auch einen Sinn für das Mystische. Die von Mithras-Kult, Islam und heidnischen Göttern beeinflussten religiösen Vorstellungen sind stark miteinander verwoben und nur schwer zu trennen. Karneval und Fronleichnam rahmen die Osterzeit ein, die hier eine größere Bedeutung hat als in vielen anderen Teilen Europas. Auch Weihnachten ist ein wichtiges Fest. Schon am 4. Dezember, an St. Barbara, beginnen die Feierlichkeiten mit der Weizenaussaat, dem Symbol für Erneuerung und Wiedergeburt. Auf dem Land hält sich hartnäckig der Aberglaube: Neugeborene erhalten ein Ei, Salz, Brot und Streichhölzer als einfache Symbole elementarer Vorstellungen, während Eberwurzdisteln an den Haustüren als Glücksbringer dienen.

Betriebsamer Obst- und Gemüsemarkt

Tradition und Charakter

Die Landschaft der Provence ist typisch mediterran: Die Berge fallen steil zum Meer hin ab, abgelegene Dörfer, die *villages perchés*, thronen auf Felsspitzen oder schmiegen sich an Berghänge. Jahrhundertelang war das Gebiet Zuflucht für Geächtete, die hier ein neues Leben be-

Lindenblütenernte für die Teeherstellung

Die imposanten Felsnadeln der Pénitents des Mées, Alpes-de-Haute-Provence

ginnen konnten. Vielleicht wurde deshalb Fremden meist misstraut, was sie zu ewigen Außenseitern machte.

Scheinbar geringe Anlässe konnten stets Fehden auslösen, die über Generationen hinweg andauerten. Es gibt heute noch Dörfer, wo Familien nicht miteinander sprechen, obwohl der Grund dafür längst vergessen ist. Marcel Pagnol beschrieb dies in seinen Werken *Jean de Florette* und *Manon des Sources*, die später mit Yves Montand und Gérard Depardieu verfilmt wurden. Die weltoffenere Küste ist das Terrain des *film noir*. *Borsalino* mit Jean-Paul Belmondo und Alain Delon verklärte die Tradition des Schweigens und der starken Familienbande, *French Connection* mit Gene Hackman entlarvte deren Schattenseiten.

Gesellschaft

1982 veröffentlichte der britische Schriftsteller Graham Greene, der in Antibes lebte, einen Aufsatz über die Korruption in Nizza. Im Jahr 1994 wurde Yann Piat, Antidrogen-Kämpferin und Parlamentsmitglied, in Hyères ermordet. Dass Yann Piat eine Frau war, machte für ihre Feinde keinen Unterschied, obwohl die Gleichberechtigung in der Region lange auf sich warten ließ. Nicht umsonst sprach Alphonse Daudet von einer »unheilbaren Verachtung« provenzalischer Männer gegenüber Frauen. Dennoch gilt die Königin von Arles als Tugendsymbol traditioneller provenzalischer Werte. Mit Brigitte Bardot entstammt der Region zudem eine Ikone französischer Weiblichkeit.

Die Provence offenbart sich zuvorderst denjenigen Besuchern, die ihren Facettenreichtum zu schätzen wissen. Wer öfter in die Region reist, wird feststellen, dass ein Teil ihres Charmes und ihrer Schönheit gerade in den Geheimnissen liegt, die sie nicht ohne Weiteres preisgibt.

Peillon, ein provenzalisches *village perché*

Nationalparks und Naturparks

In der Provence gedeiht eine faszinierende Fülle an Insekten, Vögeln, Wildtieren und Blumen in ganz verschiedenen Lebensräumen – am Mittelmeer, in den Feuchtgebieten und Felsschluchten bis hin zu den abgelegenen Gipfeln der Alpes Maritimes. Die Provence besitzt das mediterranste Klima Frankreichs: heiße, trockene Sommer und in Küstennähe milde Winter. Der Frühling zeigt sich mit Blütenpracht und lockt auch seltene Vögel an. Aus vielen der wilderen Gegenden sind Naturparks – oft mit markierten Erkundungswegen – geworden.

Die unteren Hänge des Mont Ventoux sind im Frühling mit Blumen übersät *(siehe S. 164)*.

Der Luberon *(siehe S. 174–176)*, ein riesiger Kalksteinhöhenzug, ist reich an Orchideen und ein gutes Jagdgebiet für Greifvögel.

Der Kalkstein der Alpilles *(siehe S. 145)* lockt Greifvögel wie Habichtsadler, Schmutzgeier und Uhus an, aber auch die sanfteren Bienenfresser.

Die Camargue im Rhône-Delta ist eines der wichtigsten Feuchtgebiete Europas *(siehe S. 140–143)*. Hier leben Wasservögel wie der Purpurreiher und der rosarote Flamingo. Auch die Perleidechse ist hier beheimatet.

Die Plaine de la Crau ist eine 50 000 Hektar große Geröllebene und steppenartige Graslandschaft im Südosten von Arles. Hier leben u. a. Wiedehopf und Spießflughuhn.

Die Côte Bleue ist reich an Meerestieren, in tieferen Gewässern leben z. B. Oktopoden.

Die Montagne Ste-Victoire, ein Kalksteingebirge, ist bei Wanderern und Bergsteigern beliebt. Cézanne malte oft hier.

Die Calanques *(siehe S. 157)* sind schmale, von Felswänden begrenzte Meeresarme. Die felsigen Hänge bieten Eulen und anderen Waldvögeln Schutz.

NATIONALPARKS UND NATURPARKS | 23

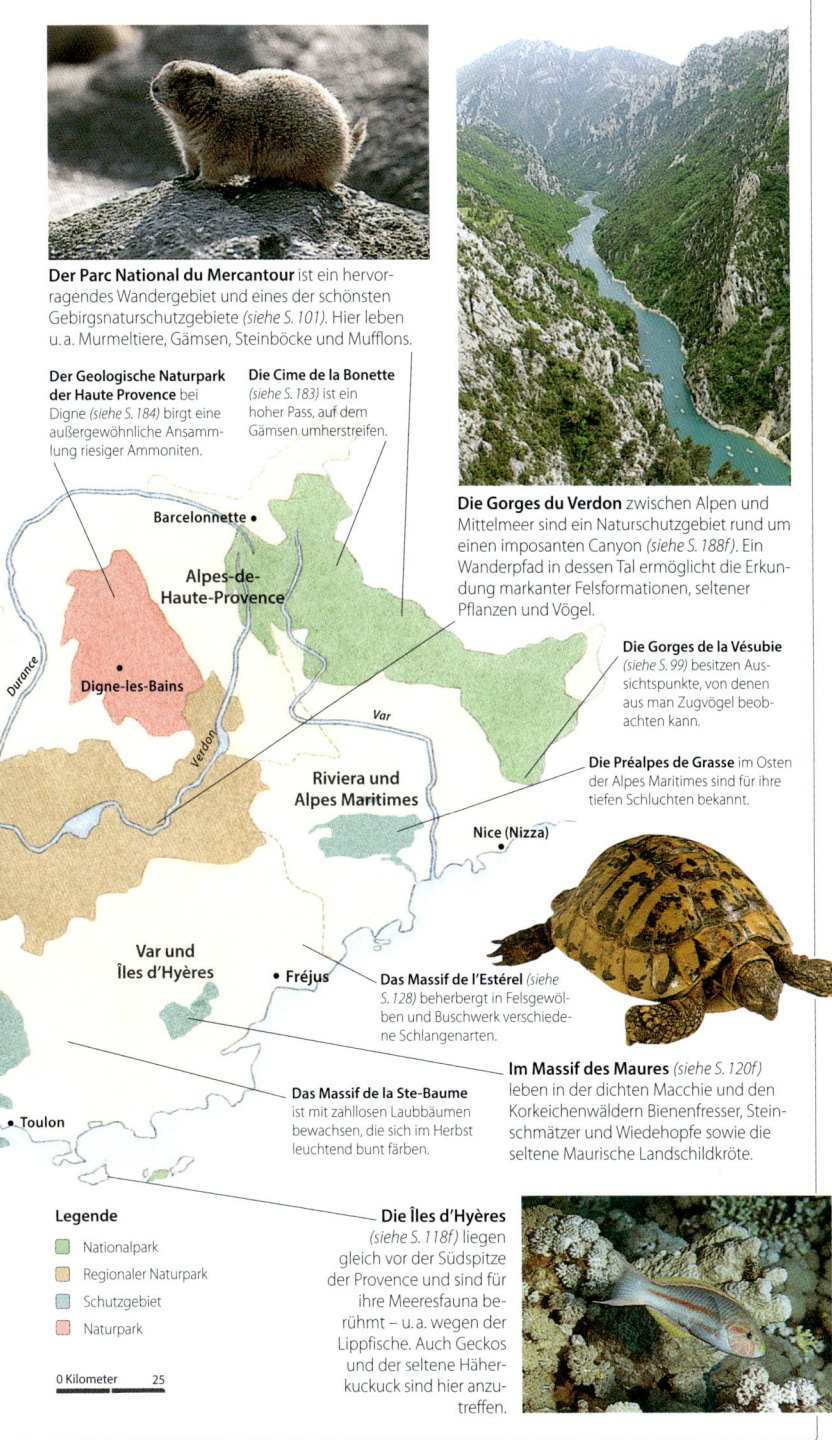

Der Parc National du Mercantour ist ein hervorragendes Wandergebiet und eines der schönsten Gebirgsnaturschutzgebiete *(siehe S. 101)*. Hier leben u. a. Murmeltiere, Gämsen, Steinböcke und Mufflons.

Der Geologische Naturpark der Haute Provence bei Digne *(siehe S. 184)* birgt eine außergewöhnliche Ansammlung riesiger Ammoniten.

Die Cime de la Bonette *(siehe S. 183)* ist ein hoher Pass, auf dem Gämsen umherstreifen.

Die Gorges du Verdon zwischen Alpen und Mittelmeer sind ein Naturschutzgebiet rund um einen imposanten Canyon *(siehe S. 188f)*. Ein Wanderpfad in dessen Tal ermöglicht die Erkundung markanter Felsformationen, seltener Pflanzen und Vögel.

Die Gorges de la Vésubie *(siehe S. 99)* besitzen Aussichtspunkte, von denen aus man Zugvögel beobachten kann.

Die Préalpes de Grasse im Osten der Alpes Maritimes sind für ihre tiefen Schluchten bekannt.

Das Massif de l'Estérel *(siehe S. 128)* beherbergt in Felsgewölben und Buschwerk verschiedene Schlangenarten.

Im Massif des Maures *(siehe S. 120f)* leben in der dichten Macchie und den Korkeichenwäldern Bienenfresser, Steinschmätzer und Wiedehopfe sowie die seltene Maurische Landschildkröte.

Das Massif de la Ste-Baume ist mit zahllosen Laubbäumen bewachsen, die sich im Herbst leuchtend bunt färben.

Die Îles d'Hyères *(siehe S. 118f)* liegen gleich vor der Südspitze der Provence und sind für ihre Meeresfauna berühmt – u. a. wegen der Lippfische. Auch Geckos und der seltene Häherkuckuck sind hier anzutreffen.

Legende
- Nationalpark
- Regionaler Naturpark
- Schutzgebiet
- Naturpark

0 Kilometer 25

Bergdörfer *(villages perchés)*

Zu den reizvollsten architektonischen Merkmalen der Provence zählen die *villages perchés*. Sie erheben sich wie zackige Spitzen auf den Berggipfeln, wo sie im Mittelalter aus Sicherheitsgründen erbaut wurden. Aus großer Höhe konnte man das Umland und die Küste überwachen. Die Dörfer wurden um einen Bergfried errichtet und mit dicken Schutzwällen umgeben. So entstand ein Gewirr aus Kopfsteinpflasterstraßen, Gassen, Treppen und Torbogen. Nur wenige Gemeinden überlebten die Agrarreformen im 19. Jahrhundert – es folgten Armut und Landflucht. Mittlerweile wurden viele Dörfer durch eine neue Generation von Künstlern und Handwerkern sowie durch den Tourismus wieder belebt.

Das Dorf Peillon *(siehe S. 99)* ist ein typisches Beispiel dafür, wie sich hoch gelegene Orte in eine Landschaft einfügen.

St-Paul-de-Vence
Viele der Hauptmerkmale eines typischen village perché sind hier erhalten geblieben. Die mittelalterlichen Schutzwälle wurden von François I im 16. Jahrhundert komplett verstärkt. Heute belagern Besucher den Ort, der zu den bekanntesten Sehenswürdigkeiten Frankreichs zählt (siehe S. 79).

Komplizierte Eingänge verwirrten die Angreifer und boten zusätzlichen Schutz vor Attacken.

Die Kirche war immer der Mittelpunkt des Dorfs.

Seiteneingänge waren für gewöhnlich klein und unauffällig. Sie führten, wie in Èze *(siehe S. 92)*, auf enge, gewundene Gassen. Manchmal gab es auch mehrere Tore oder plötzliche Kehren in den Mauern, um angreifende Soldaten zu verwirren und den Ort besser verteidigen zu können.

Burgen, Bergfriede *(donjons)* und auch befestigte Kirchen hatten in den Dörfern immer den besten Standort und boten in Krisenzeiten Schutz. Viele, wie auch die Burg von Èze *(siehe S. 92)*, wurden oft angegriffen und sind heute nur noch Ruinen.

BERGDÖRFER (VILLAGES PERCHÉS) | 25

Die Kirche war Mittelpunkt des religiösen Lebens jeder Gemeinde. Wie in Les Baux *(siehe S. 146)* wurde sie in der Regel nahe an den Bergfried der Burg gebaut und war so Teil der zentralen Bebauung. Drohte ein Angriff, so wurde die Glocke geläutet.

Brunnen waren oft die einzige Wasserquelle und deshalb sehr wichtig für ein Dorf. Viele davon wurden kunstvoll verziert, so wie dieser in Vence *(siehe S. 78f)*.

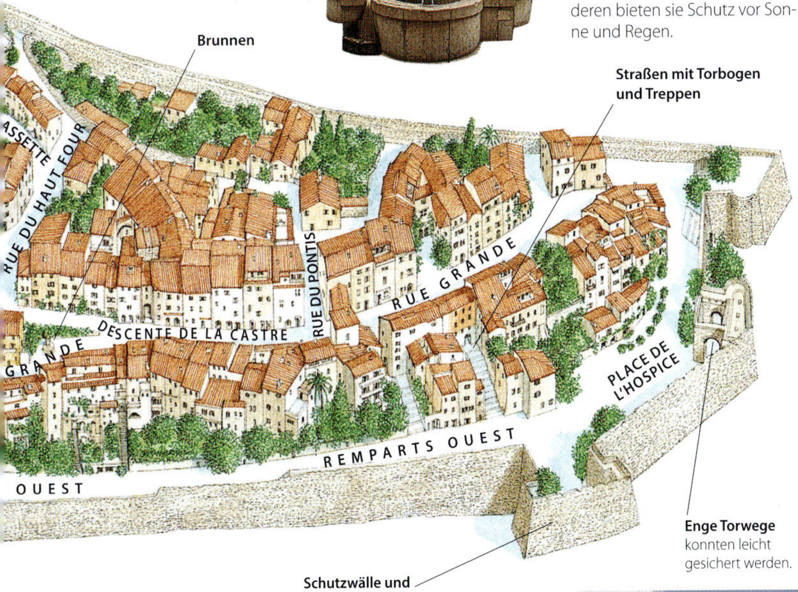

Arkaden wie in Roquebrune *(siehe S. 102)* stützen zum einen die Häuser in den engen und gewundenen Gassen, zum anderen bieten sie Schutz vor Sonne und Regen.

Brunnen

Straßen mit Torbogen und Treppen

Enge Torwege konnten leicht gesichert werden.

Schutzwälle und Bollwerk bildeten gute Befestigungen.

Die Schutzwälle umgaben das Dorf als Steinmauern, in die oft Häuser eingebaut waren. Viele Befestigungen, z. B. in St-Paul-de-Vence *(siehe S. 79)*, wurden im 16. Jahrhundert unter François I und später von Vauban, Militärarchitekt von Louis XIV, verstärkt. Heute bieten sie schöne Rundblicke.

Haupttore waren immer schmal, so konnten sie bei Angriffen leichter verschlossen und verteidigt werden. Einige Tore besaßen zusätzlich Fallgitter. Peille *(siehe S. 99)* in den Alpes Maritimes ist ein typisches mittelalterliches Dorf mit vielen engen Gassen, die leicht verteidigt werden konnten.

Ländliche Architektur

Die traditionellen Architekturmerkmale verweisen auf die Witterungseinflüsse, denen die ländliche Provence ausgesetzt ist. Viel wird von jeher gegen die Windböen des Mistrals und die unbarmherzige Sommersonne unternommen. Dicke Steinwände, kleine Fenster und verstärkte Türen sind typisch. Traditionelle Bauernhäuser wurden mit ortsüblichen Materialien wie Holz, Stein und Erde gebaut. Reihen robuster Zypressen pflanzt man als Windschutz an der Nordseite, Platanen und Lotosbäume spenden an der Südseite Schatten.

Die Bauweise der Bories *(siehe S. 173)*, Hütten aus Kalksteinplatten, ist schon sehr alt.

Provenzalischer Mas

Überall in der ländlichen Provence findet sich der mas, ein niedriges, massives Bauernhaus. Die Wände bestehen aus kompakten Steinquadern, Türen und Fenster aus dickem, verstärktem Holz. Nebengebäude enthielten oft einen Keller, Ställe, einen Brotofen und einen Taubenschlag.

Röhrendachziegel *(tuiles romaines)* sind typisch für den Süden.

Grob gehauene Ziegelsteine werden für die Wände verwendet.

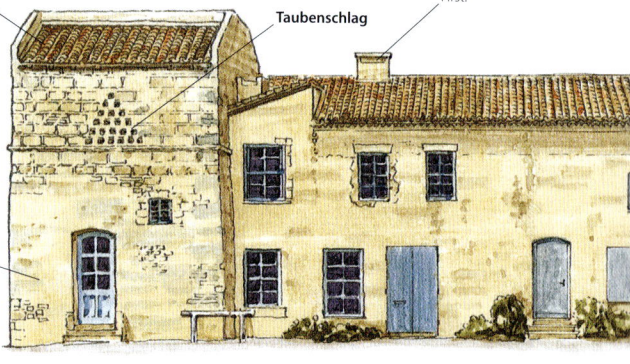

Schornsteine sind aus Stein und sitzen, niedrig und gedrungen, ganz nahe am First.

Taubenschlag

Der exponierteste Teil des Dachs ist nicht mit Schilfrohr gedeckt.

Das Dach ist sanft geneigt und mit Schilfrohr gedeckt.

Die Nordseite ist zum Schutz gegen den Mistral abgerundet.

Die Hirtenhütte war ursprünglich Wohnstatt der Hirten oder *gardians* der Camargue. Sie ist ein kleines, enges Gebäude mit einem durch einen Schilfrohrwandschirm abgeteilten und einfach ausgestatteten Ess- und Schlafraum.

Die Fenster sind klein und verstärkt.

Die Wände bestehen aus gepresstem Stroh und Lehm.

LÄNDLICHE ARCHITEKTUR | 27

Die Ziegeldächer sind sanft geneigt. Ein Schmuckfries unter dem Dachgesims belegt den römischen Einfluss. Die gewölbten Ziegel bestehen aus dickem rotem Terrakotta. Eine doppelte oder dreifache Lage von Ziegeln ragt über die Hauswand hinaus.

Fenster gibt es nur an drei Seiten des *mas*, wegen der starken Böen des Mistrals finden sich keine an der Nordseite des Hauses. Sie sind klein, um die Winterwinde abzuhalten, aber groß genug, um Licht hereinzulassen.

Ineinandergreifende Lehmziegel bilden Abflussrinnen für das Regenwasser.

Der Mistral bläst oft so stark, dass der *mas* meist nach Südosten hin gebaut wurde, um die Wucht abzuschwächen. Die sanfte Neigung der tief liegenden Dächer verhindert, dass Ziegel verrutschen oder sogar weggeweht werden.

Hauswände sind glatt verputzt.

Eishäuser aus Stein für die Lagerung von Wintervorräten wurden nahe an den *mas* gebaut. Eisblöcke dienten zur Kühlung der mit Heu isolierten Hütten.

Schmiedeeiserne Glockentürme

Die schmiedeeisernen Glockentürme sind seit dem 16. Jahrhundert eine Besonderheit der Provence. Ihre offene leichte Konstruktion macht sie für starke Winde durchlässig und trägt den Klang der Glocken viele Kilometer weit. Die dargestellten vier Beispiele zeigen die Kunstfertigkeit der einheimischen Architekten und Handwerker.

Verzierter Glockenturm in Aix

Glockenturm von St-Jérôme in Digne

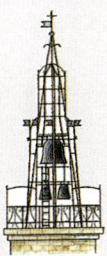

Rathaus-Glockenturm von Orange

Turm von Notre-Dame in Sisteron

Architekturstile

Die Provence verfügt über ein breites Spektrum an Architekturstilen – von der Erhabenheit römischer Bauten bis hin zum modernen Wohnungsbaustil eines Le Corbusier. Im Mittelalter entstanden großartige romanische Abteien und Kirchen. In der Zeit zunehmenden Wohlstands vom 16. bis zum 18. Jahrhundert wurden Schlösser und Stadthäuser errichtet. Mit der Ausdehnung der Städte im 19. Jahrhundert nahm auch die Zahl öffentlicher Gebäude und Wohnblocks zu, um der schnell wachsenden Bevölkerung Raum zu bieten. Bis heute wurden viele Städte erfolgreich restauriert, zum Teil auch in großer Eile.

Brunnen (18. Jh.) in Pernes-les-Fontaines

Römisch (20 v. Chr. – 400 n. Chr.)

Die Schönheit der römischen Architektur zeigt sich in den vielen noch vorhandenen Amphitheatern, Triumphbogen und Thermalbädern, alle mit großen Quadern aus hiesigem Kalkstein erbaut.

Verziertes Hochrelief

Der Triumphbogen von Glanum (siehe S. 144f) ist der Originaleingang zur ältesten römischen Stadt in der Provence. Reliefs am Außenbogen stellen den Sieg Caesars über die Gallier und Griechen dar.

Dorische Säulen im zweiten Geschoss · Die Geschosse besitzen je 60 Arkaden
Arena von Nîmes, 1. Jh. n. Chr. *(siehe S. 136)*

Maison Carrée in Nîmes *(siehe S. 136)*

Romanisch (11./12. Jh.)

Nach dem Mittelalter erlebte die provenzalische Architektur ihren Höhepunkt – eine Kombination aus klassischer Strenge und Perfektion, beeinflusst von römischen Bauweisen und neuen Stilen aus Nord- und Südeuropa. Vor allem Kirchengebäude zeichnen sich durch elegante Symmetrie und Einfachheit aus.

Mehrfachbogen · Kunstvolle religiöse Verzierungen

Dieser Kircheneingang in Seyne (siehe S. 182) ist ein Beispiel für die romanische Architektur des 13. Jahrhunderts. Die leichten Spitzen der Mehrfachbogen deuten bereits auf eine Abkehr von der strengen Form hin.

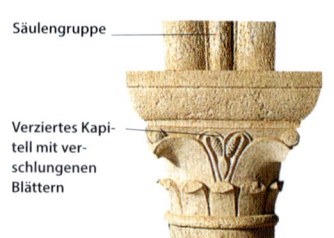
Säulengruppe · Verziertes Kapitell mit verschlungenen Blättern
Kapitell der Abtei von Thoronet *(siehe S. 112)*

Abtei von Sénanque aus dem Jahr 1148 *(siehe S. 168f)*

Spätmittelalter (13.–16. Jh.)

Fehden und Religionskriege ließen die Menschen in die Städte fliehen, die mit verstärkten Wällen und Toren Schutz boten. Oft verbanden unterirdische Gänge die einzelnen Häuser. Die Straßen waren grob gepflastert, Regen und Abwässer flossen über eine zentrale Rinne ab.

Tour de la Campana im Palais des Papes *(siehe S. 48f)*

Eine Straße mit Abflussrinne in St-Martin-Vésubie *(siehe S. 99)*

Mit Zinnen bewehrtes Dach

Fallgatter zum Schutz vor Angreifern

Aigues-Mortes *(siehe S. 138f)* wurde im 13. Jahrhundert von Louis IX streng geometrisch erbaut. Diese strategisch sehr günstige Festung überschaut Meer und Land.

Barock und Klassizismus (16.–18. Jh.)

Die Strenge und Ordnung des klassischen Stils wurde durch kunstvolle Schnitzarbeiten aufgelockert. Gärten erhielten eine klare, symmetrische Architektur.

Château de Barbentane aus dem 17. Jahrhundert *(siehe S. 134)*

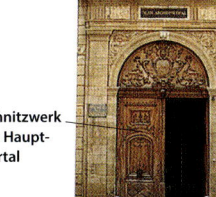

Lünette mit Hoheitszeichen

Schnitzwerk am Hauptportal

Das Musée des Tapisseries in Aix *(siehe S. 152)* besitzt kunstvoll geschnitzte Eingangstüren.

Geglätteter Stein

Klassizistischer Pfeiler

Detail am Pavillon de Vendôme, Aix *(siehe S. 153)*

Moderne (1890 bis heute)

Die Palais und Villen der Belle Époque sind heute Wohnhäusern und öffentlichen Gebäuden gewichen. Höchstes Architekturniveau des 20. Jahrhunderts findet sich in zahlreichen Galerien für moderne Kunst.

Le Corbusiers Cité Radieuse *(siehe S. 156)*

Rundpavillon

Kuppel auf Rundturm

Palastartig: Hotel Négresco in Nizza *(siehe S. 88f)*

Das Musée d'Art Moderne et d'Art Contemporain in Nizza *(siehe S. 89)* entstand 1990. Passagen aus Glas verbinden die quadratischen Türme.

Künstler

Die Provence inspirierte viele der originellsten Maler des 19. und 20. Jahrhunderts. Cézanne stammte aus der Region, van Gogh machte sie zu seiner Wahlheimat. Beide waren von der pulsierenden Leuchtkraft der Landschaft fasziniert. Die Impressionisten Monet und Renoir kamen früh, gefolgt von Künstlern wie Bonnard, Signac und Dufy. Auch die beiden großen Maler Matisse und Picasso ließen sich in der Provence nieder. Die Kunsttradition wird in den bedeutenden Museen der Region bewahrt, aber auch durch die kleinen Galerien in fast jeder Stadt.

Jean Cocteau (1889–1963) schuf sein eigenes Museum in Menton *(siehe S. 103)*. *Noce imaginaire* (1957) heißt eines seiner Wandgemälde in der Salle des Mariages.

Victor Vasarely (1906–1997) restaurierte das Schloss von Gordes. Seine Kinetik und Op-Art sind in Aix-en-Provence ausgestellt *(siehe S. 153)*.

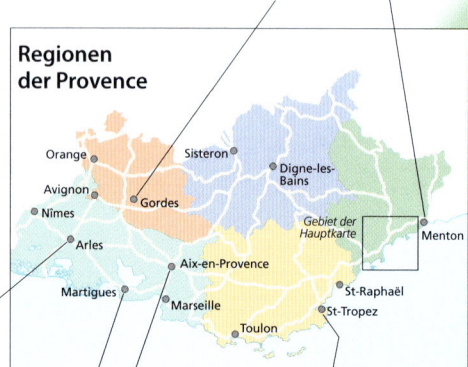

Regionen der Provence

Vincent van Gogh (1853–1890) malte *Vincents Stuhl* (1888) in Arles *(siehe S. 148–150)*. Die beiden Jahre hier und in St-Rémy *(siehe S. 144f)* waren seine produktivsten.

Paul Cézanne (1839–1906) malte oft seine Heimatstadt Aix *(siehe S. 152f)*, um die »Tiefe der Realität« zu erforschen.

Paul Signac (1863–1935) kam 1892 nach St-Tropez *(siehe S. 122–126)* und malte es im pointillistischen Stil.

Félix Ziem (1821–1911), in Burgund geboren, reiste sehr viel. Er liebte Venedig, fand Inspiration zu seinen romantischen Werken aber auch an den Kanälen von Martigues *(siehe S. 151)*, wo er *La Camargue, Coucher de Soleil* malte.

Pablo Picasso (1881–1973) schuf den ziegenähnlichen Krug *Cabri* (1947) in Vallauris. Heute befindet er sich im Musée Picasso in Antibes *(siehe S. 77)*.

KÜNSTLER | 31

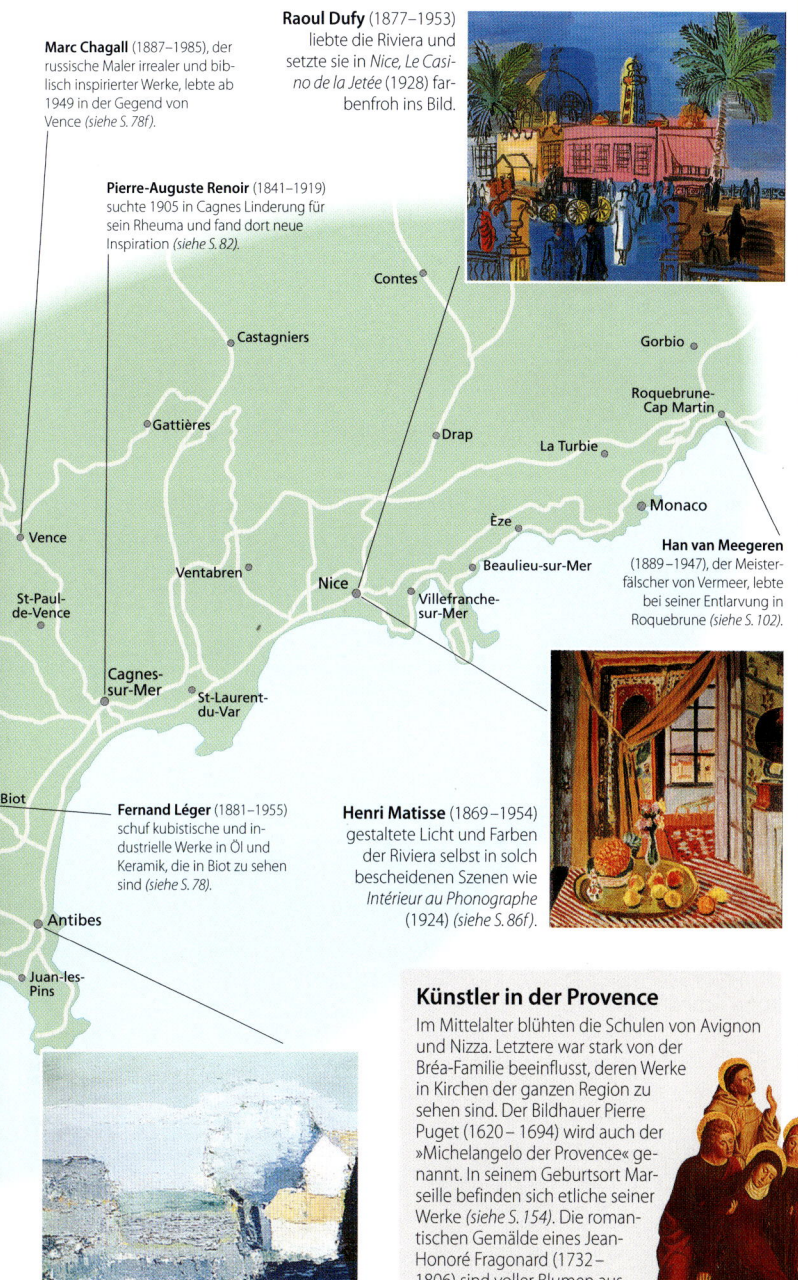

Marc Chagall (1887–1985), der russische Maler irrealer und biblisch inspirierter Werke, lebte ab 1949 in der Gegend von Vence *(siehe S. 78f)*.

Raoul Dufy (1877–1953) liebte die Riviera und setzte sie in *Nice, Le Casino de la Jetée* (1928) farbenfroh ins Bild.

Pierre-Auguste Renoir (1841–1919) suchte 1905 in Cagnes Linderung für sein Rheuma und fand dort neue Inspiration *(siehe S. 82)*.

Han van Meegeren (1889–1947), der Meisterfälscher von Vermeer, lebte bei seiner Entlarvung in Roquebrune *(siehe S. 102)*.

Fernand Léger (1881–1955) schuf kubistische und industrielle Werke in Öl und Keramik, die in Biot zu sehen sind *(siehe S. 78)*.

Henri Matisse (1869–1954) gestaltete Licht und Farben der Riviera selbst in solch bescheidenen Szenen wie *Intérieur au Phonographe* (1924) *(siehe S. 86f)*.

Nicolas de Staël (1914–1955), der russische Maler, kaufte im Luberon ein Haus für seine Frau. Er selbst lebte mit seiner Geliebten in Antibes *(siehe S. 76)*. Sein Werk *Paysage Méditerranéen* entstand 1953.

Künstler in der Provence

Im Mittelalter blühten die Schulen von Avignon und Nizza. Letztere war stark von der Bréa-Familie beeinflusst, deren Werke in Kirchen der ganzen Region zu sehen sind. Der Bildhauer Pierre Puget (1620–1694) wird auch der »Michelangelo der Provence« genannt. In seinem Geburtsort Marseille befinden sich etliche seiner Werke *(siehe S. 154)*. Die romantischen Gemälde eines Jean-Honoré Fragonard (1732–1806) sind voller Blumen aus Grasse *(siehe S. 70)*.

Kreuzigung (1512) von Louis Bréa, Kloster Notre-Dame in Cimiez *(siehe S. 88)*

Schriftsteller

Der Nobelpreisträger Frédéric Mistral (1830–1914) war ein wahrer Meister der provenzalischen Sprache, doch bekannter sind die heimischen Autoren Alphonse Daudet, Jean Giono, Émile Zola sowie Marcel Pagnol. Einige Werke französischer Schriftsteller wie Alexandre Dumas und Victor Hugo spielen in der Provence. Zahlreiche andere Autoren wurden von dieser Region inspiriert.

1920 erholt sich die an Schwindsucht erkrankte Schriftstellerin Katherine Mansfield in Menton *(siehe S. 102f)* und schreibt u. a. *Miss Bull* und *Passion*.

1895 wird Jean Giono in Manosque *(siehe S. 186)* geboren. Das Werk *Que ma joie demeure* spielt in seiner Heimat.

Alphonse Daudet

1892 wird der letzte Teil von *Also sprach Zarathustra* von Friedrich Nietzsche veröffentlicht. Er konzipierte ihn auf der Durchreise in Èze *(siehe S. 92)*.

Frédéric Mistral

Frühe Ausgabe von *Der Graf von Monte Christo*

1869 publiziert Alphonse Daudet die *Briefe aus meiner Mühle* mit der Windmühle von Fontvieille *(siehe S. 147)* als Schauplatz.

1904 gewinnt Frédéric Mistral mit dem Epos *Mirèio* den Nobelpreis.

1844 erscheint Alexandre Dumas' *Der Graf von Monte Christo* (Château d'If in Marseille, siehe S. 156).

1870 Prosper Mérimée, Verfasser des Librettos für Bizets Oper *Carmen*, stirbt in Cannes.

1840	1855	1870	1885	1900	1915
1840	1855	1870	1885	1900	1915

1862 erscheint *Die Elenden* von Victor Hugo. Die ersten Kapitel spielen in Digne-les-Bains *(siehe S. 184)*.

1887 führt der Journalist Stéphen Liégeard den neuen Namen *Côte d'Azur* ein.

1907 erblickt der Dichter René Char in L'Île-sur-la-Sorgue das Licht der Welt.

1868 wird Edmond Rostand, Autor von *Cyrano de Bergerac* (1897), in Marseille geboren *(siehe S. 154–156)*.

1919 besucht Edith Wharton, Autorin von *Zeit der Unschuld*, die Stadt Hyères *(siehe S. 119)*.

Edith Wharton

Frühe Schriftsteller

Jahrhundertelang bildet die Troubadourlyrik das Herzstück provenzalischer Dichtung.

1327 verliebt sich Petrarca *(siehe S. 49)* in Avignon unerwidert in Laura de Noves, deren Tod ihn zu seinen *Canzonière*-Gedichten inspiriert.

1555 veröffentlicht Nostradamus aus St-Rémy seine *Centurien*, die vom Vatikan geächteten Prophezeiungen.

1764 »entdeckt« Tobias Smollett Nizza. 1766 erscheint sein Buch *Travels through France and Italy*.

1791 veröffentlicht der Marquis de Sade sein während der Kerkerzeit in der Bastille entstandenes Werk *Justine*.

Somerset Maugham

1926 Der britische Autor W. Somerset Maugham kauft die Villa Mauresque, Cap Ferrat, und schreibt *Rosie und die Künstler* (1930).

Petrarcas Laura de Noves

Émile Zola

1885 veröffentlicht Émile Zola, ein Jugendfreund Cézannes, *Germinal* als Teil des 20-bändigen Romanzyklus *Les Rougon-Macquart* (1871–93).

SCHRIFTSTELLER | 33

1931 verfasst Aldous Huxley *Schöne neue Welt* in Sanary-sur-Mer *(siehe S. 116)*, dem Schauplatz von *Geblendet in Gaza* (1936).

1933 fliehen Thomas Mann, zwei seiner Söhne und Heinrich Mann aus Deutschland nach Sanary *(siehe S. 116)*.

Marcel Pagnol

1974 Der Regisseur und Schriftsteller Marcel Pagnol, dessen Marseille-Trilogie (*Marius*, *Fanny* und *César*) aus seiner Kindheit in der Provence schöpfte, stirbt.

1980 publiziert der britische Schauspieler Dirk Bogarde, der seit den frühen 1970er Jahren in der Provence lebt, mit *A Gentle Occupation* seinen ersten Roman.

St-Exupérys Le Petit Prince (Der kleine Prinz)

1944 wird Antoine de Saint-Exupéry, Pilot und Autor von *Nachtflug* (1931) und *Der kleine Prinz* (1943), vermisst. Sein letzter Flug führte am Haus seiner Schwester in Agay vorbei.

Lawrence Durrell

1985 wird der letzte Band von *Avignon-Quintet* des Briten Lawrence Durrell veröffentlicht.

1989 erscheint das Buch *A year in Provence* des Briten Peter Mayle, das im Luberon spielt.

1954 schreibt die erst 18-jährige Françoise Sagan in *Bonjour Tristesse* über die Estérel-Gebirgsküste.

1978 veröffentlicht der Marseiller Autor Sébastien Japrisot das preisgekrönte Buch *L'Été Meurtrier*, dessen Schauplatz ein provenzalisches Dorf ist.

Le Clézio

2008 gewinnt Jean-Marie Gustave Le Clézio (1940 in Nizza geboren) den Nobelpreis für Literatur.

Albert Camus

1957 kauft Albert Camus ein Haus in Lourmarin *(siehe S. 175)*, wo er einen erst 1994 veröffentlichten autobiografischen Roman schreibt.

1993 schreibt der Brite Anthony Burgess, Autor von *Uhrwerk Orange* (1962), in Monaco sein letztes Werk *Der Teufelspoet*.

1985 erscheint der Roman *Das Parfum* von Patrick Süskind, der zum Großteil in Grasse spielt.

Die Fitzgeralds

1934 wird das Buch *Zärtlich ist die Nacht* des Amerikaners F. Scott Fitzgerald veröffentlicht; Scott und seine Frau Zelda leben 1926 in einer Villa in Juan-les-Pins.

Graham Greene

1982 schreibt Graham Greene *Ich klage an – Die Schattenseite von Nizza*.

Strände

Die Küste der Provence ist äußerst vielfältig, angefangen von der wilden Weite des Rhône-Deltas über die Klippen und Buchten des Var bis hin zu den Tummelplätzen der Riviera. Im Hochsommer sind Badestrände wie diejenigen von Menton, Nizza oder Monte Carlo überfüllt. Oft wird eine Gebühr erhoben, dafür sind die Strände meist gepflegt und verfügen über gute Wassersportanlagen. Natürlich gibt es für Insider auch ruhigere Plätze abseits der Massen.

Die Strände der Côte d'Azur bieten ganzjährig Sonnenschein und Wärme, wie es das Plakat von Roger Broders aus den 1930er Jahren anpreist.

Die Strände der Camargue *(siehe S. 140–143)* am Rhône-Mündungsgebiet sind lang, flach und sandig. Hier ist es oft einsam und ideal zum Reiten, es wird allerdings wenig Ferienkomfort geboten.

Die Côte Bleue ist übersät von Fischerhäfen und eleganten Sommerresidenzen. Pinien säumen ihre Strände.

Die Calanques *(siehe S. 157)* sind malerische und sehr imposante fjordartige Meeresarme östlich von Marseille. Die kalkweißen, etwa 400 Meter hohen Klippen fallen senkrecht in das verführerisch blaue Wasser ab.

Cap Sicié ist eine kleine, vom Festland des Var vorspringende Halbinsel und bekannt für ihre starken Winde und Wellen – ideal für erfahrene Windsurfer.

Die zehn besten Strände der Provence

① Bester Sandstrand
Östlich der Camargue liegt die Plage de Piémanson, wo auch Nacktbaden erlaubt ist.

② Bestes Tiefseetauchen
Die Calanques-Gewässer sind ideal für Tiefseetaucher.

③ Bestes Hochseefischen
Bandol und Sanary sind charmante Orte. Täglich laufen Thunfischboote aus.

④ Bestes kleines Strandresort
Le Lavandou bietet sämtliche Annehmlichkeiten.

⑤ Angesagtester Strand
Tahiti-Plage in St-Tropez ist das glamouröse Schaufenster der gesamten Küste.

⑥ Beste Familienstrände
Die Strände von Fréjus und St-Raphaël sind sehr sauber, sicher und verfügen über ausgezeichnete Anlagen.

⑦ Strand der Stars
Cannes' Lage, die eleganten Strände, der schöne Hafen und das Casino ziehen die Reichen und Berühmten magisch an.

⑧ Bester Strand für Teens und Twens
Bars, Cafés und viele Clubs machen Juan-les-Pins zu einem lebhaften Ferienort.

⑨ Bester Strand für Wassersport
Wassersport-Fans treffen sich an Nizzas Ruhl-Plage.

⑩ Bester Winterstrand
Menton ist der wärmste Ferienort der Riviera mit ganzjährigem Sonnenschein – ideal für einen Winterurlaub.

Die Riviera mit ihren großen, traditionellen Badeorten und den abgeschiedenen, goldfarbenen Stränden ist das beliebteste Ziel von Sonnenanbetern.

An der Côte Varoise gibt es Strände für jeden Geschmack sowie Familienurlaubsorte, Fischerhäfen und Schnorchelmöglichkeiten.

Die Estérel-Küste reicht von Cannes bis St-Raphaël. Typisch sind ihre roten Klippen und Felsen, die Schluchten und die abgeschiedenen Buchten.

Das Jahr in der Provence

Frühling ist wohl die schönste Zeit in der Provence. Der betörende Blütenduft erfreut Einheimische und Urlauber, Parfumherstellern verspricht er hohe Gewinne. Wegen des starken Mistrals kann es allerdings recht kalt sein. Im Sommer bieten die Märkte eine Vielzahl an Obst und Gemüse. In der Hochsommerhitze brennen die St-Jean-Feuer. Die Ebene von Valensole ist lavendelfarben gestreift – die typische Farbe in der Provence. Einheimische und Urlauber strömen im Juli und August zu den vielen Musikfestivals in der Region. Im Herbst färben sich die Weinberge kupfern – die Weinlese beginnt. Ab Dezember liegt Schnee auf den Bergen, Skiläufer bevölkern die Pisten. Im Verlauf des Jahres hält jede Stadt, jedes Dorf ein Fest ab. Auskünfte erteilen die örtlichen Fremdenverkehrsbüros *(siehe S. 237)*.

Féria Pascale in Arles *(Apr)*

Frühling

Anfang März sind die Zitronen bereits geerntet und die Mandelblüten abgefallen. Birnen-, Pflaumen- und Aprikosenblüten erfreuen jetzt den Betrachter, auch das erste Frühgemüse kommt auf den Markt: Bohnen, Spargel und *mourre de gats*, grüne Artischocken. Ab Mai sorgen die ersten reifen Kirschen und Erdbeeren für weitere Farbtupfer auf den Obstmärkten.

Die von der Sonne erwärmten Südhänge der Gebirge bringen alpine Blumen hervor, während die Nordhänge winterlich bleiben. Der Ginster verfärbt sich tiefgelb, Bienen sammeln Honig aus süß duftenden Rosmarinblüten. Schafherden wandern zu den Sommerweiden hinauf. Auf den weiten Ebenen sprießen allmählich Mais, Weizen und Raps aus der wärmer und weicher werdenden Erde.

März

Exposition Internationale de la Fleur *(Apr)*, Cagnes-sur-Mer *(siehe S. 82)*. Eines der zahlreichen Blumenfeste.
Festin des Courgourdons *(letzter So)*, Nizza *(siehe S. 88f)*. Folklorefest mit bunten Kalebassen.

April

Procession aux Limaces *(Karfreitag)*, Roquebrune-Cap-Martin *(siehe S. 102)*. Die Straßen sind von Muschellampen erleuchtet, eine Parade Einheimischer, als Jünger und Legionäre gekleidet, stellt die Grablegung Christi nach.
Fête de la St-Marc *(Ende Apr)*, Châteauneuf-du-Pape *(siehe S. 168)*. Weinfest. (Die Weinernte wird am ersten Wochenende im August gesegnet.)
Féria Pascale *(Ostern)*, Arles *(siehe S. 148 – 150)*. Die Bewohner der Stadt tragen ihre Traditionstracht für die *féria*. Zu Beginn der Stierkampfsaison tanzen sie die *farandole*, begleitet von den Klängen der *galoubet*-Flöte.

Mai

Fête des Gardians *(1. Mai)*, Arles *(siehe S. 148 – 150)*. Die Stadt wird von den *gardians*, den Hirten der Camargue, beherrscht.
Pèlerinage des Gitans avec Procession à la Mer de Sainte Sarah *(24., 25. Mai)*, Stes-Maries-de-la-Mer *(siehe S. 228f)*.
Festival International du Film *(2 Wochen im Mai)*, Cannes *(siehe S. 72f)*. Das prestigeträchtigste Filmfestival des ganzen Jahrs.
La Bravade *(16. – 18. Mai)*, St-Tropez *(siehe S. 228)*.
Fête de la Transhumance *(Ende Mai – Anfang Juni)*, St-Rémy *(siehe S. 144f)*. Fest zum Almauftrieb der Schafherden.
Grand Prix Automobile de Formule 1 *(Wochenende nach Christi Himmelfahrt)*, Monaco *(siehe S. 98)*. Das einzige Grand-Prix-Rennen auf öffentlichen Straßen über 3,34 Kilometer.
Féria *(Pfingsten)*, Nîmes *(siehe S. 136f)*. Der erste große Stierkampf im Jahr findet im Amphitheater Les Arènes statt.

Stierkampf bei der Féria de Nîmes, Les Arènes in Nîmes *(Mai)*

DAS JAHR IN DER PROVENCE: FRÜHLING UND SOMMER | 37

Durchschnittliche tägliche Sonnenstunden

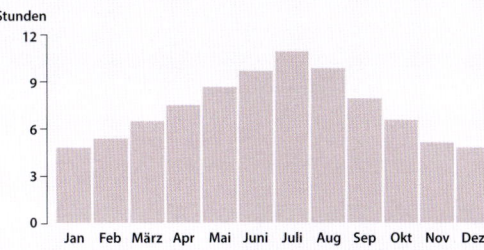

Sonnenschein
Die Sommermonate sind garantiert heiß, mit den höchsten Temperaturwerten im Juli. Selbst im Winter scheint die Sonne in manchen Küstenstädten monatlich bis zu 150 Stunden. Aber Vorsicht: Häufig verjagt der Mistral, ein kalter Fallwind aus dem Norden, zu Frühlingsbeginn die Wolken.

Sommer
Die Côte d'Azur ist hauptsächlich im Sommer ein Tummelplatz für Urlauber, vor allem im August, wenn die Franzosen Urlaub machen. Floßfahrer bevölkern die Flüsse, Sporttaucher erforschen das Meeresleben. Musikfestivals sorgen für Unterhaltung.

Drei große nationale Feiertage sind die **Fête de St-Jean** (24. Juni) mit nächtlichem Feuerwerk und Freudenfeuer, der **Nationalfeiertag** (14. Juli) mit Feuerwerk sowie **Mariä Himmelfahrt** (15. Aug) mit weiteren Feierlichkeiten.

Fête de St-Jean mit Feuerwerk über dem Hafen von Marseille *(24. Juni)*

Juni
Fête de la Tarasque *(letztes Wochenende)*, Tarascon *(siehe S. 144)*. Die Tarasque, ein Ungeheuer in Gestalt eines Drachen, wütete in der Gegend, bis sie von der hl. Martha gezähmt wurde. Eine Nachbildung der Tarasque wird durch die Stadt geführt.
Festival International d'Art Lyrique *(Juni / Juli)*, Aix-en-Provence *(siehe S. 152f)*. Aufführungen von klassischen Konzerten und Opern.

Die legendäre Tarasque *(Juni)*

Juli
Festival de la Sorgue *(Wochenenden im Juli)*, Fontaine-de-Vaucluse und L'Isle-sur-la-Sorgue *(siehe S. 169)*. Konzerte, Regatten, schwimmende Märkte auf der Sorgue.
Festival d'Avignon *(Mitte – Ende Juli)*, Avignon *(siehe S. 229)*.

Chorégies d'Orange *(den ganzen Monat)*, Orange. Opernaufführungen im Römischen Theater *(siehe S. 166f)*.
Jazz à Juan *(Mitte – Ende Juli)*, Juan-les-Pins *(siehe S. 76)*. Eines der Spitzen-Jazzfestivals der Provence.
Jazz à Toulon *(Mitte Juli – Anfang Aug)*, Toulon *(siehe S. 116f)*. Kostenlose Open-Air-Konzerte in der Stadt.
Recontres Internationales de la Photographie *(Juli – Sep)*, Arles *(siehe S. 148–150)*. Die Nationale Schule für Fotografie entstand 1982 aus diesem Festival.

August
Corso de la Lavande *(1. Wochenende)*, Digne-les-Bains *(siehe S. 229)*.
Fête de la Véraison *(Anfang Aug)*, Châteauneuf-du-Pape *(siehe S. 168)*. Mittelalterliche Festivitäten mit 200 Schauspielern, Musik, Tanz und Weinständen zum Probieren.

Fête du Jasmin *(1. Wochenende)*, Grasse *(siehe S. 70f)*. Umzüge, Musik, und Tanz.
Procession de la Passion *(5. Aug)*, Roquebrune-Cap-Martin *(siehe S. 102)*. Seit der Befreiung der Stadt von der Pest 1467 wird alljährlich die Christus-Passion mit über 500 Einwohnern aufgeführt.
Le Festival de Musique *(den ganzen Monat)*, Menton *(siehe S. 102f)*. Kammermusik auf öffentlichen Plätzen.

Urlauber an den überfüllten Stränden der Côte d'Azur

Durchschnittliche monatliche Niederschläge

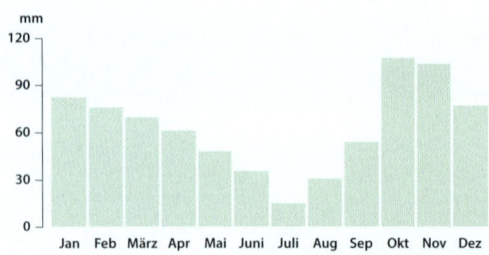

Niederschläge
Frühling und Herbst sind am niederschlagsreichsten, mit höheren Werten im Landesinneren. Heftige Novemberregen mit Stürmen führen häufig zu sintflutartigen Überschwemmungen. Dagegen herrscht in den heißen und ariden Sommermonaten in manchen Waldgebieten Dürre.

Herbst
Nach den Sommerferien beginnt in den Weinbergen die Trauben- und in der Camargue die Reisernte. Die Walnüsse werden gepflückt, im Maures-Gebiet sammelt man Esskastanien. Die Wälder sind reich an Pilzen. In der Vaucluse wie im Var werden in Eichenwäldern kostbare Trüffeln geerntet und – z. B. in Richerenches – verkauft.

Im November beginnt die Jagdzeit. Enten und Vögel wie Drosseln stehen auf der Jagdliste ganz oben. Die Klauen erlegter Wildschweine werden als Talisman aufbewahrt. Die Hirten treiben die Schafe zu ihren Winterweiden.

Traubenpflückerin während der Lese

Schwein und Bauer auf Trüffelsuche in der Haute-Provence

September
Fête des Prémices du Riz *(Anfang Sep)*, Arles *(siehe S. 148–150)*. Dieses Fest der Reisernte fällt mit den letzten Stierkämpfen zusammen.

Féria des Vendanges *(2. Woche)*, Nîmes *(siehe S. 136f)*. Wein, Tanz und Stierkämpfe.

Festival de la Navigation de Plaisance *(Mitte Sep)*, Cannes *(siehe S. 72f)*. Yachten aus aller Welt versammeln sich im Hafen.

Fête du Vent *(Mitte Sep)*, Marseille *(siehe S. 154–156)*. Drachen aus aller Herren Länder steigen zwei Tage lang an den Plages du Prado.

Oktober
Fête de Sainte Marie Salomé *(So vor dem 22. Okt)*, Stes-Maries-de-la-Mer. Ein mit der Roma-Wallfahrt vom Mai *(siehe S. 228f)* vergleichbares Fest mit Umzug durch die Straßen und ritueller Segnung des Meers.

Foire Internationale de Marseille *(Ende Sep – Anfang Okt)*, Marseille *(siehe S. 154–156)*. Tausende Besucher strömen zur jährlichen Messe mit ihrem reichen Veranstaltungsprogramm, u. a. Sportdarbietungen, Handwerk, Musik und Folklore aus über 40 Ländern.

November
Fête du Prince *(19. Nov)*, Monaco *(siehe S. 94–98)*. Der Nationalfeiertag des Fürstentums wird mit einem Feuerwerk über dem Hafen gefeiert.

Festival International de la Danse *(alle ungeraden Jahre Ende Nov/Anfang Dez)*, Cannes *(siehe S. 72f)*. Das Festival zeitgenössischen Tanzes und Balletts wartet mit einem imposanten Programm internationaler Darbietungen auf.

Künstler auf dem Festival International de la Danse in Cannes *(Nov)*

Durchschnittliche monatliche Temperaturen

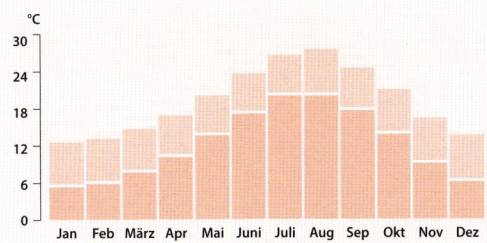

Temperaturen
Der eisige Mistral prägt die Temperaturen maßgeblich. Im Winter und im Vorfrühling können sie in nur wenigen Stunden um 10 °C sinken, deshalb muss man noch im Frühjahr mit Spätfrost rechnen. Die unerträgliche Sommerhitze lässt abends etwas nach, dann ist es im Freien sehr angenehm.

Winter
Ein provenzalisches Sprichwort lautet: »L'hiver a ges d'ouro« (»Der Winter kennt keine Stunden«). Nun ist es Zeit, die Marmeladengläser vom Sommer zu öffnen, Gänse- und Enten-*confits* zu bereiten und die Oliven zu Öl zu verarbeiten. Bald sind die Gebirgspässe eingeschneit und die Skigebiete bevölkert. Weihnachten kündigt sich durch die *santons* an, Figuren, mit denen die Krippen bestückt werden. Der Dreikönigstag ist ein wichtiger Festtag, an dem mit kronenförmigem Gebäck der drei Heiligen gedacht wird.

Entspannung unter der Wintersonne, Alpes-de-Haute-Provence

Dezember
Foire aux Santons *(den ganzen Monat)*, Marseille *(siehe S. 154–156)*. Der größte Markt für die typischen weihnachtlichen Tonfiguren.
Fête du Vin *(Anfang Dez)*, Bandol *(siehe S. 116)*. Alle Weinbauern der Stadt haben ihren eigenen Stand mit kostenloser Weinprobe. Jedes Jahr wird ein anderes Motto gewählt und mit entsprechenden Veranstaltungen zelebriert.
Noël und Mitternachtsmesse *(24. Dez)*, Les Baux-de-Provence *(siehe S. 146f)*. Traditionelles Hirtenfest vor der Mitternachtsmesse.

Januar
Rallye de Monte-Carlo *(Ende Jan, siehe S. 96f)*. Bedeutendes Motorsportereignis.
Festival du Cirque *(Ende Jan)*, Monaco *(siehe S. 98)*. Zirkusdarbietungen mit Teilnehmern aus aller Welt.

Februar
Fête du Citron, *(Ende Feb – Anfang März)*, Menton *(siehe S. 102f)*. Umzüge und Musik während des Zitronenfestes.
Fête du Mimosa *(2. So)*, Bormes-les-Mimosas *(siehe S. 120f)*. Fest zu Ehren der Lieblingsblume der *villages perchés*.
Carnaval de Nice *(Mitte – Ende Feb)*, Nizza. Umzüge, Blumenschlacht, Kostüme, Musik und Tänzer *(siehe S. 228)*.

Feiertage
Jour de l'an Neujahr *(1. Jan)*
Pâques Ostern *(März/Apr)*
Ascension Christi Himmelfahrt *(6. Do nach Ostern)*
Pentecôte Pfingsten *(2. So und Mo nach Christi Himmelfahrt)*
Fête du Travail Tag der Arbeit *(1. Mai)*
Fête de la Victoire Tag des Waffenstillstands 1945 *(8. Mai)*
14. Juillet Nationalfeiertag *(14. Juli)*
Assomption Mariä Himmelfahrt *(15. Aug)*
Toussaint Allerheiligen *(1. Nov)*
Armistice Tag des Waffenstillstands von 1918 *(11. Nov)*
Noël Weihnachten *(25. Dez)*

Taj-Mahal-Nachbildung auf der Fête du Citron in Menton *(Feb)*

Die Geschichte der Provence

Nur wenige Gegenden Frankreichs haben eine so bewegte Geschichte wie die Provence. Die Mittelmeerküste und das Hinterland zählen mit zu den ältesten Siedlungsgebieten der Menschheit. Felsmalereien, Werkzeuge und Waffen verweisen auf Nomadenstämme und Siedlungen um 300 000 v. Chr.

Um 600 v. Chr. begann die griechische Kolonisation. Die Einführung der Weinrebe wird den Phöniziern und Griechen zugeschrieben. Als »Gallia Narbonensis« wurde Südfrankreich im 2. Jahrhundert v. Chr. römische »Provinz« – daher stammt auch der spätere Name »Provence«. Nur wenige Regionen des einstigen Römischen Reichs haben so viele imposante Bauwerke bewahrt. Das Theater in Orange, die Arenen von Arles und Nîmes, der Pont du Gard und der Trophée in La Turbie sind Zeugnisse jener Epoche.

Das Mittelalter war eine stürmische Zeit der Kriege und Invasionen. Die vielen befestigten Bergdörfer dienten – oft vergeblich – der Verteidigung. Das Papsttum prägte das 14. Jahrhundert, der von den Päpsten in Avignon erbaute Palast steht noch heute. Auch die Künste erblühten, vor allem unter König René in der Residenzstadt Aix. Nach seinem Tod 1480 verlor die Provence ihre Unabhängigkeit. Die Religionskriege forderten einen hohen Preis. 1720 tötete die Große Pest von Marseille in der Provence Zehntausende.

Das Klima und die verbesserten Reisemöglichkeiten im 19. Jahrhundert begannen, Künstler und den Adel anzulocken. Fischerdörfer entwickelten sich im Lauf der Jahrzehnte zu mondänen Seebädern. Mittlerweile haben verstärkte Investitionen der Provence auch im technologischen Bereich einen markanten Strukturwandel beschert.

Karte von Marseille mit Hafen im 16. Jahrhundert

◀ Ausschnitt aus einer Handschrift aus dem 13. Jahrhundert: Ein Troubadour spielt am königlichen Hof

Frühgeschichte und Antike

Felszeichnungen, Bildfragmente und Überreste primitiver Behausungen deuten darauf hin, dass die Provence bereits vor einer Million Jahren besiedelt war. Felsmalereien in der Grotte de l'Observatoire von Monaco und in der Grotte Cosquer bei Marseille gehören weltweit zu den ältesten ihrer Art. Nomadenstämme, insbesondere Kelten und Ligurer, durchwanderten jahrhundertelang das Land. Erst mit der Ankunft der Phönizier und Griechen wurde der Handel strukturierter, das provenzalische Gesellschaftsgefüge erhielt festere Züge.

»Doppelkopf«
Diese Steinfigur (3. Jh. v. Chr.) schmückte vermutlich ein keltisches Heiligtum.

Die Bories von Gordes gehen vermutlich auf 3500 v. Chr. zurück.

Keltischer Eingang
In den Säulen (3. Jh. v. Chr.) wurden die Schädel keltischer Helden aufbewahrt.

Die Grotte des Fées bei Gordes enthält prähistorische, oft an moderne Astrologiesymbole erinnernde Felsritzungen.

Gründung von Marseille

Als griechische Handelsschiffe 600 v. Chr. anlegten, gab ihr Kapitän Protis ein Fest zu Ehren von Gyptis, der Tochter des dortigen Oberhaupts. Gyptis wählte Protis zum Ehemann und erhielt als Mitgift den Landstreifen, auf dem später Marseille entstand.

Von St-Blaise, einem griechischen Handelszentrum, gibt es nur wenige Reste.

Die Grotte Cosquer birgt 30 000 Jahre alte Malereien und ist nur vom Meer aus zugänglich.

Weinkrüge griechischer Herkunft ab 1000 v. Chr. wurden in den Calanques bei Marseille gefunden.

---

1 Mio. v. Chr. Erste Menschen in der Grotte de l'Observatoire in Monaco. Gebrauch von Knochen als Werkzeug

400 000 v. Chr. Erster Gebrauch von Feuer in der Region Nizza

60 000 v. Chr. Neandertalergruppen leben als Jäger an der Riviera

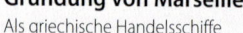

| 1 Mio. v. Chr. | 5000 v. Chr. | 4500 v. Chr. | 4000 v. Chr. | 3500 v |

30 000 v. Chr. Erste Zeugnisse des *Homo sapiens*. Höhlenmalerei in der Grotte Cosquer

3500 v. Chr. Erste *bories*

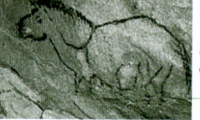

Höhlenmalerei in der Grotte Cosquer

FRÜHGESCHICHTE UND ANTIKE | 43

Vallée des Merveilles
Zwischen 2500 und 2000 v. Chr. entstanden etwa 100 000 Felsritzungen, darunter diese hexenähnlichen, als *orants* bekannten Figuren.

Vallée des Merveilles: Petroglyphen deuten darauf hin, dass der Mont Bégo ein Kultzentrum war.

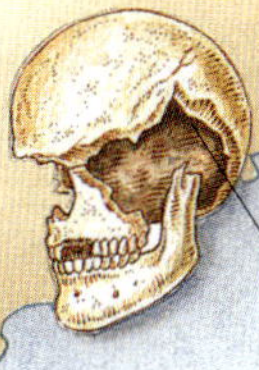

Die Grotte de l'Observatoire in Monaco zeugt von rituellen Menschenbestattungen in prähistorischer Zeit.

Der »Märchenstein«, *Péiro de la fado* auf Provenzalisch, ist der einzige echte prähistorische Dolmen der Provence.

Antike Stätten der Provence
Die meisten Stätten liegen an der Küste, es gibt aber auch einige Siedlungen im Landesinneren bei Tende, im Luberon und in der unzugänglichen, 2500 Meter hoch gelegenen Vallée des Merveilles (siehe S. 101).

Frühgeschichte der Provence

Das Musée Archéologique in Nîmes *(siehe S. 136f)* besitzt eine ausgezeichnete Sammlung antiker Artefakte. Die Bories im Luberon *(siehe S. 173)* deuten auf frühe Dorfgemeinschaften hin. Die Grotte de l'Observatoire in Monaco *(siehe S. 98)* ist ein Beispiel noch ursprünglicherer Besiedlung.

Bories-Dorf in Gordes
In den Steinbehausungen *(siehe S. 173)* wohnten jahrhundertelang Nomadenhirten.

Grotte de l'Observatoire
Hier freigelegte Skelette zeigen eine Verwandtschaft zu südafrikanischen Stämmen.

Steindenkmäler
Prähistorische Stelen wie dieser Reliefstein aus dem Luberon finden sich überall in der Provence.

3000 v. Chr.	2500 v. Chr.	2000 v. Chr.	1500 v. Chr.	1000 v. Chr.	500 v. Chr.

2500–2000 v. Chr. Felsritzungen in der Vallée des Merveilles

Hannibal bei der Überquerung der Alpen

380 v. Chr. Kelteneinfälle in der Provence

2000 v. Chr. Grabverzierungen in Gordes

600 v. Chr. Griechische Händler siedeln sich in St-Blaise an. Gründung von Marseille

218 v. Chr. Hannibal durchquert die Region auf dem Weg nach Italien

Gallorömische Zeit

Gegen Ende des 2. Jahrhunderts v. Chr. dehnten die Römer ihr Imperium auf die Provence aus. Die Beziehungen zur Bevölkerung waren gut, innerhalb eines Jahrhunderts entstand eine wohlhabende Provinz. Nîmes und Arles zählten zu den bedeutendsten römischen Städten außerhalb Italiens. Kolonien in Glanum und Vaison-la-Romaine blühten. Viele Monumente sind erhalten. Museen wie in Vaison-la-Romaine zeigen kleinere römische Schätze. Vermutlich brachten frühe Christen, die um 40 n. Chr. in Les Saintes-Maries-de-la-Mer anlegten, das Christentum in die Region.

Pont Julien (3 v. Chr.)
Diese gut erhaltene dreibogige Brücke steht acht Kilometer westlich von Apt.

Die Zwillingstempel (20 v. Chr.) wurden für Kaiser Augustus und seine Adoptivsöhne Caius und Lucius errichtet.

Marmorsarkophag (4. Jh. v. Chr.)
Die Alyscamps in Arles *(siehe S. 150)*, einst eine riesige Totenstadt, beherbergen viele gemeißelte Marmor- und Steinsarkophage.

Triumphbogen in Orange
Der etwa um 20 v. Chr. erbaute römische Triumphbogen ist trotz vieler Restaurationen einer der besterhaltenen. Reliefs schildern die Eroberung Galliens und zeigen Kampfszenen auf See.

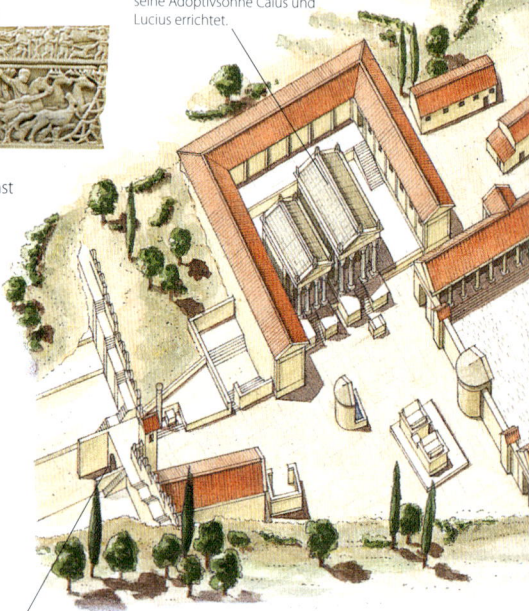

Das befestigte Tor soll die erste Griechengemeinde errichtet haben, die Glanum ab dem 4. Jahrhundert v. Chr. besetzte.

Römisches Glanum
Die eindrucksvolle Ruinenstätte enthält Reste römischer und griechischer Siedlungen. Die Rekonstruktion zeigt sie nach ihrem Wiederaufbau durch die Römer im Jahr 49 n. Chr.

118 v. Chr. Erste gallorömische Provinz

125 v. Chr. Keltisch-ligurische Angriffe auf Marseille

Konsul Marius

49 v. Chr. Julius Caesar belagert Marseille, das Partei für Pompejus ergriffen hatte; Römer bauen Glanum wieder auf

40 v. Chr. Vaison-la-Romaine zählt zu den wohlhabendsten Städten des römischen Gallien

Venus von Arles (2. Jh. v. Chr.)

100 v. Chr.		1 n. Chr.		100

123 v. Chr. Entremont wird erste römisch-provenzalische Siedlung

102 v. Chr. Konsul Marius besiegt einfallende Germanenstämme; über 200 000 Tote

121 v. Chr. Gründung von Aquae Sextiae (Aix-en-Provence)

3 v. Chr. Bau des Pont Julien

14 v. Chr. Kaiser Augustus besiegt Ligurer in den Alpes Maritimes; Trophée in La Turbie *(siehe S. 93)*

40 n. Chr. »Boot von Bethanien« legt in Les Stes-Maries-de-la-Mer an

GALLORÖMISCHE ZEIT | 45

Les Stes-Maries-de-la-Mer
Maria Magdalena, Maria Salome und Maria Jacobäa sollen 40 n.Chr. hierhergesegelt sein. Die Stadt, wo sie an Land gingen, trägt ihre Namen und ist noch heute ein Wallfahrtsort *(siehe S. 142)*.

Gallorömische Provence

Arles *(siehe S. 148–150)* und Nîmes *(siehe S. 136f)* sind mit ihren Amphitheatern, den religiösen und weltlichen Bauten reich an Beispielen römischer Kultur. Orange *(siehe S. 165)* und Vaison-la-Romaine *(siehe S. 162)* besitzen wichtige Denkmäler, Pont du Gard *(siehe S. 135)* und Trophée des Alpes *(siehe S. 93)* sind einzigartig.

Théâtre Antique d'Orange
Das Römische Theater von Orange bietet bis zu 7000 Zuschauern Platz *(siehe S. 166f)*.

Kryptoportikus
Die hufeisenförmigen unterirdischen Galerien des Forums in Arles dienten vermutlich als Kornspeicher *(siehe S. 150)*.

Die Thermen bestanden aus drei Räumen mit unterschiedlich temperierten Becken.

Das Forum, zentraler Handelsplatz der römischen Stadt, war von einer überdachten Galerie umgeben.

Schmuck aus Vaison-la-Romaine
Dieser Schmuck aus dem 1. Jahrhundert n.Chr. wurde bei Ausgrabungen in der römischen Totenstadt entdeckt.

Römische Flasche
Gut erhaltene antike Gebrauchsgegenstände und Glaswaren wurden in vielen Gegenden der Provence gefunden.

---

312 Konstantin wird getauft; das Ereignis markiert den Beginn des Christentums im römischen Arles

413 Westgoten nehmen das Languedoc ein

476 Zerfall des Weströmischen Reichs

200 — **300** — **400** — **500**

300 Höhepunkt Arles' als bedeutende römische Stadt; kunsthistorisch wichtige Marmor- und Steinsarkophage entstehen

Abbaye St-Victor, 416 in Marseille gegründet

Mittelalter

Mit dem Zerfall des Römischen Reichs begannen Stabilität und Wohlstand zu schwinden. Obwohl die Provence Teil des Heiligen Römischen Reiches war, behielten die jeweiligen Grafen beträchtliche Autonomie und die Städte große Unabhängigkeit. Die Menschen zogen sich zum Schutz vor Übergriffen auf die Berggipfel zurück, wo viele *villages perchés* (siehe S. 24f) entstanden. Die Provence wurde Hauptstützpunkt für Kreuzfahrer, die die muslimischen Gebiete im östlichen Mittelmeerraum für die Christenheit erobern wollten.

Die großen Stadtbefestigungen waren um 1300 – 30 Jahre nach dem Tod von Louis IX – endgültig fertiggestellt. Sie waren 1,6 Kilometer lang und bildeten ein fast perfektes Rechteck.

St-Trophime-Relief
Das monumentale Portal von St-Trophime in Arles *(siehe S. 148)* aus dem 12. Jahrhundert ist mit filigranen Reliefs von Heiligen und Szenen des Jüngsten Gerichts verziert.

Louis IX besaß eine 35 000 Mann starke Armee mit Pferden und Militärausrüstung.

Louis IX

Hl. Martha und die Tarasque
Die Legende von der hl. Martha und der Tarasque (9. Jh.), einem Drachen, belegte die Macht des Christentums: Die Heilige soll das Tier mit Gesängen und Weihwasser in den Tod gelockt haben *(siehe S. 144)*.

Der Sechste Kreuzzug
In der Absicht, die Muslime aus dem Heiligen Land zu vertreiben, lief König Louis IX von Frankreich im Jahr 1248 unter Fahnenschwenken und Militärgesängen von seinem neuen Hafen Aigues-Mortes (siehe S. 138f) aus.

536 Herrschaft der Franken

737–39 Karl Martell unterdrückt antifränkische Aufstände in Avignon, Marseille und Arles

855 Schaffung des Königreichs Provence für Karl den Kahlen, den Enkel Karls des Großen

949 Aufteilung der Provence in vier Grafschaften

600 — 700 — 800 — 900

Sarazenenkrieger und provenzalisches Mädchen

800 Erste Welle von Sarazenenübergriffen

Karl der Kahle

924 Ungarn plündern Nîmes

MITTELALTER | 47

Troubadoure in Elfenbein (um 1300)
Die Dichtung der Troubadoure erzählt, wie Ritter mit Geduld und Geschick tugendhafte Frauen umwarben.

Mittelalterliche Provence

Höhepunkte sind romanische Abteien und Kirchen wie die »drei Schwestern« in Silvacane *(siehe S. 151)*, Le Thoronet *(siehe S. 112)* und Sénanque *(siehe S. 168f)*. Villages perchés wie Gordes *(siehe S. 173)* und die Zitadelle (10. Jh.) in Les Baux-de-Provence *(siehe S. 146)* zeugen von den Unruhen und der Gewalt, die diesen Abschnitt der Geschichte prägten.

Kapelle Notre-Dame-de-Beauvoir
Am oberen Ende eines Wegs von Moustiers *(siehe S. 190)* steht die Kapelle mit romanischem Vordach und Mittelschiff.

Les Pénitents des Mées
Sie sollen Mönche sein, die beim Anblick sarazenischer Frauen zu Stein erstarrten *(siehe S.185)*.

1500 Schiffe liefen am 28. August 1248 aus. Ziel war das Heilige Land.

Fresko des hl. Christophorus
Die Tour Ferrande in Pernes-les-Fontaines *(siehe S. 168)* enthält religiöse Fresken von 1285 – mit die ältesten in Frankreich.

Abtei Silvacane (1175–1230)
Die strenge Zisterzienserabtei war das letzte große romanische Kloster der Provence.

---

974 Sieg über die Sarazenen in La Garde-Freinet

Siegel Simon de Montforts

1213 Schlacht von Muret: De Montfort besiegt den Grafen von Toulouse und den König von Aragon

1209 Simon de Montfort marschiert in die Provence ein

1246 Charles I d'Anjou heiratet Béatrice, Erbin der Provence, und wird Graf der Provence

1248 Louis IX schifft sich für den Sechsten Kreuzzug in Aigues-Mortes ein

1000	1100	1200	1300

1032 Die Provence wird Teil des Heiligen Römischen Reichs

1096–99 Erster Kreuzzug

1112 Raymond-Bérenger III, Graf von Barcelona, heiratet die Herzogin der Provence

1125 Provence zwischen Barcelona und Toulouse aufgeteilt

1186 Unter den Grafen der Provence wird Aix Hauptstadt

1187 Gebeine der hl. Martha in Tarascon entdeckt

1274 Papstturm erwirbt Comtat Venaissin

1280 Fund der Gebeine von Maria Magdalena in St-Maximin-la-Ste-Baume

1295 Tod von Guiraut Riquier, dem »Letzten Troubadour«

Avignon zur Zeit der Päpste

Als der Papst zeitweise aus dem von Kriegen zerrissenen Italien floh, wurde Avignon Mittelpunkt der römisch-katholischen Welt. Von 1309 bis 1377 regierten sieben französische Päpste. Als mit Urban VI. ein neuer italienischer Papst gewählt wurde, rebellierten die französischen Kardinäle. 1378 wählten sie Clemens VII. zum Gegenpapst und verursachten damit das bis 1403 dauernde Große Schisma. Während des 14. Jahrhunderts entwickelte sich der päpstliche Hof zum Zentrum für Wissenschaft und Kunst.

Das Palais Vieux (1334–42), von Benedikt XII. im typisch strengen Zisterzienserstil erbaut, gleicht eher einer Festung als einer Kirche.

Kreuzgang Benedikts XII.

Grand Tinel

Konsistoriumssaal

Großer Innenhof

Papstthron
Das Papstgemach enthält Nachbildungen des Originalmobiliars aus dem 14. Jahrhundert wie diesen geschnitzten Holzthron.

Fresko mit Propheten (1344/45)
Matteo Giovanetti war der Meisterfreskenmaler von Clemens VI. Sein Realismus kontrastiert mit der älteren mittelalterlichen Kunst.

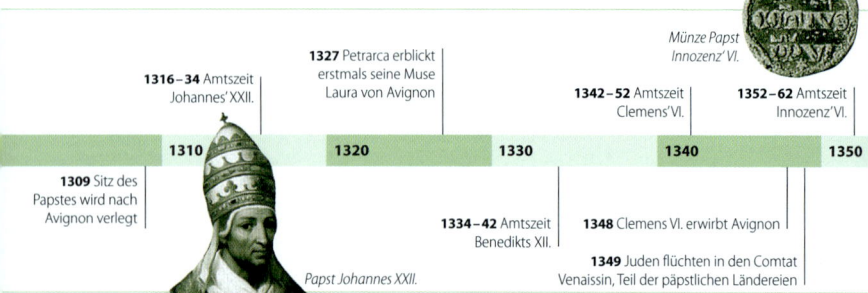

Münze Papst Innozenz' VI.

1316–34 Amtszeit Johannes' XXII.

1327 Petrarca erblickt erstmals seine Muse Laura von Avignon

1342–52 Amtszeit Clemens' VI.

1352–62 Amtszeit Innozenz' VI.

| 1310 | 1320 | 1330 | 1340 | 1350 |

1309 Sitz des Papstes wird nach Avignon verlegt

Papst Johannes XXII.

1334–42 Amtszeit Benedikts XII.

1348 Clemens VI. erwirbt Avignon

1349 Juden flüchten in den Comtat Venaissin, Teil der päpstlichen Ländereien

AVIGNON ZUR ZEIT DER PÄPSTE | 49

Tod von Clemens VI.
Clemens VI. kam nach Avignon, um zu »vergessen, dass er Papst war«. 1348 kaufte er die Stadt für 80 000 Florine und baute das prächtige Palais Neuf.

Provence der Päpste

In Avignon sieht man überall die Zeugnisse religiösen und aristokratischen Prunks. Die Anwesenheit der Päpste samt ihrem Hofstaat – eine Art Mini-Vatikan – ließ Abteien, Kirchen und Kapellen in großer Zahl entstehen. Das Musée du Petit Palais *(siehe S. 172)* umfasst eine Sammlung von Werken jener Künstler, die am päpstlichen Hof wirkten.

Kartause von Villeneuve
Innozenz VI. ließ um 1350 diese Kartause errichten, die älteste Frankreichs *(siehe S. 134)*.

Châteauneuf-du-Pape
Das Schloss von Johannes XXII. (14. Jh.) wurde Zweitresidenz der Päpste. Mauern und Hauptturm stehen noch *(siehe S. 168)*.

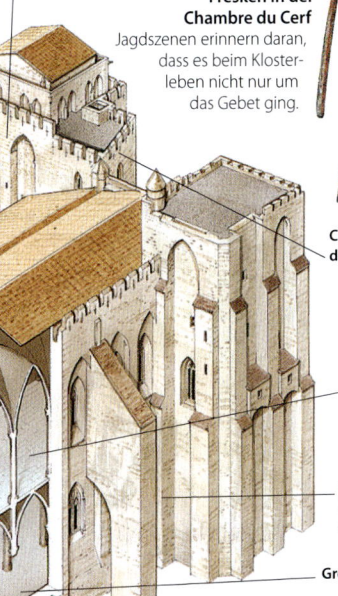

Papstgemach

Fresken in der Chambre du Cerf
Jagdszenen erinnern daran, dass es beim Klosterleben nicht nur um das Gebet ging.

Chambre du Cerf

Die Grande Chapelle umfasst 780 Quadratmeter und enthält den restaurierten Papstaltar.

Das Palais Neuf wurde von 1342–52 unter Clemens VI. erbaut.

Großer Audienzsaal

Palais des Papes
Das Labyrinth von Fluren und Gemächern in dem von 1334–52 erbauten Papstpalast (siehe S. 172) wurde von Künstlern und Handwerkern aus Italien reich verziert. Die Gebäudegröße ist überwältigend.

Petrarca (1304–1374)
Der Renaissance-Dichter hielt das päpstliche Avignon für einen Sumpf der Korruption und eine »Kloake«.

1362–70 Amtszeit Urbans V.

1370–78 Amtszeit Gregors XI.

1378–94 Amtszeit von Gegenpapst Clemens VII.

1394–1409 Amtszeit von Gegenpapst Benedikt XIII.

| 1360 | 1370 | 1380 | 1390 | 1400 |

1363 Die Grimaldis erlangen Monaco zurück

Bildnis Urbans V.

1377 Rom wird wieder Papstsitz

Gegenpapst Benedikt XIII.

1403 Benedikt XIII. flieht aus Avignon

René von Anjou und die Religionskriege

Das späte 15. Jahrhundert war das Goldene Zeitalter für Aix *(siehe S. 152f)*, damalige Hauptstadt der Provence. Unter dem Patronat von König René erblühten Kunst und Kultur, die flämisch beeinflusste Schule von Avignon entstand. Nach dem Tod Renés annektierte Louis XI die Region. Der Verlust der Unabhängigkeit und Verwicklungen in der französischen Politik führten zu Invasionen durch Karl V. Die Religionskriege des 16. Jahrhunderts zwischen den »ketzerischen« Protestanten und den Katholiken hatten Massaker und die Zerstörung vieler Kirchen zur Folge.

Triptychon-Ausschnitt
Renés Lieblingsschloss in Tarascon *(siehe S. 144)* ist hier in realistischem Malstil porträtiert.

König René, selbst Dichter, Maler und Musiker, hatte großen Einfluss auf die Kultur der Provence.

Nostradamus
Der in St-Rémy *(siehe S. 144f)* geborene Arzt und Astrologe ist berühmt für seine Vorhersagen *Les Centuries* (1555).

Massaker an Protestanten und Katholiken
Die Religionskriege waren brutal. Tausende Protestanten wurden 1545 grausam niedergemetzelt. 1567 starben allein 200 Katholiken in Nîmes.

Der brennende Dornbusch
Nicolas Froments Triptychon (1476) war eine Auftragsarbeit für König René. Das Highlight in der Cathédrale de St-Sauveur in Aix stellt die Jungfrau mit Kind dar, umgeben vom brennenden Dornbusch.

König René

1434–80 Regentschaft von René dem Guten

Altaraufsatz aus Avignon

1486 Vereinigung der Provence mit Frankreich

1501 Gründung des Parlaments der Provence

| 1425 | 1450 | 1475 | 1500 |

1481 Charles du Maine, Graf der Provence und Neffe König Renés, übergibt die Provence an den König von Frankreich

1496 Bau eines Militärhafens in Toulon

RENÉ VON ANJOU UND DIE RELIGIONSKRIEGE

Mariä Verkündigung
Der Meister von Aix, ein Künstler aus Renés Zirkel, malte dieses Bild. Düsterer Symbolismus, etwa in den Eulenflügeln des Erzengels Gabriel, prägt hier das für gewöhnlich freudige Thema.

15./16. Jahrhundert

Die Architektur dieser Zeit zeigt sich noch heute in den schönen Stadthäusern und eleganten Straßen von Aix-en-Provence *(siehe S. 152f)* und Avignon *(siehe S. 170–172)*. Das Musée Granet in Aix enthält einige interessante religiöse Gemälde. Eine Sammlung zeitgenössischer Möbel kann man im Musée Grobet-Labadié in Marseille besichtigen *(siehe S. 155)*.

Château de Tarascon
Der Wiederaufbau des Schlosses *(siehe S. 144)* wurde von Louis II begonnen und von seinem Sohn René vollendet.

Der Dornbusch, brennend, aber nicht verbrennend, war ein heidnisches wie auch ein christliches Symbol für ewiges Leben.

Karl V. **(Gemälde Tizians)**
Zwischen 1524 und 1536 griff Karl V. in seinem Krieg gegen Frankreich häufig die Provence an.

Die Heiligen hinter Königin Jeanne sind der Evangelist Johannes, Katharina von Alexandrien und Nikolaus von Myra.

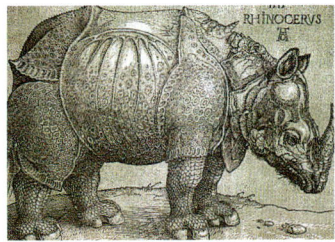

Rhinocerus **(Holzschnitt von Albrecht Dürer)**
1516 beherbergte das Château d'If in Marseille *(siehe S. 156)* für kurze Zeit das erste Nashorn Europas. Es war ein Geschenk für den Papst, starb jedoch auf der Reise.

Königin Jeanne, Renés zweite Frau, kniet im Gebet.

Moses lauscht der Verkündigung von Gottes Wort durch einen Engel.

1525 Juden im Comtat Venaissin sind gezwungen, gelbe Hüte zu tragen	**1545** Massaker an Protestanten in den Dörfern des Luberon	**1577** Erste Seifenfabrik in Marseille	**1598** Edikt von Nantes beendet die Religionskriege
1525	**1550**	**1575**	**1600**
1524 Invasion Karls V.	**1562** Beginn der Religionskriege		

Martyrium von Protestanten

Absolutismus

Im 17. und 18. Jahrhundert erlebte die Provence ein Erstarken des Nationalbewusstseins. Städte entstanden, grandiose Denkmäler, Stadtresidenzen *(hôtels)* und Schlösser wurden gebaut. Doch trotz Entwicklung der Textilindustrie und Vergrößerung der Häfen von Toulon und Marseille war es für viele eine düstere Zeit, die in der verheerenden Pest von 1720 ihren Höhepunkt fand. Der Sturm auf die Bastille 1789 war Auslöser für Volksaufstände und Revolutionsmärsche nach Paris.

Pavillon de Vendôme
Jean-Claude Rambot schuf die Atlanten für dieses Bauwerk (1667) in Aix *(siehe S. 152f)*.

Bootsbau in Toulon
Der Marinestützpunkt Toulon war berühmt für seinen Bootsbau. An ihre Ruder gekettete Galeerensklaven galten im 17. Jahrhundert als Attraktion.

Die letzte Pest forderte über 100 000 Tote.

Leichen wurden zu den Massengräbern gekarrt.

Die Große Pest
Die Vue du Cours pendant la Peste *von Michel Serre stellt die 1720 von einem syrischen Frachter nach Marseille eingeschleppte Pest dar. Über die Hälfte der Bevölkerung starb. Jeder Kontakt zur Stadt war verboten, gewaltige Mauern wurden gebaut. Dennoch breitete sich die Epidemie bis nach Aix, Arles und Toulon aus.*

Santon-Krippenbild
Krippen mit *santons* (»Kleine Heilige«) wurden erstmals nach der Revolution gefertigt, als die Kirchen geschlossen waren. Daraus entstand das beliebte Kunsthandwerk.

1622 Louis XIII besucht Arles, Aix und Marseille

1646 Juden müssen in Ghettos leben, vor allem in Carpentras

1660 Der Sonnenkönig Louis XIV besucht Marseille

1666 Baubeginn des Canal du Midi

Emblem des Sonnenkönigs

1679 Vauban beginnt die Arbeit am Hafen in Toulon

1691 Nizza wird von den Franzosen besetzt

1696 Frankreich gibt Nizza an Savoyen zurück

1707 Englische Belagerung von Toulon misslingt

1707 Eugène von Savoyen dringt in die Provence vor

Louis XIII

1600 — 1625 — 1650 — 1675 — 1700

ABSOLUTISMUS | **53**

Napoléon nimmt Toulon ein
Der Jungoffizier machte sich einen Namen, als er Toulon 1793 von den englischen Besatzungstruppen befreite.

Die Provence während des Absolutismus

Avignon *(siehe S. 170–172)* und Aix *(siehe S. 152f)* besitzen klassische Stadthäuser. Synagogen und Überreste jüdischer Enklaven gibt es in Cavaillon *(siehe S. 174)*, Forcalquier *(siehe S. 186)* und Carpentras *(siehe S. 168)*. Auch die Jardins de la Fontaine (18. Jh.) in Nîmes *(siehe S. 136f)* sind zu besichtigen.

Apotheke in Carpentras
Zum Hôtel-Dieu (Hospital aus dem 18. Jh.) gehören eine Kapelle und eine Apotheke mit Fayence-Apothekertöpfen.

Cours Belsunce, 1670 im italienischen Stil erbaut, war von Bäumen und Barockpalais gesäumt.

Mönche, angeführt von Jean Belsunce, dem Bischof von Marseille, leisteten den Sterbenden Beistand.

Marquis de Vauban
Der geniale Militärarchitekt von Louis XIV befestigte Städte und Häfen, darunter Toulon und Antibes.

Fontaine du Cormoran
Der reliefverzierte Kormoran-Brunnen (18. Jh.) ist der bekannteste der 36 Brunnen in Pernes-les-Fontaines *(siehe S. 168)*.

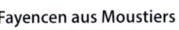

Fayencen aus Moustiers
Die im 17. Jahrhundert von Italien nach Frankreich gebrachte Fayence-Tradition arbeitet mit idyllischen Bildern in zarten Farben.

1713 Im Vertrag von Utrecht wird Orange an Frankreich abgetreten

1718 Nizza wird Teil des neuen Königreichs Sardinien

1791 Avignon und Comtat Venaissin werden an Frankreich angegliedert

1779 Zerstörung des römisches Mausoleums in Aix

1793 Belagerung und Einnahme Toulons macht Napoléon berühmt

| 1725 | 1750 | 1775 | 1800 |

1720 Die Große Pest trifft Marseille und verbreitet sich in der Provence

1771 Parlament in Aix abgeschafft

1787 Seidenernte in der Provence misslingt

1792 Republikaner übernehmen die *Marseillaise*, das Armeelied von Rouget de Lisle

Die Große Pest in Marseille

1789 Sturm auf die Bastille; in der Provence plündern Bauern Schlösser und Klöster

Belle Époque

Ab dem 19. Jahrhundert lockte das angenehme Klima der Provence Besucher an: Künstler, Genesungsuchende, Mitglieder der Königsfamilie, Kurtisanen und viele andere kamen hierher. Eisenbahnlinien, Hotels, exotische Gärten, feudale Villen und die Promenade des Anglais in Nizza entstanden. Königin Victoria, Aga Khan, König Léopold von Belgien, Kaiserin Eugénie, die Frau Napoléons III und Rangälteste der Riviera-Königsfamilie, hielten hier Hof. Künstler genossen Licht und Freiheit gleichermaßen.

Homage à Mistral
Frédéric Mistral gründete 1854 die Félibrige-Gruppe zur Erhaltung der provenzalischen Kultur.

Druckereien in Marseille
Billige Arbeitskräfte, große Papierbestände sowie gute Verbindungen förderten die Entwicklung des Druckgewerbes.

Das Dekor der Belle Époque präferierte verzierte Kronleuchter, Vergoldungen und farbigen Marmor.

Zur High Society gehörten auch die Kurtisanen der reichen und adligen Männer.

Parfum aus Grasse
Modernere Anbau- und Destillationsmethoden begünstigten den Aufschwung der Parfumindustrie im 19. Jahrhundert.

Im Casino von Monte Carlo
Das Gemälde des Casinos stammt von Christian Bokelmann. Monaco war 1850 noch der ärmste Staat Europas, erlebte aber mit der Eröffnung des ersten Casinos in Monte Carlo ab 1856 einen Aufschwung. Die Reichen und Mächtigen strömten herbei, Vermögen wurden gewonnen oder verloren (siehe S. 96f).

1815 Napoléon landet in Golfe-Juan

1830 Beginn des Fremdenverkehrs rund um Nizza

1861 Monaco verkauft Roquebrune und Menton an Frankreich

1860 Nizza stimmt für die Vereinigung mit Frankreich

1800 — 1820 — 1840 — 1860

Paul Cézanne

1839 Bahnlinie Marseille – Sète; Geburt Cézannes

1854 Gründung des provenzalischen Dichterbunds Félibrige

1859 Mistral veröffentlicht sein Versepos *Mirèio*

1869 Öffnung des Suez-Kanals belebt den Handel Marseilles; Bahnlinie wird bis Nizza erweitert

Reblausplage
Die durch Reblausbefall vernichteten Weinstöcke der Provence und ganz Frankreichs wurden durch resistente Pflanzen aus Amerika ersetzt.

Belle Époque

Obwohl zahlreiche der im Stil der Belle Époque errichteten Villen und Palais im Lauf der Zeit verfielen oder ersetzt wurden, sind an der Côte d'Azur noch immer einige erhalten. Das Hotel Négresco in Nizza *(siehe S. 88f)* ist besonders schön. Weitere Bauten sind die Cathédrale Orthodoxe Russe in Nizza, die Villa Ephrussi de Rothschild mit Garten auf dem schicken Cap Ferrat *(siehe S. 90f)* sowie die Villa Kérylos mit ihren üppigen Gärten *(siehe S. 92)* in Beaulieu.

Tourismus
Die gesundheitsfördernde Wirkung von Sonne und Meeresluft wurde Ende des 19. Jahrhunderts erkannt.

InterContinental Carlton
Das 1911 erbaute prunkvolle Riviera-Wahrzeichen in Cannes ist noch immer ein exklusives Hotel mit Blick aufs Meer *(siehe S. 73)*.

Van Gogh in der Provence
In der Klinik St-Paul in St-Rémy *(siehe S. 144f)* malte van Gogh aufwühlende Bilder.

Oper von Monte Carlo
Charles Garnier (1825–1898) entwarf das Opernhaus *(siehe S. 96)* und auch das Casino.

Casinotische wurden manchmal in Schwarz gehüllt, wenn es einem Spieler gelungen war, die Bank zu sprengen.

Casino in Monte Carlo

1879 Eröffnung der Oper in Monte Carlo

1909 Erdbeben mit Zentrum in Rognes (Bouches-du-Rhône) verursacht großflächige Schäden

| 1880 | 1900 | 1920 |

1888–90 Vincent van Gogh arbeitet in der Provence

1904 Mistral erhält für sein Werk den Nobelpreis für Literatur

Kriegszeiten

Nach den wirtschaftlichen Schäden durch den Ersten Weltkrieg brachte der Fremdenverkehr der Provence mehr und mehr Wohlstand. Der Trend zum Urlaub am Meer zog ab den 1920er Jahren Massen nach Cannes und Nizza. Um prominente Besucher wie Noël Coward oder Wallis Simpson zu regelmäßigen Gästen zu machen, bastelte die Provence weiter an ihrem Image als Tummelplatz für Reiche und Berühmte. Die deutsche Besatzung (1942–44) beendete vielerorts das gesellschaftliche Leben. St-Tropez und Marseille erlitten im Lauf des Zweiten Weltkriegs schwere Schäden.

Tourismus
Als Schwimmen und Sonnenbaden am Meer modern wurden, zogen die Seebäder an der Riviera viele neue Besucher an. In den 1930er Jahren entstand eine FKK-Kolonie auf der Île du Levant.

Grand Prix von Monaco
Das Autorennen durch die Straßen des Fürstentums wurde 1929 von Prinz Louis II eingeführt. Es ist immer noch eines der spektakulärsten Formel-1-Rennen.

Wertvolle Munition und Waffen
wurden aus Flugzeugen der Alliierten geworfen oder deutschen Soldaten abgenommen.

Antoine de Saint-Exupéry
Frankreichs legendärer Schriftsteller und Pilot verschwand während eines Aufklärungsflugs am 31. Juli 1944 (siehe S. 33).

Résistance
Nach 1942 war die Widerstandsbewegung in der Provence aktiv. Die Kämpfer oder *maquisards* waren in Marseille und bei der Vorbereitung auf die Landung der Alliierten von 1944 erfolgreich.

Coco Chanel

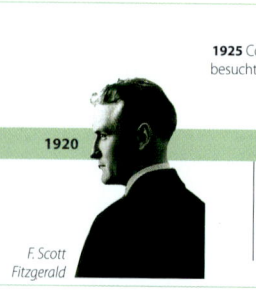

1920

1925 Coco Chanel besucht die Riviera

1925

1924 Scott und Zelda Fitzgerald verbringen ein Jahr an der Riviera

F. Scott Fitzgerald

1928 Schaffung des Camargue-Nationalparks

1930 Der Romanautor D.H. Lawrence stirbt in Vence

1930

1930 Pagnol beginnt mit der Verfilmung der Trilogie *Marius, Fanny* und *César* in Marseille

Die Jahre zwischen den Kriegen

Die etwas schäbigen Vororte von Hyères *(siehe S. 119)* tragen noch Spuren des eleganten Lebens nach dem Ersten Weltkrieg. Im Hafen von Toulon *(siehe S. 116f)* erinnern Kriegsschiffe an die einstige Macht der französischen Marine, das Musée d'Histoire 1939–45 in Fontaine-de-Vaucluse widmet sich der Résistance *(siehe S. 169)*.

Marcel Pagnol (1905–1974)
Pagnol verewigte die Provence und ihre Einwohner in seinen Stücken, Romanen und Filmen *(siehe S. 33)*.

Viele Mitglieder der Résistance hatten die Schule kaum beendet und lernten das Militärhandwerk oft nur durch die Praxis.

Landung der Alliierten
Am 14. August 1944 bombardierten alliierte Truppen die Küste zwischen Toulon und Marseille und fassten bald Fuß.

Les Deux Garçons, Aix-en-Provence
Das noch immer elegante Café bewirtete schon Churchill und Cocteau *(siehe S. 152f)*.

Zitadelle von Sisteron
Die Anlage wurde 1944 durch Bomben zerstört, seit ihrem Wiederaufbau dient sie als Museum *(siehe S. 182)*.

Kolonialausstellung in Marseille (1922)
Die Welt war eingeladen, das kosmopolitische Flair Marseilles zu genießen.

1935

1939 Eröffnung des Filmfestivals von Cannes; das erste Festival wird aber wegen des Krieges verschoben

1940 Menton wird von den Italienern besetzt

1940

1942 Deutsche Truppen marschieren in Südfrankreich ein; französische Kriegsflotte in Toulon versenkt

1943 Bildung von *Maquis*-Zellen

1944 Amerikanische und französische Truppen landen bei St-Tropez; Befreiung von Marseille

Befreiung Marseilles

Gegenwart

Nachkriegsoptimismus und Sonnenkult machten die Riviera zu dem Magneten, der sie bis heute geblieben ist. Die Region bietet eine Vielfalt an Produkten wie Olivenöl, Wein, Früchte, Blumen und Parfums, auch der Hightech-Sektor wächst rasch. Die Umgebung hat durch Umweltverschmutzung und Waldbrände stark gelitten. In den 1960er Jahren kamen viele Einwanderer aus Nordafrika in die Region. Heute verursacht die Arbeitslosigkeit politische und ethnische Spannungen.

Port-Grimaud
Das erfolgreiche »Venedig der Provence«, ein autofreier Ferienhafen, wurde 1966 von François Spoerry im landestypischen Stil erbaut *(siehe S. 127)*.

Busstation (Philippe Starck)
Die moderne Architektur von Nîmes ist typisch für viele kühne Projekte der Region.

Strand in Nizza
Auch die vielen Kiesstrände der Riviera werden von Sonnenanbetern genutzt.

Brände
Die verheerenden Waldbrände der Region werden mit Flugzeugen bekämpft, die Meerwasser aufnehmen.

Pablo Picasso

1940	1950	1960	1970	1980
1946 Picasso beginnt im Grimaldi-Schloss in Antibes zu malen	**1956** Grace Kelly heiratet Fürst Rainier III von Monaco / **1952** Le Corbusiers Cité Radieuse wird gebaut	**1961** Kunstfestival der Neuen Schule von Nizza	**1962** Ausbau der unteren Durance für Wasserkraftzwecke / **1970** Eröffnung des Technologieparks Sophia-Antipolis bei Antibes	**1977** Erster Abschnitt der Marseiller U-Bahn eröffnet
	1954 Tod von Matisse		**1970** Fertigstellung der Autoroute du Soleil	**1973** Picasso stirbt in Mougins
	1956 Roger Vadim dreht in St-Tropez *Und ewig lockt das Weib* mit Brigitte Bardot		**1962** Algerien unabhängig: französische Nordafrikaner *(pieds-noirs)* siedeln sich in der Provence an	**1971** Drogenring »French Connection« fliegt auf
	1959 Überschwemmungen in Fréjus			**1982** Fürstin Gracia stirbt bei Autounfall

GEGENWART | 59

Wintersport
Auch Skifahren ist in der Region möglich *(siehe S. 100)*. Isola 2000 bei Nizza ist ein 1972 eigens angelegter futuristischer Skiort.

Colombe d'Or, St-Paul-de-Vence
Früher war es ein Künstlertreff, heute ist das Café Hangout der Reichen und Berühmten *(siehe S. 79)*.

Moderne Architektur
Bemerkenswerte Beispiele moderner Architektur in der Provence sind Le Corbusiers Cité Radieuse in Marseille *(siehe S. 156)*, das Musée d'Art Moderne et d'Art Contemporain in Nizza *(siehe S. 89)* sowie das Carré d'Art in Nîmes *(siehe S. 136)*. Bei groß angelegten Bauvorhaben in Marseille *(siehe S. 154–156)*, St-Tropez *(siehe S. 122–126)* und Ste-Maxime *(siehe S. 127)* sollen sich neue Gebäude harmonisch in das Vorhandene einfügen.

St-Tropez
Durch die erfolgreiche Restaurierung sind neue Gebäude kaum von alten zu unterscheiden.

Brigitte Bardot **Kim Novak**

Filmfestival von Cannes
Das erstmals 1946 veranstaltete Festival (siehe S. 72) *wurde zum Top-Ereignis der Filmwelt – ein Stelldichein der Regisseure, Stars und Sternchen. Und ewig lockt das Weib mit Brigitte Bardot in der Hauptrolle geriet 1956 zum Skandalerfolg.*

Fondation Maeght
In der Architektur des Gebäudes verbinden sich Tradition und Moderne *(siehe S. 80f)*.

1992 Überschwemmungen in Vaison-la-Romaine

1998 Médecin stirbt in Uruguay – nach einem Jahr Gefängnis in Frankreich

2001 TGV Méditerranée verbindet Paris mit Marseille

2005 Tod Fürst Rainiers III; Nachfolger wird sein einziger Sohn, Fürst Albert II

2011 Fürst Albert II heiratet Charlene Wittstock

Fürst Albert II von Monaco

1990 | **2000** | **2010** | **2020**

1990 Jacques Médecin, Bürgermeister von Nizza, flieht vor Gerichtsverfahren wegen Korruption und Steuerschulden nach Uruguay

2002 Einführung des Euro

2009 J.-M.G. Le Clézio erhält den Literaturnobelpreis

2013 Marseille ist Kulturhauptstadt Europas

2016 Marseille und Nizza sind Spielorte bei der Fußball-Europameisterschaft in Frankreich

TGV-Zug

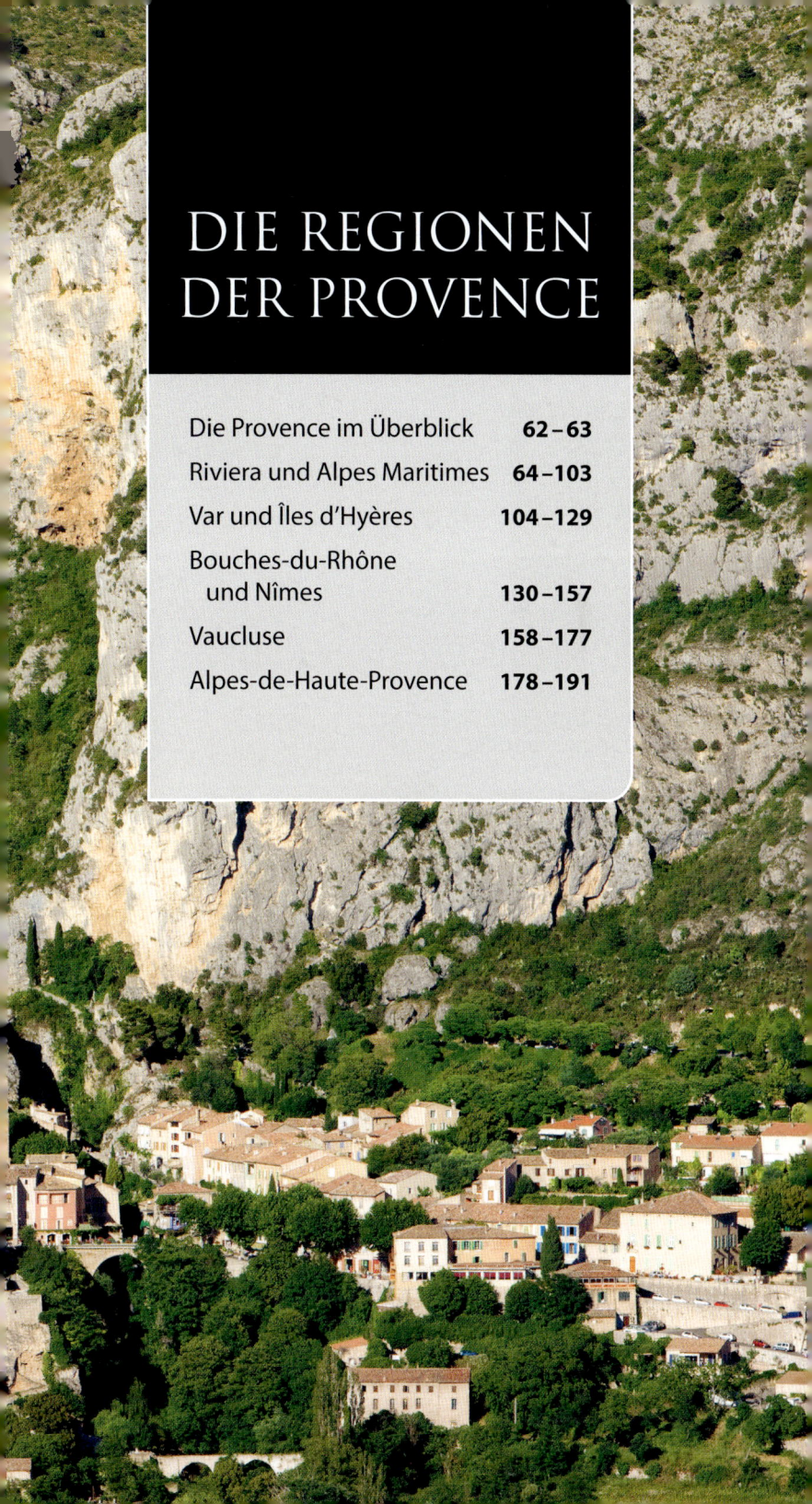

DIE REGIONEN DER PROVENCE

Die Provence im Überblick	62–63
Riviera und Alpes Maritimes	64–103
Var und Îles d'Hyères	104–129
Bouches-du-Rhône und Nîmes	130–157
Vaucluse	158–177
Alpes-de-Haute-Provence	178–191

Die Provence im Überblick

Ob Naturattraktionen, Baudenkmäler oder Meisterwerke moderner Kunst – die Provence kann jedes Urlaubsinteresse bedienen. Selbst fanatische Sonnenanbeter zieht es in die kühlen Schatzhöhlen der Museen und Kirchen. Wer den Spuren großer Künstler folgt, wird wie diese vom wilden Charme der Gorges du Verdon und der Camargue gefesselt sein. Die Provence geizt nicht mit Reizen – einige ihrer schönsten werden im Folgenden vorgestellt.

Päpstliche mittelalterliche Architektur in Avignon *(siehe S. 170f)*

Das bestens erhaltene Römische Theater von Orange *(siehe S. 166f)*

Vaucluse
Seiten 158–177

Bouches-du-Rhône und Nîmes
Seiten 130–157

Tierwelt in der unberührten Camargue *(siehe S. 140f)*

0 Kilometer 25

Die mächtige Basilika St-Maximin-la-Ste-Baume – Hüterin der Reliquien von Maria Magdalena *(siehe S. 114f)*

◀ Atemberaubende Lage von Moustiers-Ste-Marie *(siehe S. 190)*, Alpes-de-Haute-Provence

DIE PROVENCE IM ÜBERBLICK | 63

Moderne Kunst in der Fondation Maeght in St-Paul-de-Vence *(siehe S. 80f)*

Musée Matisse in Matisse' geliebtem Nizza *(siehe S. 86f)*

Spektakuläre Kulisse – die Gorges du Verdon *(siehe S. 188f)*

Unversehrt und ruhig: die Îles d'Hyères *(siehe S. 118f)*

Musée de l'Annonciade in St-Tropez: Kunst in einer ehemaligen Kapelle *(siehe S. 124f)*

Riviera und Alpes Maritimes

Die französische Riviera, die meist als Côte d'Azur (Azurblaue Küste) bezeichnet wird, ist zweifellos Europas berühmteste Ferienküste. Ihrer mondänen Ausstrahlung und dem angenehmen mediterranen Klima erlag in den vergangenen 100 Jahren fast alles, was Rang und Namen hatte. Der Abschnitt der französischen Mittelmeerküste war und ist Urlaubsdomizil von Königen, Filmstars und Millionären. Selbst schwerreiche Besucher fallen hier nicht weiter auf.

Immer wieder werden Klagen laut, die Riviera sei nicht mehr das, was sie einmal war: Die Filmfestspiele von Cannes seien blanker Reklamerummel, das vornehme Monte Carlo verkomme zunehmend, Nizza sei nicht die Mühe einer Parkplatzsuche wert. Doch die Yachten im Hafen von Antibes, die Villen am Cap Martin und die Auftritte der Gäste in Monte Carlos Hôtel de Paris vermitteln einen anderen Eindruck: Geld und Name schwingen noch das Zepter.

Die Riviera ist nicht nur Tummelplatz der Millionäre, auch verschiedenste Künstler zog es hierher – auf der Suche nach Mäzenen und dem klaren mediterranen Licht. Diese Küste ist untrennbar mit Leben und Werk von Matisse, Picasso, Chagall, Cocteau und Renoir verbunden. Die Berg- und Küstenszenerien sowie das malerische Dorf St-Paul-de-Vence lockten Berühmtheiten wie Bonnard und Modigliani, F. Scott Fitzgerald und Greta Garbo an. In den mittelalterlichen Gassen stellen Kunstgalerien noch heute Ölgemälde aus.

Die Alpes Maritimes, die das Fürstentum Monaco umschließen, sind für ihr mildes Winterklima bekannt. Die Blumenfülle hat die Parfumindustrie gefördert und Engländer angezogen, die hier bezaubernde Gärten anlegten. Das gebirgige Hinterland bietet zahlreiche Wintersportmöglichkeiten und den Hochgenuss der traditionellen Küche der Bergregion.

Sonnenbad an der Promenade des Anglais, Nizza *(siehe S. 84–89)*
◀ Le Suquet, die Altstadt von Cannes am Hafen *(siehe S. 72f)*

Überblick: Riviera und Alpes Maritimes

Die Kette der Voralpen türmt sich in Stufen zu großen Erhebungen. Sie erstreckt sich von Ost nach West und fällt, gesäumt von Küstenstraßen *(corniches)*, jäh ins Meer ab. Nahe der italienischen Grenze verläuft sie von Nord nach Süd, durchzogen von Wildbächen und tiefen Schluchten, an deren Hängen sich im Winter die Skifahrer tummeln. Ein weiter Teil der höheren Regionen zählt zum Parc National du Mercantour *(siehe S. 101)*, Heimat von Steinböcken und Gämsen. In seiner Mitte – kaum zwei Stunden vom Rivieratrubel entfernt – liegt die prähistorische Vallée des Merveilles.

An der Riviera und in den Alpes Maritimes unterwegs

Aus Italien führt die A8 parallel zur Küste ins Land hinein. Zwischen ihr und dem Meer, auf der Strecke Nizza – Menton, verlaufen drei Küstenstraßen *(corniches)*. Die Grande Corniche folgt über La Turbie der Römerstraße Julia Augusta, die Moyenne Corniche durchquert Èze, die Corniche Inférieure streift alle Badeorte. Der Flughafen westlich von Nizza ist der größte der Region.

Edelyachten im malerischen Hafen von Antibes

Sehenswürdigkeiten auf einen Blick

- ❶ Gorges du Cians
- ❷ Puget-Théniers
- ❸ St-Cézaire-sur-Siagne
- ❹ Gourdon
- ❺ Grasse
- ❻ Mougins
- ❼ Cannes S. 72f
- ❽ Îles de Lérins S. 74f
- ❾ Juan-les-Pins
- ❿ Antibes
- ⓫ Vallauris
- ⓬ Biot
- ⓭ Villeneuve-Loubet
- ⓮ Vence
- ⓯ St-Paul-de-Vence
- ⓰ Cagnes-sur-Mer
- ⓱ *Nizza (Nice) S. 84 – 89*
- ⓲ Cap Ferrat
- ⓳ Villefranche-sur-Mer
- ⓴ Beaulieu
- ㉑ Èze
- ㉒ La Turbie
- ㉓ *Monaco S. 94 – 98*
- ㉔ Peillon
- ㉕ Peille
- ㉖ Lucéram
- ㉗ Vallée de la Vésubie
- ㉘ Forêt de Turini
- ㉙ Parc National du Mercantour
- ㉚ Tende
- ㉛ Saorge
- ㉜ Sospel
- ㉝ Gorbio
- ㉞ Roquebrune-Cap-Martin
- ㉟ Menton

Weitere Zeichenerklärungen *siehe hintere Umschlagklappe*

RIVIERA UND ALPES MARITIMES | 67

Blick von Roquebrune nach Nizza

Sonne und Ferienstimmung in einem Café in Nizza

Legende

- Autobahn
- Schnellstraße
- Hauptstraße
- Nebenstraße
- Panoramastraße
- Eisenbahn (Hauptstrecke)
- Eisenbahn (Nebenstrecke)
- Staatsgrenze
- Regionalgrenze
- △ Gipfel

Blick talaufwärts in die oberen Gorges du Cians

❶ Gorges du Cians

Nizza. Touët-sur-Var. Nizza, Touët-sur-Var, Valberg. Place du Quartier, Valberg, 04 93 23 24 25.

Diese Schluchten bieten eine kontrastreiche Szenerie aus dunkelrotem Schiefer und sattgrüner Gebirgsvegetation. Sie folgen dem Lauf des Cians, der von Beuil bis Touët-sur-Var auf 25 Kilometern 1600 Meter Gefälle überwindet. In der Kirche von Touët kann man durch ein Gitter im Boden des Schiffs auf den Fluss hinabblicken.

Mit zunehmender Höhe weichen Olivenbäume dichterem Buschwerk. Erst bei Pra d'Astier werden die Schluchten steil und schmal: An der engsten Stelle verdecken die Felswände den Himmel. Weiter oben blühen im Juni Safrankrokusse.

Am oberen Schluchtausgang überragt Beuil, ein Sportzentrum der Armee, in 1430 Metern Höhe Vallée du Cians. Die Grafen von Beuil, ein Zweig der Familie Grimaldi (siehe S. 95), befestigten erstmals den Ort. Sie lebten hier – ungeachtet mancher Attentate – bis 1621. Einem Grafen wurde von seinem Barbier die Kehle aufgeschlitzt, ein anderer vom Kammerdiener erdolcht. Den letzten von ihnen, Hannibal Grimaldi, erdrosselten zwei muslimische Sklaven. Aus Steinen des Schlosses baute man die Renaissance-Kapelle der Weißen Büßer in der Église St-Jean-Baptiste (1687).

❷ Puget-Théniers

Straßenkarte E3. 1800.
RD 6202, 04 93 05 05 05.
provence-val-dazur.com

Das hübsche Dorf liegt am Zusammenfluss von Roudole und Var am Fuß eines Felsgipfels. Über ihm erheben sich die Ruinen einer Burg der Familie Grimaldi (siehe S. 95). Im Zentrum fallen einige schmucke Herrenhäuser mit vorstehenden Dächern ins Auge. Die Pfarrkirche **Notre-Dame de l'Assomption** (13. Jh.) wurde vom Templerorden erbaut. Antoine de Ronzen fertigte 1525 das Altarbild *Notre-Dame de Secours*. Flämische Künstler schufen, womöglich mit dem Baumeister und Bildhauer Matthieu d'Anvers, die Darstellung der Passion Christi (1515 – 20) im Eingang.

Neben der Hauptstraße erinnert die Statue einer Frau mit gefesselten Händen, *La Liberté Enchaînée* von Aristide Maillol (1861–1944), an Louis-Auguste Blanqui. Der 1805 hier geborene Sozialist und Revolutionär war 1871 ein führendes Mitglied der Pariser Kommune. Er wurde 1872 zu einer lebenslangen Haftstrafe verurteilt, nach sieben Jahren aber begnadigt, da er insgesamt bereits 30 Jahre im Gefängnis verbüßt hatte.

❸ St-Cézaire-sur-Siagne

Straßenkarte E3. 3700.
3, rue de la République, 04 93 60 84 30. Di, Sa.
saintcezairesursiagne.com

Das schon zur Römerzeit besiedelte St-Cézaire überwacht das steilwandige Siagne-Tal. Mauern und Türme verblieben aus der Zeit der Lehnsfürsten. Die **Chapelle du Cimetière** (13. Jh.) im Zentrum birgt heute ein in der Nähe entdecktes galloromisches Grab – ein eindrucksvolles Beispiel der römischen Kultur. Im mittelalterlichen Dorfteil gibt es einen schönen Aussichtspunkt.

In den eisenerzhaltigen **Grottes de St-Cézaire-sur-Siagne** nordöstlich des Dorfs betreten Besucher eine vollkommen andere Welt. Stalaktiten und Stalagmiten haben an Decke und

La Liberté Enchaînée in Puget-Théniers

Antoine de Ronzens *Notre-Dame de Secours* (1525), Puget-Théniers

RIVIERA UND ALPES MARITIMES | **69**

Boden bizarre Figuren gebildet, die Blumen und Tieren ähneln. Auf jegliche (dem Führer vorbehaltene) Berührung reagieren die Tropfsteinformen empfindlich. Rote Oxide färben die Kalksteingrotten, die man Textiliensaal, Orgelkammer, Feenalkoven und Großer Saal getauft hat. Enge unterirdische Gänge verbinden die Höhlen. Einer dieser Pfade endet 40 Meter unter der Oberfläche abrupt am Rand eines Abgrunds.

Grottes de St-Cézaire-sur-Siagne
1481, route des Grottes. 04 93 60 22 35. März – Mitte Nov: tägl.; Mitte Nov – Feb: So 14.30 – 17 Uhr. obligatorisch. **grottes.fr**

Das Dorf Gourdon am Rand eines Felshangs

❹ Gourdon

Straßenkarte E3. 396.
1, pl Victoria, 08 11 81 10 67.
gourdon06.fr

Über Jahrhunderte baute man Wehrdörfer in Horstlage. Gourdon ist das typische Beispiel eines solchen *village perché (siehe S. 24f).* In den Läden findet man zahlreiche regionale Produkte. Vom Platz über dem Steilhang aus schweift der Blick weit über das Loup-Tal und das Meer bis nach Antibes und Cap Roux.

Auch vom Garten des **Château de Gourdon** beeindruckt die Aussicht. Die *Seigneurs du Bar*, die Herren von Gourdon, errichteten das Schloss im 12. Jahrhundert über einer Sarazenenfestung, an die noch die gewölbten Räume erinnern. Die heutigen Terrassengärten legte André Le Nôtre an, als das Schloss im 17. Jahrhundert restauriert wurde.

Es gibt drei unterschiedliche Gärten – den Jardin à l'Italienne, den Jardin de Rocaille (provenzalischer Garten) und den Jardin de l'Apothicaire mit einer zentralen Sonnenuhr. Das Château ist in Privatbesitz und nicht öffentlich zugänglich, doch Besucher können nach Voranmeldung bei einer Führung in Gruppen bis zu zehn Personen und mehr die Gärten besichtigen.

Château de Gourdon
04 93 09 68 02. Apr – Sep (nach Anmeldung für Gruppen ab 10 Personen). **chateau-gourdon.com**

In den bizarren Grottes de St-Cézaire-sur-Siagne

Tour durch die Gorges du Loup

Gourdon liegt am Ausgang der Gorges du Loup, der zugänglichsten der vielen Schluchten, die sich durch die Berge zur Küste fressen. Man erreicht die Schlucht und Gourdon von Pré-du-Loup (östlich von Grasse). Bei Gourdon steigt die D3 durch die Schlucht bergan und bietet schöne Ausblicke, ehe sie nach 6,5 Kilometern auf die D6 stößt. Fährt man am linken Ufer hinab, kommt man an der Höhle Saut du Loup und den Cascades des Desmoiselles vorbei. Das kalziumkarbonathaltige Flusswasser hat die Vegetation teilweise erstarren lassen. In der Nähe stürzt die Cascade de Courmes 40 Meter in die Tiefe. Die Treppe unter ihr ist rutschig.

Die D2210 führt weiter bis Vence, vorbei an Tourrettes-sur-Loup, einem Kunst- und Handwerkszentrum. Die Kirche (15. Jh.) zieren ein Triptychon der Bréa-Schule und ein dem Gott Merkur gewidmeter Altar (1. Jh.).

Die Cascade de Courmes schießt 40 Meter hinab

Straßenkarte siehe hintere Umschlaginnenseiten

❺ Grasse

Straßenkarte E3. 🚘 50 000. 🚌
ℹ️ Place du cours Honoré Cresp, 04 93 36 66 66. 🗓️ Sa. 🌐 grasse.fr

Die Gerberstadt Grasse wurde im 16. Jahrhundert zum Zentrum der Parfumherstellung. Gerbereien findet man in der Stadt nicht mehr, dafür aber noch drei große Parfümerien. Auch wenn man heute vorwiegend importierte Blüten verwendet, gibt es noch die Tradition des Jasminfests *(siehe S. 37)*. Das **Musée International de la Parfumerie** ist ideal, die Welt der Düfte zu entdecken. Hier finden Sie *bergamots*, die parfümierten Pappmachéschachteln. Ein ähnliches Museum gibt es bei **Molinard**. Dort können Besucher sogar ihren eigenen Duft kreieren.

Grasse kam 1807/08 in Mode, als Prinzessin Pauline Bonaparte sich hier erholte. Königin Victoria überwinterte oft im Grandhotel. Der Maler Jean-Honoré Fragonard (1732 – 1806) wurde in Grasse geboren. Wandbilder seines Sohns schmücken das **Villa-Musée Jean-Honoré Fragonard**. Fragonards *Die Fußwaschung* hängt in der **Ancienne Cathédrale de Notre-Dame-du-Puy** (12. Jh.), wo auch drei Rubens-Werke zu sehen sind. Beachten Sie im **Musée d'Art et d'Histoire de Provence** die Sammlung von Moustiers-Porzellan. Kostüme und Schmuck zeigt das **Musée Provençal du Costume et du Bijou**.

🏛️ **Musée International de la Parfumerie**
2, bd du Jeu de Ballon. 📞 04 97 05 58 00. 🕑 tägl. (Okt – Mai: Mi – Mo). ⬤ Feiertage. ♿

🏛️ **Molinard**
60, bd Victor Hugo. 📞 04 93 36 01 62. 🕑 tägl. (Okt – Mai: Mo – Sa). ⬤ 1. Jan, 25. Dez.

🏛️ **Villa-Musée Fragonard**
23, bd Fragonard. 📞 04 97 05 58 00. 🕑 tägl. (Okt – Mai: Mi – Mo). ⬤ Feiertage, Nov. nach Vereinb.

🏛️ **Musée d'Art et d'Histoire de Provence**
2, rue Mirabeau. 📞 04 97 05 58 00. 🕑 tägl. (Okt – Mai: Mi – Mo). ⬤ Feiertage, Nov. nach Vereinb.

Fassade des Musée International de la Parfumerie in Grasse

❻ Mougins

Straßenkarte E3. 🚘 19 000. 🚌
ℹ️ 18, bd Courteline, 04 93 75 87 67.
🌐 mougins.fr

Das alte Städtchen gehört zu den schönsten *villages perchés* (siehe S. 24f) der Region. Es liegt in luftiger Höhe hinter den Resten von Wehrmauern (15. Jh.) und eines Sarazenentors. Mougins ist eine angesagte Adresse: Hier stiegen Könige, Filmstars und Prominente wie Picasso ab, der seine letzten Jahre in einem Haus gegenüber der Chapelle de Notre-Dame-de-Vie verbrachte.

Mougins ist auch ein Ort für Gourmets. Eines von mehreren Spitzenrestaurants der Stadt ist das **La Place de Mougins** *(siehe S. 209)*.

Das **Musée de la Photographie** besitzt eine exquisite Sammlung von Fotos, die von Picasso stammen. Die Sammlung des **Musée d'Art Classique de Mougins** enthält Werke von Picasso, Cézanne, Andy Warhol und Damien Hirst.

Der **Eco'Parc Mougins**, etwa fünf Kilometer südlich von Mougins, beschäftigt sich mit Technik und Natur und bietet interaktive Exponate.

🏛️ **Musée de la Photographie**
Porte Sarrazine. 📞 04 93 75 85 67. 🕑 Di – So. ⬤ 1. Mai, Nov, 25. Dez.

🏛️ **Musée d'Art Classique de Mougins**
32, rue Commandeur. 📞 04 93 75 18 65. 🕑 tägl.

🏛️ **Eco'Parc Mougins**
772, chemin de Font de Currault, autoroute A8. 📞 04 93 46 00 03. 🕑 Mi, Sa, So. ⬤ 1. Jan, 25. Dez. ♿

Jacques-Henri und Florette Lartigue, Musée de la Photographie, Mougins

Hotels und Restaurants an der Riviera und in den Alpes Maritimes *siehe Seiten 198f und 208 – 211*

Parfums der Provence

Seit 400 Jahren ist Grasse ein Zentrum der Parfumherstellung. Einwanderer aus Italien begannen im 16. Jahrhundert in der damaligen Gerberstadt, weiche Lederhandschuhe mit Düften von heimischen Blüten zu parfümieren – eine von Katharina von Medici propagierte Mode. In der Folge pflanzte man Lavendel, Rosen, Narzissen, Jasmin und Duftkräuter in großen Mengen an. Heute ist der Import von Blüten viel billiger, weshalb Grasse sich auf das Kreieren von Düften konzentriert. In Patrick Süskinds Erfolgsroman *Das Parfum* – er spielt zum Teil in Grasse – setzt der mordlustige Parfumeur Jean-Baptiste Grenouille sein Wissen um die Extraktion der Düfte auf sehr gruselige Weise ein.

Jasminernte am frühen Morgen

Jasmin vor der Weiterverarbeitung

Duftgewinnung
Essenzen extrahiert man z. B. durch Dampfdestillation oder Herauslösen der Duftstoffe mittels flüchtiger Lösungsmittel. *Enfleurage* heißt eine teure, langwierige Methode für zarte Blüten wie Jasmin und Veilchen: Man schichtet Blüten und Fette, an denen sich die Duftstoffe anlagern, übereinander.

Wasserdampfdestillation, eine Erfindung der Araber, ist eines der ältesten Extraktionsverfahren. Sie wird heute vor allem für Orangenblüten verwendet. Man erhitzt Blüten und Wasser in einem Destillierkolben und schöpft die durch den Dampf gelösten Duftöle dann mit einer Ölkaraffe *(essencier)* ab.

Riesige Mengen an Blüten werden für die Gewinnung einer Duftessenz oder eines Extrakts benötigt. Für einen Liter ätherisches Jasminöl sind annähernd 1000 Kilogramm Jasminblüten erforderlich.

Parfumeure, die wegen ihres virtuosen Riechvermögens »Nasen« genannt werden, kreieren die Top-Parfums. Eine solche »Nase« vermag aus bis zu 300 Düften eine Duftharmonie zu komponieren. Heute lassen sich Düfte auch synthetisch herstellen – mittels Verfahren, die die Luftteilchen über einer Blüte analysieren.

❼ Cannes

Ein britischer Lordkanzler »entdeckte« Cannes 1834. Lord Brougham verschlug es auf dem Weg nach Nizza hierher. Entzückt vom Klima, ließ er eine Villa bauen. Bald folgte die britische High Society. Heute ist Cannes weniger Adelsrefugium, sondern eher Festivalstadt und Promi-Tummelplatz. Hochbetrieb herrscht ganzjährig, nicht nur bei den Filmfestspielen *(siehe S. 36)*, die das Image von Cannes aufpoliert haben. Auch wenn die Museen anderer Badeorte fehlen: Casinos, Messen, Yachthafen, Strand- und Straßenleben lassen keine Langeweile aufkommen.

Hôtel Martinez am Meerufer

Überblick: Cannes

Das Herz der Stadt schlägt an der Bucht von Cannes am Boulevard de la Croisette. Die von Palmen, Luxusboutiquen und Edelhotels gesäumte Promenade bietet herrliche Blicke auf den Golf La Napoule und das Estérel-Gebirge. Im Osten läuft die Bucht in der Pointe de la Croisette aus. Dort steht über den Ruinen des mittelalterlichen Fort de la Croix das nur im Sommer geöffnete Palm Beach Casino mit Nachtclub, Restaurant und Swimmingpool. Die beiden anderen Casinos, Casino Les Princes und **Casino Croisette**, haben ganzjährig geöffnet.

Brougham bewegte König Louis-Philippe zu einer Spende von zwei Millionen Francs für den Bau der Hafenmauer. Eine Statue Broughams ziert zwischen La Pantiero und der Rue Félix Faure die Allées de la Liberté. An diesem von Platanen beschatteten Platz findet morgens der bunte Blumenmarkt statt. Hier spielt man Pétanque und genießt den Blick auf den Hafen, in dem Boote dümpeln. Nördlich davon lockt die Rue Meynadier mit Pasta, Brot und Käse. Sie endet beim **Marché Forville**, der täglich außer montags mit regionalen Produkten Appetit macht. Vom *marché* winden sich die Gassen hinauf zur Römersiedlung Canoïs Castrum. Das Schilf, das am Strand wuchs, verlieh dieser Gegend ihren Namen. Heute heißt das Viertel Le Suquet. Die Kirche **Notre-Dame de l'Espérance** im Altstadtzentrum wurde 1648 fertiggestellt.

Seit 1946 finden im Mai die Internationalen Filmfestspiele statt. Hauptschauplatz ist das **Palais des Festivals**, doch alle Kinos machen mit (Vorführungen starten ab 8.30 Uhr). Seit es Brigitte Bardot mit ihrem Schmollmund 1953 auf die Titelseiten der Boulevardblätter brachte, tummeln sich hier die Paparazzi.

Berühmter Handabdruck

Die großen Hotels besitzen hauseigene Strände mit – entsprechend teuren – Bars und Restaurants. Was Rang und Namen hat, lässt sich am ehesten im Carlton, Majestic und Martinez blicken. Cannes' Sandstrände sind künstlich aufgeschüttet. Meist wird ein kleines Eintrittsgeld verlangt, Liegestühle kosten freilich extra. Gleich beim Festivalpalais gibt es aber auch einen kostenlosen öffentlichen Strand.

🏛 Palais des Festivals et des Congrès

1, bd la Croisette. 📞 04 92 99 84 00.
ℹ 04 92 99 84 22.
🌐 palaisdesfestivals.com

»Bunker« schimpft man diesen modernen Kasten aus dem Jahr 1982 neben dem Vieux Port am Westende der Promenade von Cannes. Hier werden die *Palmes d'Or* und andere internationale Preise vergeben – Prestigesymbole, die die Filmbranche allerdings sehr ernst nimmt. Die Filmfestspiele sind in der Tat ein Business und nicht nur Show- und Reklamerummel. Die 78 000 Eintrittskarten werden allerdings fast ausschließlich an Fachbesucher ausgegeben. Das mit Casino und Nachtclub ausgestattete Palais dient zusätzlich auch als Kongresszentrum. Im Pflaster der nahen Allée des Stars haben zahlreiche Berühmtheiten wie beispielsweise der Regisseur Roman Polanski ihre Handabdrücke hinterlassen und sich so verewigt.

Le Suquet, die Altstadt von Cannes, überblickt den Hafen

Hotels und Restaurants an der Riviera und in den Alpes Maritimes *siehe Seiten 198f und 208 – 211*

CANNES | 73

InterContinental Carlton, Inbegriff des Luxus an der Croisette

Infobox

Information
Straßenkarte E4. 69 000.
1, bd de la Croisette, 04 92 99 84 22. Di – So. Filmfestival (Mai). **cannes-destination.fr**

Anfahrt
Rue Jean Jaurès.
Place de l'Hôtel de Ville.

InterContinental Carlton
58, bd la Croisette. 04 93 06 40 06. Siehe **Hotels** S. 198.

Das Carlton – Inbegriff von Luxus und Eleganz – verfügt über 343 Zimmer und Suiten. Henri Ruhl entwarf das 1911 erbaute Nobelhotel. Sein riesiger Rokoko-Speisesaal, in dem Säulen zur reich verzierten Decke mit fein gearbeiteten Simsen streben, ist bis heute im Originalzustand geblieben. Winzige Balkone prägen die Zuckerbäckerfassade, Stuckwerk rankt an Fensterrahmen, Simsen und Ziergiebeln. Die schwarzen Zwillingskuppeln des palastartigen Baus sind angeblich den Brüsten der Kokotte Belle Otéro nachempfunden, deren zigeunerhafter Charme Ruhl gefesselt haben soll.

Während des Zweiten Weltkriegs soll ein Journalist der *New York Times* einen Kommandeur der Alliierten gebeten haben, das einzigartige Carlton zu verschonen.

Musée de la Castre
Château de la Castre, Le Suquet.
04 93 38 55 26. Di – So. Feiertage. nach Vereinbarung.

Das Museum liegt seit 1877 im Kastell (11./12. Jh.), das die Mönche der Îles de Lérins in Cannes erbaut hatten. Es präsentiert archäologische und völkerkundliche Funde aus aller Welt, Trachten aus der Südsee ebenso wie asiatische Kunst oder afrikanische Masken.

In der Zisterzienserkapelle Ste-Anne sind viele Musikinstrumente zu sehen und auch zu hören. Der Wehrturm **Tour de la Castre** (11. Jh.) eröffnet schöne Ausblicke aus 22 Metern Höhe.

Zentrum von Cannes
① Tour de la Castre
② Musée de la Castre
③ Marché Forville
④ Casino Croisette
⑤ Palais des Festivals et des Congrès
⑥ InterContinental Carlton

Zeichenerklärung
siehe hintere Umschlagklappe

Îles de Lérins

Per Boot erreicht man die Îles des Lérins von Cannes aus in 15 Minuten. Der Kontrast zum mondänen Badeort indes ist gewaltig. Kapellen, Eukalyptus- und Kiefernwälder prägen das Bild der Inseln, die durch eine schmale Wasserstraße voneinander getrennt sind und einst ein wichtiges Glaubenszentrum waren. St-Honorat heißt nach dem Heiligen, der auf der kleineren Insel Ende des 4. Jahrhunderts ein Kloster gründete. Seine Schwester, Ste-Marguerite, leitete auf der anderen Insel ein Nonnenkloster. Das Fort Royal wurde als Gefängnis berühmt: Hier saß im 17. Jahrhundert der »Mann mit der eisernen Maske« ein.

★ Fort Ste-Marguerite
Das unter Richelieu erbaute, 1712 von Vauban befestigte Fort beherbergt im Erdgeschoss ein Meeresmuseum.

Île Ste-Marguerite

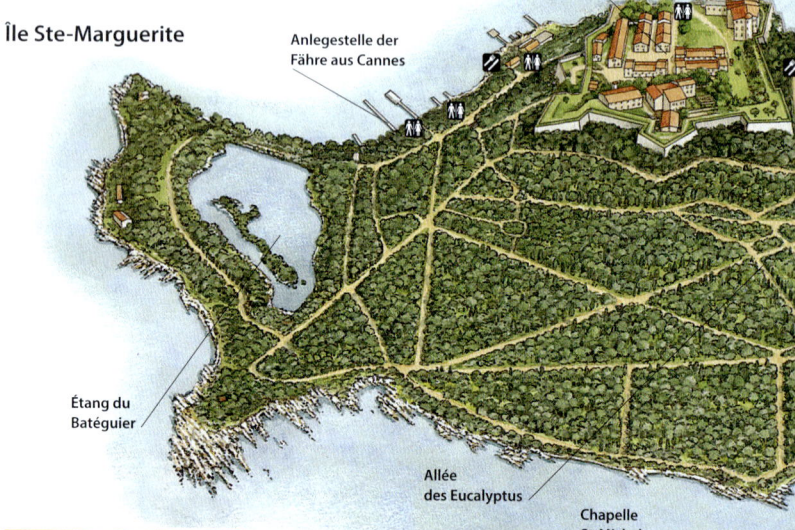

Anlegestelle der Fähre aus Cannes

Étang du Batéguier

Allée des Eucalyptus

Chapelle St-Michel

Île St-Honorat

Chapelle St-Sauveur

St-Honorat et les Saints de Lérins
Diese Ikone des hl. Honoratus findet sich in der Abbaye de Lérins.

Chapelle St-Caprais
St-Honorat war ein Schüler von St-Caprais, als dieser erstmals die Provence besuchte.

Hotels und Restaurants an der Riviera und in den Alpes Maritimes *siehe Seiten 198f und 208–211*

ÎLES DE LÉRINS | 75

Der »Mann mit der eisernen Maske«
Der geheimnisvolle Gefangene war 1687–98 im Fort Royal eingesperrt, dann in der Bastille, wo er 1703 starb.

Funde auf Ste-Marguerite
Am Strand in der Nähe des Forts wurden bei Ausgrabungen Häuser, Mosaiken, Keramiken und Wandmalereien aus dem 3. Jahrhundert v. Chr. entdeckt.

Infobox

Information
Fort Ste-Marguerite / Musée de la Mer 04 93 38 55 26.
tägl. (Okt–Mai: Di–So).
1. Jan, 1. Mai, 1., 11. Nov, 25. Dez.
Monastère Fortifié 04 92 99 54 00. tägl.
W abbayedelerins.com

Anfahrt
Straßenkarte D5. Cannes: Quai Labeuf nach Ste-Marguerite (04 92 98 71 36) und St-Honorat (04 92 98 71 38).

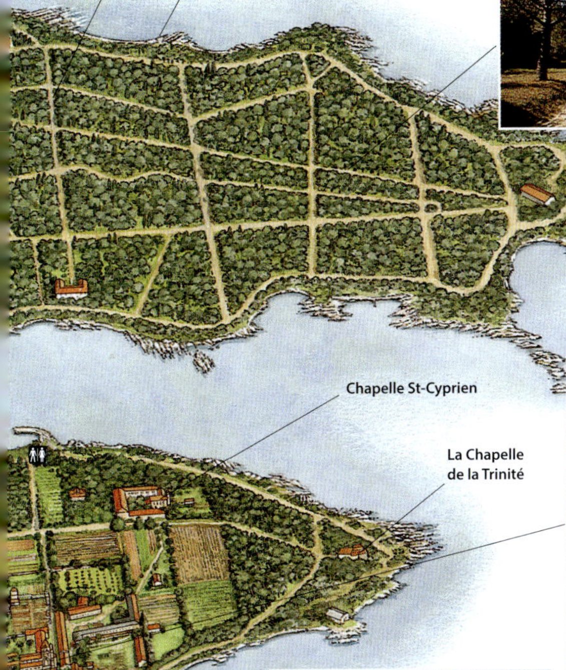

Allée du Grand Jardin

Route de la Convention
Auf beiden Inseln führen zahlreiche Wege durch das dicht bewaldete Innere und an den Ufern entlang.

Chapelle St-Cyprien

La Chapelle de la Trinité

Abbaye de Lérins
Kirche und Mönchsunterkünfte wurden in das Gebäude (19. Jh.) integriert.

★ Monastère Fortifié
Abt Aldebert ließ die Festung 1073 zum Schutz vor Sarazenen erbauen. Vom Turm blickt man bis zum Estérel-Massiv.

0 Meter — 1000

Straßenkarte *siehe hintere Umschlaginnenseiten*

❾ Juan-les-Pins

Straßenkarte E3. 73 000 (Gemeinde Antibes). 51, bd Charles Guillaumont, 04 97 23 11 10.
antibesjuanlespins.com

Östlich von Cannes ragt das Cap d'Antibes ins Meer. Pinien und weitläufige Villen säumen die buchtenreiche Landzunge. Nahebei liegt einer der schönsten Strände an der Westseite des Kaps bei Golfe-Juan. Dort landete Napoléon 1815 nach seiner Rückkehr von Elba. Juan-les-Pins ist ein moderner Badeort. Touristischer Wegbereiter war der amerikanische Eisenbahnerbe Frank Jay Gould, dem in den 1920er und 1930er Jahren die High Society folgte. Auch Literaten wie F. Scott Fitzgerald und Ernest Hemingway kamen. Wo sich die Boulevards Baudoin und Wilson kreuzen, reiht sich eine Bar an die andere. Lebhaft ist es auch rund um das Casino (1988) und den Palais de Congrès sowie beim Pinienhain Pinède Gould, der im Juli als Bühne für das Jazzfestival *(siehe S. 37)* dient.

Luxusyachten im Hafen von Antibes

Nachtleben in Juan-les-Pins

❿ Antibes

Straßenkarte E3. 73 000. 11, pl du Général de Gaulle, 04 97 23 11 10. Di – So (Juli, Aug: tägl.)
antibesjuanlespins.com

Antibes, von den alten Griechen als Antipolis gegründet, wurde über die Jahrhunderte eindrucksvoll befestigt. Vauban legte Haupthafen und Fort Carré (17. Jh.) an, in dem auch Napoléon weilte. Die Altstadt bietet Gelegenheit, hübsche Gassen und den Marktplatz am Cours Masséna zu erkunden. Zu den Glanzlichtern zählen hier die Türme der Kirche aus dem 12. Jahrhundert und das Grimaldi-Schloss auf dem Areal des antiken Antipolis. Beim Bau der **Cathédrale Notre-Dame** wurde der alte Wachturm der Stadt zum Glockenturm umfunktioniert. Ein Holzkruzifix (1447), eine Christusfigur (16. Jh.) und ein Altarbild der Jungfrau Maria von Louis Bréa gehören zu den Schätzen.

Im benachbarten Château Grimaldi hütet das **Musée Picasso** über 50 Zeichnungen, Gemälde, Drucke und Keramiken, die der Künstler 1946 hier schuf. Die Sammlung moderner Kunst präsentiert Werke von Max Ernst, Fernand Léger, Joan Miró und Nicolas de Staël.

Weiter südlich zeigt das **Musée d'Histoire et d'Archéologie** in der Bastion St-André griechische und etruskische Funde. In der archäologischen Sammlung erinnert eine alte Inschrift (3. Jh. v. Chr.) an den jungen Septentrion, der im Theater von Antipolis zwei Tage vor Zuschauern tanzte.

Marineland, ein Vergnügungspark nördlich von Antibes, bietet u. a. eine Farm für Kinder und ein Hai-Aquarium.

🏛 Musée Picasso
Château Grimaldi, Place Mariejol. 04 93 95 85 98. Di – So. Feiertage.

🏛 Musée d'Histoire et d'Archéologie
Bastion St-André. 04 92 90 54 37. Di – So. 1. Jan, 1. Mai, 1. Nov, 25. Dez.

🐬 Marineland
311, av Georges Bizet. 08 92 42 62 26. Feb – Dez: tägl.
marineland.fr

⓫ Vallauris

Straßenkarte E3. 31 000. Square 8 mai 1945, 04 93 63 82 58. Di – So. vallauris-golfe-juan.fr

Im Sommer drängen sich auf der Hauptstraße die Töpferstände. Es ist Picasso zu verdanken, dass dieses Handwerk eine Renaissance erlebt hat. Die Geschichte der Töpferei vermittelt das **Musée de la Céramique**. Auch zu sehen: präkolumbische Keramiken. Am Hauptplatz steht Picassos Skulptur *Mann mit Schaf* (1943).

Sein Gemälde *Krieg und Frieden* (1952) findet sich an der Decke des **Musée National Picasso**, das im romanischen Château de Vallauris liegt.

🏛 Musée de la Céramique
Place de la Libération. 04 93 64 71 83. Mi – Mo. 1. Jan, 25. Dez.

🏛 Musée National Picasso
Place de la Libération. 04 93 64 71 83. Mi – Mo. 1. Jan, 1. Mai, 1., 11. Nov, 25. Dez.

Der 78-jährige Pablo Picasso mit seinem Dalmatiner

Pablo Picasso (1881–1973)

Pablo Picasso gehört zu den wichtigsten Künstlern des 20. Jahrhunderts. Seinen Lebensabend verbrachte er zum Großteil in der Provence. 1920 besuchte er erstmals Juan-les-Pins. 1946 kehrte er mit Françoise Gilot nach Antibes zurück, wo man ihm ein Atelier im Grimaldi-Schloss überließ. Kein anderer Künstler hat mit so vielen Stilen erfolgreich experimentiert. Die Sammlung in Antibes belegt Picassos enorme Wandlungsfähigkeit. Er starb 92-jährig in Mougins.

Violine und Notenblatt (1912), jetzt in Paris, ist eine kubistische Collage aus der Zeit, als Picasso mit verschiedenen Formen experimentierte.

Les Demoiselles d'Avignon (1907), jetzt in New York, war Picassos erstes kubistisches Bildwerk. Seinerzeit schockierte er die Kunstszene.

La Joie de Vivre (1946) zählt zu Picassos Meisterwerken. Es spielt mit bekannten Motiven der Mythologie. Der Flöte spielende Zentaur ist Picasso, Françoise Gilot die tanzende Mänade, während zwei Faune umherspringen und ein Satyr die Panflöte spielt.

Die Ziege (1946), die in Antibes entstand, zählt wohl zu Picassos bekanntesten Bildern. 1950 fertigte er seine berühmte Ziegenskulptur.

Mann mit Schaf (1943) entstand an einem Nachmittag. Die Plastik steht am Hauptplatz in Vallauris, wo auch *Krieg und Frieden* (1951) zu sehen ist.

⓬ Biot

Straßenkarte E3. 10 000. 🚆 🚌
ℹ 46, rue St-Sébastien, 04 93 65 78 00. 🕐 Di. 🌐 biot-tourisme.com

Das malerische Dorf war einst Töpferzentrum der Region, bis Picasso nach dem Zweiten Weltkrieg Vallauris' Keramikhandwerk wiederbelebte. Heute ist Biot für seine mundgeblasenen Glasarbeiten bekannt. In der **Verrerie de Biot** können Sie Glasbläsern zusehen. Das Tourismusamt bietet vier themenbezogene Spaziergänge an.

Biot war auch Domäne des Templerordens *(siehe S. 127)*. Aus jener Zeit stammt die Porte des Migraniers (Tor der Grenadiere, 1566). Die Dorfkirche schmücken zwei Werke aus dem 16. Jahrhundert: Louis Bréas *La Vierge au Rosaire* und Canavesios *Ecce Homo*.

Das **Musée National Fernand Léger** zeigt kubistisch beeinflusste Werke des Künstlers.

🏛 **Verrerie de Biot**
Chemin des Combes.
☎ 04 93 65 03 00.
🕐 tägl. 🔴 25. Dez, Feiertage nachmittags.
♿ 🅿 📷 🌐 verreriebiot.com

🏛 **Musée National Fernand Léger**
Ch. du Val-de-Pome. ☎ 04 92 91 50 20. 🕐 Mi – Mo. 🔴 Feiertage. 📷 ♿
🌐 musees-nationaux-alpesmaritimes.fr/fleger

Ausschnitt aus Légers Mosaik an der Ostfassade des Museums in Biot

⓭ Villeneuve-Loubet

Straßenkarte E3. 15 000. 🚌
ℹ 16, av de la Mer, 04 92 02 66 16.
🕐 Mi, Sa. 🌐 villeneuve-tourisme.com

Das alte Dorf steht im Schatten einer restaurierten mittelalterlichen Burg, die der Familie Villeneuve gehörte. Hier wurde Frankreichs berühmtester Küchenchef, Auguste Escoffier (1846 – 1935), geboren. Er kreierte *bombe Néro* und Pfirsich Melba. Er kochte in Monte Carlos Grandhotel, bis er die Leitung der Küche des Savoy in London übernahm. Das **Musée de l'Art Culinaire** in seinem Geburtshaus ehrt ihn mit Objekten aus Teig und Zucker und mit 1800 Speisekarten, die bis ins Jahr 1820 zurückreichen. Jeden August gibt es zu Ehren von Escoffier ein gastronomisches Fest.

Kochkünstler Auguste Escoffier aus Villeneuve-Loubet

🏛 **Musée de l'Art Culinaire**
3, rue Escoffier. ☎ 04 93 20 80 51.
🕐 tägl. 🔴 Nov, Feiertage. 📷 ♿
🌐 fondation-escoffier.org

⓮ Vence

Straßenkarte E3. 20 000. 🚌
ℹ 8, pl du Grand-Jardin, 04 93 58 06 38. 🕐 Di, Fr. 🌐 vence.fr

Das entzückende alte Städtchen mit Kathedrale liegt auf einem Felskamm. Seit Langem spricht es Künstler an. Der englische Schriftsteller D. H. Lawrence starb hier 1930. Die Altstadt betritt man durch die Porte de Peyra (1441) neben der Place du Frêne. Der Name des Platzes verweist auf die riesige Esche, die zur Erinnerung an die Besuche von König François I und Papst Paul III. gepflanzt wurde. Im Schloss der Lehnsherren von Villeneuve, der Seigneurs de Vence, bieten ein Museum und die **Fondation Émile Hugues**, benannt nach einem früheren Bürgermeister, Sonderausstellungen.

Die Kathedrale, eine der kleinsten Frankreichs, steht auf dem Forumsgelände der Römerstadt Vintium. In Vence, vom 4. bis 19. Jahrhundert Bistum, amtierten Prälaten wie Saint Véran († 492 n. Chr.) und Bischof Godeau (1605 –1672). Die 51 Chorstühle verzierte

Die Kunst der Glasbläserei in Biot

Biot ist das Glaskunstzentrum der Riviera. Der hiesige Boden liefert den geeigneten Sand für die Glasherstellung. Biot-Glas ist robust und von Bläschen durchsetzt (*verre à bulles*). Die Eröffnung des Léger-Museums förderte das heimische Handwerk, 1956 öffnete die Verrerie de Biot ihre Werkstätten. Nach alter Tradition fertigt man dort Öllampen, Karaffen und *porrons*, Trinkgefäße mit Tülle, durch die man das Getränk in einem dünnen Strahl direkt in den Mund fließen lässt.

Jacques Bellot mit satirischen Figuren. 1979 gestaltete Chagall das Mosaik *Moses im Schilfrohr* in der Kapelle.

Dominikanerinnen pflegten Henri Matisse *(siehe S. 86f)*, der zum Dank die **Chapelle du Rosaire** (1947 – 51) dekorierte. Die Stationen des Kreuzwegs sind zu schwarzen Linien reduziert, allein Bleiglas setzt farbige Akzente.

Fondation Émile Hugues
Château de Villeneuve. 04 93 58 15 78. Di – So. 1. Jan, 1. Mai, 25. Dez. museedevence.com

Chapelle du Rosaire
Av Henri Matisse. 04 93 58 03 26. Di, Do vormittags, Mo – Do, Sa nachmittags. Mitte Nov – Mitte Dez, Feiertage.

⑮ St-Paul-de-Vence

Straßenkarte E3. 3000. Vence und Nizza. 2, rue Grande, 04 93 32 86 95. saint-pauldevence.com

Das mittelalterliche *village perché (siehe S. 24f)* wurde etwas landeinwärts zum Schutz vor Sarazenenangriffen errichtet. 1543 – 47 ließ François I es zur Verteidigung gegen Savoyen, Österreich und Piemont erneut befestigen. In den 1920er Jahren »entdeckten« Künstler wie Bonnard und Modigliani das Dorf. Wie Pilger strömten Berühmtheiten und Literaten hierher. Die Prominenz schlief, aß und feierte – wie Simone Signoret und Yves Montand ihre Hochzeit – in der Auberge **La Colombe d'Or** *(siehe S. 210f)*.

Simone Signoret und Yves Montand in St-Paul-de-Vence

Das Restaurant besitzt eine der besten Privatsammlungen von Kunst des 20. Jahrhunderts dank der Freundschaft des Besitzers mit den verschiedenen Künstlern bzw. »Naturalienzahlungen« von Hotelgästen. Das Dekor des Speisesaals ist unschätzbar. Es umfasst Bilder von weltberühmten Künstlern wie Miró, Picasso und Braque.

Die gotische Kirche (12. Jh.) birgt das Tintoretto zugeschriebene Gemälde *Katharina von Alexandria*, goldene Reliquienschreine sowie eine Email-Madonna (13. Jh.). Im **Musée d'Histoire Locale** lassen Szenerien aus Wachsfiguren in der Tracht St-Pauls die Vergangenheit lebendig werden. Der angrenzende alte Wehrturm dient als Rathaus. Die Büßerkapelle (17. Jh.) gegenüber dem Museum wurde vom belgischen Künstler Jean-Michel Folon gestaltet.

Die Hauptstraße zieht sich vom ehemaligen Stadttor, der Porte Royale (14. Jh.), vorbei an der Grande Fontaine zur Porte Sud. Diese führt zum Friedhof, wo u. a. Chagall, das Ehepaar Maeght und Escoffier ruhen. Kurz vor den Toren von St-Paul empfängt die **Fondation Maeght** *(siehe S. 80f)* Freunde moderner Kunst. Den ausgefallenen Bau entwarf Josep Lluís Sert.

Musée d'Histoire Locale und Chapelle Folon
Place de la Mairie. 04 93 32 41 13. tägl. (Okt – März: nur nachmittags). Feiertage, Nov.

Eingang zur von Henri Matisse gestalteten Chapelle du Rosaire in Vence

Straßenkarte *siehe hintere Umschlaginnenseiten*

Fondation Maeght

Das Museum liegt in den Hügeln über St-Paul-de-Vence. Es ist klein, besitzt aber Weltniveau. Aimé und Marguerite Maeght, Kunsthändler aus Cannes, zählten Chagall, Miró, Matisse und weitere Künstler von Rang zu ihren Freunden und Kunden. Ihre Privatsammlung bildete den Grundstock des 1964 eröffneten Museums. Maeght wirkte auf die Berühmtheiten aus Kunst und Kultur wie ein Magnet: Duke Ellington, Samuel Beckett, André Malraux, Merce Cunningham und die ausstellenden Künstler strömten zu den Veranstaltungen, deren Einnahmen dem Museum zugutekamen.

★ Cour Giacometti
Die fragilen Bronzefiguren von Alberto Giacometti, darunter auch *L'Homme qui marche I* (1960), erscheinen in dem schattigen Innenhof wie lebendige Wesen.

La Vie (1964)
Marc Chagalls Gemälde kreist um die großen Themen der Menschheit: Liebe, Religion, Gesellschaft, Natur – alles Teil des wirbelnden Zirkus aus Tänzern, Musikern, Akrobaten und Clowns.

Les Renforts (1963)
Eines der Kunstwerke, die den Besucher begrüßen, ist dieses »Stabile« von Alexander Calder – ein Gegenstück zu den bekannten Mobiles.

Außerdem

① **Haubendächer** sorgen für indirektes Licht im Museum. Josep Lluís Sert entwarf das Gebäude.

② **Les Poissons**, das Beckenmosaik, entwarf Georges Braque 1963.

③ **Die Chapelle St-Bernard** wurde zum Gedenken an den Sohn der Maeghts erbaut, der 1953 im Alter von elf Jahren starb. Über der Christusfigur (12. Jh.) am Altar ist ein Bleiglasfenster von Braque zu sehen.

Kurzführer

Die Sammlung umfasst ausschließlich Kunst des 20. Jahrhunderts. Ständig ausgestellt sind nur die großen Skulpturen auf dem Freigelände. Innen sind immer andere Stücke aus der Sammlung zu sehen. Im Sommer konzentriert sich das Museum ausschließlich auf Wechselausstellungen.

La Partie de Campagne (1954)
Fernand Léger griff in seinem einzigartigen Stil das klassische Motiv der Landpartie auf.

Infobox

Information
623, chemin Gardettes, St-Paul-de-Vence. 04 93 32 81 63.
tägl. 10–18 Uhr (Juli–Sep: 10–19 Uhr). 🎨 📷 📚 **Bibliothek**.
W fondation-maeght.com

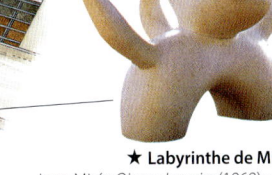

★ **Labyrinthe de Miró**
Joan Mirós *Oiseau Lunaire* (1968) versteckt sich inmitten von Bäumen, Wasser, Wasserspeiern und vielen Statuen.

Oiseau dans le Feuillage (1961)
Georges Braques Vogel nistet in »Blättern« aus Zeitungspapier. Der Künstler engagierte sich stark für die Gründung der Fondation Maeght, starb jedoch noch vor der Eröffnung des Museums.

L'Été (1917)
Pierre Bonnard verbrachte die letzten 22 Jahre seines Lebens in der Provence, wo er Aimé Maeght begegnete, mit dem ihn bald eine enge Freundschaft verband.

Haupteingang und Information

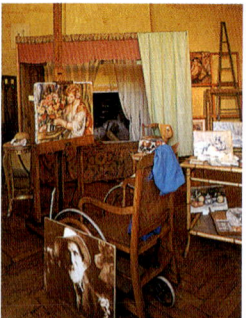

Renoirs Atelier in Les Collettes

⑯ Cagnes-sur-Mer

Straßenkarte E3. 🚗 47 000. 🚉 🚌
ℹ️ 6, bd Maréchal Juin, 04 93 20 61 64. 📅 Di – So. 🎉 Fête de la St-Roche (Aug.). 🌐 cagnes-tourisme.com

Cagnes-sur-Mer besteht aus drei Teilen: dem Fischerdorf Cros-de-Cagnes mit Strand und kleinem Fischerhafen, dem Geschäftszentrum Cagnes-Ville und der Oberstadt Haut-de-Cagnes auf einem Hügel. Letztere ist mit ihren Gassen, Stufen und Passagen sehenswert. Sie wird vom **Château-Musée Grimaldi** bewacht, es gibt hier aber auch schöne Renaissance-Häuser zu sehen sowie die Kirche St-Pierre, die letzte Ruhestätte der Grimaldis.

Östlich von Cagnes-Ville liegt inmitten alter Olivenbäume das Anwesen Les Collettes, das 1907 von Pierre-Auguste Renoir (1841–1919) gebaut wurde. Das milde Klima zog den Rheumatiker 1890 an diesen Ort, wo er seinen Lebensabend verbrachte. Ein Bild zeigt Renoir in seinem letzten Lebensjahr, den Pinsel an die kranke Hand gebunden.

Les Collettes ist heute das **Musée Renoir**. Im frisch renovierten Anwesen sind 14 Renoir-Bilder zu sehen, außerdem Arbeiten seiner Freunde Bonnard und Dufy. Renoirs geliebte Olivenhaine bilden die Kulisse der Bronzefigur *Venus Victrix* (1915/16).

🏛 **Musée Renoir**
Chemin des Collettes. 📞 04 93 20 61 07. 📅 Mi – Mo. 🕒 Mi, Sa, So 14 – 18 Uhr. ⛔ 1. Jan, 1. Mai, 25. Dez.

Château-Musée Grimaldi

Im Mittelalter beherrschte die Familie Grimaldi viele Städte der Mittelmeerküste. Das Schloss über Haut-de-Cagnes ließ Rainier Grimaldi 1309 als Festung und Gefängnis erbauen. Sein Nachkomme Jean verwandelte es 1620 in einen stilvollen Palast, versteckt hinter bedrohlicher Fassade. Das Schloss hat die Zerstörungen der Französischen Revolution und die Belagerung durch piemontesische Truppen 1815 überstanden. Die hier untergebrachten Museen widmen sich sowohl der modernen Kunst als auch dem Anbau von Oliven.

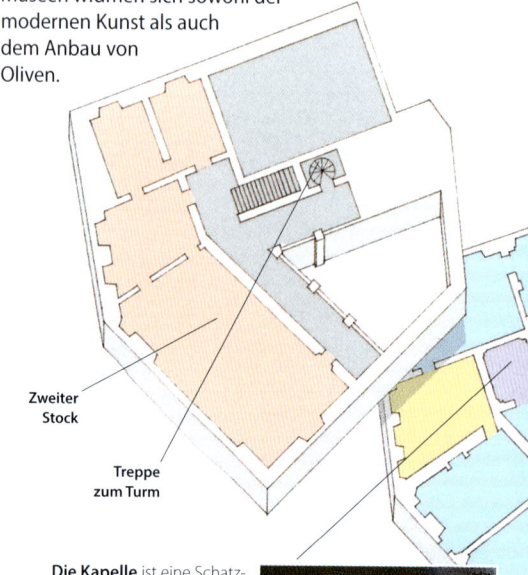

Zweiter Stock

Treppe zum Turm

Die Kapelle ist eine Schatzkammer sakraler Kunst, von alt bis modern.

★ **Donation Suzy Solidor**
244 Maler porträtierten die Sängerin der 1930er Jahre. Zu den 40 ausgestellten Bildern zählen Arbeiten von Jean Cocteau *(oben)* und Kisling *(rechts oben)*.

Kurzführer

Im Erdgeschoss sind das Olivenmuseum sowie Exponate, die das Leben im mittelalterlichen Schloss schildern, untergebracht. Ein ehemaliges Boudoir im ersten Stock ist Rahmen der Sammlung Suzy Solidor. Kostproben moderner Kunst des Mittelmeerraums sowie Sonderausstellungen gibt es im ersten und zweiten Stock.

Renaissance-Hof
Der zentrale Innenhof, üppig bepflanzt und gesprenkelt von Sonnenlicht, öffnet sich dem freien Himmel. Oben umgeben ihn zwei Galerien mit Marmorsäulen.

Infobox

Information
Place Grimaldi, Cagnes-sur-Mer.
04 92 02 47 30. Mi – Mo 10 – 13, 14 – 18 Uhr (Nov – Apr: bis 17 Uhr). 1. Jan, 25. Dez.
cagnes-tourisme.com

★ La Chute de Phaëton
Truppen aus Piemont besetzten im 19. Jahrhundert das Schloss. Sie benutzten die Decke mit der Illusionsmalerei (1620 – 30), die Giovanni Carlone zugeschrieben wird, als Zielscheibe.

Musée de l'Olivier
Eine massive hölzerne Ölpresse, Terrakottagefäße und andere Geräte veranschaulichen die provenzalische Tradition der Olivenverarbeitung.

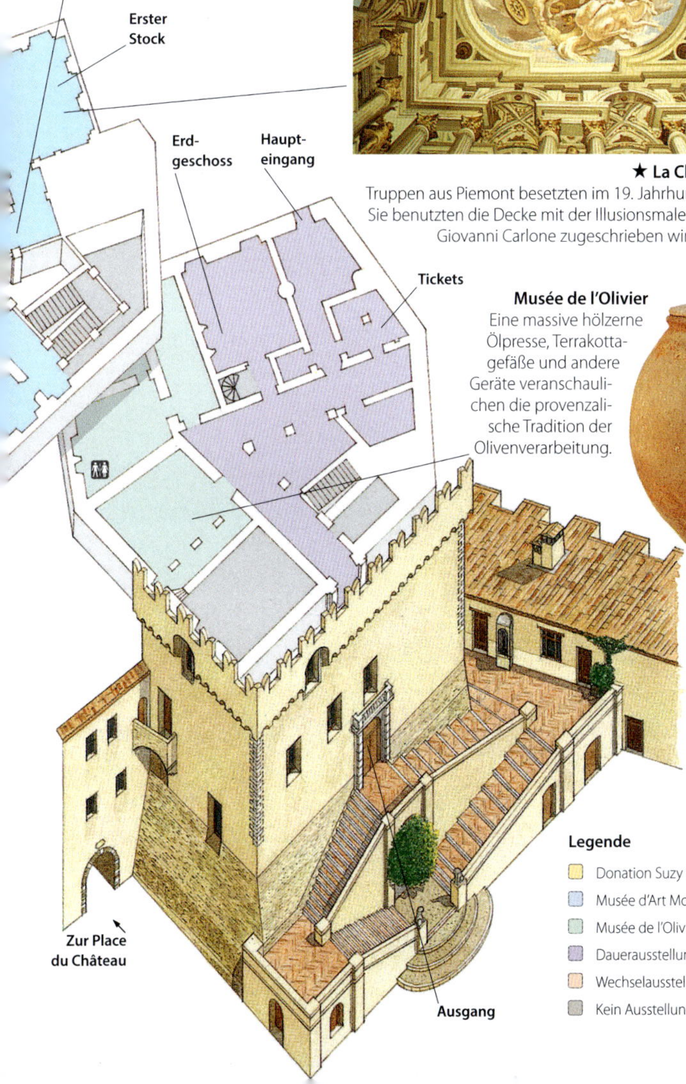

Erster Stock

Erdgeschoss

Haupteingang

Tickets

Zur Place du Château

Ausgang

Legende
- Donation Suzy Solidor
- Musée d'Art Modern Méditérranéen
- Musée de l'Olivier
- Dauerausstellung
- Wechselausstellungen
- Kein Ausstellungsbereich

Im Detail: Nizza

Ein dichtes Netz von Gassen, schmale Häuser und Fassaden im italienischen Stil prägen Vieux Nice, die Altstadt von Nizza (Nice). Auch die Kirchen aus dem 17. Jahrhundert, wie die Église du Jésus in der Rue Droite und St-François-de-Paule hinter der Oper, zeigen italienische Elemente. Am Ufer nehmen die Ponchettes, eine Doppelzeile niedriger Häuser mit Flachdach, den Quai des États-Unis ein. Dort flanierte man, ehe die Promenade des Anglais angelegt wurde. Östlich davon, auf der Colline du Château, siedelten im 4. Jahrhundert Griechen.

★ Cathédrale Ste-Réparate
J.-A. Guiberto, Architekt aus Nizza, gestaltete den Barockbau (1650). Blickfang sind die Fliesenkuppel und der Turm (18. Jh.).

Palais de Justice
Der Justizpalast, der am 17. Oktober 1892 eingeweiht wurde, ersetzte die vor dem Anschluss Nizzas an Frankreich genutzten Räume. An seiner Stelle befand sich eine Kirche mit Kloster (13. Jh.).

★ Cours Saleya
Hier herrscht stets Betrieb – beim Gemüse- und Blumenmarkt, aber auch bei Nacht.

Oper
Die reich verzierte und aufwendig gebaute Oper wurde 1855 errichtet. Der Eingang liegt am Quai des États-Unis.

Hotels und Restaurants an der Riviera und in den Alpes Maritimes *siehe Seiten 198f und 208–211*

NIZZA | 85

Chapelle de la Miséricorde
Guarino Guarinone entwarf das barocke Meisterwerk mit Rokoko-Interieur. Beachtung verdienen die Altarbilder von Louis Bréa und Jean Miralhet.

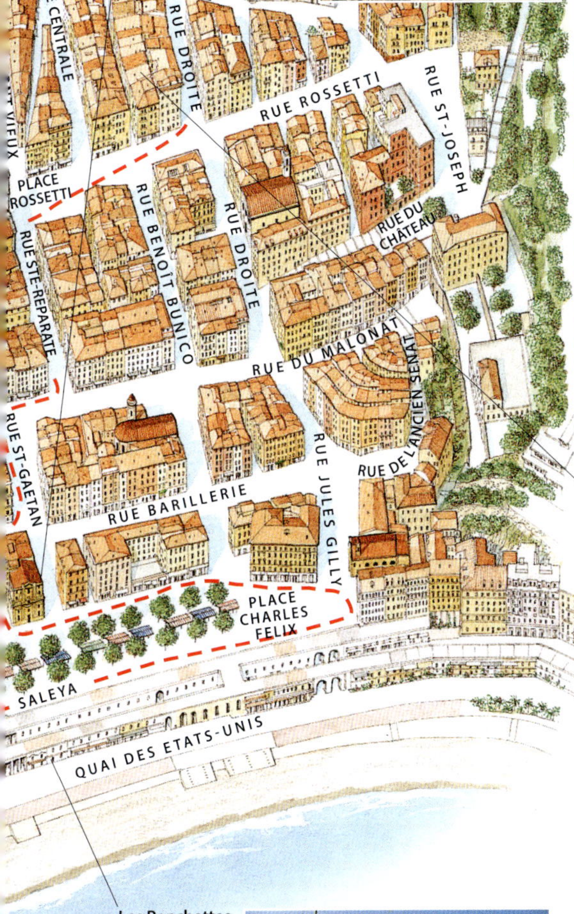

Infobox

Information
Straßenkarte F3. 349 000.
5, promenade des Anglais, 08 92 70 74 07. Di – So. Karneval (Feb), Festival du Jazz (Juli).
nicetourisme.com

Anfahrt
7 km südwestlich. Avenue Thiers. 5, bd Jean Jaurès. Quai du Commerce.

★ Palais Lascaris
Statuen (18. Jh.) flankieren die Treppe. Das Deckengemälde ist ein Trompe-l'Œil genuesischer Künstler.

Besucherbahn
Die Bahn passiert Markt, Altstadt und Schlossgärten.

Les Ponchettes
Die weißen Gebäude am Ufer mit ihrer ungewöhnlichen Architektur wurden einst von Fischern genutzt. Heute beherbergen sie verschiedene Galerien und internationale Restaurants.

0 Meter 100

Legende
— Routenempfehlung

Nizza: Musée Matisse

Henri Matisse (1869–1954) kam 1916 nach Nizza. Er zog mehrfach um, ehe er sich für den Rest seines Lebens im Stadtteil Cimiez niederließ. Aus Liebe zu der Stadt mit dem klaren Licht machte er Nizza kurz vor seinem Tod 1954 eine Schenkung. Die Werke bildeten neun Jahre später den Grundstock der Sammlung in der Villa des Arènes. Auf dem Friedhof von Cimiez erinnert ein Grabstein an Matisse. Früher hütete die Villa auch archäologische Funde, doch seit 1993 widmet sie sich in erweiterten Räumen ausschließlich Leben, Werk und Wirken des Künstlers Matisse.

★ Nu Bleu IV (1952)
Im Alter fertigte Matisse seine *papiers découpés*, Bilder aus bemalten Papierausschnitten.

Matisse in seinem Atelier (1948)
Die Fotokollektion gewährt Einblicke in Wesen und Arbeit des Künstlers. Robert Capas Aufnahme zeigt Matisse beim Entwurf der Wandgemälde für die Chapelle du Rosaire in Vence *(siehe S. 78f)*.

Erster Stock

Erdgeschoss

★ Fauteuil Rocaille
1946 malte Matisse diesen vergoldeten Rokoko-Lehnstuhl. Der Sessel zählt zu den vielen persönlichen Hinterlassenschaften, die im Museum ausgestellt sind.

Haupteingang

Kurzführer
Im Erdgeschoss und im ersten Stock zeigt das Museum einen Teil der Sammlung. Der neue Souterrain-Flügel dient wechselnden Themenausstellungen, die sich Matisse und seinen Zeitgenossen widmen.

Legende
☐ Dauerausstellung
☐ Wechselausstellungen

NIZZA: MUSÉE MATISSE | **87**

Liseuse à la Table Jaune (1944)
Die Ruhe dieses Werks täuscht über die Sorgen hinweg, die Matisse im Zweiten Weltkrieg belasteten. Er wurde operiert, seine Frau wegen Unterstützung der Résistance verhaftet.

Infobox

Information
164, av des Arènes de Cimiez, Nizza. 04 93 81 08 08.
Mi–Mo 10–18 Uhr. 1. Jan, Ostersonntag, 1. Mai, 25. Dez.

musee-matisse-nice.org

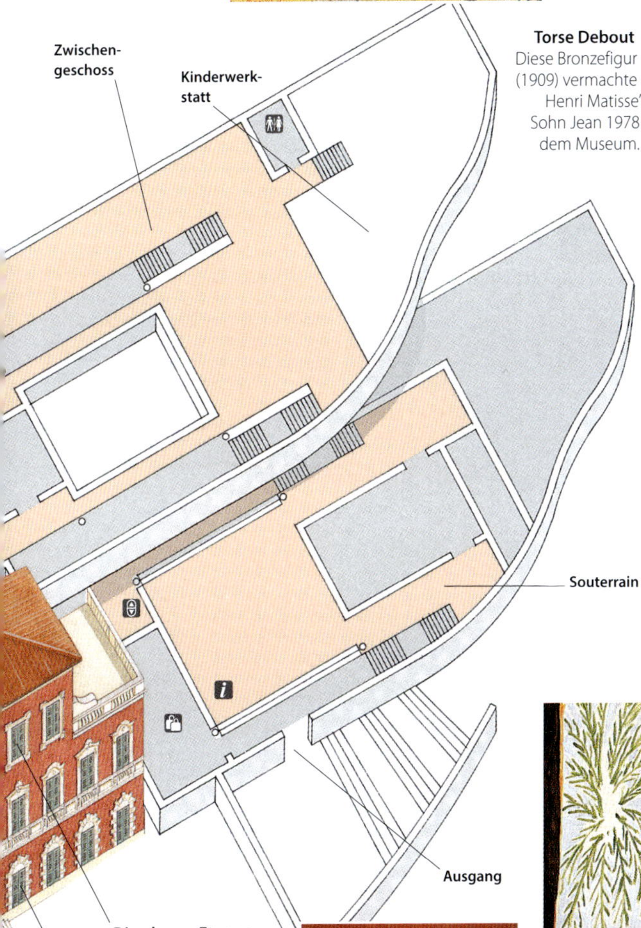

Zwischengeschoss

Kinderwerkstatt

Torse Debout
Diese Bronzefigur (1909) vermachte Henri Matisse' Sohn Jean 1978 dem Museum.

Souterrain

Ausgang

Die oberen Etagen
der Villa beherbergen eine Bibliothek und ein Studienzentrum für Wissenschaftler und Studenten.

Trompe-l'Œil-Fassade
Das dekorative Mauerwerk der Villa des Arènes (17. Jh.) entpuppt sich bei näherem Hinsehen als meisterliche Tarnung glatter Wände.

★ Nature Morte aux Grenades (1947)
Granatäpfel vor typischem Hintergrund: ein Raum mit Fenster und Blick auf einen »Himmel … leuchtend blau wie Matisse' Augen«, so der Dichter Aragon.

Überblick: Nizza

Nizza ist größter Ferienort und fünftgrößte Stadt Frankreichs. Es besitzt nach Paris den zweitwichtigsten Flughafen und die meisten Banken und Museen. Jährlich wird der Karneval, der mit einem Feuerwerk ausklingt, groß gefeiert. Die Einwohner sprechen einen besonderen Dialekt, Spezialität ist *socca* (Kichererbsen-Pfannkuchen). Der Duft aus den Pizzaöfen zeugt vom italienischen Einfluss.

Promenade des Anglais

Kleiner Stadtrundgang

Nizza liegt zu Füßen eines Hügels namens Château, auch wenn es dort keine Burg mehr gibt. Ein Einkaufsparadies ist der Blumen- und Gemüsemarkt (Di – So) am Cours Saleya. Das vornehme Viertel Cimiez blickt von den Hügeln über die Dächer der Stadt. Dort verdient den alten Kloster **Notre-Dame** einen Besuch. Etwas tiefer, neben dem reizenden **Musée Matisse** *(siehe S. 86f),* liegen ein römisches Amphitheater und die Ruinen von Thermen. Das Archäologische Museum zeigt Funde aus der Römersiedlung.

Die berühmte Promenade des Anglais wurde nach 1820 mit Finanzmitteln der englischen »Kolonie« angelegt. Sie hat sich zu einer achtspurigen, fünf Kilometer langen Schnellstraße entwickelt. Bis zum Zweiten Weltkrieg war Nizza ein beliebter Treff der Aristokraten. Hier weilte 1895 Königin Victoria. Zar Nikolaus II. stiftete die **Cathédrale Orthodoxe Russe** in St-Philippe (1912). Die Promenade des Paillon im Zentrum ist ein Grünstreifen mit einem Wasserlauf, der von der Altstadt durch das Zentrum bis zur Promenade des Anglais führt. Die parkähnliche Anlage enthält u. a. Kunstwerke, Sportanlagen und einen Kinderpark.

🏨 Hotel Négresco

37, promenade des Anglais. 📞 04 93 16 64 00. Siehe **Hotels** S. 198

Der rumänisch-französische Hotelbesitzer Henri Négresco ließ das Luxushotel 1912 errichten. Acht Jahre später war er bankrott. Der Lüster im *salon*

Brunnen an der Place Masséna

Zentrum von Nizza

① Musée Chagall
② Villa Masséna
③ Hotel Négresco
④ Cathédrale Ste-Réparate
⑤ Palais Lascaris
⑥ Musée d'Art Moderne et d'Art Contemporain (MAMAC)

Hotels und Restaurants an der Riviera und in den Alpes Maritimes *siehe Seiten 198f und 208 – 211*

NIZZA | 89

royal wurde aus 16 000 Steinen für den Zaren angefertigt. Die Tänzerin Isadora Duncan verbrachte hier ihre letzten Tage. Sie starb 1927 vor dem Hotel: Ihr wehender Schal verfing sich im Rad ihres Bugatti und brach ihr das Genick.

🏛 Villa Masséna
65, rue de France. 📞 04 93 91 19 10. 🕐 Mi – Mo.

Die Villa Masséna (19. Jh.) gehörte einst dem Großenkel von Napoléons Marschall. Canovas Büste im Empire-Hauptsaal zeigt Marschall Masséna. Zu den Exponaten zählen religiöse Kunstwerke, Bilder naiver Maler aus Nizza, Fayencen *(siehe S. 190)* und ein Umhang von Joséphine de Beauharnais.

🏛 Musée Chagall
36, av Dr. Ménard. 📞 04 93 53 87 20. 🕐 Mi – Mo. ⊙ 1. Jan, 1. Mai, 25. Dez. 🅿️ ♿ 📷
💻 nur Sommer.

Das Museum beherbergt die größte Chagall-Sammlung. Zu den 17 Bildern seiner Illustrationen zur Bibel zählen *Die Arche Noah* und in fünf Versionen *Das Hohelied*. Drei Glasfenster illustrieren *Die Erschaffung der Erde*, während ein großes Mosaik den Propheten Elias zeigt.

Russisch-orthodoxe Kirche

⛪ Cathédrale Ste-Réparate
Place Rossetti. 📞 08 92 70 74 07 (Führungen). 🕐 tägl. 📷

Fliesen schmücken die Kuppel des Barockbaus (17. Jh.), üppiges Dekor aus Stuckaturen, Marmor und alten Täfelungen das Innere.

⛪ Palais Lascaris
15, rue Droite. 📞 04 93 62 72 40. 🕐 Mi – Mo. ⊙ 1. Jan, Ostern, 1. Mai, 25. Dez.

Das Palais (17. Jh.) entstand aus vier Bauten, die die Familie Lascaris-Ventimiglia 1649 erwarb. Sehenswert: die Apotheke (18. Jh.) im Erdgeschoss und Japisserien im Salon. Das Trompe-l'Œil-Deckenbild (17. Jh.) wird Carlone zugeschrieben.

🏛 Musée des Arts Asiatiques
405, promenade des Anglais. 📞 04 92 29 37 00. 🕐 Mi – Mo. ⊙ 1. Jan, 1. Mai, 25. Dez. ♿ 📷 🏠

Das Museum in Kenzo Tanges in Weiß gehaltenem Wohnsitz aus Marmor und Glas zeigt antike und moderne asiatische Kunst.

🏛 Musée des Beaux-Arts
33, av des Baumettes. 📞 04 92 15 28 28. 🕐 Di – So. ⊙ 1. Jan, Ostern, 1. Mai, 25. Dez. ♿ 📷 🏠
🌐 musee-beaux-arts-nice.org

Die Sammlung in der Villa (1876) enthält Kunst aus 300 Jahren, u. a. von Jules Chéret, Carle van Loo, van Dongen, Dufy, Bonnard und Vuillard.

🏛 Musée d'Art Moderne et d'Art Contemporain (MAMAC)
Place Yves Klein. 📞 04 97 13 42 01. 🕐 Di – So. ⊙ 1. Jan, Ostern, 1. Mai, 25. Dez. ♿ 📷 🏠

Das MAMAC befindet sich in einem eigenwilligen Bau mit Türmen und Glaskorridoren. Es widmet sich der Avantgarde und zeigt Pop-Art von Warhol und Lichtenstein sowie Werke der Schule von Nizza, etwa von César und Yves Klein.

Blick über Cap Ferrat

⑱ Cap Ferrat
Straßenkarte F3. 🏘 2000. ✈ Nizza. 🚂 Beaulieu. 🚌 St-Jean-Cap-Ferrat. ℹ️ 5/59, av Denis Séméria, 04 93 76 08 90. 🌐 saintjeancapferrat.fr

Prunkvillen, exklusive Gärten und edle Yachten im Hafen von St-Jean verraten es: Auf der Halbinsel Cap Ferrat tummelt sich der Geldadel. Vorreiter war der belgische König Léopold II: Er baute im 19. Jahrhundert Les Cèdres an der Westseite des Kaps mit Blick über Villefranche. 1938 mieteten der Herzog und die Herzogin von Windsor hier eine Villa. Nach dem Krieg zog es auch David Niven und Edith Piaf hierher. Eine der schönsten unter den Luxusvillen ist die **Villa Ephrussi de Rothschild** mit Garten *(siehe S. 90 f.)*.

Der kleine Garten um den Leuchtturm (1837) eröffnet herrliche Ausblicke. Ein Uferweg führt um die Pointe St-Hospice östlich des Hafens in das frühere Fischerdorf **St-Jean-Cap-Ferrat**.

Gegen eine Gebühr können Sie sich an einem der zwei privaten Strände der Stadt vergnügen: **Plage de Paloma** oder **Plage de Passable**. Beide bieten Sonnenliegen, Wassersportmöglichkeiten und Bootsausflüge.

🏖 Plage de Passable
Chemin de Passable. 📞 04 93 76 06 17. 🕐 Apr – Okt: tägl. 🅿️ ♿ 💻

🏖 Plage de Paloma
1, route de St-Hospice. 📞 04 93 01 64 71. 🕐 Apr – Okt: tägl. 🅿️ ♿ 💻

Yves Kleins *Anthropométrie* (1960) im MAMAC

Straßenkarte siehe hintere Umschlaginnenseiten

Cap Ferrat: Villa Ephrussi de Rothschild

Béatrice Ephrussi de Rothschild (1864–1934) hätte untätig im Luxus schwelgen können, doch Reiselust und Liebe zur Kunst, gepaart mit eisernem Willen, veranlassten sie zum Bau ihrer Traumvilla an der Riviera, der Villa Île-de-France. Obwohl auch König Léopold II von Belgien an dem Grundstück Interesse zeigte, erhielt sie den Zuschlag. Beim Bau überwachte sie jedes Detail. 1912 war das Werk vollendet. Auch wenn sie das Anwesen nie als eigentlichen Wohnsitz nutzte, veranstaltete sie hier doch bis 1934 regelmäßig Gartenfeste und Soireen. Die Villa ist ein Denkmal für diese geistreiche und fantasievolle Frau.

★ Fragonard-Saal
Zur Skizzensammlung Jean-Honoré Fragonards (1732–1806) gehört auch diese Studie mit dem ironischen Titel *Ach, wäre er mir ebenso treu.*

Béatrice als 19-Jährige
Hinter dem sanften Äußeren verbarg sich eine Frau, die »Blumen gebietet, während des Mistrals zu wachsen«, so ein Zeitgenosse.

Boudoir von Béatrice
Der hübsche Schreibtisch aus dem 18. Jahrhundert stammt von dem Möbelschreiner Jean-Henri Riesener (1734–1806).

Außerdem

① **Das Prunkzimmer** öffnet sich auf den französischen Garten und ermöglichte damals den Genuss der Meeresbrise in elegantem Ambiente.

② **Gemächer im ersten Stock**

Villa Île-de-France
Die stuckverzierten Mauern sind in zartem Rosé gestrichen. Bei der Namensgebung folgte Béatrice einem Muster: Eine weitere Villa in ihrem Besitz hieß »Rose de France«.

CAP FERRAT: VILLA EPHRUSSI DE ROTHSCHILD

Überdachter Patio
Der Innenhof vereint maurische und italienische Elemente in luftiger, hoher Bauweise. Marmorsäulen, Bodenmosaiken und diffuses Licht bringen Renaissance-Gemälde und Tapisserien (15./16. Jh.) an den Wänden zur Geltung.

Infobox

Information
1, av Ephrussi de Rothschild, St-Jean-Cap-Ferrat. 04 93 01 33 09. Mitte Feb–Okt: tägl. 10–18 Uhr (Juli, Aug: bis 19 Uhr); Nov–Mitte Feb: Mo–Fr 14–18, So, So 10–18 Uhr. nur Erdgeschoss.
w villa-ephrussi.com

Eingang zur Villa und Treffpunkt für Führungen

Zur Kasse und zum Parkplatz

Cabinet des Singes
Dieser winzige Raum ist Ausdruck für die Tierliebe von Béatrice. Die Holzpaneele sind mit Affen bemalt, die zur Musik des winzigen Affenorchesters aus Meißner Porzellan (18. Jh.) tanzen.

★ Gartenanlage
Der Hauptgarten ist wie ein Schiffsdeck gestaltet. Béatrice stellte extra Leute an, die dort in Seemannsuniformen umherwandeln sollten. Unter den neun themenbezogenen Gärten sind auch ein florentinischer und ein japanischer.

★ Prunkzimmer
Wie alle Räume ist auch dieser Salon verschwenderisch ausgestattet: mit Holzornamenten von Crillon, Savonnerie-Teppichen und Stühlen mit Polstern aus Savonnerie-Gobelins (18. Jh.).

⓭ Villefranche-sur-Mer

Straßenkarte F3. 🏔 6650. 🚌 🚆
ℹ Jardin François Binon, 04 93 01 73 68. 🛒 Mi, Sa, So. 🌐 villefranche-sur-mer.com

Das idyllische Städtchen blickt auf einen schönen natürlichen Hafen mit belebten Bars und Cafés. In der mittelalterlichen **Chapelle St-Pierre** am Kai lagerten Fischer ihre Netze, bis die Kirche 1957 renoviert und von Jean Cocteau mit Fresken ausgestaltet wurde. Die überwölbte Rue Obscure bot den Einwohnern über Jahrhunderte Schutz vor Angriffen, zuletzt vor den Bomben im Zweiten Weltkrieg. Die barocke **Église St-Michel** birgt eine geschnitzte Figur des hl. Rochus mit seinem Hund (16. Jh.) und eine Orgel von 1790.

Die wehrhaften grauen Mauern der Citadelle de St-Elme (16. Jh.) umschließen eine Kapelle, ein Open-Air-Theater und mehrere Museums.

Ein Fischer mit seinem Boot im Hafen von Villefranche-sur-Mer

🏛 **Chapelle St-Pierre**
4, quai Amiral Courbet. 📞 04 93 76 90 70. ⭘ Mi – Mo. ● Mitte Nov – Mitte Dez, 25. Dez. 🎟

⓮ Beaulieu

Straßenkarte F3. 🏔 3800. 🚌 🚆
ℹ Place Clemenceau, 04 93 01 02 21. 🛒 tägl. 🌐 beaulieusurmer.fr

Geschützt von einer mächtigen Felswand, ist Beaulieu im Winter einer der wärmsten Ferienorte an der Riviera. Es besitzt zwei Strände, die Baie des Fourmis und den »Petite Afrique« am Hafen. Das Casino, französische Gärten und die Belle-Époque-Rotunde unterstreichen das altmodische Flair Beaulieus. Zu seinen Grandhotels zählt La Réserve, das von Gordon Bennett, dem Besitzer des *New York Herald*, gegründet wurde. Bennett finanzierte die Expedition unter H. M. Stanley, die den verschollenen Forscher Livingstone in Afrika aufspüren sollte.

Der Archäologe Théodore Reinach baute 1902 – 08 die **Villa Grecque Kérylos**, ein griechisches Landhaus im Stil des perikleischen Zeitalters. Es wurde unter Anwendung antiker Bautechniken errichtet und mit Mosaiken, Fresken sowie Intarsienmöbeln ausgestattet. Neu ist eine Galerie mit antiken Skulpturen.

🏛 **Villa Grecque Kérylos**
Impasse Gustave Eiffel. 📞 04 93 01 01 44. ⭘ tägl. ● 25. Dez. 🎟 📷
🌐 villa-kerylos.com

⓯ Èze

Straßenkarte F3. 🏔 3000. 🚌 🚆
ℹ Place Général de Gaulle, 04 93 41 26 00. 🛒 So. 🌐 eze-tourisme.com

Èze ist ein *village perché* (siehe S. 24f) in besonders aufregender Lage: ein Haufen dicht gedrängter alter Häuser, einige davon 427 Meter hoch über dem Meer. Vom **Jardin Exotique**, der um die Ruinen einer Burg angelegt ist, hat man einen fantastischen Ausblick bis nach Korsika.

Bummeln Sie durch die autofreien Straßen bis zur Kirche (18. Jh.) mit der Christusbüste aus Olivenholz.

🏛 **Jardin Exotique**
Rue du Château. 📞 04 93 41 10 30. ⭘ tägl. ● um Weihnachten. 🎟

Aufgang zur eleganten Belle-Époque-Rotunde (1886) in Beaulieu

Hotels und Restaurants an der Riviera und in den Alpes Maritimes *siehe Seiten 198f und 208 – 211*

RIVIERA UND ALPES MARITIMES | 93

㉒ La Turbie

Straßenkarte F3. 🏔 3200. 🚌
ℹ 2, pl Detras, 04 93 41 21 15.
📅 Do. 🌐 ville-la-turbie.fr

Blick von La Turbie auf Le Trophée des Alpes

Hoch über Monte Carlo liegt einer der schönsten Aussichtspunkte der Riviera. Die Grande Corniche führt über Berge und Schluchten und durch Tunnel nach La Turbie. Der Duft von Bougainvilleen und Jasmin erfüllt das charmante alte Dorf. Dort stehen noch zwei mittelalterliche Tore und, an der Römerstraße Via Julia, die ältesten Häuser des Orts (11.–13. Jh.).

🏛 Musée du Trophée des Alpes

Cours Albert 1er. 📞 04 93 41 20 84. 🕐 Di – So.
⬤ 1. Jan, 1. Mai, 1., 11. Nov, 25. Dez. 🅿 ♿
📷 nach Vereinbarung.
🅿 🌐 monuments-nationaux.fr

La Turbies bekannteste Attraktion ist Le Trophée des Alpes. Das Römerdenkmal aus weißem Stein markierte die Grenze zwischen Italien und Gallien. Der römische Senat ließ es 6 v. Chr. zu Ehren von Kaiser Augustus errichten, der 13 v. Chr. 44 ligurische Stämme unterworfen hatte. Das einst 50 Meter hohe Denkmal besaß Nischen mit Statuen der siegreichen Feldherren und war über Stufen zu begehen.

Detail des Denkmals

Nach Abzug der Römer trug man den Bau Stück für Stück ab. Der hl. Honoratus schlug eigenhändig auf dieses vorchristliche Kultobjekt ein. Später diente es als Festung – und als Steinbruch. Als Savoyen 1707 die Provence angriff, befahl Louis XIV die (nur teilweise gelungene) Zerstörung des Denkmals, damit es nicht in Feindeshand fiele. 1905 begann die Restaurierung, die ab 1923 von Edward Tuck fortgesetzt wurde. Die rühmende Inschrift ist dabei originalgetreu wiederhergestellt worden.

Ein Museum auf dem Gelände dokumentiert anhand von Fragmenten des Baus, Skulpturen, Inschriften, Zeichnungen und einem Miniaturmodell die Geschichte des Siegesdenkmals. Von seinen Terrassen aus bietet sich ein großartiger Panoramablick bis Èze und Cap Ferrat. Das 480 Meter tiefer gelegene Monaco scheint zum Greifen nah, so als blicke man aus einer Loge auf das Bühnenbild einer Stadt.

Auch Dante Alighieri (1265 – 1321) war von La Turbie und dem Denkmal beeindruckt. Die Lobesworte des Dichters hält eine Tafel in der Rue Comte-de-Cessole fest. Vom Ende der Straße bietet sich ein guter Blick auf Le Trophée.

🏛 Église St-Michel-Archange
🕐 tägl. ♿

Das Römerdenkmal lieferte Baumaterial für diese Barockkirche (18. Jh.). Im Innenraum beeindrucken der Marmoraltar und ein Abendmahltisch aus Onyx und Achat (17. Jh.). Zu den religiösen Bildwerken zählen zwei Arbeiten von Jean-Baptiste van Loo, einem Künstler aus Nizza, ein Veronese zugeschriebenes Porträt des hl. Markus und eine Pietà der Schule von Bréa.

Le Trophée des Alpes

Das Denkmal bestand aus einem quadratischen Podium, über dem ein Säulenring mit einem gestuften Spitzkegel ruhte. Darüber thronte die Statue des Augustus.

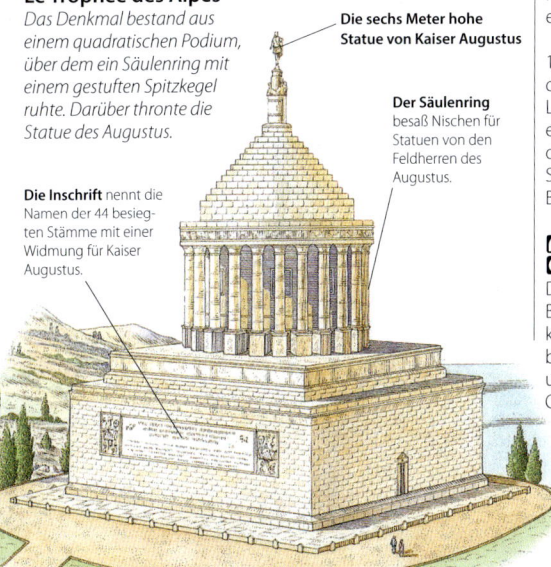

Die sechs Meter hohe Statue von Kaiser Augustus

Der Säulenring besaß Nischen für Statuen von den Feldherren des Augustus.

Die Inschrift nennt die Namen der 44 besiegten Stämme mit einer Widmung für Kaiser Augustus.

Straßenkarte *siehe hintere Umschlaginnenseiten*

㉓ Monaco

Autofahrer sollten über die reizvolle Küstenstraße Moyenne Corniche anreisen. Inmitten von modernen Hochhäusern scheint Monacos bewegte Vergangenheit unendlich fern. Deren Schauplatz war Monaco-Ville, der älteste Teil der Stadt, wo auch Palast, Kathedrale und Museen liegen. Er bedeckt eine ebene, steil abfallende Landzunge, die 792 Meter weit ins Meer ragt. Hier siedelten Griechen, später Römer. Der Genuese François Grimaldi kaufte Monaco 1309. Trotz heftiger Familienfehden hat sich das Reich der Grimaldis, deren Wappen zwei Mönche mit Schwertern zeigt, als weltweit ältestes noch bestehendes Fürstentum erhalten.

Modernes Monaco
Aus Platzmangel baute man in die Höhe. So entstand die heutige eindrucksvolle Skyline.

Palais Princier
Das Palais war ab dem 14. Jahrhundert Regierungssitz der Grimaldis. Der heutige Bau stammt aus dem 16./17. Jahrhundert. Die Wache aus französischen *carabiniers* schreibt die Verfassung vor *(siehe S. 98)*.

Außerdem

① **Musée des Souvenirs Napoléoniens**

② **Die Monte Carlo Story** illustriert Monacos Geschichte mehrsprachig mit Filmen und historischen Fotografien.

Cathédrale
Der neoromanische, cremefarbene Bau thront auf einem Felsvorsprung. Zu seinen Schätzen zählen zwei frühe Bilder von Louis Bréa: *La Pietà* und *St-Nicolas* (siehe S. 98).

Hotels und Restaurants an der Riviera und in den Alpes Maritimes *siehe Seiten 198f und 208 – 211*

MONACO | 95

Musée Océanographique
Das hoch über dem Meer erbaute Museum besitzt eines der besten Aquarien Europas. Es ist zugleich Forschungszentrum *(siehe S. 98)*.

Infobox

Information
Straßenkarte F3. 35 000.
2a, bd des Moulins, 00 377 92 16 61 16. tägl. Festival du Cirque (Jan), Grand Prix (Mai), Fête Nationale (19. Nov).
w visitmonaco.com

Anfahrt
15 km südwestlich von Nizza.
Place Ste-Dévote (08 36 35 35 35).

Théâtre du Fort Antoine
Eine alte Festung wurde in dieses Theater umgewandelt, das im Sommer eine breite Programmpalette bietet.

Fürstenfamilie
Von 1949 bis 2005 wurde Monaco vom geschäftstüchtigen Fürsten Rainier Louis Henri Maxence Bertrand de Grimaldi regiert, 26. Herrscher des Geschlechts und Nachfahre jenes Grimaldi, der 1297 als Mönch getarnt in die Festung von Monaco eindrang. Damals reichte Monacos Territorium bis Antibes und Menton. 1956 heiratete Rainier die Schauspielerin Grace Kelly, die 1982 bei einem Autounfall ums Leben kam. Gracia Patricias Sohn Albert ist seit Rainiers Tod 2005 Fürst von Monaco und Familienoberhaupt. Im Juli 2011 heiratete Fürst Albert II Charlène Wittstock. Am 10. Dezember 2014 brachte sie ihre Zwillinge, Jacques und Gabriella, zur Welt.

Prince Rainier III und Grace Kelly bei ihrer Verlobung 1956

Typische Altstadtvilla
Im Labyrinth der Passagen finden sich Brunnen, kleine Plätze und elegante Fassaden.

Monaco: Monte Carlo

Das Panorama von Monte Carlo mit seinen Steilhängen ist weltbekannt. Zur Rallye Monte Carlo reisen Zuschauermassen, zur Opernsaison weltberühmte Sänger an. Monte Carlo ist nach Charles III benannt, der hier 1856 das erste Casino eröffnete, um Monacos Bankrott abzuwenden. Der Erfolg war so groß, dass er 1883 die Steuerpflicht abschaffte. Königin Victoria schalt Monte Carlo einst einen Sündenpfuhl – anders als viele weitere Blaublütige, die wie Edward VII zu Dauergästen wurden. Charles Garnier, der Architekt der Pariser Oper, schuf hier das prunkvolle Casino und die Oper. Zwischen Monaco-Ville und Monte Carlo erstreckt sich um die Luxusyachten im Hafen der Bezirk La Condamine, ein Einkaufs- und Geschäftszentrum.

Blick auf Monte Carlo
La Turbie *(siehe S. 93)* ist einen Halt wert – allein wegen des Panoramas.

Jardin Exotique
Im milden Klima gedeihen exotische Pflanzen. Vor rund 200 000 Jahren waren die Grotten von Menschen und Tieren bewohnt *(siehe S. 98)*.

La Condamine
Beim Flanieren über die von Albert I angelegten Kais kann man die Yachten bestaunen. Rainier III fügte ein Wassersportstadion hinzu. Hier finden auch Jahrmärkte statt.

Außerdem
① Palais Princier
② La Turbie
③ Église Ste-Dévote
④ Hôtel Hermitage
⑤ Centre de Congrès

Hotels und Restaurants an der Riviera und in den Alpes Maritimes *siehe Seiten 198f und 208 – 211*

MONACO: MONTE CARLO | 97

Infobox

Information
Straßenkarte F3. *i* 2a, bd des Moulins, 00 377 92 16 61 16.
Grimaldi Forum (Kulturzentrum) 00 377 99 99 2000. tägl.
Rallye de Monte-Carlo (Jan), Festival International de Feux d'Artifice (Juli, Aug). tägl.
w grimaldiforum.com

Anfahrt
Place Ste-Dévote.

Le Brasserie du Café de Paris
Frauenliebling Edward VII war hier regelmäßiger Gast. Das Dessert *crêpe Suzette* wurde nach einer seiner Begleiterinnen benannt.

Salle Garnier
Charles Garnier entwarf diesen Saal (1879), in dem u. a. Nijinsky, Caruso und Sarah Bernhardt auftraten.

Casino
Charles Deville Wells machte 1891 bei einer dreitägigen Spielorgie aus 400 Pfund mehr als eine Million Francs. Sein Erfolg inspirierte zu dem Song *The Man Who Broke the Bank at Monte Carlo* (siehe S. 98).

Überblick: Monaco

Monaco ist nach dem Vatikan der zweitkleinste Staat der Welt. Mit 1,9 Quadratkilometern ist er etwa nur halb so groß wie der New Yorker Central Park. Die Bürger, zu 20 Prozent Monegassen, zahlen keine Steuern und erzielen das weltweit höchste Pro-Kopf-Einkommen. »Monegasco«, ein provenzalischer Dialekt, taucht auch in Straßennamen auf, etwa in *carrigiu* statt *rue*, *piaca* statt *place*. Amtssprache ist Französisch, Währung der Euro. Wegen der komplizierten Straßenführung sollten Autofahrer Routen sorgsam planen.

Beim Großen Preis von Monaco

Meeresforscher Jacques Cousteau

🏛 Palais Princier
Place du Palais. 📞 00 377 93 25 18 31. 🕐 Apr – Okt: tägl. 🎫

Der Palast ist Monacos Regierungssitz. Ihn bewachen Kanonen, die Louis XIV gestiftet hat, sowie Garden (Wachablösung tägl. 11.55 Uhr). Das Innere ist mit Fresken geschmückt.

🏛 Musée des Souvenirs Napoléoniens et Archives Historiques du Palais
Place du Palais. 📞 00 377 93 25 18 31. 🕐 tägl. (Jan – März: Di – So). ⊘ 1. Jan, 25. Dez. 🎫 📷

Das Museum vermittelt Regionalgeschichte, verbunden mit Erinnerungen an Napoléon, der weitläufig mit den Grimaldis verwandt war. Im Erdgeschoss stehen einige Büsten des Kaisers.

🎰 Casino
Place du Casino. 📞 00 377 98 06 21 21. 🕐 tägl. ab 14 Uhr. ♿
🌐 casino-montecarlo.com

Charles Garnier *(siehe S. 55)*, Architekt der Pariser Oper, renovierte das Casino 1878. Die Terrasse eröffnet einen großartigen Blick auf Monaco. Das Interieur zeigt sich im Stil der Belle Époque. Roulette wird in der Salle Europe gespielt, Blackjack in den Salons Privés. Das Sun Casino ist im Stil eines Zirkus ausgestaltet und bietet amerikanische Glücksspiele.

🏛 Nouveau Musée National de Monaco
Villa Sauber, 17, av Princesse Grace. 📞 00 377 98 98 91 26. Villa Paloma, 56, bd du Jardin Exotique. 📞 00 377 98 98 48 60. 🕐 tägl. ⊘ 1. Jan, Grand Prix, 19. Nov, 25. Dez. 🎫 📷
🌐 nmnm.mc

Das Museum, das sich der Geschichte, Kunst und Kultur des Fürstentums widmet, liegt in zwei Villen. Die Villa Sauber, ein Belle-Époque-Juwel, präsentiert Unterhaltungsexponate. Die Villa Paloma mit einem schönen italienischen Garten zeigt moderne Kunst, Architektur und Design.

⛪ Cathédrale
4, rue Colonel Bellando del Castro. 📞 00 377 93 30 87 70. 🕐 tägl. ♿

Die Église St-Nicolas (12. Jh.) musste im 19. Jahrhundert dem neoromanischen Gotteshaus weichen. In der Nähe des Altarbilds von Louis Bréa liegen die Gräber von Fürsten und Bischöfen. Das Grab von Gracia Patricia ist blumenübersät.

🏛 Musée Océanographique
Avenue St-Martin. 📞 00 377 93 15 36 00. 🕐 tägl. ⊘ 1. Jan, Grand Prix, 25. Dez. 🎫 ♿ 📷 🎬 Kino.
🌐 oceano.mc

Das 1910 eröffnete Museum liegt auf einer Klippe. Seltene Meerespflanzen und -tiere füllen die Aquarien. Zu sehen sind Muscheln, Korallen, Perlen und das lebensgroße Modell eines Riesenkraken. Jacques Cousteau war hier 30 Jahre lang (bis 1988) Direktor. Von der Dachterrasse blickt man auf die Küste.

🌿 Jardin Exotique
62, bd du Jardin Exotique. 📞 00 377 93 15 29 80. 🕐 tägl. ⊘ 19. Nov, 25. Dez. 🎫 📷 ♿ teilweise.
🌐 jardin-exotique.mc

Mit seinen (sub-)tropischen Pflanzen zählt der Garten zu den schönsten Europas. In der **Grotte de l'Observatoire** lebten vor 200 000 Jahren Menschen. Das **Musée d'Anthropologie Préhistorique** zeigt prähistorische Werkzeuge, Figuren und Knochen.

Roulettetische in der Salle Europe des Casinos

Hotels und Restaurants an der Riviera und in den Alpes Maritimes *siehe Seiten 198f und 208 – 211*

RIVIERA UND ALPES MARITIMES | **99**

❷❹ Peillon

Straßenkarte F3. 1230.
 La Mairie, 04 93 79 91 04 (nur nachmittags).

Das *village perché* auf 373 Metern Höhe ist, so der Volksmund, das Ende der bewohnten Welt. Schmale Straßen winden sich bergauf, die Häuser sind mittelalterlich. Ein Platz mit Kopfsteinpflaster besticht durch seine Aussicht, die Kirche (18. Jh.) durch ihren achteckigen Turmaufsatz. Die Fresken von Jean Canavesio in der Chapelle des Pénitents sind die eigentliche Attraktion des Orts. Peillon bietet sich für Waldwanderungen nach Peille und La Turbie an.

Die Gorges de la Vésubie in der Vallée de la Vésubie

Straße mit Bogen in Peillon

❷❺ Peille

Straßenkarte F3. 2300.
 15, rue Centrale, 04 93 82 14 40.

Vom Kriegerdenkmal des reizenden mittelalterlichen Dorfs blickt man über das Peillon-Tal bis zur Baie des Anges. Hinter Peille ragt der mächtige Pic de Baudon (1264 m) auf. Kopfsteinpflastergassen durchziehen den Ort. Am Ende der Place A-Laugier ruhen unterhalb eines Hauses zwei Bogen auf einem romanischen Pfeiler.

Herren der Burg waren die Grafen der Provence. In der Kirche Ste-Marie aus dem 12. Jahrhundert ist eine mittelalterliche Ansicht von Peille zu sehen, außerdem ein Altarbild (16. Jh.) von Honoré Bertone. Das Rathaus ist in der früheren Chapelle de St-Sébastien (18. Jh.) untergebracht, ein Museum findet sich in der Rue de la Turbie.

❷❻ Lucéram

Straßenkarte F3. 1250.
 Place Adrien Barralis, 04 93 79 46 50.

Im Herzen des italienisch anmutenden Dorfs erhebt sich das Ziegeldach der Église Ste-Marguerite aus dem 15. Jahrhundert. Die Kirche zeigt Malereien der Schule von Nizza, vor allem von Louis Bréa, der das zehnteilige Altargemälde schuf und letztlich Lucéram als Zentrum für religiöse Malerei etablierte. Auch eine schöne silberne Statue der Tarasque *(siehe S. 144)* ist zu bestaunen. Zur Christmette ziehen Schäfer zur Musik von Flöten und Tamburinen in die Kirche, um Lämmer und Früchte darzubringen.

Das italienisch anmutende Lucéram liegt zwischen zwei Schluchten

❷❼ Vallée de la Vésubie

 Nizza. St-Martin-Vésubie.
 Hôtel de Ville, St-Martin-Vésubie, 04 93 03 60 10.

Das Tal des Flusses Vésubie bietet einige der reizvollsten Szenerien in der Umgebung Nizzas. Der Gebirgsfluss entspringt in den schneebedeckten Alpen nahe der italienischen Grenze, verläuft an Roquebillière vorbei zum westlichen Abschnitt des Parc National du Mercantour *(siehe S. 101)* und taucht schließlich in die Gorges de la Vésubie ein. 24 Kilometer nördlich des Flughafens von Nizza mündet er in den Var.

Die Wildbäche Madone de Fenestre und Boréon, die sich bei St-Martin-Vésubie treffen, speisen die Vésubie. Der von Wasserfällen, Seen und Gipfeln umrahmte Ort zieht im Sommer Scharen von Bergsteigern an. Die Statue Notre-Dame-de-Fenestre (12. Jh.) wird jedes Jahr von der Kirche (17. Jh.) zur zwölf Kilometer entfernten Chapelle de la Madone de Fenestre hinaufgetragen. Dort wacht sie drei Monate lang im schroffen Hochgebirge.

Bei St-Jean-la-Rivière beginnen die Gorges de la Vésubie. Ein großartiges Panorama bietet sich bei La Madone d'Utelle, oberhalb des Wehrdorfs Utelle. Bis zu 224 Meter tief hat sich der Fluss eingegraben. Leider bietet die Talstraße nur wenige Halteplätze, um die Aussicht zu genießen.

Straßenkarte *siehe hintere Umschlaginnenseiten*

Skisport in den Alpes d'Azur

Die Alpes d'Azur bieten gute Wintersportmöglichkeiten. Eine Stunde von der Küste entfernt befinden sich in großartiger Gebirgskulisse mehr als 20 Skiurlaubsorte mit 250 Skipisten. Zum *après-ski* gehören Schlittschuhlaufen, Fahrten im Schneemobil und Kostproben traditioneller Alpenküche wie etwa Raclette. Im Sommer können Sie in Auron und Isola 2000 im Parc National du Mercantour schwimmen, Rad fahren und reiten – alles in einer Landschaft, die sich deutlich von jener der Côte d'Azur unterscheidet.

Auron
Höhe 1600 – 2100 Meter.
Lage 97 km von Nizza entfernt, erreichbar über die RN 202 und D 2205.
Skipisten 8 schwarze, 16 rote, 16 blaue, 2 grüne Pisten.
Skilifte 18, inkl. 8 Sessellifte und 3 Seilbahnen.

Isola 2000
Höhe 2000 – 2310 Meter.
Lage 90 km von Nizza entfernt, erreichbar über die RN 202, D 2205 und D 97.
Skipisten 3 schwarze, 11 rote, 21 blaue, 7 grüne Pisten.
Skilifte 22, inkl. 9 Sessellifte und 2 Seilbahnen. Standseilbahn.

Valberg
Höhe 1430 – 2100 Meter.
Lage 86 km von Nizza entfernt, erreichbar über die RN 202, CD 28, CD 202 und CD 30.
Skipisten 6 schwarze, 22 rote, 13 blaue, 11 grüne Pisten.
Skilifte 26, inkl. 6 Sessellifte.

Valberg, seit 1935 ein schneesicherer Winterferienort

Eisklettern an gefrorenen Wasserfällen – Nervenkitzel in vielen Urlaubsorten der Alpen

Aufbruch zum Schneeschuhwandern in den Alpes d'Azur

Alpinsport in der Provence

Auron	Isola 2000	Valberg	
★	★	★	Langlauf
		★	Behindertenski
★		★	Reiten
★	★		Pferdeschlittenfahrten
	★		Eisspike-Rennen
★	★	★	Schlittschuhlaufen
	★	★	Kart-Crossfahrten
	★	★	Monoski
	★	★	Nachtski
	★	★	Skijöring
	★	★	Skispringen
★	★	★	Skischulen
★	★	★	Skitouren
★	★	★	Snowboarden
	★		Schneescooterbahnen
★	★	★	Schneeschuhwandern
		★	Speed-Ski-Schulen
★	★		Wassersportzentrum (17 km), Sauna und Jacuzzi

Snowboarder im Skiort Isola 2000

㉘ Forêt de Turini

🚉 L'Escarène, Sospel. 🚌 Moulinet, Sospel. ℹ️ La Bollène, 04 93 03 60 54.

Das feuchte Waldgebiet liegt zwischen der milden Küste und den kühlen Alpen, zwischen den Gorges de la Vésubie und dem Vallée de la Bévéra. Hier gedeihen auf einer Fläche von 3497 Quadratkilometern Buchen, Edelkastanien, Ahorn und außergewöhnlich hohe Kiefern.

Der Berg L' Authion (1889 m) am nordöstlichen Rand des Walds war 1945 Schauplatz heftiger Kämpfe. Ein Denkmal erinnert an die Opfer. Die benachbarte Pointe des Trois-Communes (2082 m) gewährt einen schönen Blick auf die Voralpen und die Gipfel des Parc National du Mercantour.

Wanderer beim Lac d'Allos, Parc National du Mercantour

㉙ Parc National du Mercantour

Straßenkarte EF2. 🚉 Nizza. 🚌 St-Étienne-de-Tinée, Auron. ℹ️ Maison du Parc, 04 93 02 42 27. 🌐 mercantour.eu

Der dünn besiedelte, von Gletschern und Felsgipfeln durchzogene Park umfasst eine Fläche von 70 000 Hektar. Hier leben Gämsen, Steinböcke und Mufflons, ursprünglich auf Korsika heimische Wildschafe. Frühmorgens sichtet man zuweilen Murmeltiere, Beute der Steinadler, oder den imposanten rostgelb gefiederten Bartgeier mit schwarzen Flügeln. Hübsche Farbtupfer setzen bunte Schmetterlinge und Alpenblumen wie die *Saxifraga florulenta*.

㉚ Tende

Straßenkarte F2. 🏔 2000. 🚉 ℹ️ 103, av du 16 Septembre 1947, 04 93 04 73 71. 📧 Mi. 🌐 tendemerveilles.com

Das düstere Tende bewachte einst den Pass zwischen dem Piemont und der Provence. Heute umgeht ihn ein Tunnel. Die Schieferhäuser wirken wie aufeinandergestapelt. Von der Burg der Herren von Lascaris zeugt nur noch eine Mauer nahe dem in Terrassen angelegten Friedhof. Das Ortsbild ist von außergewöhnlichen Türmen wie dem der Kirche **Notre-Dame-de-l'Assomption** (15. Jh.) geprägt. Löwen stützen die Säulen, die Innenpfeiler sind aus grünem Schiefer.

Die Vallée des Merveilles, das Juwel des Mercantour-Nationalparks, ist nur mit Führer zu besichtigen. Die Tourismusbüros in Tende und St-Dalmas erteilen Auskunft. Der kürzeste Weg beginnt am Lac des Mesches. Eine zweieinhalbstündige Wanderung führt zum Lac Long und zum Refuge des Merveilles. Um den Mont Bégo sind noch etwa 36 000 bronzezeitliche Felsritzungen (1800–1500 v. Chr.) erhalten.

Turm in Tende

In Tende lohnt ein Besuch im **Musée des Merveilles**. Erlesene Gemälde zieren die Kirche von La Brigue südöstlich von Tende. Jean Canavesios Fresken (15. Jh.) *La Passion du Christ* und *Judas pendu* schmücken die nahe **Chapelle Notre-Dame-des-Fontaines** (14. Jh.).

🏛 Musée des Merveilles
Avenue du 16 Septembre 1947.
📞 04 93 04 32 50. 🕐 tägl. (Okt–Juni: Mi–Mo). ⬤ Feiertage, 2 Wochen Mitte März u. Mitte Nov. ♿ 📷

㉛ Saorge

Straßenkarte F3. 🏔 450. 🚉 ℹ️ La Mairie, 04 93 04 51 23.

Saorge, der schönste Fleck des Roya-Tals, liegt hoch über dem Fluss in einem natürlichen Amphitheater. Die schiefergedeckten Häuser stapeln sich ganz nach Art eines *village empilé*.

Olivenholzschnitzerei hat hier Tradition: Viele der Türstöcke stammen noch aus dem 15. Jahrhundert, als Saorge als Festung diente. Die Franzosen nahmen es im Jahr 1794 ein.

Zu den Kirchen zählen die mit einer italienischen Orgel ausgestattete Église du St-Sauveur aus dem 15. Jahrhundert, die Barockkirche des Franziskanerklosters und **La Madone del Poggio** mit Renaissance-Fresken (auf Anfrage offen).

Blick auf Saorge von der Terrasse des Franziskanerklosters

Straßenkarte *siehe hintere Umschlaginnenseiten*

❷ Sospel

Straßenkarte F3. 3000.
19, av Jean Médecin, 04 93 04 15 80. Do, So.
sospel-tourisme.com

Der Urlaubsort wurde im Zweiten Weltkrieg bombardiert. Ihr Mut trug den Bürgern das Croix de Guerre ein. Der Zollturm (13. Jh.) wurde restauriert. Im Fort St-Roch, das 1932 zum Schutz vor Angriffen erbaut wurde, informiert ein Museum über die Maginot-Linie. Die Kirche St-Michel birgt ein Meisterwerk von François Bréa. Wie das romanische Palais Ricci besitzt sie eine schöne Fassade und einen verzierten Innenraum.

Musée Maginot de la Seconde Guerre Mondiale
Fort St-Roch. 04 93 04 00 70.
Apr – Juni, Sep: Sa, So, Feiertage nachmittags; Juli, Aug: Di – So nachmittags.

Trompe-l'Œil-Fassaden in Sospel

❸ Gorbio

Straßenkarte F3. 1300.
La Mairie, 30, rue Garibaldi, 04 92 10 66 50.

Über 1000 Blumenarten hat man im sonnigen Gorbio-Tal gezählt. Hier werden Obst, Gemüse, Wein und Oliven angebaut. Noch im 19. Jahrhundert sicherten die Oliven das Einkommen.

Der Ort Gorbio ist ein von der Zeit vergessenes *village perché (siehe S. 24f)* mit Meerblick, wenngleich morgens oft in Nebel gehüllt. Ein alter Brunnen plätschert unverdrossen am Eingang zu den Kopfsteinpflastergässchen, eine Ulme wacht seit 1713 am Platz. Der konische Glockenturm der Kirche ist typisch für die Region. Bei der Juniprozession lebt ein altes Ritual der Büßer auf, dann flackern in den Gassen aus Schneckenhäusern gefertigte Öllämpchen.

Eine Stunde von Gorbio entfernt liegt Ste-Agnès auf 671 Metern Höhe – das höchste *village perché* der Küste.

Das in Olivenhaine gebettete Gorbio am frühen Morgen

❹ Roquebrune-Cap-Martin

Straßenkarte F3. 12000.
218, av Aristide Briand, 04 93 35 62 87. Mi roquebrune-cap-martin.com

In Roquebrune steht Frankreichs einzige noch erhaltene karolingische Burg (10. Jh.). Sie wurde von Conrad I, dem Grafen von Ventimiglia, zum Schutz vor den Sarazenen errichtet und von den Grimaldis *(siehe S. 95)* umgestaltet. Der reiche Engländer William Ingram, einer der ersten Urlauber, die sich hier niederließen, kaufte die Burg 1911 und baute den Turm im mittelalterlichen Stil an.

Ende des 19. Jahrhunderts galt Cap Martin als edelster Ferienort der Côte d'Azur. Kaiserin Eugénie, Gattin von Napoléon III, und Englands Königin Victoria überwinterten hier. Winston Churchill, Coco Chanel und der irische Dichter W. B. Yeats reisten ebenfalls an. Nach dem Architekten Le Corbusier, der 1965 vor dem Kap ertrank, ist ein Küstenpfad benannt.

Rund um Roquebrune fand man bedeutende prähistorische Relikte, einige in den nahen **Grottes du Vallonet**. Kurz vor dem Dorf, an der Straße nach Menton, steht der erhabene *olivier millénaire*. Das Alter dieses Olivenbaums wird auf rund 1000 Jahre geschätzt.

Roquebrune blieb im Jahr 1467 glücklicherweise von der Pest verschont. Aus Dankbarkeit führen die Einwohner seither jedes Jahr im August Szenen der Passion Christi auf *(siehe S. 37)*.

Château Grimaldi de Roquebrune
Place William Ingram. 04 93 35 07 22. tägl. Fr (Nov, Dez), Feiertage.

Das Château de Roquebrune überragt das Cap Martin

❺ Menton

Straßenkarte F3. 30000.
Palais de l'Europe, 8, av Boyer, 04 92 41 76 76. Di – So.
tourisme-menton.fr

Die Stadt nahe der Grenze zu Italien ist von Bergen umgeben. Die Strandpromenade dieses »italienischsten« aller

Badeorte Frankreichs erstreckt sich Richtung Cap Martin. Ein barocker Platz bildet das Zentrum der Altstadt.

Im milden Klima gedeihen Zitrusfrüchte, was im Februar mit dem Limonenfest (siehe S. 39) gefeiert wird. Es gibt hier auch einige tropische Gärten wie den **Jardin Biovès** neben dem **Palais de l'Europe**, einem als Fremdenverkehrs- und Kulturzentrum dienenden Belle-Époque-Casino (1909), oder den **Jardin Exotique** auf dem Gelände der Villa Val Rahmeh. Den **Jardin des Colombières** oberhalb der Stadt gestaltete der Künstler und Schriftsteller Ferdinand Bac (1859–1952). Der dortige Johannisbrotbaum gilt als der älteste Frankreichs (er kann im Sommer nach Vereinbarung besichtigt werden).

Die Molen bieten schöne Altstadtansichten. Stufen führen zum Parvis St-Michel. Auf dem mit Grimaldi-Wappen gepflasterten Platz finden Sommerkonzerte statt. Links ragen die Zwillingstürme der barocken **Basilica St-Michel** auf, deren Hauptaltar (1565) von Manchello stammt.

🏛 Musée des Beaux-Arts
Palais Carnolès, 3, av de la Madone. 📞 04 93 35 49 71. 🕐 Mi–Mo. 📷

Das Palais (17. Jh.), einst Sommerresidenz der Fürsten von Monaco, beherbergt Mentons wichtigstes Museum. Es zeigt Bilder von Graham Sutherland (1903–1980), einem Ehrenbürger der Stadt, sowie Kunst des 13. bis 18. Jahrhunderts. Auch Werke von Utrillo und Dufy sind hier zu sehen.

🏛 Salle des Mariages
17, rue de la République. 📞 04 92 10 50 00. 🕐 Mo–Fr. ⚫ Feiertage. 📷

Cocteau gestaltete den Saal 1957 aus. Die Fresken zeigen einen Fischer mit seiner Braut sowie die Sage von Orpheus und Eurydike. Provenzalische Symbole sind zu sehen, so ein Fisch als Auge eines Fischers.

🏛 Musée Jean Cocteau – Collection Séverin Wunderman
Bastion du Vieux Port. 📞 04 93 57 72 30. 🕐 Mi–Mo. ⚫ Feiertage. 📷

Cocteau überwachte die Umwandlung des Forts (17. Jh.) in das ihm gewidmete Museum. Er entwarf das Mosaik im Erdgeschoss und stiftete einen Gobelin und weitere Werke.

🏛 Cimetière du Vieux-Château

Die Terrassen dieses Friedhofs liegen auf einem alten Burggelände – nach Religionen geordnet. Hier ruhen u.a. Webb Ellis, der »Erfinder« des Rugby, und Rasputins Mörder, Fürst Jussupow.

🏛 Musée de Préhistoire Régionale
Rue Lorédan Larchey. 📞 04 93 35 84 64. 🕐 Mi–Mo. ⚫ Feiertage.

Das Museum für Regionalgeschichte und Archäologie hütet u.a. den Schädel des 30 000 Jahre alten »Grimaldi-Mannes«.

Jean Cocteau (1889–1963)

Cocteau, der nahe Paris geboren wurde, verbrachte den Großteil seines sehr öffentlich geführten Lebens an der Côte d'Azur. 1955 wurde er in die Académie Française aufgenommen. Der geistreiche Cocteau war ein vielseitiger Künstler. Er schuf Dramen (*La Machine Infernale*, 1934), Romane (*Les Enfants Terribles*, 1929) und war Regisseur surrealistischer Filme. Szenen zu *Orphée* (1950) drehte er in Les Baux (siehe S. 146). Die Eröffnung »seines« Museums (1967) erlebte er nicht mehr.

Mosaik am Eingang des Musée Jean Cocteau in Menton

Blick von Ferdinand Bacs Jardin des Colombières über Menton

Straßenkarte siehe hintere Umschlaginnenseiten

Var und Îles d'Hyères

Sanft abfallende Hügel, felsige Berge, Wälder und Weinberge prägen das Département Var, das nach dem gleichnamigen, früher zum Départment gehörigen Fluss benannt ist. Im dünn besiedelten Norden liegen Dörfer verstreut an Gebirgsbächen, in Tälern und auf Anhöhen. Im Süden fallen die Berge zum Meer hin ab und machen diesen Streifen der Côte d'Azur, dem die Îles d'Hyères vorgelagert sind, zum reizvollsten Küstenabschnitt Frankreichs.

Die Autobahn A8 teilt den Var in zwei Hälften. Im südlichen Teil ist der maritime Einfluss unverkennbar. Toulon, die Hauptstadt des Département, liegt an einem Tiefseehafen, der als Stützpunkt der französischen Mittelmeerflotte dient.

Westlich schließen die hübschen Badeorte Bandol und Sanary-sur-Mer an, wo Jacques Cousteau zum ersten Mal Pressluftauchgeräte testete. Östlich erhebt sich über Sandstränden das Massif des Maures. An seinen Ausläufern liegt vor der Küste die Inselgruppe der Îles d'Hyères. Der berühmteste Ferienort der Gegend, St-Tropez, befindet sich umgeben von Weinbergen in einer Bucht.

Weiter ostwärts, ab Fréjus, Galliens erster Römersiedlung, bildet die rot gefärbte Küste unterhalb der zur Riviera führenden Küstenstraße Corniche de l'Estérel zahllose Buchten. Im Gegensatz zur Küstenregion waren die Gebiete nördlich der Autobahn stets ein Hort der Stille. Zisterzienser suchten in der kargen Abbaye du Thoronet Einsamkeit. Heute fliehen Sommerurlauber vor dem Trubel rund um St-Tropez in den dünn besiedelten Haut Var, dessen Ortschaften mit dem Tuffstein verwachsen scheinen.

Weine der Côtes de Provence und frischer Thunfisch in Hafenlokalen erfreuen den Gaumen. Einen Ohrenschmaus bieten die Klänge der Orgel von St-Maximin-la-Ste-Baume, eine der schönsten gotischen Kirchen der Provence, sowie die Streichquartette beim Festival in den Bergstädtchen um Fayence. Museen und Baudenkmäler stillen den Kulturhunger. Natürlich können Sie hier auch wandern, segeln und sonnenbaden.

Sonnenaufgang über dem Hafen von St-Tropez *(siehe S. 122–126)*

◀ Die mäandernde Corniche de l'Estérel bei St-Raphaël *(siehe S. 128)*

Überblick: Var und Îles d'Hyères

Das Département Var umfasst eine Fläche von rund 6000 Quadratkilometern. Rote Klippen und zahlreiche bezaubernde Buchten prägen seine herrliche Küste, vor deren südlichster Spitze die Îles d'Hyères liegen. Landeinwärts betritt man die Welt der Berge. Die Hänge des Massif des Maures und des Haut Var sind Heimat einer faszinierenden Tier- und Pflanzenwelt – sowie vieler Produzenten von Côtes-de-Provence-Weinen.

Blick auf die Abbaye du Thoronet

Sehenswürdigkeiten auf einen Blick

1. Barjols
2. Haut Var
3. Comps-sur-Artuby
4. Mons
5. Fayence
6. Bargemon
7. Draguignan
8. Les Arcs-sur-Argens
9. Lorgues
10. Abbaye du Thoronet
12. Brignoles
13. St-Maximin-la-Ste-Baume S. 114f
14. Bandol
15. Sanary-sur-Mer
16. *Toulon S. 116f*
17. *Îles d'Hyères S. 118f*
18. Hyères
19. Le Lavandou
20. Bormes-les-Mimosas
22. Ramatuelle
23. *St-Tropez S. 122–126*
24. Port-Grimaud
25. Grimaud
26. Ste-Maxime
27. St-Raphaël
28. Massif de l'Estérel
29. Fréjus

Touren
11. Côtes de Provence
21. Massif des Maures

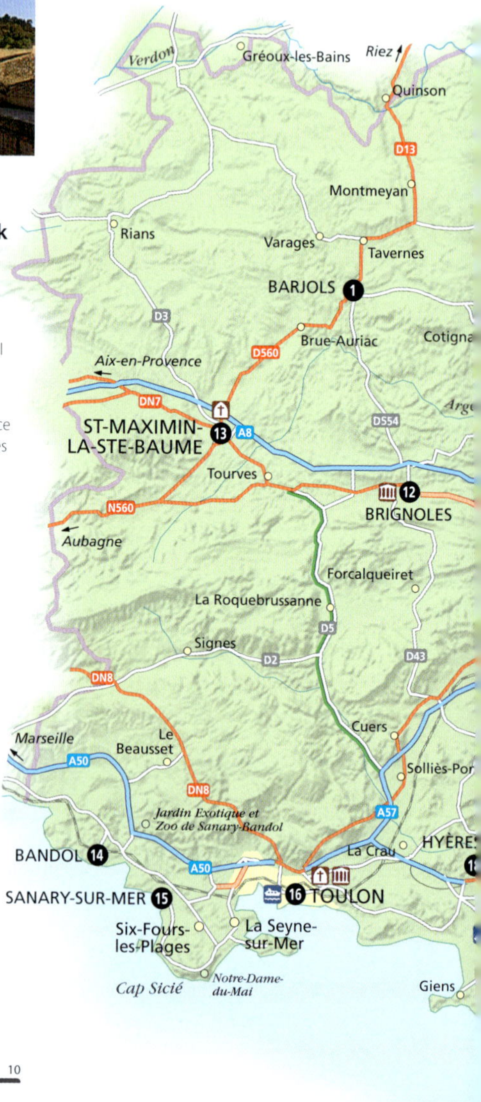

Legende

- Autobahn
- Schnellstraße
- Hauptstraße
- Nebenstraße
- Panoramastraße
- Eisenbahn (Hauptstrecke)
- Eisenbahn (Nebenstrecke)
- Regionalgrenze
- △ Gipfel

0 Kilometer 10

Weitere Zeichenerklärungen *siehe hintere Umschlagklappe*

VAR UND ÎLES D'HYÈRES | 107

Strand von Les Issambres, nördlich von Ste-Maxime

Im Var und auf den Îles d'Hyères unterwegs

Durch die Maures- und Estérel-Gebirge verlaufen die Autobahn A8 und die Nationalstraße N7. Reizvolle Straßen erschließen die Küste: Die Corniche d'Or gilt als eine der schönsten Küstenstraßen Frankreichs. Der Haut Var ist mit dem Auto bequem zu erreichen. Als Alternative bietet sich die Eisenbahn bis Les Arcs-sur-Argens, von dort kommt man mit dem Bus weiter. Comps-sur-Artuby eignet sich als Ausgangspunkt für Erkundungen der Gorges du Verdon *(siehe S. 188f)*.

Sträßchen in der Altstadt von St-Tropez

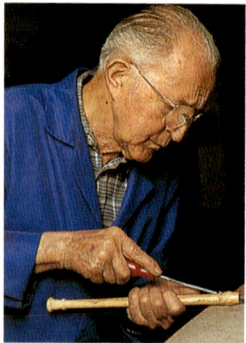

Flötenbauer in Barjols

❶ Barjols

Straßenkarte D4. 🚗 3000. 🚌 ℹ️ Boulevard Grisolle, 04 94 77 20 01. 🏛️ So. 🌐 ot-barjols.provenceverte.fr

Beinahe 400 Jahre lang war das ruhige, zwischen Wäldern und reißenden Bächen gelegene Barjols eine Stadt der Gerber. Im Jahr 1983 schloss der letzte Betrieb. Seitdem haben sich viele Handwerker hier niedergelassen. Nur hier werden noch zwei traditionelle provenzalische Musikinstrumente gefertigt: *galoubet* (Drei-Loch-Flöte) und *tambourin* (schmale Trommel).

Diese Instrumente erklingen jedes Jahr im Januar beim Fest zu Ehren des Schutzheiligen von Barjols, St-Marcel. Alle vier Jahre schlachtet und brät man dabei auf dem Stadtplatz einen Ochsen, bevor in und vor der Kirche Notre-Dame-de-l'Assomption (11. Jh.), wo die Reliquien des hl. Marcel aufbewahrt sind, der »Kutteltanz« aufgeführt wird. Das Fest geht auf das Jahr 1350 zurück, als Barjols einer Belagerung standgehalten hatte. Weitere Informationen dazu erhalten Sie im Fremdenverkehrsbüro.

Überall im Ort stößt man auf steinerne Brunnen wie den bekannten Champignon. Den bemoosten »Pilz« an der Place Capitaine Vincens beschattet die angeblich größte Platane der Provence. Zwischen Kirche und ehemaligen Gerbereien hat man das alte Quartier du Réal restauriert. Auffällige Säulenvorbauten, wie etwa an der Renaissance-Fassade des Hôtel de Pontevès, beleben das zuweilen etwas eintönige Straßenbild.

❷ Haut Var

✈️ Toulon-Hyères, Nizza. 🚆 Les Arcs. 🚌 Aups. ℹ️ Place Frédéric Mistral, Aups, 04 94 84 00 69. 🌐 aups-tourisme.com

Dieser abgeschiedenste und unberührteste Teil des Département Var steigt zwischen Barjols und Comps-sur-Artuby zu den Gorges du Verdon (siehe S. 188f) an.

Aups, das Zentrum der Region, liegt im hügeligen Bergland am Rand des Plateaus. Feinschmecker wissen seinen Honig, das Olivenöl und den im Winter an jedem Donnerstagmorgen stattfindenden Trüffelmarkt zu schätzen. Die Stadt bietet einen großen alten Platz, Burgruinen und das restaurierte Renaissance-Portal der Église St-Pancrace (15. Jh.). In einem ehemaligen Ursulinenkloster zeigt das sehenswerte **Musée Simon Segal** Werke von Segal und von Pariser Malern sowie diverse Heimatansichten.

Fünf Kilometer nordwestlich, an der D9, liegt Moissac-Bellevue. Viele der Häuser stammen aus dem 16. und 17. Jahrhundert, die Kirche wird bereits in einem päpstlichen Edikt aus dem Jahr 1225 erwähnt.

Ansicht des Château Entrecasteaux nahe Cotignac, Haut Var

Im Süden von Aups liegt Villecroze vor einer Kulisse aus natürlichen, auf drei Ebenen angeordneten Höhlen. Die Herren von Villecroze ließen die Grotten im 16. Jahrhundert zu Höhlenwohnungen ausbauen, den **Grottes Troglodytiques**. Laubengänge in den Straßen und der Burgturm verleihen dem Ort ein schönes mittelalterliches Flair. Eine kurze Fahrt führt ins beliebte Bergdorf Tourtour. Tourtour bietet schöne Ansichten der Montagne Ste-Victoire, die Cézanne oft malte.

Das Talstädtchen Salernes liegt fünf Kilometer westlich an der D51. Die rauchenden Öfen der 15 Keramikfabriken brennen vor allem *tomettes*, achteckige Terrakotta-Bodenfliesen.

Wohnhöhlen in Villecroze

Hotels und Restaurants im Var und auf den Îles d'Hyères *siehe Seiten 199f und 211f*

Artuby-Brücke (110 m) über den Canyon du Verdon

Westlich von Salernes zeigt sich Cotignac vor einem von Höhlen durchlöcherten Felshang – quasi als eine Art Echo von Villecroze. Hinter dem Rathaus des Orts sprudelt ein Bach aus den Felsen. Dahinter befindet sich ein Open-Air-Theater.

Entrecasteaux, 15 Kilometer östlich von Cotignac, ist ein Schloss aus dem 17. Jahrhundert mit einer sehenswerten Sammlung von Gemälden, Gobelins, Möbeln und zahlreichen kunsthandwerklichen Gegenständen (17./ 18. Jh.) des jetzigen Besitzers. Der Garten, ein Werk von Le Nôtre, ist öffentlicher Grund.

Musée Simon Segal
Rue Albert Premier, Aups. 04 94 70 00 07. Juni–Sep: Mi–Mo.

Grottes Troglodytiques
Villecroze. 04 94 70 63 06. Apr–Juni: Fr–Mo; Juli–Sep: tägl.

Château d'Entrecasteaux
83570 Entrecasteaux.
04 94 04 43 95. So–Fr. Okt–Ostern.
chateau-entrecasteaux.com

❸ Comps-sur-Artuby

Straßenkarte D3. 330.
La Mairie, av de Chamay, 04 94 76 92 91.

Wer sich den Gorges du Verdon *(siehe S. 188f)* von Osten nähert, durchquert das Dorf Comps-sur-Artuby am Fuß eines Felsens, den die restaurierte **Kapelle St-André** (13. Jh.) krönt. Von ihr überblickt man die Schluchten des Artuby.

Der östlich gelegene Ort Bargème hat kaum 90 Einwohner. Steile Gassen und Malvengewächse prägen das Bild des mit 1094 Metern höchstgelegenen Dorfs im Département Var. Bargème ist übrigens für den motorisierten Verkehr komplett gesperrt.

Eine teils verfallene, für ihr Alter aber doch erstaunlich gut erhaltene Burg aus dem 14. Jahrhundert überragt Bargème. Der geschnitzte Holzaltar der romanischen **Église St-Nicolas** (13. Jh.) zeigt den hl. Sebastian.

❹ Mons

Straßenkarte E3. 850.
Place St-Sébastien, 04 94 76 39 54.

Das auf einer Felsnase errichtete Mons ist von Gässchen und Gewölben durchzogen und schlägt jeden Besucher in seinen Bann. Von der Place St-Sébastien aus blickt man von Toulon bis zur Küste Italiens.

Vorläufer war eine keltisch-ligurische Siedlung. Das Viertel Château-Vieux entstand im 10. Jahrhundert, wurde aber im 14. Jahrhundert von Genuesen ausgebaut, die das von der Pest dezimierte Dorf neu besiedelten. Die ersten Genuesen kamen 1461 aus Figounia bei Ventimiglia. Ihr Dialekt, *figoun*, konnte sich dank der abgeschiedenen Lage des Dorfs behaupten. In der Nähe liegen die *roche taillée*, ein in den Fels geschlagener römischer Aquädukt, sowie Dolmen.

Der Römeraquädukt *roche taillée* bei Mons

Trüffeln

Mit der Hilfe speziell abgerichteter Schweine spürt man diese aromatischen, unterirdisch wachsenden Pilze auf, eine Kostbarkeit des Var. Die golfballgroßen Trüffeln werden im Winter, wenn sie besonders intensiv duften, im Wurzelbereich von Eichen gesucht. In der alljährlichen Trüffelsaison wird diese seltene, kulinarisch wertvolle Delikatesse sehr teuer auf den Märkten der Region angeboten.

Mit dem Schwein auf Trüffelsuche

Straßenkarte *siehe hintere Umschlaginnenseiten*

Blick über die Ziegeldächer von Bargemon zu den bewaldeten Bergen

❺ Fayence

Straßenkarte E3. 5100.
i Place Léon Roux, 04 94 76 20 08.
Di, Do, Sa. **w** ville-fayence.fr

Die hügelige Stadt Fayence befindet sich zwischen Draguignan und Grasse. Sie ist ebenso für ihr Kunsthandwerk wie als Segelflugzentrum bekannt. Über den Hang wacht ein schmiedeeiserner Glockenturm. Ein Sarazenentor und Reste der Befestigungen aus dem 14. Jahrhundert blieben erhalten. Ein einheimischer Steinmetz, Dominique Fossatti, fertigte 1757 den Marmoraltar der im 18. Jahrhundert gebauten **Église St-Jean-Baptiste**. Von ihrer Terrasse schweift der Blick über den Segelflugplatz.

Am Hang gegenüber fällt in der Gemeinde Tourrettes das Château du Puy (1830) ins Auge, das in Teilen der Kadettenschule von Sankt Petersburg ähnelt. General Alexandre Fabre, ein Militäringenieur des Zaren Alexander I., plante den Bau seinerzeit als Museum. Das Vorhaben scheiterte allerdings. Aus diesem Grund befindet sich das Schloss auch heute noch in Privatbesitz.

In der Nachbarschaft finden sich einige hübsche Dörfer, allen voran Callian und Montauroux im Osten sowie fünf Kilometer westlich **Seillans**, wo der deutsche Maler Max Ernst (1891–1976) seinen Lebensabend verbrachte.

Beim Festival de Musique en Pays de Fayence kann man in den reizvollen Kirchen der Umgebung Streichquartette hören.

❻ Bargemon

Straßenkarte E3. 1400. Les Arcs. **i** Avenue Pasteur, 04 94 47 81 73. Do. **w** ot-bargemon.fr

Das erstmals 950 n. Chr. befestigte Dorf besitzt noch drei Stadttore (12. Jh.) und einen Turm (16. Jh.). Über Plätzen und Brunnen hängt der betörende Duft von Mimosen- und Orangenblüten.

Pierre Puget werden die Engelsköpfe am Hochaltar der **Église St-Étienne** (15. Jh.), heute Musée Honoré Camos, sowie ihre Gegenstücke in der **Chapelle Notre-Dame-de-Montaigu** zugeschrieben. Die Kapelle beherbergt eine Eichenholzmadonna, die ein Mönch im Jahr 1635 hierherbrachte. An der Place de la Mairie gibt es seit 2004 ein **Museum für Mineralien und Fossilien**.

❼ Draguignan

Straßenkarte D4. 40 000.
i 2, av Lazare Carnot, 04 98 10 51 05.
Mi, Sa. **w** tourisme-dracenie.com

Tagsüber herrscht in der einstigen Hauptstadt des Département Var das rege Treiben eines Marktzentrums. Nachts bevölkern junge Leute die Place des Herbes. Baron Hausmann, Stadtplaner des modernen Paris, schuf Draguignans

Keramik und Kunsthandwerk

Fayence, Cotignac, Aups und Salernes sind die Zentren des wiedererblühten provenzalischen Kunsthandwerks. Hier pflegt man Fertigkeiten wie Weben, Töpfern sowie Stein- und Holzschnitzkunst. Regionale Spezialität sind die beliebten Tonwaren. Sie werden aus heimischem Material noch traditionell von Hand gefertigt und mit altüberlieferten Mustern verziert. Beispiele dieser Handwerkskunst sind in den kleinen Läden oder auf Handwerksmessen und Märkten zu finden. Ein Preisvergleich lohnt sich immer.

Ein Töpfer bei der Arbeit

Boulevards (19. Jh.). Am Ende der Allée d'Azémar steht eine von Auguste Rodin gearbeitete Büste des Ministerpräsidenten Georges Clemenceau (1841–1929), der Draguignan 25 Jahre lang als Abgeordneter vertreten hat.

In der reizenden Altstadt ersetzt ein 24 Meter hoher uhrenloser Uhrturm (1663) den alten Wehrturm. Sein schmiedeeiserner Aufsatz bietet eine herrliche Aussicht. Die **Église St-Michel** auf der Place de la Paroisse birgt eine Statue des ersten Bischofs von Antibes, des hl. Hermentarius. Dieser soll im 5. Jahrhundert einen Drachen *(dragon)* erlegt haben, auf den der Name Draguignan zurückgeht.

Zwei Museen der Stadt lohnen den Besuch: Das **Musée des Arts et Traditions Provençales** zeigt in Räumen aus dem 17. Jahrhundert die Entwicklung der Region. Rekonstruierte Küchen und Scheunen illustrieren den ländlichen Alltag.

Archäologische Funde der Gegend zeigt das **Musée Municipal**, darüber hinaus Keramiken und Möbel. Die angrenzende Bibliothek hütet eine reich illustrierte Handschrift (14. Jh.) des *Roman de la Rose*. Diese Traumallegorie gilt als Frankreichs bedeutendste höfische Dichtung (Besichtigung der Bibliothek nur nach Vereinbarung).

Drachentöter Hermentarius

Nordwestlich von Draguignan, an der D955, kann man den gewaltigen prähistorischen Dolmen Pierre de la Fée, den »Märchenstein« *(siehe S. 43)*, bestaunen.

🏛 Musée des Arts et Traditions Provençales
15, rue J. Roumanille. 📞 04 94 47 05 72. 🕑 Di–Sa, So nachm. ⬤ 1. Mai, 25. Dez. 📷 📸 ♿ teilweise.

🏛 Musée Municipal
9, rue de la République. 📞 04 98 10 26 85. 🕑 Mo–Sa. ⬤ Feiertage. ♿

Der mächtige Dolmen Pierre de la Fée in der Nähe von Draguignan

❽ Les Arcs-sur-Argens
Straßenkarte D4. 👥 6500. 🚉 🚌
ℹ Place du Général de Gaulle, 04 94 73 37 30. 🛒 Do.
🌐 tourisme-dracenie.com

Das Dorf ist das Zentrum für den Anbau von Côtes-de-Provence-Weinen *(siehe S. 112f)*. Sein mittelalterliches Viertel Le Parage drängt sich um das Château de Villeneuve (13. Jh.). Die **Église St-Jean-Baptiste** (1850) besitzt ein Gemälde von Louis Bréa (1501) sowie eine mechanisch bewegte Krippe.

Östlich, an der D91, erhebt sich die Abbaye de Ste-Roseline (11. Jh.).

Sie ist nach Roseline de Villeneuve benannt, der Tochter des hartherzigen Barons von Arc, Arnaud de Villeneuve. Als der Vater Roseline mit Gaben für die Armen erwischte, sollen sich diese in Rosen verwandelt haben. 1300 trat sie ins Kloster ein. Der gut erhaltene Leichnam der Heiligen ruht in einem gläsernen Schrein in der romanischen **Chapelle Ste-Roseline**. Reiches Renaissance- und Barockdekor sowie ein berühmtes Mosaik von Chagall *(siehe S. 31)* schmücken die Kapelle.

⛪ Chapelle Ste-Roseline
Les Arcs-sur-Argens. 📞 04 94 99 50 30. 🕑 Di–So nachmittags. ⬤ Jan, Feiertage. ♿

Mosaik von Marc Chagall (1887–1985) in der Chapelle Ste-Roseline

Straßenkarte *siehe hintere Umschlaginnenseiten*

9 Lorgues

Straßenkarte D4. 🚗 10.000. 🚌
🛈 12, rue du 8 mai, 04 94 73 92 37.
🔒 Di. 🌐 lorgues-tourisme.fr

Lorgues liegt inmitten von Eichen- und Kiefernwäldern, Wein- und Olivengärten. Die Altstadt wurde im 12. Jahrhundert befestigt. Zwei Stadttore (14. Jh.) und Reste der Stadtmauer haben überdauert. Eine mächtige Platane beschattet den hübschen Platz im Zentrum, das zahlreiche Häuser und Bauwerke des 18. Jahrhunderts sowie eine der längsten und schönsten Platanenalleen Frankreichs besitzt. Die **Collégiale St-Martin** wurde 1788 geweiht. Ihre Orgel (1857) ist ein Prachtstück, sie wurde von der Lyoner Werkstatt Augustin Zeiger gefertigt. Die Pierre Pugets Schule zugeschriebene Marmorstatue der Maria mit Kind (1694) stand einst in der Abbaye du Thoronet.

10 Abbaye du Thoronet

83340 Le Thoronet. Straßenkarte D4.
📞 04 94 60 43 90. 🕐 tägl. ⬤ 1. Jan, 1. Mai, 1., 11. Nov, 25. Dez. 🅿️ ♿ 📷 🎟️

Die 1146 gegründete Abtei war der erste Zisterzienserbau in der Provence. Mit den romanischen Klöstern Sénanque (siehe S. 168f) und Silvacane

Anmutiger Kreuzgang an der Nordseite der Abbaye du Thoronet

(siehe S. 151) bildet sie die »Zisterzienserdrillinge« der Provence.

Die klare Geometrie von Kirche, Kreuzgang, Dormitorium und Kapitelsaal spiegelt die strengen Ordensregeln wider. Nur der Glockenturm bricht mit den Bauprinzipien der Zisterzienser: Statt aus Holz besteht er aus Stein, um den kräftigen Winden zu trotzen.

Das schon im 15. Jahrhundert in Auflösung begriffene Kloster schloss 1791 endgültig seine Pforten. Wie viele der mittelalterlichen Bauten der Provence verdankt es seine Restaurierung Prosper Mérimée. Der Schriftsteller und Inspekteur historischer Denkmäler unter Napoléon III besuchte die Stätte 1834.

Im benachbarten modernen Monastère de Bethléem haben sich etwa 20 Zisterzienserinnen dem Schweigen verpflichtet. Sie bieten in einem Laden ihre Handarbeiten an.

11 Tour: Côtes de Provence

Côtes-de-Provence-Weine werden vom Haut Var bis zur Küste angebaut. Diese Route ist eine Landpartie, auf der Sie bei Dutzenden Winzern Wein kosten und kaufen können. Beginnen Sie bei der Maison des Vins in Les Arcs. Dort können Sie sich über die Weine der Region informieren, vom Erzeuger abgefüllte Weine kaufen und Übernachtungen auf Weingütern buchen. Auf der Strecke liegen interessante Orte. Weitere Informationen über die Weine der Region geben die Seiten 206f.

Routeninfos

Länge: 100 km.
Rasten: Die Maison des Vins sollte Ihre erste Anlaufstelle sein. Sie ist ganztägig geöffnet und führt ein Restaurant. An der Strecke finden Autofahrer ohne Mühe Gelegenheiten zur Rast oder für eine Weinprobe. Bitte beachten Sie: Viele Winzereien schließen zwischen 12 und 14 Uhr. Für ein Picknick empfiehlt sich der Lac de Carcès (siehe auch S.250f).

⑥ Entrecasteaux
Ein stattliches Schloss (17. Jh.) schmückt Entrecasteaux. Folgen Sie den Schildern nach Les Saigues zum Château Mentone.

⑤ Carcès
Richtung Norden liegt links in einem Tal der Lac de Carcès. Im Ort sind die restaurierte Burg und ihre Gärten sehenswert.

④ Le Thoronet
Das Weingut Domaine de l'Abbaye ist nach der reizvollen Abtei Thoronet benannt.

Legende
━━━ Routenempfehlung
━ ━ Andere Straße

Hotels und Restaurants im Var und auf den Îles d'Hyères siehe Seiten 199f und 211f

TOUR: CÔTES DE PROVENCE | 113

Der Sarkophag La Gayole im Musée du Pays Brignolais stammt aus dem 2. oder 3. Jahrhundert v. Chr.

⓬ Brignoles

Straßenkarte D4. 18 000.
Office de Tourisme de la Provence Verte, Carrefour de l'Europe, 04 94 72 04 21. Sa. la-provence-verte.net

Der wirtschaftlich bedeutende Bauxitabbau (über 1 Mio. t pro Jahr) hat die gesamte Landschaft um Brignoles rot eingefärbt. Doch das mittelalterliche Städtchen blickt gelassen darüber hinweg. Im Schloss (12. Jh.) befindet sich der mit christlichen wie auch nicht christlichen Reliefs verzierte Marmorsarkophag La Gayole, das Juwel des **Musée du Pays Brignolais**. Auch ein Betonboot ist dort zu sehen, entworfen von J. Lambot (1814–1887), dem Erfinder des Stahlbetons. Eine Votivsammlung ergänzt die bunte Museumspalette.

Der hl. Louis, Schutzpatron von Brignoles und einst Bischof von Toulouse, wurde 1274 in einem Palais neben der Église St-Sauveur geboren. Der Säulenvorbau der Kirche stammt aus dem 12. Jahrhundert. Vom Seiteneingang in der Rue du Grand Escalier führen Stufen in die Stadt.

🏛 Musée du Pays Brignolais
2, place des Comtes de Provence.
📞 04 94 69 45 18. Mi – So (mit Mittagspause). 1. Jan, Ostern, 1. Mai, 1. Nov, 25. Dez.
museebrignolais.com

⑦ Flayosc
Von der D57 nach Les Arcs-sur-Argens zweigt ein Weg ab zum Weingut Domaine Rabiega (im Besitz des schwedischen Staats).

Zurückschneiden der Reben nach der Lese

① Les Arcs-sur-Argens
Die DN7 führt südlich an der Maison des Vins vorbei. Nahe Les Arcs finden Sie die Chapelle Ste-Roseline (siehe S. 111) und eine Winzerei.

③ Lorgues
Hier werden Oliven und Trauben gepresst. Das nahe Château de Berne ist in englischem Besitz.

② Vidauban
Das Weingut Château d'Astros nahe Vidauban keltert Rot-, Weiß- und Roséweine.

Maison des Vins bei Les Arcs

0 Kilometer   2

⓭ St-Maximin-la-Ste-Baume

St-Maximin-la-Ste-Baume mit der Basilika Ste-Marie-Madeleine und dem angegliederten Kloster liegt inmitten von Hügeln und Weinbergen. Der Legende nach steht die Kirche über den Gräbern der hl. Maria Magdalena und des hl. Maximin, Märtyrer und erster Bischof von Aix *(siehe S. 152f)*. 1279 entdeckte man die Gebeine der Heiligen, die wie viele andere Reliquien vor den Sarazenen *(siehe S. 46f)* versteckt worden waren. Charles II, Graf von Provence, ließ 16 Jahre später die Kirche errichten.

Sarkophag des hl. Sidonius
Vier Heilige ruhen in Sarkophagen (4. Jh.) in der Krypta, die einst die Grabkammer einer römischen Villa gewesen sein soll.

★ **Reliquien der hl. Maria Magdalena**
Der Reliquienschrein aus vergoldeter Bronze (1860) birgt den Schädel der Heiligen. Päpstliche und fürstliche Pilger raubten die anderen sterblichen Überreste.

★ **Flügelaltar von Ronzen (1520)**
Die Holztafeln von François Ronzen zeigen u. a. die älteste Darstellung des Papstpalasts von Avignon *(siehe S. 48f)*.

★ **Orgel**
Jean-Esprit Isnards Orgel aus dem Jahr 1173, mit rund 3000 Pfeifen, gilt als eine der schönsten Frankreichs. Napoléons Bruder Lucien rettete sie vor den Zerstörungen der Revolution: Bei Besuchen von Amtspersonen ließ er die *Marseillaise* spielen.

Außerdem

① **Die Apsis** wurde im frühen 14. Jahrhundert vollendet. Der Glockenturm war früher einmal ein Treppenturm.

② **Treppe zur Krypta**

③ **Ehemaliges Refektorium**

ST-MAXIMIN-LA-STE-BAUME | 115

Eingang zur Basilika
An der Westfassade der Basilika bilden zwei Holztore ein harmonisches Paar. Ihr kunstvolles Schnitzwerk stellt einen starken Kontrast zum grob wirkenden Rest der Fassade dar. Als die Bauarbeiten 1532 eingestellt wurden, blieb dieser Teil unvollendet.

Infobox

Information
Straßenkarte D4. 🛈 Place de l'Hôtel de Ville. 📞 04 94 59 84 59. **Basilika und Kloster** ⭘ tägl. 10–12, 13–18 Uhr (außer während Messen).
✝ Sa 18 Uhr, So 10.30 Uhr (Infos zu Messen unter der Woche: 04 94 78 00 19). ♿ nur Basilika.
🌐 **lesamisdelabasilique.fr**

Hôtel de Ville
Das Rathaus, das zwischen 1750 und 1755 entstand, war einst die Pilgerherberge.

Meilenstein
Der an der Via Aurelia *(siehe S. 129)* entdeckte Meilenstein (1. Jh. n. Chr.) steht heute am Eingang zum Kreuzgang.

Kreuzgang
Der Kreuzgang bildet den Mittelpunkt des königlichen Klosters, das die Mönche 1957 endgültig verließen. Heute beherbergt es ein Hotel-Restaurant.

Boote im bunten, von Palmen gesäumten Hafen von Sanary-sur-Mer

⓮ Bandol

Straßenkarte C4. 8000. 🚆 🚌 ℹ Allée Alfred Vivien, 04 94 29 41 35. 🛒 tägl. 🌐 bandol.fr

Der heitere Ferienort bietet seinen Gästen eine von Bäumen gesäumte Promenade, ein Casino und einen großen Yachthafen. In der geschützten Bucht herrschen ausgezeichnete Weinbaubedingungen, was man bereits 600 v. Chr. schätzte.

Bandol-Etikett

⓯ Sanary-sur-Mer

Straßenkarte C4. 18 300. 🚆 Ollioules-Sanary. 🚌 ℹ Maison du Tourisme, 1, quai du Levant, 04 94 74 01 04. 🛒 Mi. 🌐 sanarysurmer.com

In den warmen, strahlend blauen Gewässern vor Sanary-sur-Mer entwickelte und testete der Meeresforscher Jacques Cousteau seine Presslufttauchgeräte. Tauchen und Fischen (vor allem Thun- und Schwertfisch) sind noch immer ein beliebter Zeitvertreib in diesem hübschen Urlaubsort, dessen rosa und weiße Häuserzeilen die Bucht säumen.

Der Ortsname soll auf St-Nazaire zurückgehen, dem hier eine schöne Kirche geweiht ist. Der mittelalterliche, heute einem Hotel eingegliederte Stadtturm (um 1300) hütet die Kanone, die im Jahr 1707 eine anglo-sardische Flotte vertrieb. Das Hafenstädtchen zieht schon seit Langem Besucher an: Es war einst Wohnort des britischen Schriftstellers Aldous Huxley (1894 – 1963). Zwischen den Weltkriegen suchten hier viele deutsche Autoren Zuflucht vor dem Nationalsozialismus, darunter Bertolt Brecht (1898 – 1956) und Thomas Mann (1875 –1955).

Östlich von Sanary-sur-Meer wird die Küste rauer und felsiger. An der Spitze der Halbinsel, dem Cap Sicié, füllen Opfergaben von Pilgern die Kapelle **Notre-Dame-du-Mai** (17. Jh.). Steigt man über die Stufen zu ihr auf, schweift der Blick über die Küste und die umliegenden Berge.

Außerhalb der Stadt gibt es im **Jardin Exotique et Zoo de Sanary-Bandol** Wildtiere und tropische Pflanzen zu sehen.

🪴 Jardin Exotique et Zoo de Sanary-Bandol
211, av Pont d'Aran. ☎ 04 94 29 40 38. 🕐 Feb – Okt: tägl.; Nov – Jan: Mi, Sa, So. 🚫 Feiertage vormittags. ♿ 🌐 zoaparc.com/

⓰ Toulon

Straßenkarte D4. 165 000. ✈ 🚆 🚌 ⛴ ℹ 12, place Louis Blanc, 04 94 18 53 00. 🛒 Di – So.
🌐 toulontourisme.com

Die Bucht des Hafens von Toulon ist Stützpunkt der französischen Mittelmeerflotte. In der Altstadt und an den Kais des alten Hafenbeckens (Vieille Darse) sorgen zahlreiche Bars, Bistros und Kneipen sowie Matrosen für seemännische Atmosphäre.

Die Römer wussten Toulons Purpurschnecken (murex) zu schätzen, aus denen sie durch Auskochen den kostbaren kaiserlichen Farbstoff gewannen. Unter Louis XIV verschönerte Pierre Puget (1620 –1694) das Stadtbild. Zwei seiner bekanntesten Arbeiten flankieren das

Barockes Dekor am Eingang des Musée de la Marine

Hotels und Restaurants im Var und auf den Îles d'Hyères siehe Seiten 199f und 211f

Rathausportal: die marmornen Karyatiden (1657) *Kraft* und *Erschöpfung*. Toulons Hafen wurde im Zweiten Weltkrieg schwer beschädigt. Große Teile der Altstadt werden derzeit restauriert. Heute besitzt die Stadt ein großes Opernhaus und einige interessante Museen wie das **Musée des Arts Asiatiques**, das sich in der umgebauten Villa Jules Verne befindet.

Musée National de la Marine

Place Monsenergue. 04 22 42 02 01. Juli, Aug: tägl.; Sep–Juni: Mi–Mo. 15. Dez–Jan. teilweise.

Am Portal wachen Statuen von Mars und Bellona. Einst war es die Pforte zum Stadtarsenal (17. Jh.). Im Inneren stehen die gewaltigen Modelle zweier Schulschiffe, die Galeonen *La Sultane* (1765) und *Duquesne* (1790). Außerdem sind Schiffsschnäbel, Galeonsfiguren, von Pierre Puget geschnitzte Holzskulpturen und verschiedene nautische Instrumente aus dem 18. Jahrhundert wie auch eine Reihe von Bildern ausgestellt.

Musée d'Art de Toulon

113, bd du Maréchal Leclerc. 04 94 36 81 00. Di–So nachmittags. Feiertage. teilweise.

Mittelpunkt des Museums ist eine Ausstellung traditioneller und moderner provenzalischer Malerei. Wechselausstellungen im ersten Stock präsentieren auch internationale Künstler.

Musée du Vieux Toulon

69, cours Lafayette. 04 94 92 29 23. Di–So nachmittags. Feiertage.

Toulons Verteidigung durch den jungen Napoléon ist ein Schwerpunktthema dieses Museums. Auch alte Waffen und historische Skizzen von Puget fanden hier einen Präsentationsort.

Cathédrale Ste-Marie-de-la-Seds

Place de la Cathédrale. 04 94 92 28 91. tägl.

Die sehenswerte Kathedrale (11. Jh.) ist direkt mit der Vieille Darse und dem Rathaus verbunden. Bei der Erweiterung (17. Jh.) verlieh man ihr den klassizistischen Anstrich. Ein prächtiger Barockaltar sowie Arbeiten von Pierre Puget und Jean-Baptiste van Loo (1684–1745) bereichern das Innere.

Toulons Oper an der Place Victor Hugo

Zentrum von Toulon

① Musée d'Art de Toulon
② Musée National de la Marine
③ Cathédrale Ste-Marie-de-la-Seds
④ Musée du Vieux Toulon

Zeichenerklärung *siehe hintere Umschlagklappe*

⓱ Îles d'Hyères

Zehn Kilometer vor der Küste liegen die ruhigen Îles d'Hyères mit den drei Hauptinseln Porquerolles, Le Levant und Port-Cros. Die strategische Lage bedingte ihre wechselvolle Geschichte: Griechen, Römer, Sarazenen und Piraten waren unter ihren Besatzern. Heute dienen weite Teile von Le Levant als Militärgelände der französischen Marine. Weinreben, Kiefernwälder und dichte Macchie prägen die Vegetation der größten Insel Porquerolles. Die Waldbestände, die seltenen Vögel und die reiche Unterwasserwelt von Port-Cros stehen seit 1963 unter Naturschutz.

Zur Orientierung

Meeresflora von Port-Cros
Die waldigen Hänge tauchen in klares Wasser, wo zwischen Polstern von Neptungras Fischschwärme ziehen. Eine vorgegebene Schwimmroute erleichtert die Erkundung.

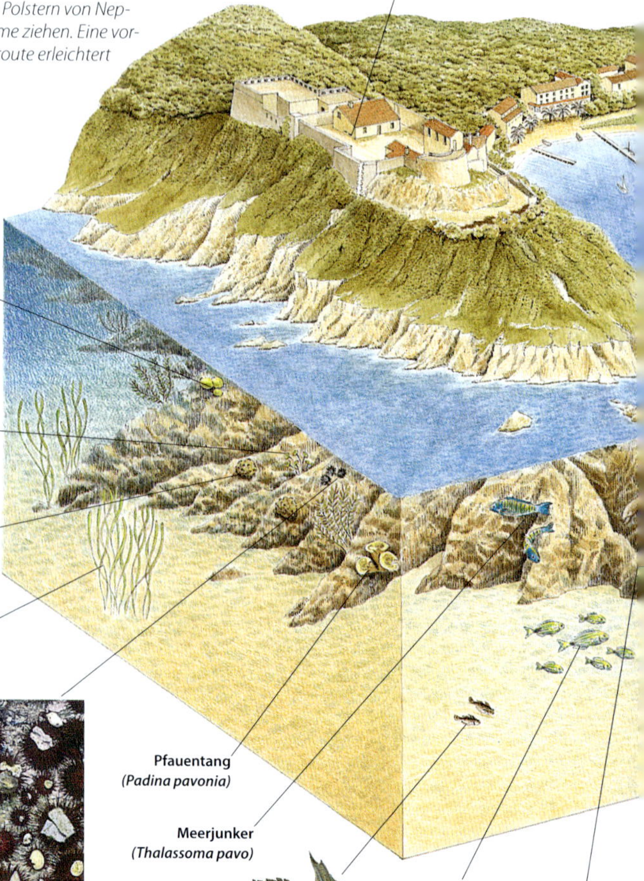

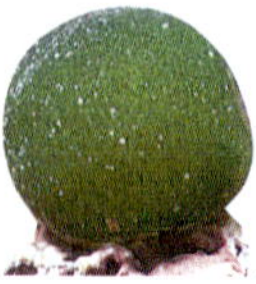

Fort du Moulin, oberhalb des Hafens von Port-Cros

Algenschwamm (Codium bursa)

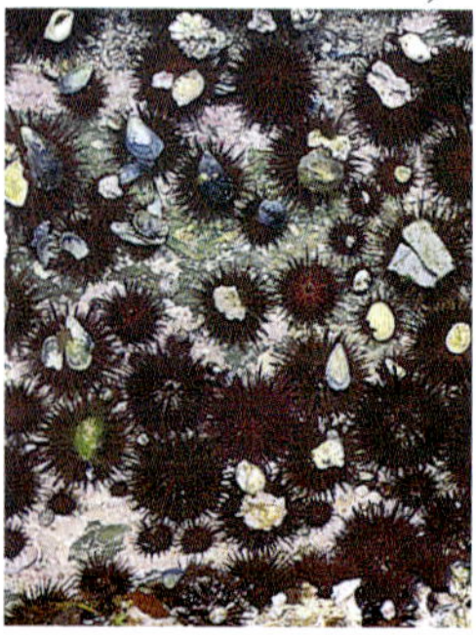

Schirmalge (Acetabularia mediterranea)

Badeschwamm (Spongia officinalis)

Neptungras (Posidonia oceanica)

Pfauentang (Padina pavonia)

Meerjunker (Thalassoma pavo)

Salpe (Sarpa salpa)

Steinseeigel (Paracentrotus lividus)

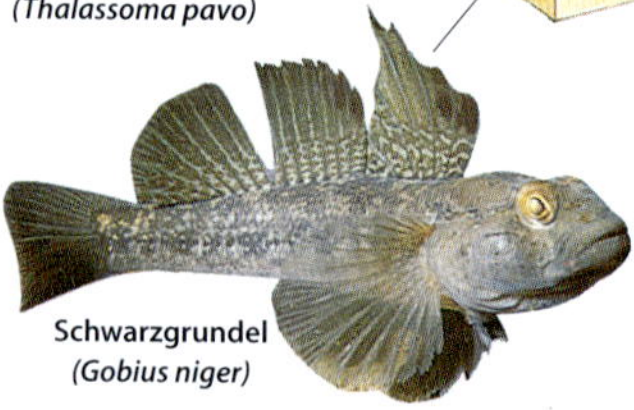

Schwarzgrundel (Gobius niger)

Muräne (Muraena helena)

Hotels und Restaurants im Var und auf den Îles d'Hyères *siehe Seiten 199f und 211f*

ÎLES D'HYÈRES | 119

Hafen von Port-Cros
Der von Palmen gesäumte Hafen des Dorfes liegt in einer geschützten Bucht im Nordwesten der Insel.

Infobox

Information
Straßenkarte D5. ℹ️ Porquerolles, 04 94 58 33 76.

Anfahrt
✈️ Toulon-Hyères. 🚉 Hyères. 🚌 Hyères. ⛴️ von Hyères (La Tour-Fondu) nach Porquerolles tägl. (Sommer: alle 30 Min.); von Hyères und Le Lavandou nach Port-Cros und Le Levant tägl. (Nov – März: 3 – 4-mal pro Woche).

Taucher an der Küste bei Port-Cros

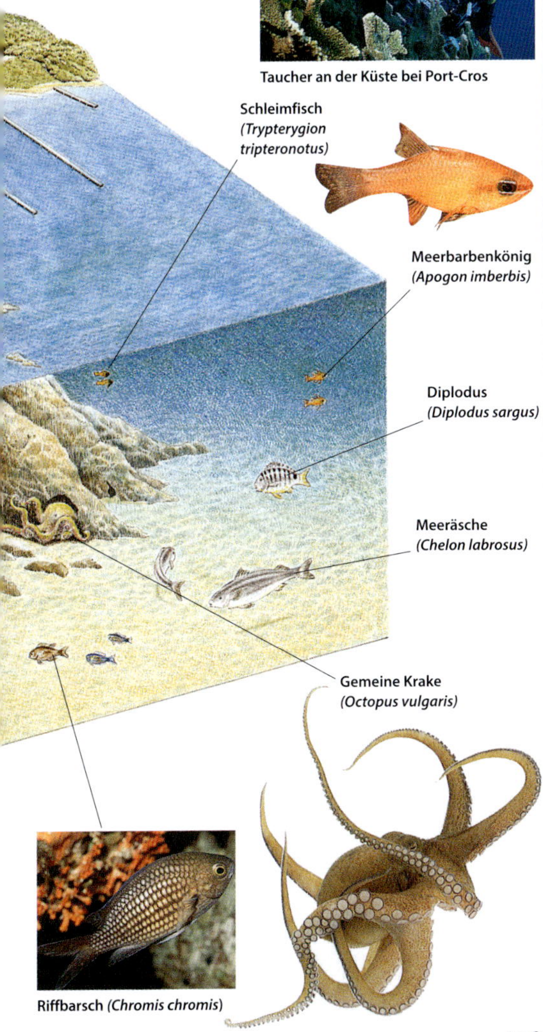

Schleimfisch
(Trypterygion tripteronotus)

Meerbarbenkönig
(Apogon imberbis)

Diplodus
(Diplodus sargus)

Meeräsche
(Chelon labrosus)

Gemeine Krake
(Octopus vulgaris)

Riffbarsch *(Chromis chromis)*

⑱ Hyères

Straßenkarte D4. 🚗 54 000. ✈️ Toulon-Hyères. 🚉 🚌 ℹ️ Rotunda du Park Hôtel, av de Belgique, 04 94 01 84 50. 📅 Di, Sa, 3. Do im Monat.
🌐 hyeres-tourisme.com

Das Umland des ältesten Winterkurorts Südfrankreichs wird landwirtschaftlich stark genutzt. Es liefert das ganze Jahr über frische Früchte und Gemüse. Hyères ist die südlichste Stadt der Provence mit drei Bootshäfen und 35 Kilometer Sandstrand. Eine Halbinsel läuft auf die Îles d'Hyères zu.

Hyères-les-Palmiers ist die im 19. Jahrhundert angelegte Neustadt. 1867 begann man hier mit der Palmenzucht, die sich rasch zur größten Europas entwickelte. Hunderte Palmen säumen die Boulevards.

An der Place de la République steht die Hauptkirche des Orts, die romanisch-gotische **Église St-Louis** (1248). Von der Place Massillon verläuft die Rue St-Paul zur **Église St-Paul** (11. Jh.), die viele Votivbilder (17. Jh.) besitzt. Die Straße führt weiter bis zum verfallenen Château und hinauf zum Aussichtspunkt St-Bernard (12. Jh.). Die kubistisch inspirierte **Villa de Noailles** (1924) im Garten der Burg gestaltete Robert Mallet-Stevens für den Vicomte de Noailles (Führung bei Ausstellungen).

Mit zahlreichen exotischen Pflanzen und einem Tierpark warten die **Jardins Olbius Riquier** auf.

🌿 Jardins Olbius Riquier
Avenue Ambroise Thomas. 📞 04 94 00 78 65. 🕐 tägl. ♿

Maurische Architektur in der Palmenstadt Hyères

Straßenkarte *siehe hintere Umschlaginnenseiten*

Strand im Schatten von Hotels und Villen, Le Lavandou

⓲ Le Lavandou

Straßenkarte D4. 🏔 5600. 🚌 🚆
i Quai Gabriel Péri, 04 94 00 40 50.
🗓 Do. 🌐 ot-lelavandou.fr

Von Le Lavandou setzen regelmäßig Schiffe zu den Îles d'Hyères über. Das frühere Fischerdorf lebt heute fast ausschließlich vom Tourismus. Bekannt wurde es durch seine zwölf Sandstrände. Das Wassersportzentrum mit Sandstrand an der Promenade bietet reichlich Liegeplätze für Luxusyachten und Motorboote. Das jüngere und weniger betuchte Publikum füllt vor allem die schicken Bars, Clubs und Restaurants mit Leben.

Der Ortsname verweist nicht etwa auf die Lavendelfelder der umgebenden Berge, sondern vielmehr auf ein Waschhaus *(lavoir)*. Charles Ginoux bildete es 1736 auf einem Gemälde ab. Der kleine Ort zog während des 19. Jahrhunderts zahlreiche Künstler an. Der Hauptplatz ist nach dem in Frankreich bekannten Komponisten und Musikkritiker Ernest Reyer (1823–1909) benannt. Von dort sieht man die Îles du Levant.

Weite Teile des nahen Brégançon sind Militärgelände. Dort ist eine offizielle Sommerresidenz des französischen Präsidenten.

⓴ Bormes-les-Mimosas

Straßenkarte D4. 🏔 7000.
🚌 Hyères. *i* 1, pl Gambetta, 04 94 01 38 38. 🗓 Mi.
🌐 bormeslesmimosas.com

Das mittelalterliche Dorf liegt im Duft von Oleander und Eukalyptus an einem Hügel nahe dem Dom-Wald. Ein blumengesäumter Weg führt um die

Rue Rompi-Cuou, eine der alten Gassen von Bormes-les-Mimosas

㉑ Tour: Massif des Maures

Der Name des uralten Maures-Massivs rührt vom provenzalischen *maouro* (»dunkel« oder »düster«) her. Er spielt auf den zum Teil überaus dichten Bewuchs der Berge an: Edelkastanien, Kiefern, Kork- und andere Eichen verwachsen hier mit Myrrhe und Dornsträuchern zu einem unergründlichen Dickicht. Brände haben stellenweise nur Gestrüpp hinterlassen. Das knapp 60 Kilometer lange und 30 Kilometer breite Gebirge reicht von Hyères bis Fréjus. Die Route führt durch eine wilde, oft menschenleere Landschaft, in der sich flacher, von Korkeichen bedeckter Talgrund mit sehr tiefen Schluchten und mächtigen Gipfeln abwechselt.

③ **Village des Tortues**
Links der D75 gelangen Sie zum »Schildkrötendorf«. Hier sind Frankreichs letzte wild lebende Landschildkröten beheimatet.

④ **Notre-Dame-des-Anges**
Neben dem Priorat und seiner Kapelle ragt die höchste Erhebung (780 m) des Massivs auf.

⑤ **Collobrières**
Eine Brücke führt über den Fluss, an dem das für seine *marrons glacés* (glasierte Maronen) bekannte Dorf liegt.

Routeninfos

Länge: 75 km.
Rasten: Collobrières lädt zu einer Mittagspause ein. Besuchen Sie danach die Chartreuse de la Verne (94 48 08 00), zu der eine steile, schmale Straße führt *(siehe auch S. 250f)*.

Landarbeiter bei Collobrières

Burg. Erst im Jahr 1968, ein Jahrhundert nach Einführung der Mimose aus Mexiko nach Südfrankreich, wählte Bormes den Namenszusatz »les Mimosas«. Das beliebte, idyllische Dorf besitzt einen Yachthafen mit gut 800 Liegeplätzen. Sehr steile Gassen wie die Rue Rompi-Cuou (»Halsbrecher«) führen zu Aussichtspunkten und lebhaften Cafés.

Eine Statue vor der sehenswerten **Chapelle St-François** (16. Jh.) erinnert an den hl. Franz von Paula und sein Wirken im Pestjahr 1481. In der Kirche **St-Trophyme** findet man restaurierte Fresken aus dem 18. Jahrhundert. Werke des heimischen Malers Charles Cazin (1841–1901) sind im **Musée d'Arts et Histoire** zu sehen.

Musée d'Arts et Histoire
103, rue Carnot. 04 94 71 56 60.
Mi nachmittags, So vormittags.

Das von Weinbergen umschlossene Dorf Ramatuelle

㉒ Ramatuelle

Straßenkarte E4. 2300.
Place de l'Ormeau, 04 98 12 64 00.
Do, So. ramatuelle-tourisme.com

Die Sarazenen nannten das von Weingütern umgebene Bergdorf »Gottesgeschenk« (Rahmatu'llah). Sie hinterließen ein befestigtes Stadttor und eine Vorliebe für Feigen. Ramatuelle zählt (mit Grimaud und Gassin) zu den drei schönsten Dörfern der Halbinsel von St-Tropez. Hier liegt der früh verstorbene Schauspieler Gérard Philipe (1922–1959) begraben. Die jährlichen Theater- und Jazzfestivals des Orts sind immer gut besucht. Vom nahen Moulins de Paillas (322 m) hat man einen grandiosen Rundblick. Die Halbinsel endet fünf Kilometer östlich von Ramatuelle.

---

② **La Garde-Freinet**
Flaschenkorken und Maronenkonfekt sind bekannte Erzeugnisse dieses Dorfs. Im Süden bieten die Ruinen einer Sarazenenfestung einen einzigartigen Ausblick.

Zwischen Cogolin und Collobrières

① **Grimaud**
Von der Place du Château schweift der Blick südwärts über die Küste und westwärts über das Massif des Maures. Das Dorf ist ein Zentrum des hiesigen Kunsthandwerks *(siehe S. 127)*.

⑥ **Chartreuse de la Verne**
Kastanienwälder umgeben das restaurierte, seit dem 12. Jahrhundert bewohnte Kartäuserkloster.

⑦ **Cogolin**
In der Manufacture des Tapis können Sie die Herstellung handgefertigter Teppiche beobachten *(siehe S. 221)*.

Legende
— Routenempfehlung
= Andere Straße

0 Kilometer 2

Hotels und Restaurants im Var und auf den Îles d'Hyères *siehe Seiten 199f und 211f*

ⓘ Im Detail: St-Tropez

Um den alten Hafen und die nahen Strände drängt sich der alte Stadtkern mit seinen Fischerhäusern. Er wurde nach dem Zweiten Weltkrieg in Teilen originalgetreu wiederaufgebaut *(siehe S. 56)*. Auch traditionelle Fischerboote dümpeln noch im Hafen, Seite an Seite mit schnittigen Yachten jeder Größe und Form. Hinter den Hafencafés am Quai Jean Jaurès wimmelt es in den engen, stets vollen Sträßchen von Boutiquen und Restaurants. Der schmiedeeiserne Glockenturm der Kirche im Zentrum und die Zitadelle am Rand der Stadt wachen über St-Tropez.

Vom Strand La Fontanette gelangt man zu einem Küstenweg mit Blick auf Ste-Maxime.

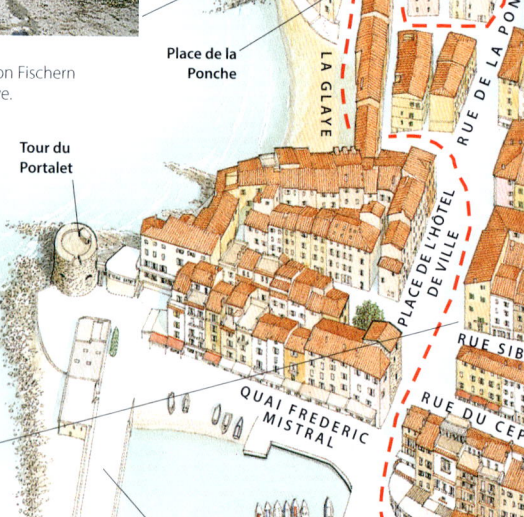

Im Quartier Ponche geht es noch recht ruhig und urtümlich zu.

Tour Vieille

Place de la Ponche

Tour du Portalet

Môle Jean Réveille

★ **Quai Jean Jaurès**
Hübsch getünchte Häuser und volle Cafés säumen den Kai. Seit über hundert Jahren fasziniert er Besucher und inspiriert Künstler.

Port de Pêche
Die Tour Vieille trennt diesen noch von Fischern genutzten Hafen vom Strand La Glaye.

Altstadt von St-Tropez
Die ockerfarbenen Dächer der Altstadt und das azurblaue Meer sind ein grandioser Anblick.

Hotels und Restaurants im Var und auf den Îles d'Hyères *siehe Seiten 199f und 211f*

ST-TROPEZ | **123**

Blick von den Mauern der Zitadelle
Auf einem Hügel am Ostrand von St-Tropez eröffnet die Zitadelle einzigartige Blicke über die Dächer der Stadt und weit in die Ferne.

Infobox

Information
Straßenkarte E4. 5000.
Quai Jean Jaurès, 08 92 68 48 28. Di, Sa. Bravades (16.–18. Mai, 15. Juni).
sainttropeztourisme.com

Anfahrt
Gare Routière (04 94 56 25 74).

★ **Église Notre-Dame de l'Assomption**
Die Büste des hl. Torpès trägt man bei der *bravade* im Mai durch die Stadt.

Fenster zum Hafen von St-Tropez (1925/26)
Charles Camoins Bild hängt im Museé de l'Annonciade.

Zur Zitadelle

Zur Place des Lices

Statue des Pierre André de Suffren

Zum Musée de l'Annonciade (siehe S. 124f)

Legende
— Routenempfehlung

0 Meter 50

Musée de l'Annonciade

Die ungewöhnliche und innovative Bildergalerie wurde 1955 in der Chapelle de l'Annonciade (1568) am Alten Hafen von St-Tropez eingerichtet. Im Auftrag des Kunstsammlers Georges Grammont gestaltete Louis Süe (1875–1968) die Kapelle zu einem Museum um. Arbeiten von Paul Signac und Künstlern, die ihm nach St-Tropez gefolgt waren, bildeten den Grundstock der Sammlung. Heute umfasst sie viele postimpressionistische Meisterwerke vom späten 19. bis zum frühen 20. Jahrhundert. 1961 wurden 65 kostbare Gemälde geraubt. Ein Jahr später fand man sie glücklicherweise wieder.

Le Rameur (1914)
Das kühne kubistische Werk stammt von Roger de la Fresnaye.

★ **St-Tropez, la Place des Lices et le Café des Arts (1925)**
Auf diesem sowie einigen weiteren Gemälden hielt Charles Camoin (1897–1965), der Paul Signac nach St-Tropez gefolgt war, den berühmten Platz fest.

Erdgeschoss

★ **L'Orage (1895)**
Paul Signacs ausdrucksstarkes Bild vermittelt die Spannung vor einem Sturm im Hafen von St-Tropez.

Saal für Sonderausstellungen

Kurzführer
Da die Räume nicht allen Werken der Sammlung Platz bieten, wechseln die Exponate häufig. Einer der Räume ist Sonderausstellungen vorbehalten, die die Museumskollektion thematisch abrunden.

★ **Nu Devant la Cheminée (1919)**
Pierre Bonnards Bild verströmt eine warme Sinnlichkeit. Wie so oft verwendete er die zarten Töne einer begrenzten Farbpalette, um mit Licht und Schatten zu spielen.

ST-TROPEZ: MUSÉE DE L'ANNONCIADE | 125

Le Temps d'Harmonie
Die Studie (1893–95) fertigte Paul Signac für ein größeres Werk. Die klaren, fließenden Linien weichen deutlich vom pointillistischen Stil ab.

Infobox

Information
Place Grammont, St-Tropez.
📞 04 94 17 84 10. 🕐 Mi–Mo 10–13, 14–18 Uhr. ⛔ 1. Jan, 1. Mai, Himmelfahrt, 25. Dez. 🅿 📷 ♿ Erdgeschoss.
🌐 saint-tropez.fr

Balkon

La Nymphe (1930)
Das Museum hütet mehrere Meisterwerke von Aristide Maillol (1861–1944). Diese von der Klassik beeinflusste Bronzestatue beschwört höchst anmutig ideale Schönheit.

Erster Stock

Zwischengeschoss

Deauville, le Champ de Courses
Das Bild von 1928 belegt Raoul Dufys Vorliebe für mondäne Motive, in diesem Fall eine Rennbahn.

Haupteingang aus dem 18. Jahrhundert

Legende

- 🟦 Erdgeschoss
- 🟨 Zwischengeschoss
- 🟧 Erster Stock
- ⬜ Kein Ausstellungsbereich

Überblick: St-Tropez

Der Charme des beliebten Reiseziels ist gleichzeitig sein Gedeih und Verderb: Alljährlich strömen zur Hochsaison im August über 80 000 Urlauber in die Stadt. Nach ihrem Abzug kehrt St-Tropez jedoch wieder seine beschauliche Natur hervor. Dann blickt es, behütet von Weinbergen und von der strengen Zitadelle bewacht, verträumt über den Golf von St-Tropez. Da im Winter von Norden immer wieder der Mistral heftig bläst, ist und bleibt St-Tropez ein Sommerurlaubsziel.

Straßenkunst zum Verkauf am Quai Jean Jaurès

Église Notre-Dame de l'Assomption

Kleiner Stadtrundgang

Der Puls der Stadt schlägt nördlich des Musée de l'Annonciade am Alten Hafen. Künstler verkaufen hier ihre Werke. Im Gorille, im Senequier oder im Café de Paris *(siehe S. 219)* kann man wunderbar entspannen.

Die Hafenmole Môle Jean Réveille bietet den besten Blick auf die pittoresken Häuser am Quai Jean Jaurès. Sie waren ein Lieblingsmotiv von Paul Signac (1863–1935), dem viele Maler nach St-Tropez folgten. Ihre Werke hängen im Musée de l'Annonciade *(siehe S. 124f.)*.

Der Turm der Église Notre-Dame de l'Assomption überragt die sich vom Hafen ausdehnende Altstadt. Nördlich stehen das Hôtel de Ville und die Tour Suffren, einst Residenz der Stadtherren. Am Kai erinnert eine Statue an Admiral Pierre André de Suffren (1729–1788), den »Schrecken der Engländer«. Dahinter, an der von Cafés gesäumten Place des Lices, spielen Einheimische Pétanque.

Im Osten, jenseits des alten Viertels Ponche und des zeitvergessenen Fischerhafens, erlauben die Wehrmauern der Zitadelle (16. Jh.) prachtvolle Fernblicke. Sie beherbergt das Musée Naval de St-Tropez. Noch etwas weiter östlich, in La Madrague, wohnte Brigitte Bardot. Als sie 1956 in *Und ewig lockt das Weib* die Hauptrolle spielte, ging mit ihrem Stern auch der von St-Tropez auf.

🏛 Musée de l'Annonciade
Siehe S. 124f.

⛪ Église Notre-Dame de l'Assomption
Rue de l'Église. ◐ Di–So.

In der Barockkirche (19. Jh.) zeigt eine Büste den hl. Torpès, Namenspatron der Stadt. Die Römer hatten ihn enthauptet und seinen Leichnam samt einem Hund und einem Hahn in einem Boot ausgesetzt, das hier 68 n. Chr. strandete. Bei der jährlichen *bravade* am 16. Mai wird seine Büste durch die Stadt getragen.

Zitadelle im Osten von St-Tropez

🏛 Musée de la Citadelle
Zitadelle. ☎ 04 94 97 59 43. ◐ Apr–Sep: 10–18.30 Uhr; Okt–März: 10–12.30, 13.30–17.30 Uhr. 🖃

Die Zitadelle kann man besichtigen. Seit der Renovierung 2013 gibt es ein Museum zur Geschichte von St-Tropez und zur Seefahrt.

🏛 Maison des Papillons
9, rue Étienne Berny. ☎ 04 94 97 63 45. ◐ Mo–Sa nachmittags. ● 1. Jan, 1. u. 17. Mai, Himmelfahrt, 15. Aug, 1. Nov, 25. Dez. 🖃

Versteckt in einer mittelalterlichen Gasse, findet man eine beeindruckende Sammlung von Schmetterlingen aus Frankreich sowie seltene Exemplare aus dem Ausland.

Fischerboote und luxuriöse Yachten am Quai Jean Jaurès

Hotels und Restaurants im Var und auf den Îles d'Hyères *siehe Seiten 199f und 211f*

ST-TROPEZ, GRIMAUD, STE-MAXIME | 127

㉔ Port-Grimaud

Straßenkarte E4. 150. *i* Les Terrasses, rue de l'Amarrage oder 1, bd des Aliziers, 83310 Grimaud, 04 94 55 43 83. Do, So.
w grimaud-provence.com

Den Hafenort schuf der Elsässer Architekt François Spoerry (1912–1999). 1962 kaufte er das sumpfige Delta-Areal des Flusses Giscle im Westen der Bucht von St-Tropez. Vier Jahre später wurde auf 90 Hektar mit dem Bau von 2500 Häusern an Kanalufern und Bootsliegeplätzen begonnen – ein Mini-Venedig. Heute besitzt der Hafen drei Bereiche: Port-Grimaud I, II und III. Angeschlossen sind die Marina und der Strand.

Bleiglasfenster von Victor Vasarely (1908–1997) erhellen die Kirche **St-François-d'Assise** an der Place d'Église. Von der Kirchturmspitze überblickt man den Hafen. In Wassertaxis *(coches d'eau)* kann man die autofreie Stadt erkunden. Port-Grimaud zählt jährlich rund eine Million Besucher.

Blick von der Église St-François-d'Assise auf Port-Grimaud

㉕ Grimaud

Straßenkarte E4. 2700.
i 15 RD 558 (hinter Boulevard des Aliziers), 04 94 55 43 83. Do.
w grimaud-provence.com

Grimaud ist autofrei. Das alte, befestigte *village perché (siehe S. 24f)* war einst im Besitz der Familie Grimaldi *(siehe S. 95)*. Der Genuese Gibelin de Grimaldi stand Wilhelm dem Guten von Provence bei, der 973 n. Chr. die Sarazenen nach 83 Jahren Besetzung aus diesem Landesteil vertrieb. Zum Dank erhielt der Ritter das Lehen Grimaud. Als die Stadt später die Protestanten unterstützte, ließ Kardinal Richelieu zur Strafe die Burg (11. Jh.) zerstören.

Die hoch gelegene Festung, die sich ideal zur Ausschau nach Feinden eignete, wurde zeitweilig vom Templerorden genutzt. Dieser entstand 1119 während des Ersten Kreuzzugs als geheimer geistlicher Ritterorden mit militärischen und religiösen Aufgaben.

Nur wenige Templerbauten der Provence sind erhalten. Die Rue des Templiers wurde früher Rue Droite genannt. Die Arkaden dieser ältesten Straße Grimauds dienten der Verteidigung: Bei Angriffen wurden sie einfach geschlossen. Hier soll der Templerorden seinen Sitz gehabt haben, was aber historisch nicht bewiesen ist. Die Église St-Michel (12. Jh.) in derselben Straße ist romanisch.

Am Strand von Ste-Maxime

㉖ Ste-Maxime

Straßenkarte E4. 13 900. St-Tropez, St-Raphaël. *i* Promenade Aymeric Simon-Lorière, 08 76 20 83 83. tägl.

Gegenüber von St-Tropez, auf der anderen Seite der Bucht, schützen Hügel den hübschen Ferienort. Hochsaison ist im Sommer. Ste-Maxime lockt mit Hafen, Promenade, feinen Sandstränden, Wassersport, Nachtleben, Jahrmärkten und Casino. Die Stadt stand unter dem Schutz der Mönche der Lérins-Inseln. Sie tauften den Hafen auf den Namen ihrer Schutzheiligen und bewehrten ihn mit der Tour Carrée des Dames, dem heutigen **Musée de la Tour Carrée**. Der grüne Marmoraltar aus dem 17. Jahrhundert in der Kirche gegenüber stand vorher in der Kartause La Verne im Massif des Maures.

Musée de la Tour Carrée
Place de l'Église. 04 94 96 70 30.
Mi–So. 1. Jan, 1. Mai, 25. Dez, Feb.

Das von Festungsruinen überragte Grimaud

Straßenkarte *siehe hintere Umschlaginnenseiten*

❷⓻ St-Raphaël

Straßenkarte E4. 38 000.
Quai Albert Premier, 04 94 19 52 52. Di – So. saint-raphael.com

Die Stadt wurde zur Römerzeit von wohlhabenden Familien gegründet. Sie siedelten nahe dem heutigen Strandcasino. Napoléon landete bei seiner Rückkehr aus Ägypten 1799 in St-Raphaël. 15 Jahre später brach er von hier in die Verbannung auf.

Jean-Baptiste Karr (1808 – 1890), ein satirischer Schriftsteller aus Paris, machte die Vorzüge St-Raphaëls bekannt und den Ort populär. Im alten Ortskern liegen die im 12. Jahrhundert errichtete Église St-Raphaël und das **Musée Archéologique**, das griechische Amphoren und andere Exponate ausstellt.

🏛 Musée Archéologique
Place de la Vieille Église. 04 94 19 25 75. Di – Sa. Feiertage.

Besucherwerbung für St-Raphaël (Plakat aus dem 19. Jahrhundert)

❷⓼ Massif de l'Estérel

Straßenkarte E4. Nizza. Agay, St-Raphaël. Quai Albert Premier, 04 94 19 52 52; 86, av de Cannes, Mandelieu-la Napoule, 04 93 93 64 78.

Das aus Eruptivgestein bestehende Gebirge bildet, obwohl nur 620 Meter hoch, einen starken Kontrast zur Küste. Auch nach vielen verheerenden Waldbränden wirkt es in seiner schroffen Wildheit größtenteils unversehrt. Bis zur Mitte des 19. Jahrhunderts war die Region ein Schlupfwinkel von Straßenräubern und entflohenen Sträflingen. Nachdem Napoléon auf der Rückkehr von seinem Ägyptenfeldzug in St-Raphaël eingezogen war, wurde hier eine seiner Kutschen auf dem Weg nach Paris ausgeraubt.

Am Nordrand des Massivs folgt die DN7 der alten Via Aurelia von Cannes bis Fréjus. Um zum Mont Vinaigre zu gelangen, folgt man an der Kreuzung bei Testanier (11 km von Fréjus) der Straße, die zur Parkstation Malpey führt. Von hier aus sind es noch 45 Minuten zu Fuß. Vom höchsten Gipfel des Massivs hat man einen herrlichen Blick auf die Alpen und das Massif des Maures.

An der Küstenseite verläuft die D1089 entlang dem Massiv. Über rote Klippen windet sie sich von St-Raphaël zum Ferienort Agay mit dem besten Anlegehafen des Küstenstreifens. Hier bauten die Römer den roten Porphyr ab, aus dem sie die Säulen für ihre Bauten in der Provence herstellten.

An der Spitze der Bucht, der Pointe de Beaumette, steht ein Denkmal für den Schriftsteller und Flieger Antoine de St-Exupéry *(siehe S. 33)*. Die Straße führt weiter nach Anthéor und zur Pointe de l'Observatoire. Kurz davor geht es links ab zum Rundweg um Cap Roux und Pic de l'Ours. Die Küstenstraße führt durch Ferienorte weiter bis La Napoule, wo die Riviera beginnt. Der Bildhauer Henry Clews (1876 –1937) richtete das Schloss von La Napoule wieder her. Die **Fonda-**

Das Château de la Napoule ist heute ein Kunstzentrum

tion Henry Clews hütet nun seine Werke. Von der Küste führt ein Weg landeinwärts zum Col Belle-Barbe. Von ihm führt eine Abzweigung rechts zum Pic du Cap Roux (452 m). Weite Ausblicke belohnen den einstündigen Aufstieg.

Vom Parkplatz am Col Belle-Barbe erreicht man nach einer 40-minütigen Wanderung die Schlucht Mal Infernet beim Lac de l'Écureuil. Landeinwärts vom Col Belle-Barbe führt der Pfad über den Col du Mistral hinauf zum Col des Trois Termes. Dort schlängelt er sich südlich zum Col Notre-Dame, von dem man in etwa 45 Minuten zum stattlichen Pic de l'Ours (496 m) wandern kann. Zwischen ihm und der Küste bietet der Pic d'Aurelle (323 m) ebenfalls eine herrliche Sicht.

🏛 Fondation Henry Clews
1, av Henry Clews, Mandelieu-la Napoule. 04 93 49 95 05. tägl. (Nov – Feb: Mo – Fr nachmittags). 25. Dez. Apr – Sep. chateau-lanapoule.com

Der Baumbestand im Massif de l'Estérel ist von Bränden bedroht

🏛 Fréjus

Straßenkarte E4. 🚉 50.000. 🚂 St-Raphaël. 🚌 ℹ️ 249, rue Jean Jaurès, 04 94 51 83 83. 📅 Di, Mi, Fr, Sa, So.
🌐 frejus.fr

Seine reiche Geschichte macht Fréjus zu einem kulturellen Glanzlicht der Region. Julius Caesar begründete 49 v. Chr. diese älteste Römersiedlung Galliens, die Augustus großzügig ausbauen ließ. Die Stadt an der Via Aurelia – der unter Augustus angelegten Straße von Rom nach Arles – bedeckte 40 Hektar Land, hatte 30 000 bis 40 000 Einwohner und besaß den nach Marseille bedeutendsten Hafen.

Trotz der schweren Verwüstungen durch die Sarazenen (10. Jh.) sind noch Teile der römischen Stadtmauer erhalten, darunter ein Turm an der westlichen Porte des Gaules. Gegenüber markierte das Osttor (Porte de Rome) den Endpunkt eines 40 Kilometer langen Aquädukts. Reste der Wasserleitung führen entlang der DN7 zum Fluss Siagnole nahe Mons. Die Ruine des halbrunden Theaters (1. Jh. n. Chr.) dient heute noch als Bühne für Veranstaltungen. Südlich liegt das Prätorium, der Militärstützpunkt der ehemaligen Ostzitadelle. Nördlich der Porte des Gaules, an der Straße nach Brignoles, fassten die **Arènes** (1.–2. Jh. n. Chr.) 6000 Zuschauer. Heute dient das Amphitheater für Musikfestivals und als Stierkampfarena.

In der prächtigen **Cathédrale et Cloître St-Léonce** zeigt das Musée Archéologique Fundstücke aus der Region.

Südlich der Stadt blickte einst die Zitadelle Butte St-Antoine auf den Hafen. Der Kanal zwischen Hafen und Meer begann im 10. Jahrhundert zu verlanden. Die moderne Fréjus-Plage bedeckt das seit dem 18. Jahrhundert vollkommen verlandete Gebiet. Die von Jean Cocteau ausgeschmückte Kapelle Notre-Dame ist ebenso einen Besuch wert wie das

Mosaik im Musée Archéologique, Fréjus

Brunnen im Zentrum des Kreuzgangs der Kathedrale von Fréjus

Musée d'Histoire Locale. Ein überraschender Anblick ist die buddhistische Pagode (1919) gut zwei Kilometer nördlich der Arènes. Sie erinnert an die Vietnamesen, die im Ersten Weltkrieg im Dienst der französischen Armee fielen.

🏛 **Arènes de Fréjus**
Rue Vadon. 📞 04 94 51 34 31.
📅 Di – So. ⚫ Feiertage.

⛪ **Cathédrale St-Léonce**
58, rue du Cardinal Fleury. 📞 04 94 51 26 30. 📅 tägl. **Kreuzgang** 📅 tägl. (Okt – Mai: Di – So). ⚫ Feiertage.
📷 Kreuzgang.
🌐 monuments-nationaux.fr

Cathédrale St-Léonce et Cloître

Die Wehrkirche und das mit Marmorsäulen geschmückte Kloster gehen auf das 12. Jahrhundert zurück. Das von den Sarazenen verschonte Baptisterium stammt sogar noch aus dem 5. Jahrhundert.

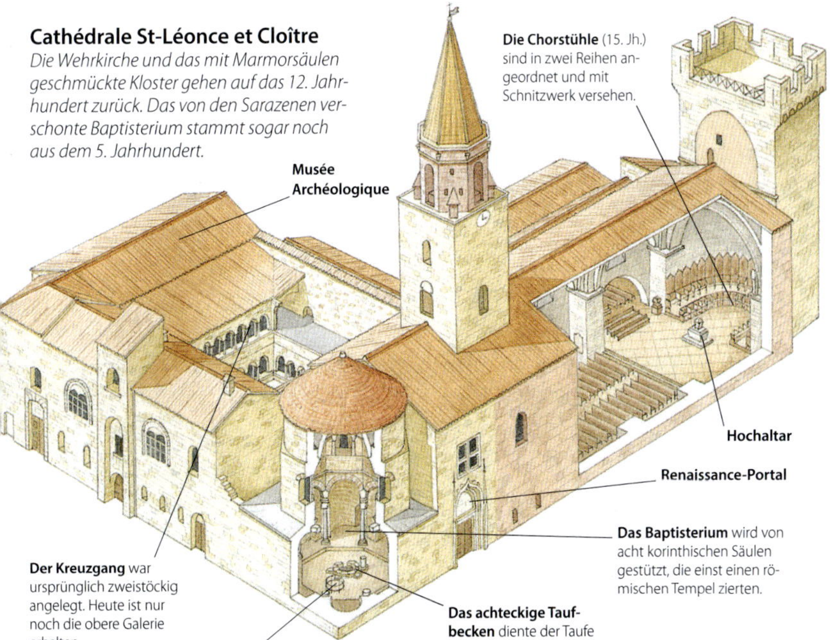

Musée Archéologique

Die Chorstühle (15. Jh.) sind in zwei Reihen angeordnet und mit Schnitzwerk versehen.

Hochaltar

Renaissance-Portal

Das Baptisterium wird von acht korinthischen Säulen gestützt, die einst einen römischen Tempel zierten.

Der Kreuzgang war ursprünglich zweistöckig angelegt. Heute ist nur noch die obere Galerie erhalten.

Irdenes Taufbecken

Das achteckige Taufbecken diente der Taufe von Erwachsenen.

Bouches-du-Rhône und Nîmes

Der südwestliche Winkel der Provence vermittelt ein ganz besonderes Erlebnis. Dies ist das Land Vincent van Goghs, der leuchtenden Farben, der steilen Küsteneinschnitte und der Strände mit Wanderdünen. Sein wildester Teil ist die Camargue im Rhône-Delta. Dort trifft man auf die wild lebenden weißen Camargue-Pferde und die Herden der Camargue-Stiere, die von den *gardians*, den hiesigen Hirten, gehütet werden.

Viele Städte tragen noch Merkmale griechischer und römischer Vergangenheit. Die Griechen siedelten erstmals etwa 600 v. Chr. in Frankreich und gründeten Marseille – heute die zweitgrößte Stadt des Landes und Kulturmetropole (Kulturhauptstadt Europas 2013). Die Römer bauten das Theater von Arles und das Amphitheater von Nîmes. In Glanum finden sich Reste klassischer Gebäude. Das Gerippe eines Aquädukts zieht sich von Uzès bis nach Nîmes – ein Meisterwerk der Baukunst, das mit der Pont du Gard bis heute überdauert hat.

»Ein adlergleiches Geschlecht« nannte der provenzalische Schriftsteller Frédéric Mistral *(siehe S. 32)* die Herren von Baux, die im Mittelalter in Les Baux-de-Provence regierten. Dieses Lehen war im 13. Jahrhundert auch als Liebes- bzw. Minnehof *(siehe S. 146)* bekannt. Louis IX (der Heilige) ließ für die Kreuzfahrer die Stadt Aigues-Mortes bauen. König René der Gute *(siehe S. 50f)* hielt im 15. Jahrhundert im Schloss von Tarascon und in Aix-en-Provence, der alten Hauptstadt der Provence, Hof. Die von Renés Vater 1409 gegründete Universität von Aix ist immer noch Mittelpunkt dieser lebhaften Stadt.

Das Gebiet bietet großartige Wandermöglichkeiten in herrlicher Landschaft, insbesondere in den Alpilles und um Marseille. Die Filme und Bücher von Marcel Pagnol *(siehe S. 157)* und die Erzählungen von Alphonse Daudet *(siehe S. 147)* sind in dieser speziellen Szenerie angesiedelt. Die Camargue bietet eine einzigartige Vielfalt von Flora und Fauna sowie Gegenden, in denen Besucher reiten und Vögel beobachten können.

Verkaufskörbe auf dem farbenfrohen Markt von Aix-en-Provence *(siehe S. 152f)*

◀ Wanderer in der *calanque* von Sormiou, einer der reizvollen Buchten zwischen Marseille und Cassis *(siehe S. 157)*

Überblick: Bouches-du-Rhône und Nîmes

An der Mündung der Rhône liegen die Feuchtwiesen und Sanddünen des Wildtierreservats der Camargue. Landeinwärts locken Städte wie Aix-en-Provence, Nîmes und Arles mit zahlreichen antiken Bauten. Nordöstlich von Arles erheben sich die Alpilles mit überwältigenden Wanderrouten aus der Ebene in die Höhen von Les Baux. St-Rémy-de-Provence bietet sich als Ausgangspunkt für ihre Erkundung an. Zu den beliebten Küstenstädten zählen Marseille und der Hafenort Cassis. Eine kurze Fahrt- oder Bootsstrecke entfernt liegen Les Calanques, tiefe Buchten zwischen Klippen und Pinienhainen.

Atlanten zieren den Eingang des Pavillon de Vendôme in Aix

Sehenswürdigkeiten auf einen Blick

1. Villeneuve-lès-Avignon
2. Barbentane
3. Abbaye de St-Michel de Frigolet
4. *Pont du Gard S. 135*
5. *Nîmes S. 136f*
6. *Aigues-Mortes S. 138f*
7. *Camargue S. 140–143*
8. St-Gilles
9. Beaucaire
10. Tarascon
11. St-Rémy-de-Provence
12. Les Alpilles
13. Les Baux-de-Provence
14. Fontvieille
15. Abbaye de Montmajour
16. *Arles S. 148–150*
17. Martigues
18. Salon-de-Provence
19. Abbaye de Silvacane
20. *Aix-en-Provence S. 152f*
21. *Marseille S. 154–156*
22. Aubagne
23. Les Calanques
24. Cassis

Weitere Zeichenerklärungen *siehe hintere Umschlagklappe*

BOUCHES-DU-RHÔNE UND NÎMES | 133

Blick über den Hafen auf das Fort St-Jean, Marseille

In Bouches-du-Rhône und Nîmes unterwegs

Auf den *autoroutes* kommt man schnell voran und vermeidet den Stadtverkehr. Die A8 entlang der Riviera stößt 17 Kilometer westlich von Aix auf die Autoroute du Soleil (A7, Paris – Marseille), die A9 (Languedocienne) führt westwärts über Nîmes nach Spanien. Wichtige Orte sind durch Züge und Busse verbunden (Busverkehr ist auf dem Land allerdings wenig entwickelt). Arles und Aix-en-Provence sind günstige Ausgangspunkte. In Arles und Stes-Maries-de-la-Mer in der Camargue (hier können Sie auch zu Pferde die Landschaft erkunden) werden Bootstouren angeboten.

Legende

- Autobahn
- Schnellstraße
- Hauptstraße
- Nebenstraße
- Panoramastraße
- Eisenbahn (Hauptstrecke)
- Eisenbahn (Nebenstrecke)
- Regionalgrenze

Teil der Chartreuse du Val-de-Bénédiction, Villeneuve

❶ Villeneuve-lès-Avignon

Straßenkarte B3. 13 000. Avignon. 1, pl Charles David, 04 90 25 61 33. Do, Sa. ot-villeneuvelezavignon.fr

Der Ort entstand am Ufer der Rhône gegenüber von Avignon. Die Verbindungsbrücke Pont St-Bénézet wird von der 1307 errichteten **Tour de Philippe le Bel** bewacht. Die Turmterrasse in 176 Stufen Höhe bietet einen eindrucksvollen Blick über die Papststadt. Noch besser ist die Aussicht von den beiden 40 Meter hohen Rundtürmen am Eingang zum mächtigen **Fort St-André** (14. Jh.), das Kloster, Kirche und eine kleine Stadt barg.

Zwischen den beiden Bastionen liegt die Église-Collégiale Notre-Dame (14. Jh.). Die *Krönung der Jungfrau* (1453) von Enguerrand Quarton im **Musée Municipal Pierre de Luxembourg** ist das beste Werk der Schule von Avignon. Es wurde für den Abt der **Chartreuse du Val-de-Bénédiction** gemalt (1356 von Innozenz VI. gegründet). Das Kloster besitzt drei Kreuzgänge und eine Johannes dem Täufer geweihte Kapelle mit Fresken von Giovanetti da Viterbo. Heute dient Letztere als Kulturzentrum.

🏛 Fort St-André
📞 04 90 25 45 35. 🕐 tägl. ⓧ 1. Jan, 1. Mai, 1., 11. Nov, 25. Dez.
🌐 monument-nationaux.fr

🏛 Musée Municipal Pierre de Luxembourg
Rue de la République. 📞 04 90 27 49 66. 🕐 Di–So. ⓧ Jan, 1., 11. Nov, 25. Dez.

🏛 Chartreuse du Val-de-Bénédiction
Rue de la République. 📞 04 90 15 24 24. 🕐 tägl. ⓧ 1. Jan, 1. Mai, 1., 11. Nov, 25. Dez. im Sommer. im Winter.
🌐 chartreuse.org

❷ Barbentane

Straßenkarte B3. 3700. Avignon, Tarascon. 3, rue des Pénitants, 04 90 90 85 86.
🌐 barbentane.fr

Die Mitglieder des päpstlichen Hofs von Avignon errichteten ihre Sommerresidenzen in Barbentane an den Hängen entlang der Rhône, darunter die anmutige Maison des Chevaliers gegenüber von Notre-Dame-de-Grace (13.–15. Jh.), die den Marquis von Barbentane gehörte. Von der Burg der Stadt (14. Jh.) blieb lediglich die 40 Meter hohe Tour Anglica erhalten.

Neben dem mittelalterlichen Viertel liegt das **Château de Barbentane** im italienischen Stil, das 1674 von der Adelsfamilie erbaut wurde, der es immer noch gehört. Der **Moulin de Mogador** (16./17. Jh.) war eine Ölmühle, heute kann man hier essen.

🏛 Château de Barbentane
📞 04 90 95 51 07. 🕐 Ostern–Juni, Okt: Do–Di; Juli–Sep: tägl.

Provenzalische Puppe mit Gefährt, Château de Barbentane

❸ Abbaye de St-Michel de Frigolet

Straßenkarte B3. 📞 04 90 95 70 07. 🕐 tägl. 8–18 Uhr (Gruppen nach Voranmeldung). So 15 Uhr.
🌐 frigolet.com

Die Abtei liegt südlich von St-Michel de Frigolet in einer Landschaft namens La Montagnette. Ein Kreuzgang und eine kleine Abteikirche stammen noch aus dem 12. Jahrhundert, doch im Zug der Bauarbeiten zur im Jahr 1858 gegründeten Prämonstratenserabtei wurde eine der prachtvollsten Kirchen jener Zeit errichtet.

Das Innere wurde mit Sternen und Heiligen auf Säulen und Decken bemalt. Nach einem kurzen Exil in Belgien Anfang des 20. Jahrhunderts kehrten die Mönche nach Frigolet zurück (heute leben noch 15 Mönche im Kloster) . Die Mönche verkaufen hausgemachten Kräuterlikör.

Die Decke der Abteikirche von St-Michel de Frigolet

❹ Pont du Gard

Straßenkarte A3. 🚌 Nîmes. ℹ 400, La Bégude, Route du Pont du Gard, 30210 Vers, 04 66 37 50 99.
W pontdugard.fr

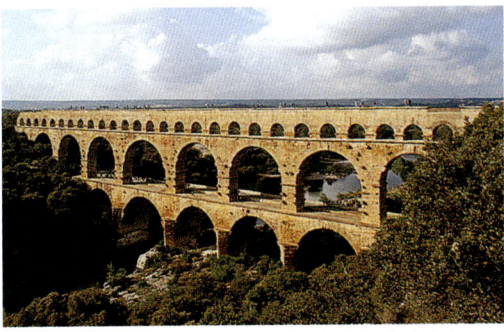

Der Pont du Gard, mit 48 Metern höchster aller römischen Aquädukte

Die um 19 v. Chr. errichtete Brücke ist Teil des Aquädukts, der Wasser von Uzès ins römische Nîmes *(siehe S. 136f)* führte. Brücken, Gräben und Tunnel wurden gebaut, um täglich 20 Millionen Liter Wasser über rund 50 Kilometer zu leiten. Der Pont du Gard überwindet das Gardon-Tal und stellt den wichtigsten Abschnitt des Aquädukts dar. Bis zu sechs Tonnen schwere Kalksteinblöcke wurden dafür zum Gardon gebracht. Die oberste Bogenreihe trug den Wasserkanal, die beiden darunterliegenden dienten dem Verkehr.

Man weiß nicht genau, wie lange der Aquädukt in Betrieb war, bis ins 9. Jahrhundert war er aber noch voll funktionstüchtig. Im Mittelalter wurde der mittlere Bogengang als Verkehrsweg benutzt. Danach verfiel er und wurde erst im 19. Jahrhundert restauriert. Im **Site du Pont du Gard** wird die Geschichte der Brücke in einem Museum und einem Auditorium veranschaulicht.

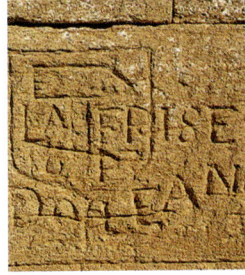

Steinmetzzeichen aus dem 18. Jahrhundert

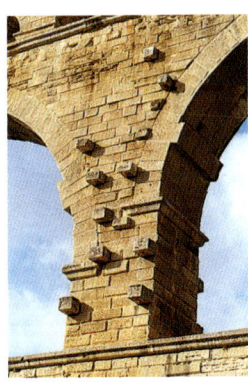

Vorgesetzte Steine stützten das Baugerüst

Die Kette der Aquädukte

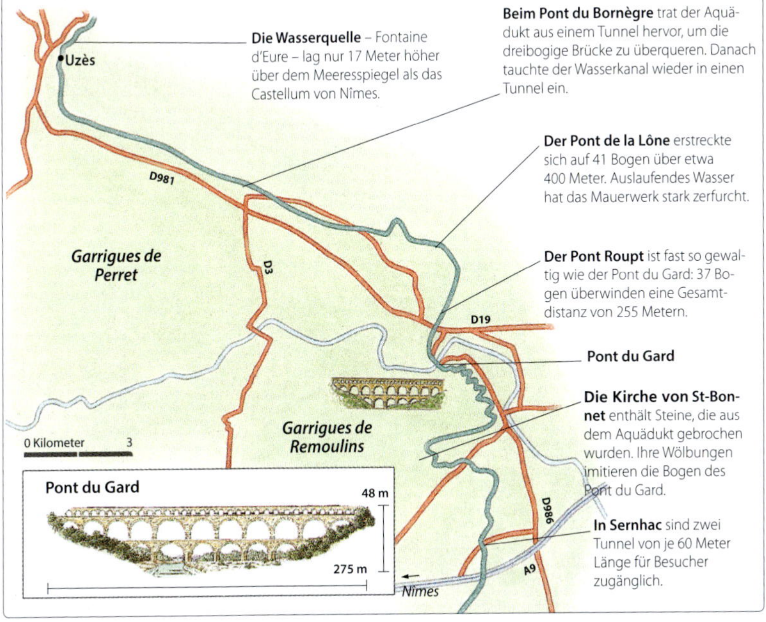
Uzès
D981
Garrigues de Perret
D3
D19
Garrigues de Remoulins
D986
A9
Nîmes
0 Kilometer 3
Pont du Gard
48 m
275 m
Die Wasserquelle – Fontaine d'Eure – lag nur 17 Meter höher über dem Meeresspiegel als das Castellum von Nîmes.
Beim Pont du Bornègre trat der Aquädukt aus einem Tunnel hervor, um die dreibogige Brücke zu überqueren. Danach tauchte der Wasserkanal wieder in einen Tunnel ein.
Der Pont de la Lône erstreckte sich auf 41 Bogen über etwa 400 Meter. Auslaufendes Wasser hat das Mauerwerk stark zerfurcht.
Der Pont Roupt ist fast so gewaltig wie der Pont du Gard: 37 Bogen überwinden eine Gesamtdistanz von 255 Metern.
Pont du Gard
Die Kirche von St-Bonnet enthält Steine, die aus dem Aquädukt gebrochen wurden. Ihre Wölbungen imitieren die Bogen des Pont du Gard.
In Sernhac sind zwei Tunnel von je 60 Meter Länge für Besucher zugänglich.

❺ Nîmes

Ein prächtig geformter schwarzer Stier am Ende der Avenue Jean Jaurès symbolisiert die Stierkampftradition von Nîmes. Während der zwei *férias* pro Jahr *(siehe S. 36, 38)* drängen die Massen ins römische Amphitheater Les Arènes. Die römische Architektur zieht Besucher das ganze Jahr in die Stadt, die auch eine bedeutende Kunststätte ist. Ihre Textilindustrie hat Denim *(de Nîmes)* hervorgebracht, den Jeansstoff der Cowboys der Camargue. Die meisten Läden führen provenzalische Stoffe *(siehe S. 221)*.

Überblick: Nîmes

Die ersten Einwohner von Nîmes waren Veteranen des Ägyptenfeldzugs von Kaiser Augustus (31 v.Chr.), denen die Stadt ihr Wappen verdankt: ein Nilkrokodil, an eine Palme gekettet. Das Symbol begegnet einem nahezu überall – vor allem auf vielen Straßenschildern.

Breite Boulevards lassen die Stadt atmen, moderne Architektur, Kunst und Design schaffen ein stilvolles Flair. Einige der neuen Bauwerke wie die Fontaine du Crocodile auf der Place du Marché sind so bekannt wie das Castellum.

Stadtwappen: an eine Palme gekettetes Krokodil

🏛 Les Arènes
Bd des Arènes. 📞 04 66 21 82 56. 🕐 tägl. ⚫ Feria des Vendanges u. Aufführungstage. 🎫 ♿ teilweise. 📷 **w** arenes-nimes.com

Unter den römischen Ruinen der Stadt ist das Amphitheater (1. Jh.) die beeindruckendste. Mit 130 mal 100 Metern und 22 000 Sitzplätzen ist es nur geringfügig kleiner als jenes von Arles *(siehe S. 150)*. Es wurde als Schauplatz für Gladiatorenkämpfe errichtet – die Besucher erleben eine Demonstration der Kampftechnik. Nach dem Zusammenbruch Roms 476 wurde es Festung und Ritterquartier. Es gilt als besterhaltenes römisches Amphitheater überhaupt.

🏛 Porte d'Auguste
Bd Amiral Courbet.

Durch das Tor mit einem Mittelbogen von sechs Metern Höhe und vier Metern Breite zogen die Reiter und Fuhrwerke über die Via Domitia. Die Römerstraße war ein wichtiger Verkehrsweg, er führte mitten durch Nîmes – von der Hauptstadt Rom bis nach Spanien. Eine antike Inschrift zeigt, dass die Stadtmauern 15 v.Chr. auf einer Länge von nahezu sechs Kilometern errichtet wurden.

🏛 Musée du Vieux Nîmes
Place aux Herbes. 📞 04 66 76 73 70. 🕐 Di – So. ⚫ 1. Jan, 1. Mai, 1. Nov, 25. Dez. 📷

Das aus dem 17. Jahrhundert stammende Bischofspalais östlich der Kathedrale beherbergt das historische Museum. Das Sommerzimmer mit Möbeln im Directoire- und Empire-Stil bietet einen schönen Ausblick auf die Altstadt.

🏛 Carré d'Art (Musée d'Art Contemporain)
Pl de la Maison Carrée. 📞 04 66 76 35 70. 🕐 Di – So. 🎫 ♿ 📷

Vor der Maison Carrée befindet sich der Carré d'Art. Der moderne, lichtdurchflutete Komplex wurde von Norman Foster entworfen und im Jahr 1993 eröffnet.

Norman Fosters Carré d'Art

🏛 Maison Carrée
Pl de la Maison Carrée. 📞 04 66 21 82 56. 🕐 tägl. ⚫ 1. Jan, 1. Mai, 25. Dez und bei Aufführungen. 🎫
w arenes-nimes.com

Die Maison Carrée (»quadratisches Haus«) wurde im Auftrag von Marcus Agrippa im hellenistischen Stil (mit korinthischen Säulen um die Haupthalle) errichtet. Sie gilt als besterhaltener römischer Tempel. Colbert, der Erste Minister des Sonnenkönigs, wollte ihn nach Versailles versetzen. Ein 3-D-Film zeigt die Geschichte von Nîmes.

🏛 Musée Archéologique et Musée d'Histoire Naturelle (Musée de Nîmes)
13 bis, bd Amiral Courbet. 📞 04 66 76 74 80 (Archéologique); 04 66 76 73 45 (Histoire Naturelle). 🕐 Di – So. ⚫ 1. Jan, 1. Mai, 1. Nov, 25. Dez. 🎫

Die Galerie im Erdgeschoss enthält vorrömische Skulpturen, darunter Büsten gallischer Krieger und Friese, aber auch

Das Amphitheater – Stierkampfarena während der *férias*

zeitgenössische Kunstobjekte. Im Stock darüber vermitteln gallorömische Werkzeuge und Haushaltsgeräte, Glaswaren und Bronzeobjekte eine Vorstellung jener Zeit. Zur Töpfereisammlung zählt der vorrömische Krieger von Grézan. Die Kapelle der einstigen Jesuitenkollegs stellt zeitgenössische Exponate aus. Das Naturhistorische Museum bietet auch ein Planetarium.

Musée des Beaux-Arts
Rue Cité Foulc. 04 66 28 18 32. Di–So. 1. Jan, 1. Mai, 1. Nov, 25. Dez.

Hier sehen Sie Gemälde von Boucher, Rubens und Watteau sowie im Erdgeschoss das große römische Mosaik *Die Hochzeit des Admetus*, das 1883 im ehemaligen Markt von Nîmes entdeckt wurde.

Cathédrale Notre-Dame et St-Castor
Pl aux Herbes. 04 66 67 67 00. tägl. 10–12 Uhr, Gottesdienste.

Die Kathedrale (11. Jh.) liegt im Zentrum der Altstadt. Sie wurde im 19. Jahrhundert umfassend ausgebaut. Ein teilweise romanischer Fries mit Szenen des Alten Testaments ziert die Westfront.

Castellum
Rue de la Lampèze.

Zwischen Porte d'Auguste und Tour Magne liegt das Castellum, ein Turm zur Speicherung des Wassers, das von Uzès über den Aquädukt und den Pont du Gard *(siehe S. 135)* herangeführt und über Kanäle in der Stadt verteilt wurde.

Les Jardins de la Fontaine
Quai de la Fontaine. 04 66 21 82 56 (Tour Magne). tägl.

Der Stadtpark liegt am Ende der Avenue Jean Jaurès und ist nach einer im 18. Jahrhundert erschlossenen Quelle benannt. Die Ruine des Tempels der Diana (2. Jh.) war Teil einer Bäderanlage. Im Mittelalter lebten hier Benediktinerinnen, die den Tempel zur Kirche umwandelten. Sie wurde in den Religionskriegen zerstört.

Auf dem Mont Cavalier (114 m) steht die 34 Meter hohe, achteckige Tour Magne. Sie ist der höchste Turm der römischen Stadtmauer und

Infobox

Information
Straßenkarte A3. 142 000.
6, rue Auguste, 04 66 58 38 00. tägl. Féria de Pentecôte (Mai/Juni), Féria des Vendanges (Ende Sep).
ot-nimes.fr

Anfahrt
Nîmes-Arles-Camargue.
Boulevard Talabot.

ältestes erhaltenes römisches Bauwerk (15 v. Chr.) Frankreichs. 140 Stufen führen zum Ausblick auf den Mont Ventoux.

L'Obéissance Récompensée von Boucher, Musée des Beaux-Arts

Zentrum von Nîmes

1. Carré d'Art
2. Maison Carrée
3. Porte d'Auguste
4. Cathédrale Notre-Dame et St-Castor
5. Musée du Vieux Nîmes
6. Musée Archéologique et Musée d'Histoire Naturelle
7. Les Arènes
8. Musée des Beaux-Arts

0 Meter 250

Zeichenerklärung
siehe hintere Umschlagklappe

🌀 Aigues-Mortes

Isoliert und massig ragt Aigues-Mortes (»tote Wasser« auf Provenzalisch) aus den Salzwiesen der Camargue. Der Ort hat sich seit der Zeit seiner Fertigstellung um 1300 kaum verändert. Damals hatte die Rhône jedoch noch nicht den Schlick angeschwemmt, der heute die Stadt vom Meer trennt. Über Kanäle wurden die Quader für die Stadtmauer aus den Steinbrüchen von Beaucaire herbeigeschafft. Der Stadtgründer, Louis IX, setzte 1248 im Schatten der Tour de Constance Segel zu seinem Kreuzzug *(siehe S. 46f)*. Nur im Hundertjährigen Krieg konnten Breschen in die Befestigungen geschlagen werden.

In der Tour de la Poudrière wurden Waffen und Schießpulver gelagert.

Porte de l'Arsenal

König Louis IX
Ludwig der Heilige baute Aigues-Mortes als seinen einzigen Mittelmeerhafen. Nur durch Lockangebote konnte man neue Bewohner für diesen ungastlichen Flecken Erde finden.

Die Porte de la Reine wurde nach Anna von Österreich benannt, die 1622 die Stadt besuchte.

Die Tour de la Mèche (»Dochtturm«) barg eine ewige Flamme zum Zünden der Kanonen.

Chapelle des Pénitents Blancs

Tour du Sel

★ **Befestigungen**
Zur Stadtmauer (1634 m) gehören zehn Tore, sechs Türme, Schießscharten und überhängende Latrinen.

Chapelle des Pénitents Gris
Der 1400 gegründete Orden nutzt noch heute die um 1607 erbaute Kapelle. Bei der Palmsonntagsprozession laufen die »Graukutten« Seite an Seite mit ihren weißkuttigen früheren Rivalen.

Hotels und Restaurants in Bouches-du-Rhône und Nîmes siehe Seiten 200 und 212–215

AIGUES-MORTES | 139

Porte de la Marine
Sie war das größte Tor zum Hafen. Die Schiffe legten an der Porte des Galions an und wurden an riesigen Metallringen *(organeaux)* vertäut.

Infobox

Information
Straßenkarte A4. 8300.
Place St-Louis, 04 66 53 73 00.
Mi, So. Nuits du Sel (Tanz, Juli), Festival St-Louis (Aug.).
ot-aiguesmortes.fr

Anfahrt
30 km westlich von Montpellier. Avenue de la Liberté.
Route de Nîmes.

Porte des Galions

Place St-Louis
Der von Cafés umgebene Platz liegt baumbeschattet im Zentrum. In seiner Mitte erhebt sich Louis IX auf einem Sockel, dessen Reliefs Teile von Kreuzzugschiffen zeigen.

Porte de l'Organeau

Notre-Dame des Sablons
wurde bereits vor der Stadtgründung erbaut.

Tour des Bourguignons
Nach einem Massaker (1421) übernahmen die Gascogner die Stadt von Burgund. Die Toten wurden teilweise »gepökelt« im Turm bestattet.

Porte de la Gardette

Legende
 Routenempfehlung

0 Meter 100

★ Tour de Constance
Hier darbten religiös Verfolgte: Katholiken, dann Calvinisten, später Hugenotten (wie Marie Durand, die 1768 nach 38 Jahren Kerkerhaft freikam).

Camargue

Der ebene, kaum bewohnte Landstrich zählt zu den wichtigen Feuchtgebieten und naturgeschichtlichen Sehenswürdigkeiten Europas. Ausgedehnte Salzwiesen, Seen, Weiden und Sanddünen bilden auf 140 000 Hektar ein artenreiches Landschaftsidyll. Camargue-Pferde streifen über die Grasgebiete oder werden von Hirten, den *gardians (siehe S. 26)*, geritten, die Schwarzrinder hüten. Auch zahlreiche Wasser- und Sumpfvögel sind hier heimisch, darunter Scharen von Flamingos. Nördlich des Schutzgebiets wird Reis angebaut. Viele Besucher beschränken ihre Erkundung auf die Straße zwischen Arles und Stes-Maries-de-la-Mer und verpassen dabei die schönste Flora und Fauna.

Camargue-Stiere
Zu bestimmten Zeiten treiben die *gardians* die Schwarzrinder für die örtlichen Stierkämpfe zusammen. Größere Bullen werden nach Spanien verkauft.

Vögel der Camargue

Die Camargue ist ein Paradies für Vogelliebhaber – vor allem im Frühling, wenn die Zugvögel auf dem Flug nach Norden hier rasten. Zu den einheimischen Arten zählen Seidenreiher und Rohrweihen. Die Camargue ist zudem Brutgebiet der Dünnschnabelmöwe und der Kolbenente.

Seidenreiher
(Egretta garzetta)

Brachschwalbe
(Glareola pratincola)

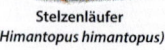

Dünnschnabelmöwe
(Larus genei)

Rohrweihe
(Circus aeruginosus)

Stelzenläufer
(Himantopus himantopus)

Kolbenente
(Netta rufina)

Außerdem

① Im Vogelschutzgebiet Parc Ornithologique du Pont-de-Gau *(siehe S. 142f)* leben die meisten Vögel der Camargue. Zweimal jährlich rasten hier mehr als 350 Zugvogelarten während ihrer Reise.

② **Musée Camarguais** *(siehe S. 143)*.

③ **Informationszentrum des Naturreservats**

Camargue-Pferde
Die Tiere stammen von alten Pferderassen ab. Das Fohlenfell wechselt zwischen dem vierten und siebten Jahr seine Farbe.

Hotels und Restaurants in Bouches-du-Rhône und Nîmes *siehe Seiten 200 und 212 – 215*

auch an andere Händler, die an ihrem Syste
angeschlossen sind, Empfehlungen, ob eine Zahlur
mit girocard und Unterschrift akzeptiert werden kan
Soweit eine Zahlung mit girocard und Unterschr
nicht akzeptiert wird, besteht bei positiver Aut
risierung durch das kartenausgebende Kreditinstit
die Möglichkeit, die Zahlung durch Eingabe der Pl
durchzuführen. Weitere Informationen finden Sie ir
Aushangtext.

Einzugsermächtigung
Ich ermächtige das oben / umseitig genannte
Unternehmen sowie die Ingenico Payment Services
GmbH, Am Gierath 20, 40885 Ratingen („Ingenico")
den heute fälligen, umseitigen Betrag von meinen
Konto per Lastschrift einzuziehen.

SEPA-Lastschriftmandat
Ich ermächtige das oben / umseitig genannte
Unternehmen sowie die Ingenico Payment Services
GmbH, Am Gierath 20, 40885 Ratingen („Ingenico"),
Gläubiger-ID DE16E0100000020245 einmalig eine
Zahlung von meinem Konto mittels Lastschrift
einzuziehen. Zugleich weise ich mein Kreditinstitut an,
die von obigen Unternehmen auf mein Konto
gezogene Lastschrift einzulösen.

Hinweis: Ich kann innerhalb von acht Wochen,
beginnend mit dem Belastungsdatum, die Erstattung
des belasteten Betrages verlangen. Es gelten dabei
die mit meinem Kreditinstitut vereinbarten Bedingungen.

Adressweitergabe/Nichteinlösung
Ich weise mein Kreditinstitut unwiderruflich an, bei
Nichteinlösung der Lastschrift obigen Unternehmen
sowie deren Dienstleistern auf Anforderung meinen
Namen und meine Anschrift zur Geltendmachung der
Forderung mitzuteilen. Bei von mir zu vertretenden
Nichteinlösungen von Lastschriften verpflichte ich
mich dadurch entstehende Kosten zu ersetzen.

(Unterschrift) www.payment-services.ingenico.com

Datenschutzrechtliche Information
Meine Zahlungsdaten (Kontonummer, Bankleitzahl,

CAMARGUE | 141

Europäischer Biber
Der Biber wurde zu Beginn des 20. Jahrhunderts wegen seines Fells gejagt und dabei nahezu ausgerottet. Seit 1905 sind die nachtaktiven Tiere geschützt. In den 1970er Jahren bildeten sie hier wieder Kolonien.

Infobox

Information
Straßenkarte B4. *i* Pont-de-Gau, nahe Stes-Maries-de-la-Mer, 04 90 97 86 32. Pèlerinage des Gitans (24./25. Mai, Ende Okt).
w parc-camargue.fr

Anfahrt
90 km östlich von Montpellier Méditerranée. Avenue Paulin Talabot, Arles.

Flamingos
Etwa 10 000 Paare dieser exotischen Vögel brüten in der Camargue. In den Sümpfen des Étang de Vaccarès sieht man sie häufig bei der Futtersuche. Ihr Hauptbrutgebiet liegt in den südlicheren Salzlagunen.

Salzgewinnung
Das Meerwasser der seichten Lagunen verdunstet in der Sonne und hinterlässt große Salzablagerungen. Diese Flächen bieten reiche Nahrung für Watvögel wie den Säbelschnäbler.

Dünenflora
Die Sanddünen bilden eine Trennlinie zwischen Lagunen, Salzwiesen und Meer. Die Wasserkamille ist eine der zahlreichen Wildblumen.

Legende
— Naturreservatsgrenze
--- Wanderweg
--- Rad- und Wanderweg

Überblick: Camargue

Der einzigartige Charakter der Camargue hat ungewöhnliche Traditionen hervorgebracht. Die einheimischen Pferde und Schwarzrinder werden von *manadiers* für die Viehwirtschaft genutzt. Die *gardians* (Viehhirten) hüten die Tiere und versehen sie mit Brandzeichen. Ihre niedrigen, weiß gekalkten Hütten sind über die Landschaft verstreut. In Stes-Maries-de-la-Mer finden Stierkämpfe statt. Es gibt auch einen Sandstrand sowie Wassersportmöglichkeiten und Bootsausflüge. Die Informationsbüros vor Ort bieten für Wanderer interessante Tourenvorschläge von Stes-Maries aus. Die schönsten Ausblicke gewährt der sieben Kilometer lange Fuß- und Radweg entlang der Digues-de-la-Mer (Seedeich). Zahlreiche Sehenswürdigkeiten in der Camargue wurden in Museen für Natur- und Kulturgeschichte umgewandelt. Höfe bieten Reiterferien an.

Unblutiger Stierkampf im Stil der Camargue in Méjanes

Stes-Maries-de-la-Mer

Drei Marien verliehen dem reizenden Ort seinen Namen: Maria Magdalena, Maria Jacobäa (Schwester der Mutter Jesu) und Maria Salome, Mutter der Apostel Jakob und Johannes. Nach der Kreuzigung Jesu trieben sie – so die Legende – im Meer und landeten (zusammen mit anderen, darunter ihre Dienerin Sarah, Lazarus und dessen Schwester Martha) hier, wo sie einen Marienschrein erbauten. Während die übrigen aufbrachen, um das Evangelium zu verkünden, blieben Maria Jacobäa, Maria Salome und Sarah zurück.

Im Winter ist die weiß gekalkte Stadt ein unscheinbarer Ort. Doch während der Marienfeiern im Mai und Oktober platzt sie aus allen Nähten.

Das größere Fest findet im Mai statt, wenn *gitans* (Roma und Sinti) aus aller Welt eintreffen, um ihre Schutzheilige Sarah zu verehren, die reich verzierte schwarze Madonna in der Krypta der **Église de Notre-Dame-de-la-Mer** (9. Jh.). Ihr Bildnis wird in einer Prozession zum Meer getragen. Danach finden Stierkämpfe, Pferderennen und Flamenco-Tänze statt *(siehe S. 228f)*. Vom Dach der Wehrkirche aus hat man einen schönen Ausblick.

Im Ortszentrum stößt man auf schmucke Restaurants mit karierten Tischtüchern sowie auf Läden, die bunt gemusterte Röcke, Hemden, Tücher, Glücksbringer und Roma-Souvenirs verkaufen.

In der Umgebung von Stes-Maries (4,5 km nördlich des Zentrums am Strandsee Étang de Ginès) liegt der **Parc Ornithologique du Pont-de-Gau** mit einer Vielfalt an Vögeln der Camargue *(siehe S. 140)*.

Église de Notre-Dame-de-la-Mer
19, pl Jean XXIII. 04 90 97 80 25. Apr – Nov, Schulferien: tägl.; Dez – März: Sa, So nachmittags. Mo – Sa 6 Uhr (Mi 11 Uhr), So 10.30 Uhr.

Die Kirche stammt aus dem 4. Jahrhundert, wurde aber zerstört und auch aufgrund der bei Ausgrabungen gefundenen Reliquien mehrfach auf- und umgebaut. Die Reliquien sind zu besichtigen. Die Bevölkerung des Orts steigt im Sommer und während der Wallfahrten um ein Vielfaches an. Über 200 000 Pilger und Besucher übertreten jährlich die Türschwelle zur Krypta. Es gibt auch Führungen.

Ginès-Informationszentrum
Pont-de-Gau. 04 90 97 86 32. tägl. 1. Jan, 1. Mai, 25. Dez. parc-camargue.fr

Das Infozentrum bietet einen großartigen Ausblick auf die Lagunen. Dokumentiert werden Geschichte, Flora und Fauna der Camargue.

Parc Ornithologique du Pont-de-Gau
Pont-de-Gau. 04 90 97 82 62. tägl. 25. Dez. parcornithologique.com

Im Reservat sind die meisten der teilweise äußerst scheuen Vogelarten zu finden, die in der Region nisten oder auf ihrem

Die befestigte Église de Notre-Dame-de-la-Mer in Stes-Maries

Zug rasten. Bleiben Sie auf den beschilderten Wegen *(siehe S. 140f)*.

🏛 Musée Camarguais

Parc Naturel Régional de Camargue, Mas du Pont de Rousty (D570, 10 km südwestlich von Arles) 📞 04 90 97 10 82. ⏰ tägl. (Okt–März: Mi–Mo). ⛔ Jan, 1. Mai, 25. Dez. 🅿️ ♿ 📷
🌐 parc-camargue.fr

Ein traditioneller provenzalischer *mas (siehe S. 26f)*, früher Teil eines Rinder- und Schafzuchthofs, wurde zu diesem faszinierenden Camargue-Museum umgewandelt. Der Hauptteil des Museums ist in einem riesigen, 1812 erbauten und vorbildlich restaurierten Schafstall untergebracht. Videos und Dias schildern das Leben in der Camargue (vorwiegend im 19. Jh.) sowie die Tier- und Pflanzenwelt des Camargue-Deltas. Zu den Ausstellungsthemen zählen u. a. die Camargue-Cowboys, die »große« und »kleine« Rhône (die in früherer Zeit an Nîmes vorbeifloss) sowie *Mirèio*, das Hauptwerk Frédéric Mistrals. Der Schriftsteller und Meister des Provenzalischen erhielt 1904 den Literaturnobelpreis *(siehe S. 32)*.

Ein gut ausgeschilderter Weg (3,5 km) schlängelt sich vom Museum zum Marré de la Grande Mare. An markierten Stellen werden Beispiele des traditionellen *Mas*-Landbaus gezeigt. Ein Aussichtsturm am Ende des Wegs bietet grandiose Ausblicke über diese spezielle Landschaft.

Wespenbussard im Vogelschutzgebiet Pont-de-Gau

Romanische Fassade der Abteikirche von St-Gilles

❽ St-Gilles

Straßenkarte A3. 🚻 14 000. 🚌 Nîmes. 🛈 1, pl F. Mistral, 04 66 87 33 75. 🛒 Do, So. 🌐 tourisme.saint-gilles.fr

St-Gilles gilt als »Tor zur Camargue« und ist für seine **Abbaye de St-Gilles** berühmt. 1562, während der Religionskriege, wurde der Bau beschädigt, sodass nur noch Westfassade, Krypta und Chor stehen. Die Maßwerk der Fassade gilt als schönstes der Provence. Die Reliefs zeigen die erste plastische Passionsdarstellung des Christentums (spätes 12. Jh.).

Die von Raymond VI von Toulouse begründete Abteikirche war das erste Priorat des Johanniter-Ritterordens in Europa. Sie wurde bald zum Meilenstein auf der Pilgerroute nach Santiago de Compostela und zum Hafen für Kreuzritterschiffe *(siehe S. 46f)*. Die Krypta birgt die Gebeine von St-Gilles, einem Eremiten, der auf einem Floß aus Griechenland kommend hier eintraf.

Der Glockenturm der Abtei enthält *La Vis*, eine meisterlich gestaltete Wendeltreppe.

❾ Beaucaire

Straßenkarte B3. 🚻 15 000. 🚂 Tarascon. 🚌 🛈 24, cours Gambetta, 04 66 59 26 57. 🛒 Do, So. 🌐 ot-beaucaire.fr

Der Stierkampfplatz von Beaucaire belegt den Ort eines der größten Märkte Europas. Gut 700 Jahre lang lockte der Markt

Die einzigartige Höhlenabtei St-Roman bei Beaucaire

jeden Juli bis zu 250 000 Besucher an. Heute findet am 22. Juli ein kleinerer Markt mit Prozession durch den Ort statt. 1217 hatte Raymond VI, der auch das **Château de Beaucaire** erweiterte, den Markt gegründet.

Vom Château blickten später die französischen Könige herablassend über den Fluss auf ihre provenzalischen Nachbarn. Der Bau wurde auf Geheiß Kardinal Richelieus teilweise abgebrochen, doch der dreieckige Bergfried und Teile der Mauer deuten die einstige Größe an. Eine romanische Kapelle liegt innerhalb des Gemäuers. Auf dem Areal finden regelmäßig mittelalterliche Darbietungen statt.

Die **Abbaye de St-Roman** (5. Jh.), Europas einziges Höhlenkloster, liegt fünf Kilometer nordwestlich.

🏰 Château de Beaucaire

Place Raymond VII. 📞 04 66 59 90 07. ⏰ Mi–Mo. 🅿️ 📷

Straßenkarte *siehe hintere Umschlaginnenseiten*

Die legendäre Tarasque, Schrecken der Tarasconen

❿ Tarascon

Straßenkarte B3. 13.500. 🚍 🚆
🛈 Avenue de la République, 04 90 91
03 52. 📧 Di, Fr. 🌐 tarascon.fr

Das leuchtend weiße **Château Royal de Provence** zählt zu den Sehenswürdigkeiten an der Rhône. Vom höfischen Glanz König Renés des Guten blieb nur wenig. René beendete den Bau, den sein Vater Louis II von Anjou begonnen hatte *(siehe S. 50f)*. Als nach Renés Tod 1480 die Provence an Frankreich fiel, diente das Schloss bis 1926 als Gefängnis. Eine Zugbrücke führt zum Geflügelhof und den Mannschaftsquartieren. Dahinter erheben sich die mächtige Hauptanlage um den Innenhof und die wehrhaften Türme. Gefangenen-Graffiti und einige bemalte Deckenpaneele blieben erhalten. Doch die einzige wirkliche Zierde stellen einige Gobelins dar, die die Taten des römischen Feldherrn Scipio (237–183 v. Chr.) bezeugen.

Die **Collégiale St-Marthe** birgt in der Krypta das Grab der hl. Martha *(siehe S. 46)*. Der Legende nach rettete sie die Einwohner vor der Tarasque. Das Menschen fressende Ungeheuer – halb Löwe, halb Gürteltier – gab der Stadt seinen Namen. Die Rettung wird alljährlich im Juni bei der Fête de la Tarasque *(siehe S. 37)* gefeiert.

In der Altstadt liegt der **Cloître des Cordeliers** (16. Jh.), wo Konzerte und Ausstellungen stattfinden. In der arkadengesäumten Rue des Halles steht das Rathaus aus dem 17. Jahrhundert.

Das märchenhafte Château Royal de Provence von René dem Guten

Traditionelles Leben der Region und handbedruckte Stoffe zeigt das **Musée Souleïado**. Das Textilhandwerk wurde 1938 unter dem Namen »Souleïado« (provenzalisch für »Die Sonne durchdringt die Wolken«) wiederbelebt. Das Museum besitzt Tausende Holzplatten (18. Jh.), von denen viele noch für farbige Drucke verwendet werden. **L'Espace de Tartarin** widmet sich Tartarin de Tarascon, der fiktiven Figur aus Daudets (19. Jh.) gleichnamigem Werk *(siehe S. 32)*.

🏰 **Château Royal de Provence**
Bd du Roi René. 📞 04 90 91 01 93.
📅 tägl. ⬤ 1. Jan, 1. Mai, 1., 11. Nov,
25. Dez. 🎟️ 📷
🌐 chateau.tarascon.fr

🏛 **Musée Souleïado**
39, rue Charles Deméry. 📞 04 90 91
50 11. 📅 Mo–Sa. ⬤ 1. Jan, 1. Mai, 1.,
11. Nov, 25. Dez. 🎟️

🏛 **L'Espace Tartarin**
55 bis, bd Itam. 📞 04 90 91 38 71.
📅 Apr–Nov: Mo–Sa. ⬤ 1. Mai, 1.,
11. Nov.

⓫ St-Rémy-de-Provence

Straßenkarte B3. 12.000.
🚆 Avignon. 🛈 Place Jean Jaurès,
04 90 92 05 22. 📧 Mi, Sa.
🌐 saintremy-de-provence.com

St-Rémy ist eine ruhige Provinzstadt und Ausgangspunkt für die Erkundung der Alpilles, wo die Pflanzen für seine traditionellen *herboristeries* (Kräuterläden) wachsen. Das **Musée des Arômes et du Parfum** am Boulevard Mirabeau stellt die örtliche Flora vor. St-Rémys **Église St-Martin** besitzt eine exquisite Orgel, auf der samstags und beim Sommerfestival »Organa« Konzerte gegeben werden. Eines der ansehnlichsten Herrenhäuser (15./16. Jh.) ist heute ein Museum: Das **Musée des Alpilles** bietet eine ethnografische Sammlung.

Die Stadt war Geburtsort von Nostradamus (16. Jh.). Der berühmte Arzt und Astrologe kam in einem Haus in der Außenmauer der heutigen Avenue Hoche zur Welt.

Das **Musée Estrine Centre** im Hôtel Estrine (18. Jh.) beherbergt zeitgenössische Kunst. Sonderausstellungen verweisen auf die Verbindung van Goghs mit St-Rémy. Nach der Verstümmelung seines Ohrs kam er im Mai 1889 nach **Cloître et Clinique de St-Paul de Mausole**, eine Klinik zwischen der Stadt und Glanum. Gelände und Kloster beherbergen ein Museum und Kulturzentrum, in dem ein ganzer Flügel dem Maler gewidmet ist. Man kann van Goghs rekonstruiertes Zimmer besichtigen und das Feld, das er während seines Aufenthalts 15-mal gemalt hat.

Gleich hinter der Klinik steht Le Mas de la Pyramide, ein halb

Kräuter und Gewürze auf dem Markt von St-Rémy

Der Triumphbogen von Glanum aus der Zeit des Augustus, 15 Minuten Fußweg vom Zentrum St-Rémys

in den Fels gebautes Gehöft. Es war früher Teil des römischen Steinbruchs und ist nun Landwirtschaftsmuseum.

Relikte der ältesten griechischen Gebäude (4. Jh. v. Chr.) in der Provence befinden sich in **Glanum** *(siehe S. 44f)*. Die griechisch-römische Stadt liegt im Alpilles-Tal. Les Antiques, die antiken Überreste, umfassen einen Triumphbogen (10 v. Chr.) mit der Darstellung von Caesars Sieg über die Griechen und Gallier sowie ein Mausoleum (30 v. Chr.).

Musée des Arômes et du Parfum
Ancien chemin d'Arles, Graveson-en-Provence. 04 90 95 81 72. tägl.

Musée des Alpilles
Place Favier. 04 90 92 68 24. Di–Sa. 1. Jan, 1. Mai, 25. Dez.

Musée Estrine Centre
8, rue Estrine. 04 90 92 34 72. Di–So (Jan, Feb: nur nachmittags). teilweise.

Cloître et Clinique de St-Paul de Mausole
Chemin St-Paul. 04 90 92 77 00. März–Dez: tägl. Feiertage.

Glanum
Route des Baux. 04 90 92 23 79. Apr–Aug: tägl.; Sep–März: Di–So. Feiertage.
w monuments-nationaux.fr

⑫ Les Alpilles

Straßenkarte B3. Arles, Tarascon, Salon-de-Provence. Les Baux-de-Provence, St-Rémy-de-Provence, Eyguières, Eygalières. St-Rémy-de-Provence, 04 90 92 05 22.

St-Rémy-de-Provence liegt auf der Westseite des Kalksteinmassivs der Alpilles, einer 24 Kilometer langen Bergkette zwischen Rhône und Durance. **La Caume** (387 m), einen der Gipfel, erreicht man von St-Rémy aus (gleich hinter Glanum). Östlich von St-Rémy führt die Straße nach Cavaillon an der Nordseite des Massivs entlang und wendet sich rechter Hand nach Eygalières. Hier lebte der Maler Mario Prassinos (1916–1985), dessen Werk in Notre-Dame-de-Pitié, St-Rémy, zu sehen ist. Gleich hinter dem Ort befindet sich die Chapelle St-Sixte (12. Jh.). Die Straße führt nach Orgon, wo sich Ausblicke auf das Durance-Tal und den Luberon bieten. Orgon säumt die Ostseite des Massivs. Rechter Hand führt die Straße über die Ruinen von Castel de Roquemartine nach Eyguières, einem hübschen Dorf mit romanischer Kirche. Eine zweistündige Wanderung bringt Sie auf den turmbestandenen Les Opies (493 m). Der Weg ist Teil der GR6 (eine der schönsten Wanderrouten der Provence), die die Bergkette nach Les Baux überquert.

Das Kalksteinmassiv der »Kleinen Alpen« im Herzen der Provence

Straßenkarte *siehe hintere Umschlaginnenseiten*

Kampf der Ritter von Baux gegen die Sarazenen, 1266 (Fresko aus dem späten 18. Jh.)

⓭ Les Baux-de-Provence

Straßenkarte B3. 400. La Maison du Roy, 04 90 54 34 39.
lesbauxdeprovence.com

Les Baux besetzt einen Felssporn der Alpilles (das provenzalische *bau* bedeutet »Steilhang«), von dem der Blick über die Camargue *(siehe S. 140–143)* wandert. Die in der Provence einzigartige Lage seiner Festung lockt jährlich rund zwei Millionen Besucher an. Der Ort ist autofrei, neben der Porte Mage finden Sie einen Parkplatz.

Die Herren von Baux errichteten im 10. Jahrhundert ihre Burg. Sie führten ihre Abkunft auf Balthasar, einen der Heiligen Drei Könige, zurück und erkoren den Stern von Bethlehem zum Wappen. Im Umkreis der kampferprobten Ritter entwickelten sich damals die Vorstellung der Minne und die Troubadourdichtung, die der literarischen Entwicklung den Weg ebnen sollte.

Am höchsten Punkt der Felskante liegen die Ruinen der Zitadelle. Ihr Eingang, die Tour-du-Brau (14. Jh.), wurde zum **Musée d'Histoire des Baux-de-Provence**. Am Plateaurand erinnert ein Denkmal an den Dichter Charloun Rieu (1846 – 1924). Im Ortszentrum lohnen die **Fondation Louis Jou** und das **Musée des Santons** einen

Denkmal für den Dichter Charloun Rieu

Besuch. Yves Brayer malte 1974 die Chapelle des Pénitents Blancs, Nachbarin der Église St-Vincent (12. Jh.), aus. Nördlich von Les Baux bietet die **Cathédrale d'Images** ein ungewöhnliches Kunsterlebnis.

🏛 Musée d'Histoire des Baux-de-Provence
Hôtel de la Tour-du-Brau, rue du Trenca. 04 90 54 55 56. tägl. teilweise.

Das kleine archäologische Museum zeigt Funde von Ausgrabungen in Les Baux und Umgebung.

🏛 Fondation Louis Jou
Hôtel Brion, Grande Rue. 04 90 54 34 17. nach Vereinbarung.

Das Museum präsentiert neben mittelalterlichen Büchern auch Stiche seines Namensgebers, des Regionalkünstlers Louis Jou, sowie Drucke und Zeichnungen von Albrecht Dürer und Goya.

🏛 Musée des Santons
La Maison du Roy. 04 90 54 34 39. tägl.

Im früheren Rathaus versetzt eine Krippenlandschaft Christi Geburt nach Les Baux. Die handgearbeiteten *santons*, Krippenfiguren aus Ton *(siehe S. 52)*, Heilige und Einheimische, zeigen die Entwicklung der provenzalischen Tracht.

🏛 Cathédrale d'Images
Route de Maillane. 04 90 54 38 65. tägl. cathedrale-images.com

Nördlich der Stadt, an der D27 und unweit des Hauptparkplatzes, liegt das »Höllental« Val d'Enfer. Hexen und Geister sollen in der zerklüfteten Schlucht gehaust haben, die wohl Dantes Dichtung inspiriert hat. 1822 entdeckte der Mineraloge Berthier hier ein Gestein, das er nach dem Fundort Bauxit

Blick auf die Zitadelle und das Dorf Les Baux

nannte. Im Steinbruch bietet die Cathédrale d'Images (»Kathedrale der Bilder«) einen audiovisuellen Genuss: Dias mit dreidimensionaler Wirkung werden auf die Kalksteinwände, den Boden und die Decke des Naturtheaters projiziert. Die 30-minütige Show wird jährlich aktualisiert. Auch die musikalische Untermalung macht sie zu einem Erlebnis.

Chapelle des Pénitents Blancs in Les Baux

⓮ Fontvieille

Straßenkarte B3. 3500.
Avenue des Moulins, 04 90 54 67 49. Mo, Fr. **fontvieille-provence.com**

Das ansprechende Städtchen liegt im Baux-Tal, in dem Obst und Gemüse angebaut werden. Auf halbem Weg zwischen Arles und den Alpilles eignet sich Fontvieille als Ausgangspunkt für viele Ausflüge. Bis zur Französischen Revolution 1789 war seine Geschichte eng mit jener der Abbaye de Montmajour verflochten. Die Kapellen an den vier Ecken des Orts wurden 1721 zum Dank für das Ende der Pest *(siehe S. 52f)* errichtet.

Südlich des Orts, an der D33, krönt der Moulin de Daudet einen kargen Hügel. Etwas weiter, bei Barbegal, liegen die Ruinen eines römischen Aquädukts.

⓯ Abbaye de Montmajour

Straßenkarte B3. Route de Fontvieille. 04 90 54 64 17. Apr – Sep: tägl.; Okt – März: Di – So. 1. Jan, 1. Mai, 1., 11. Nov, 25. Dez.

Ein bisschen wie die Arche Noah, um die herum die Sintflut versiegt ist, ragt diese Benediktinerabtei fünf Kilometer nordwestlich von Arles in die Höhe. Zur Bauzeit (10. Jh.) war der Berg ein trockenes Eiland inmitten von Sümpfen. Die wenigen Mönche, die hier lebten, legten das Marschland zwischen den Alpilles und der Rhône mit großem Aufwand trocken.

Obwohl 1726 ein Brand die Barockbauten zerstörte, flößt das Kloster Ehrfurcht ein. Seine erste Kirche soll der hl. Trophimus als Zufluchtsort vor den Römern gegründet haben. Das Kloster wurde reich, als im Mittelalter zu Ostern Tausende herbeipilgerten, um Ablass zu erbitten.

Nach 1791 trieben hier zwei Eigentümer, die das Kloster

Kreuzgang und Turm der Abbaye de Montmajour

vom Staat erworben hatten, Raubbau. Im 19. Jahrhundert wurde die Abtei wieder weitgehend restauriert.

Die Krypta (12. Jh.) der **Église Notre-Dame**, einer der größten romanischen Kirchen der Provence, wurde geschickt in den Felshang gehauen. Tiermotive schmücken die Doppelsäulen des Kreuzgangs, den der 26 Meter hohe, nach 1360 errichtete Turm überschattet. 124 Stufen führen auf seine Plattform, von der man weit über das Land bis zum Meer blickt. Die in den Hang gebaute schlichte, doch recht stimmungsvolle **Chapelle de St-Pierre** ist ebenso alt wie die Abtei. Gräber liegen über das ganze Anwesen verstreut. Der Hauptfriedhof wurde nahe der **Chapelle Ste-Croix** (12. Jh.) in Form eines griechischen Kreuzes angelegt.

Daudets Windmühle

Der Moulin de Daudet ist ein literarisches Denkmal Frankreichs. Der 1840 in Nîmes geborene Alphonse Daudet gelangte in Paris zu Ruhm. Die Mühle ist Schauplatz seiner *Briefe aus meiner Mühle*. Diese Geschichten über die Provence sind seit ihrer Erstveröffentlichung 1860 beliebt. Daudet studierte den Charakter der Bewohner und beschrieb ihr Leben mit Ironie und Pathos. Er selbst lebte nie in der Mühle, gleichwohl machte er einen Müller zum Erzähler der Briefe. Bei seinem Aufenthalt in Fontvieille war er Gast im Château de Montauban (19. Jh.). Er wollte sich hier von Paris erholen, kehrte jedoch dorthin zurück, um seine Geschichten zu Papier zu bringen. Man kann die restaurierte Mühle und ein kleines Daudet-Museum besichtigen.

Straßenkarte *siehe hintere Umschlaginnenseiten*

Im Detail: Arles

Viele Sehenswürdigkeiten der Stadt sind Relikte aus römischer Zeit. Man erreicht alle von der zentralen Place de la République aus zu Fuß. Den Norden des Platzes säumt das Hôtel de Ville, dahinter, an der belebten Place du Forum, pocht das Herz des modernen Arles. Um das Treiben zu beobachten, bietet sich der Boulevard des Lices an, auf dem zweimal pro Woche ein Markt stattfindet. Dort und in der nahen Rue Jean Jaurès verkaufen einige Läden leuchtende provenzalische Stoffe. Kunstliebhaber können eine Sammelkarte *(Passeport Avantage)* mit Zugang zu allen Ausstellungen erstehen.

Les Thermes de Constantin bilden den einzigen Überrest des Konstantinischen Palasts (4. Jh.).

Musée Réattu
Das Museum am Ufer der Rhône zeigt Kunst des 18. und 19. Jahrhunderts. Zu seiner modernen Sammlung zählt Germaine Richiers Plastik *Le Griffu* (1952).

Hôtel de Ville

Kryptoportikus
Die drei unterirdischen Gewölbegalerien (1. Jh. v. Chr.) dienten als Fundament für das Forum (Zugang via Hôtel de Ville).

★ **Église St-Trophime**
Heiligenfiguren und eine Darstellung des *Jüngsten Gerichts* schmücken das Portal (12. Jh.) der romanischen Kirche.

Kulturzentrum L'Espace Van Gogh

Römischer Obelisk
Brunnen wie der hier abgebildete umspielen an der Place de la République den Sockel eines Obelisken. Er stand einst in einer römischen Arena jenseits der Rhône.

0 Meter 100

Hotels und Restaurants in Bouches-du-Rhône und Nîmes *siehe Seiten 200 und 212–215*

ARLES | 149

★ Les Arènes
Das Amphitheater zählt zu den größten und besterhaltenen Römerbauten der Provence. Der oberste Stock eröffnet einzigartige Rundblicke über Arles.

Infobox

Information
Straßenkarte B3. 53 000.
Boulevard des Lices, 04 90 18 41 20. Mi, Sa. Féria Pascale (Ostern), Fête des Gardians (1. Mai), Fêtes d'Arles (Juli), Féria du Riz (Sep).
w arlestourisme.com

Anfahrt
Nîmes-Garons.
Avenue P. Talabot.

★ Théâtre Antique
Das Römische Theater diente zeitweise als Festung – und leider auch als Steinbruch. Die zwei erhaltenen Säulen heißen die »zwei Witwen«.

Die Église Notre-Dame-de-la-Major ist dem hl. Georg geweiht. Er ist Schutzpatron der Camargue-Hirten, der *gardians*.

Kreuzgang von St-Trophime
Dieses Reliefkapitell des Kreuzgangs ist ein Musterbeispiel romanischer Anmut.

Van Gogh in Arles
Während seines Aufenthalts in Arles schuf Vincent van Gogh über 300 Gemälde – die Stadt besitzt keines davon. In verspäteter Anerkennung des Künstlers wurde der Espace Van Gogh mit Ausstellungssaal und Bibliothek im Hôtel-Dieu eingerichtet. Auch andere Orte erinnern an den Maler. Das Café Van Gogh an der Place du Forum sieht wieder so aus, wie van Gogh es in *Café du Soir* abgebildet hat.

Van Goghs *L'Arlésienne* (1888)

Legende

— Routenempfehlung

Überblick: Arles

Die Römer machten aus der von Griechen gegründeten Stadt ein »kleines Rom«. Hier, am südlichsten Rhône-Übergang, bauten sie Werften, Bäder, eine Rennbahn und eine Arena. Arles stieg zur Hauptstadt der drei römischen Provinzen Frankreich, Spanien und Britannien auf und ist durch das reiche gallorömische Erbe eine der interessantesten Provence-Städte. Autos sollte man vor den schmalen Altstadtgassen abstellen.

Europa und der Stier, Mosaik im Musée Départemental de l'Arles Antique

Sarkophag in Les Alyscamps

Les Arènes
Rond-Point des Arènes. 04 90 49 36 36. tägl. 1. Jan, 1. Mai, 1. Nov, 25. Dez sowie für Stierkämpfe. arenes-arles.com

Das imposante Amphitheater am Ostrand der Altstadt war der größte Römerbau Galliens. Sein 136 mal 107 Meter weites Oval bot 21 000 Sitzplätze. Einige Innenräume haben Mosaikböden. Heute finden hier regelmäßig provenzalische und spanische Stierkämpfe statt.

Südwestlich schließt sich das elegante **Théâtre Antique** an. Sein Halbrund verfügte über ungefähr 2000 Sitzplätze auf Stufenrängen.

Musée Départemental de l'Arles Antique
Presqu'île du Cirque Romain. 04 13 31 51 03. Mi–Mo. 1. Jan, 1. Mai, 1. Nov, 25. Dez. arles-antique.cg13.fr

Arles wurde nach Konstantins Taufe 312 n.Chr. christlich. Das Museum zeigt Beispiele für römisch beeinflusste frühchristliche Bildhauerei sowie vorchristliche Kunst, darunter eine Kopie der Venus von Arles und römische Mosaiken.

Kryptoportikus
Place de la République. 04 90 49 38 20. Mitte Mai–Okt: tägl. 1. Jan, 1. Mai, 1. Nov, 25. Dez.

Die weitläufigen unterirdischen Galerien (siehe S. 45) waren Teil des Forums. Sie besaßen Luftschächte und dienten als Getreidespeicher.

Les Alyscamps
Av des Alyscamps. tägl. 1. Jan, 1. Mai, 1. Nov, 25. Dez.

Die »Elysischen Felder« waren von der Römerzeit bis ins späte Mittelalter eine der berühmtesten Nekropolen der westlichen Welt. Da die Römer sie nachts mieden, trafen sich hier, angeführt vom hl. Trophimus, die Christen. Diese wurden beim Grab des Märtyrers Genesius, eines enthaupteten römischen Beamten, bestattet.

Église St-Trophime
Place de la République. 04 90 96 07 38. tägl. 1. Jan, 1. Mai, 1. Nov, 25. Dez. Kreuzgang.

Die romanische Kirche zählt zu den schönsten der Provence. Das Dekor von Portal und Kreuzgang illustriert meisterhaft biblische Szenen. Die Figur am Nordostpfeiler zeigt den hl. Trophimus, der als erster Bischof von Arles gilt (frühes 3. Jh.). Seine Nachbarn sind die Apostel Petrus und Johannes.

Les Thermes de Constantin
Rue du Grand-Prieuré. 04 90 49 36 74. tägl.

Die von Kaiser Konstantin 306 erbauten, einstmals riesigen öffentlichen Bäder verfielen, wurden jedoch von Archäologen Ende des 19. Jahrhunderts teilweise restauriert. Die drei verbliebenen Originalbauten sind Zeichen der Genialität römischer Baukunst.

Musée Réattu
10, rue du Grand-Prieuré. 04 90 49 37 58. Di–So. 1. Jan, 1. Mai, 1., 11. Nov, 25. Dez. museereattu.arles.fr

Der Künstler Jacques Réattu (1760–1833) und seine Zeitgenossen bilden den Mittelpunkt des Museums. Auch Kunst des 20. Jahrhunderts ist vertreten, bereichert durch eine Picasso-Schenkung sowie eine Fotosammlung.

Blick über die Rhône auf die Stadt Arles

Hotels und Restaurants in Bouches-du-Rhône und Nîmes *siehe Seiten 200 und 212–215*

ARLES UND BOUCHES-DU-RHÔNE | 151

⓱ Martigues

Straßenkarte B4. 48 000. 🚉 🚌
🛈 Rond-Point de l'Hôtel de Ville, 04 42 42 31 10. Do, So.
🌐 martigues-tourisme.com

Am Étang de Berre zwischen Marseille und der Camargue bestimmen weitgehend Frankreichs bedeutendste Erdölraffinerien das Bild. Am Westufer des Strandsees, nördlich des Canal de Caronte, zieht Martigues, einst Fischerhafen und Künstlerkolonie, immer noch Urlauber an.

Martigues erstreckt sich über die Ufer des Kanals und die Insel Brescon. Dort, am Pont San Sébastien, stellen noch heute Maler ihre Staffeleien auf. Félix Ziem (1821–1911) war ein glühender Verehrer dieses »kleinen Venedig« *(siehe S. 30)*. Seine farbenfrohen, skizzenhaften Bilder hängen neben Arbeiten von Zeitgenossen im **Musée Ziem**.

🏛 Musée Ziem
Boulevard du 14 Juillet. 04 42 41 39 60. Mi – So nachmittags (Juli, Aug: tägl.). Feiertage.

Der Canal San Sébastien oder »Spiegel der Vögel«, Martigues

⓲ Salon-de-Provence

Straßenkarte B3. 43 000. 🚉 🚌
🛈 56, cours Gimon, 04 90 56 27 60.
Mi, So. 🌐 salondeprovence.fr

Die Stadt ist seit dem 15. Jahrhundert für ihre Olivenöl- und Seifenproduktion bekannt. Das befestigte **Château de l'Empéri** war einst Residenz der Erzbischöfe von Arles. Heute illustriert hier das Musée de l'Empéri das Militärwesen vom Absolutismus bis zum Ersten Weltkrieg.

Die Offiziersschule der französischen Luftwaffe, La Patrouille Aérienne de France, hält die Militärtradition der Stadt aufrecht. Gelegentlich führen Piloten ihre Flugkünste vor.

Nahe der Burg steht die **Église de St-Michel** aus dem 13. Jahrhundert. Die gotische Kirche **St-Laurent** birgt das Grab des französischen Arztes und Astrologen Nostradamus. Salon war die Wahlheimat dieses berühmtesten Bürgers der Stadt. Hier verfasste Nostradamus seine *Les Centuries*. Der Vatikan verbot das 1555 erschienene Werk, da es die schwindende Macht des Papsttums voraussagte. Dies tat Nostradamus' Ruhm keinen Abbruch: 1560 wurde er von Charles IX als Leibarzt in den Dienst genommen.

Das Gospelfestival im Juli bietet Konzerte, Performances und Gesangsworkshops.

🏰 Château de l'Empéri
Montée du Puech. 04 90 44 72 20.
Di – So. 1. Jan, 1. Mai, 1. Nov, 24., 25., 31. Dez.

Die Abbaye de Silvacane, im 12. Jahrhundert von Zisterziensern erbaut

⓳ Abbaye de Silvacane

Straßenkarte C3. 04 42 50 41 69.
Juni – Sep: tägl.; Okt – Mai: Di – So.
1. Jan, 1. Mai, 25. Dez.
🌐 abbaye-silvacane.com

Wie die beiden anderen Zisterzienserklöster der Provence liegt die Abtei (12. Jh.) sehr abgeschieden. Ein Bus fährt regelmäßig von Aix-en-Provence ins nächstgelegene Dorf La Roque-d'Anthéron.

Die Abtei wurde über einem Benediktinerkloster errichtet. Das Gelände war einst ein »Schilfwald« *(silva cannorum)*. Dem Bau im nüchternen Stil der Zisterzienser fehlt jeglicher Zierrat. Die Kirche mit Haupt- und zwei Seitenschiffen sowie überwölbtem Querhaus ist ein Resonanzraum. Die Arkaden des Kreuzgangs (13. Jh.) erinnern an einen Taubenschlag. Nach dem Bau des Refektoriums (14. Jh.) verließen die Mönche das Kloster. Nach der Revolution kam es in Staatsbesitz. Seit dem 20. Jahrhundert wird es wieder als Abtei genutzt.

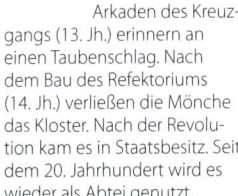

Nostradamus, Astrologe und Bürger Salons

Straßenkarte siehe hintere Umschlaginnenseiten

⓴ Aix-en-Provence

Die frühere Hauptstadt der Provence ist heute Universitätsstadt. In den Bars und Restaurants in der Rue de la Verrerie geht es kosmopolitisch zu. Louis II von Anjou gründete 1409 die Universität, die unter seinem Sohn, dem »guten König« René *(siehe S. 50f)*, aufblühte. Der Wohlstand im 17. Jahrhundert förderte die Bautätigkeit: Man riss die Mauern der alten Römerstadt Aquae Sextiae ab und legte den von Stadtpalais gesäumten Prachtboulevard Cours Mirabeau an. Die bekannten Brunnen kamen im 18. Jahrhundert dazu.

Cours Mirabeau, der großzügigste Boulevard in Aix

Überblick: Aix

Die Altstadt zwängt sich nördlich des Cours Mirabeau zwischen die Cathédrale St-Sauveur und die Place d'Albertas. Zu den Attraktionen zählen das Musée des Tapisseries im ehemaligen Bischofspalais und das Hôtel de Ville (17. Jh.), das Rathaus. Pierre Pavillon legte es 1655–70 um einen Hof herum an. Davor lädt der Blumenmarkt ein. In der Nähe ragt der Uhrturm (16. Jh.) auf.

Vor den Toren der Altstadt liegen die Römerthermen (Thermes Sextius) mit den Kuranlagen (18. Jh.).

Die eleganteste Straße, der Cours Mirabeau, ist nach dem Revolutionsführer und begnadeten Redner Graf Mirabeau benannt. Läden, Patisserien und Cafés, allen voran das berühmte Les Deux Garçons aus dem 18. Jahrhundert *(siehe S. 219)*, besetzen die Nordseite des Boulevards. Elegante Palais säumen die Südseite: das Hôtel de Villars (Nr. 4; 1710); das Hôtel d'Isouard de Vauvenargues (Nr. 10; 1710), einst Residenz des Marquis von Entrecasteaux, der hier seine Frau umbrachte; das Hôtel d'Arbaud Jouques (Nr. 19; 1730); das Hôtel de Forbin (Nr. 20; 1658) sowie das Hôtel d'Espagnet (Nr. 38), in dem die Nichte von Louis XIII, die Herzogin von Montpensier, wohnte.

Südlich schließt sich das unter Erzbischof Michel Mazarin erbaute Quartier Mazarin an. Dort ist in der gotischen Kirche St-Jean-de-Malte das Musée Granet untergebracht.

Blumenmarkt vor dem Hôtel de Ville (17. Jh.)

🏛 Cathédrale St-Sauveur

34, place des Martyrs-de-la-Résistance. 📞 04 42 23 45 65. 🕐 tägl. 🌿 Kreuzgang. 🌐 cathedrale-aixenprovence-monument.fr

Der Besuch der oberhalb gelegenen Kathedrale ist ein Gang durch die Kunstgeschichte. Die Walnussholz-Türen des Hauptportals schnitzte Jean Guiramand 1504. Bei der Taufkapelle (4./5. Jh.) fällt die Renaissance-Kuppel auf, sie ruht auf korinthischen Säulen (2. Jh.). Diese entstammen einer Basilika, die hier neben dem römischen Forum stand. Sehenswert ist Nicolas Froments dreiflügeliger Altar *Der brennende Dornbusch* von 1476 *(siehe S. 50f)*. An der Südseite liegt der romanische Kreuzgang.

🏛 Musée des Tapisseries

28, place des Martyrs-de-la-Résistance. 📞 04 42 23 09 91. 🕐 Mi–Mo. ⛔ 1. Jan, 1. Mai, 24., 25., 31. Dez.

Außer herrlichen Beauvais-Teppichen (17./18. Jh.) zeigt das Museum Kostüme und Bühnenentwürfe aus der Zeit nach 1948, die alle für das jährliche Festival d'Art Lyrique *(siehe S. 37)* gefertigt wurden.

🏛 Musée Estienne de Saint-Jean (Vieil Aix)

17, rue Gaston de Saporta. 📞 04 42 91 89 78. 🕐 Mi–Mo.

Die bunte heimatkundliche Sammlung schließt Möbel, eine »sprechende Krippe« (19. Jh.) sowie Figuren der Fronleichnamsprozession ein.

🏛 Muséum d'Histoire Naturelle

166, av Jean Monnet. 📞 04 88 71 81 81. 🕐 tägl. 🌐 museum-aix-en-provence.org

Das naturgeschichtliche Museum residiert im Hôtel Boyer d'Eguilles (1675), das von Pierre Puget erbaut wurde. Es hütet mineralogische und paläontologische Sammlungen (mit vor Ort gefundenen Eiern von Dinosauriern).

🏛 Musée Granet

Pl St-Jean de Malte. 📞 04 42 52 88 32. 🕐 Juni–Okt: tägl; Nov–Mai: Di–So. ⛔ 1. Jan, 1. Mai, 25. Dez. 🌐 museegranet-aixenprovence.fr

AIX-EN-PROVENCE

Cézannes Atelier, eingerichtet wie zu Lebzeiten des Künstlers

Das Museum residiert in einer Malteserpriorei (17. Jh.). Der Maler François Granet (1775–1849) vermachte Aix eine Sammlung französischer, italienischer und flämischer Bilder. Dazu zählen das *Porträt Granets* sowie *Jupiter und Thetis* (beide von Ingres), Werke von Cézanne sowie archäologische Funde aus Aquae Sextiae.

🏛 Fondation Vasarely
1, av Marcel Pagnol. 04 42 20 01 09. Jan, Feb: Mi–So; März–Dez: Di–So. Erdgeschoss. fondationvasarely.org

Die Serie schwarz-weißer metallener Sechsecke des Op-Art-Künstlers Victor Vasarely ist zu einem Wahrzeichen der Stadt geworden. Neben Vasarelys Kunstwerken zeigt die Stiftung Arbeiten nationaler und internationaler Künstler. Sie sind in im ganzen Stadtgebiet zu bewundern.

🚇 Atelier Paul Cézanne
9, av Paul Cézanne. 04 42 21 06 53. März–Nov: tägl; Dez–Feb: Mo–Sa. 1.–3. Jan, 1. Mai, 25. Dez. Apr–Sep. atelier-cezanne.com

Infobox

Information
Straßenkarte C4. 141 000.
Les allées provençales, 300, av Giuseppe Verdi, 04 42 16 11 61. tägl. Festival d'Art Lyrique (Juni, Juli).
aixenprovencetourism.com

Anfahrt
Avenue Victor Hugo.
Avenue de l'Europe.

Von der Kathedrale führt ein Weg zum Atelier Paul Cézannes *(siehe S. 30)* nördlich der Altstadt. Es ist seit Cézannes Tod 1906 kaum verändert erhalten. Hier malte er *Les Grandes Baigneuses*. Von hier blickt man auch auf eines seiner Motive, die Montagne Ste-Victoire.

🏛 Pavillon de Vendôme (Arts Décoratifs)
13, rue de la Molle. 04 42 91 88 75. Mi–Mo. 1. Jan, 1. Mai, 25., 26. Dez.

Der Pavillon, eines der schönsten Palais in Aix, wurde 1667 für Kardinal de Vendôme erbaut. Zwei Atlanten *(siehe S. 52)* stützen das Portal. Die Einrichtung ist provenzalisch.

Zentrum von Aix-en-Provence

1. Pavillon de Vendôme (Arts Décoratifs)
2. Thermes Sextius
3. Cathédrale St-Sauveur
4. Musée des Tapisseries
5. Musée Estienne de Saint-Jean (Vieil Aix)
6. Hôtel de Ville
7. Muséum d'Histoire Naturelle
8. Fontaine de la Rotonde
9. Musée Granet

0 Meter 500

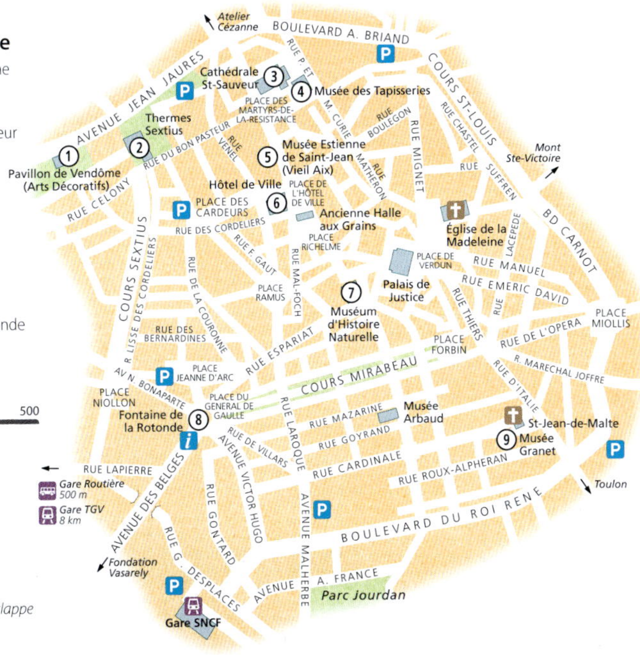

Zeichenerklärung
siehe hintere Umschlagklappe

ille

...htigste Hafen- und älteste Großstadt liegt ...reizvoll. Mittelpunkt ist der Vieux Port, nördlich schließen sich die Anlagen von Industrie- und Handelshafen sowie die Altstadt an. 2013 war Marseille Kulturhauptstadt Europas. Aus diesem Anlass wurden das Hafengebiet und das Areal zwischen La Joliette und Bahnhof neu gestaltet. Zudem eröffnete das Musée des Civilisations de l'Europe et de la Méditerranée (MuCEM) am Fuß des Fort Saint-Jean.

Boote in Marseilles Vieux Port

Überblick: Marseille

Vom Hafenende verläuft der breite Boulevard La Canebière (»Hanfstraße«) landeinwärts. Einst verband er die Hanffelder mit dem Hafen, wo man aus dem Hanf Taue fertigte.

Am Ende der Canebière erhebt sich die neugotische Église des Réformés. Wendet man sich dort zunächst nach links, dann nach rechts, gelangt man über den Boulevard Longchamp zum Palais Longchamp, einem Kolonnaden-Halbrund um einen Brunnen. Dahinter liegt der Stadtzoo.

Im Süden, jenseits vieler Einkaufsstraßen, steht die Basilika Notre-Dame-de-la-Garde. Von ihr genießt man einen schönen Blick.

Nördlich des Vieux Port, am Quai d'Arenc, ragt Zaha Hadids 2011 fertiggestellter, 147 Meter hoher CMA-CGM-Turm in den Himmel. Beim Vieux Port residiert nun auf einer künstlichen Halbinsel als neuestes Wahrzeichen das MuCEM.

Wer vormittags den Fischmarkt am Quai des Belges besucht, kann anschließend in einem der Lokale eine *bouillabaisse (siehe S. 204)* essen. Hinter dem Quai und der Kirche St-Ferréol liegen im Jardin des Vestiges Reste einer griechischen Siedlung (4. Jh. v. Chr.).

La Vieille Charité
2, rue de la Charité. 04 91 14 58 80. Di – So. Feiertage. vieille-charite-marseille.org

Die restaurierte Vieille Charité gilt als schönster Bau der Altstadt. Pierre Puget (1620 – 1694) entwarf das Armenkrankenhaus im Auftrag von Louis XIV. Der Bau gruppiert sich um eine Kapelle mit ovaler Kuppel, die für Ausstellungen dient. Im ersten Stock zeigt das Musée d'Archéologie Méditerranéenne eine kleine Sammlung altägyptischer Funde. Im zweiten Stock gibt es Kunst aus Afrika und Ozeanien.

Cathédrale de la Major
Place de la Major. 04 91 90 53 57. tägl.

Im Westen der Altstadt stellt die neobyzantinische Kathedrale (1893) Größe über Geschmack. Ihre Krypta birgt Bischofsgräber. Daneben steht die reizende Ancienne Cathédrale de la Major (11. Jh.), die teils dem Bau ihrer Nachfolgerin weichen musste. Innen sind ein Reliquienaltar (1073) sowie ein Altar (15. Jh.) zu sehen.

Musée des Docks Romains
28, pl Vivaux. 04 91 91 24 62. Di – So. Feiertage.

Während des Wiederaufbaus der Nachkriegszeit stieß man auf römische Hafenanlagen, die zum Teil von den Fundamenten eines Wohnblocks bedeckt sind. Beim Ausgrabungsgelände hütet ein kleines Museum die Funde.

Musée d'Histoire de Marseille
Rue Henri Barbusse. 04 91 55 36 00. Mo – Sa. Feiertage.

Das früher im Centre Bourse gelegene Museum wurde renoviert und erweitert. Nun findet man

Palais Longchamp (19. Jh.) mit imposanter Brunneneinfassung

Hotels und Restaurants in Bouches-du-Rhône und Nîmes siehe Seiten 200 und 212 – 215

es auf dem Ausgrabungsgelände des Jardin des Vestiges, dem Ort des antiken Hafens. Umgeben von den Überresten der alten Docks (1. Jh.) führt eine Römerstraße zum Museumseingang. Das Museum präsentiert die Seefahrtsgeschichte aus prähistorischer Zeit bis heute. Zu sehen sind u. a. ein Schiffsrumpf (3. Jh.) und sieben griechische und römische Schiffe.

🏛 Musée des Civilisations de l'Europe et de la Méditerranée (MuCEM)
1, esplanade du J4. 📞 04 84 35 13 13. 🕐 Mi–Mo. ♿ 🅿 📷 💻
🌐 mucem.org

Das neue Wahrzeichen und Museum der Superlative liegt auf einer künstlichen Halbinsel. Architekt Rudy Ricciotto entwarf einen Glasquader, der von einem filigranen Betonnetz umhüllt ist. Das Museum präsentiert Geschichte und Traditionen der Mittelmeerländer und zeigt die Verbindung des multikulturellen Marseille mit Nordafrika.

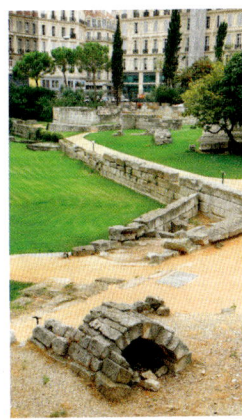

Griechische Ruinen im Jardin des Vestiges vor dem Musée d'Histoire

🏛 Musée Cantini
19, rue Grignan. 📞 04 91 54 77 75. 🕐 Di–So. ⬛ Feiertage. 📷 💻

Das Museum befindet sich im Hôtel de Montgrand (17. Jh.). Die Kunstsammlung aus dem 20. Jahrhundert (gestiftet vom Bildhauer Jules Cantini) umfasst Gemälde der *Fauves* sowie von bekannten Kubisten und Surrealisten.

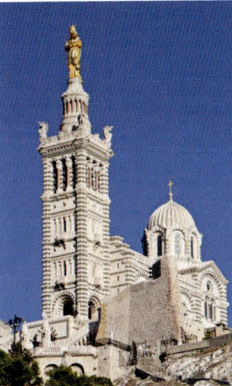

Neobyzantinisch: Basilique de Notre-Dame-de-la-Garde

🏛 Musée des Arts Décoratifs, de la Mode et de la Faïence
Château Borély, 134, av Clôt Bey. 📞 04 91 25 26 34. 🕐 Di–So. ⬛ Feiertage. 📷 ♿ 💻

Château Borély, ein Architekturjuwel des 18. Jahrhunderts, beherbergt Ausstellungen zu dekorativer Kunst, Möbeln und Mode vom 17. Jahrhundert bis heute. Hinzu kommen Keramiksammlungen. Im Garten finden Konzerte und Open-Air-Shows statt.

⛪ Abbaye de St-Victor
Place St-Victor. 📞 04 96 11 22 60. 🕐 tägl. 📷 Krypta.

Zwischen Notre-Dame und Hafen erhebt sich Marseilles Meisterwerk sakraler Architektur. Die Wehrkirche zählte zu den mächtigsten Klöstern der Provence. Der hl. Cassian gründete es im 5. Jahrhundert zu Ehren des hl. Viktor. Der Schutzpatron der Seeleute und Müller war 200 Jahre zuvor den Märtyrertod gestorben. Vom 11. bis 14. Jahrhundert baute man die Abtei aus. Die Krypta unter der Kirche umfasst Katakomben, Sarkophage und die Grotte des hl. Viktor. Die Kirche ist am 2. Februar zum Gedenken an die Landung der drei Marien *(siehe S. 45)* Wallfahrtsziel.

⛪ Basilique de Notre-Dame-de-la-Garde
Rue Fort du Sanctuaire. 📞 04 91 13 40 80. 🕐 tägl.

Die imposante neobyzantinische Basilika (19. Jh.) thront im

Infobox

Information
Straßenkarte C4. 🗺 850 000. ℹ 11, la Canebière, 08 26 50 05 00. 📅 Mo–Sa. 🎉 Fête de la Chandeleur (2. Feb).
🌐 marseille-tourisme.com

Anfahrt
✈ 25 km nordwestlich von Marseille. 🚂 🚌 Place Victor Hugo. ⛴ SNCM, 61, bd des Dames, Château d'If, Quai des Belges.

Süden auf einem 155 Meter hohen Felsen. Der Aufstieg lohnt sich auf alle Fälle. Eine goldene Madonna krönt den Glockenturm. Das Innendekor geht überwiegend auf die Düsseldorfer Malerschule zurück. Viele Besucher kommen wegen der einzigartigen Aussicht hierher.

🏛 Musée Grobet-Labadié
140, bd Longchamp. 📞 04 91 62 21 82. 🕐 Di–So. ⬛ Feiertage. 📷 💻

Im Norden der Stadt, am Ende des Boulevard Longchamp, steht Marseilles schönstes, erlesen eingerichtetes Anwesen. Es wurde 1873 für den Marseiller Kaufmann Alexandre Labadié erbaut. Seine Tochter Marie-Louise schenkte 1919 das Haus samt seinen Kunstschätzen der Stadt. Das Museum birgt eine beeindruckende Sammlung von Möbeln, Tapisserien, Bildern (17.–19. Jh.) und Musikinstrumenten. Zu den Ausstellungsstücken gehören auch Dudelsäcke aus Seide und Elfenbein.

Ausschnitt aus der *Geißelung Christi*, Musée Grobet-Labadié

Palais Longchamp

Bd de Montrichet. **Musée des Beaux-Arts** 04 91 14 59 30. Di–So. Feiertage. **Musée d'Histoire Naturelle** 04 91 14 59 50. Di–So. Feiertage.

Das Palais (19. Jh.) beherbergt das Musée des Beaux-Arts und das Musée d'Histoire Naturelle mit vielen Tierpräparaten. Das komplett generalüberholte Musée des Beaux-Arts besitzt Werke einheimischer Künstler sowie Gemälde französischer, italienischer und flämischer Meister.

Château d'If – Gefängnis im Roman und in der Realität

Le Sacrifice de Noé von Pierre Puget im Musée des Beaux-Arts

Château d'If

04 91 59 02 30. tägl. (Sep–März: Di–So). Feb–Nov.

Bei der Inselburg vermengen sich Dichtung und Wahrheit. Das bis zum 16. Jahrhundert öde Eiland war nur Fischern vertraut. 1516 entschied sich François I, hier ein Fort zu errichten. Es wurde 1529 gebaut und diente von 1580 bis zum Ersten Weltkrieg als Gefängnis. Fiktive Gestalten wie der Graf von Monte Christo oder der Mann mit der eisernen Maske zählten ebenso zu den Insassen wie der Comte de Mirabeau. 1516 betrat hier das erste Nashorn europäischen Boden *(siehe S. 51)*. Albrecht Dürer zeichnete es.

Cité Radieuse

280, bd Michelet. 04 91 16 78 00 (Infos zu Führungen).

Als Denkmal moderner Architektur wurde die Cité Radieuse (»Strahlende Stadt«) 1952 errichtet. Die Betonkonstruktion von Le Corbusier umfasst Läden, Sozialzentren, Schulen und Krippen *(siehe S. 29)*.

Zentrum von Marseille

1. La Vieille Charité
2. Cathédrale de la Major
3. Musée des Docks Romains
4. Musée d'Histoire de Marseille
5. Jardin des Vestiges
6. Musée Cantini
7. Abbaye de St-Victor

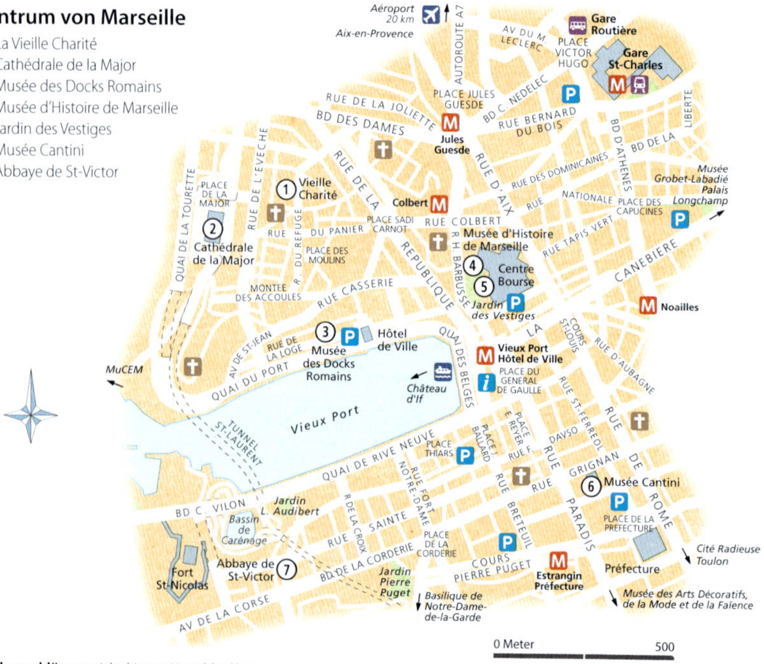

Zeichenerklärung siehe hintere Umschlagklappe

Hotels und Restaurants in Bouches-du-Rhône und Nîmes *siehe Seiten 200 und 212–215*

㉒ Aubagne

Straßenkarte C4. 45 000. 8, cours Barthélemy, 04 42 03 49 98. Di, Do, Sa, So.
w agglo-paysdaubagne.com

Marcel Pagnols Leben und Schaffen sind die Hauptattraktion dieses bescheidenen Marktfleckens. Hinzu kommt die Tradition der Herstellung von Keramik und *santons (siehe S. 52)*. Die Werke sehen Sie in der Ausstellung *Petit Monde de Marcel Pagnol* gegenüber der Besucherinformation.

Außerhalb des Orts befindet sich seit 1962 das Hauptquartier der Fremdenlegion, das von Algerien hierherzog. Dort zeigt das **Musée de la Légion Étrangère** Erinnerungen an Kampfeinsätze von Mexiko bis Indochina.

Musée de la Légion Etrangère
Chemin de la Thuilière. 04 42 18 12 41. Mi – Mo.
w samle.legion-etrangere.com

Plakat für Pagnols Film *Angèle*

Marcel Pagnol

Ein Schild am Cours Barthélemy Nr. 16 in Aubagne erinnert an die Geburtsstätte (1895) des Schriftstellers und Regisseurs. Er wuchs im nordwestlich gelegenen La Treille auf. Seine Kenntnis der Provence bereicherte Erzählungen wie *Jean de Florette* und *Manon des Sources*. Das Office de Tourisme bietet einen Circuit Marcel Pagnol an – Wege zwischen La Treille und zu anderen Stätten für Pagnols Inspiration.

㉓ Les Calanques

Straßenkarte C4. Marseille. Marseille, Cassis. Cassis. Cassis, Marseille. Cassis, 08 92 25 98 92.

Zwischen Marseille und Cassis wird die Küste von *calanques* zerschnitten – reizvollen Buchten zwischen weißen Klippen. Sie ragen tief ins blaue Wasser und bieten Naturhäfen, reiches Meeresleben sowie hinreißende Ausblicke von den Felsspitzen *(siehe S. 34f)*. Die steilen Wände locken Kletterer an.

Manche Buchten sind nur per Boot zu erreichen. Port-Miou, die Cassis nächstgelegene *calanque*, ist zu Fuß zugänglich. Dahinter liegt Port-Pin mit schattiger Bucht und Pinien. Am reizvollsten ist En-Vau mit seinem Sandstrand und den Felsnadeln, die aus dem Meer steigen. Auf der Westseite können Sormiou und Morgiou mit dem Auto erreicht werden.

Bei Sormiou wurde 1991 eine Höhle entdeckt, deren Zugang 100 Meter unter dem Meeresspiegel liegt. Sie ist mit Tierdarstellungen verziert, die an jene von Lascaux in der Dordogne erinnern.

Vergessen Sie nicht, dass die Parkplätze bei den Stränden von Les Calanques für Diebstähle berüchtigt sind.

㉔ Cassis

Straßenkarte C4. 8000. Quai des Moulins, 08 92 39 01 03. Mi, Fr. **w** ot-cassis.fr

Cassis, das beliebte Feriendomizil von Künstlern wie Derain, Dufy und Matisse, ist ein reizender Hafenort, versteckt in Kalksteinhügeln. Bereits die Römer bauten hier Villen. In Marseilles Blütezeit (17. Jh.) entstanden etliche Herrenhäuser. Bis ins 19. Jahrhundert war Cassis ein Fischereizentrum, noch heute wird es für seine Fischdelikatessen gerühmt – insbesondere die Seeigel. Das **Musée Municipal Mediterranéen** in der Pfarrei von 1703 zeigt Exponate bis hin zur Griechenzeit (einige wurden vom Meeresgrund geborgen). Es weist Cassis als wichtigen Handelshafen bis zum Zweiten Weltkrieg aus, als die Schiffe im Hafen von den Deutschen zerstört wurden. Zu sehen sind auch Werke des Landschaftsmalers Félix Ziem *(siehe S. 30)* sowie weiterer Künstler des 20. Jahrhunderts, z. B. von Winston Churchill, der hier malen lernte.

Neben den Calanques locken drei weitere Strände. Die Plage de la Grande Mer gilt als schönster. Dahinter strebt die Promenade des Lombards auf die roten Klippen östlich der Stadt zu.

Musée Municipal Méditerranéen
Rue X-d'Authier. 04 42 01 88 66. Mi – Sa. Feiertage teilweise.

En-Vau, schönstes Fleckchen der Calanques, an der Küste bei Cassis

Vaucluse

Die Vaucluse ist eine Region des Weins und des Lavendels, der Trüffeln und der Melonen. Nicht wenige Besucher erlagen ihrem einzigartigen Zauber und blieben für immer. In der idyllischen Landschaft des Luberon verbrachte Picasso seine letzten Jahre. Auch das von Steinbrüchen geprägte Roussillon wurde vielfach in den Werken heimischer wie ausländischer Schriftsteller gerühmt.

Als Juwel der Vaucluse gilt Avignon, Heimstatt der Päpste während ihres »babylonischen Exils« (1309–77) und heute Gastgeber eines der größten Musik- und Theaterfestivals in Frankreich. Das Papstschloss Châteauneuf-du-Pape ist heute zwar eine Ruine, das Dorf produziert allerdings noch immer ausgezeichnete Weine. Die Weine des Rhône-Tals sind zu Recht begehrt. Die Weinfelder ziehen sich nordöstlich bis zu den Flanken des Mont Ventoux, des in diesem Teil höchsten Gipfels der Provence.

Erstaunlich ist das römische Vermächtnis: Theater und Triumphbogen von Orange, die Ruinen von Vaison-la-Romaine, die nicht von den nachfolgenden Zivilisationen überbaut wurden. Auch Carpentras war einst römische Siedlung, zudem besitzt es die älteste Synagoge Frankreichs. Die Geschichte der Juden, denen in der Vaucluse päpstlicher Schutz zuteilwurde, zählt zur lebendigen religiösen Vergangenheit der Region. Dazu gehört auch der brutale Kreuzzug des Barons von Oppède (1545) gegen Häretiker, dem zahlreiche Orte zum Opfer fielen.

In Lacoste führt ein Weg zum Schloss von Frankreichs extravagantestem Liebhaber – dem Marquis de Sade. Weniger weltlich war der Schriftsteller Petrarca, der in Fontaine-de-Vaucluse wohnte.

Weinbewachsene Fassade eines Hauses in Le Bastidon, nahe dem Luberon *(siehe S. 174–176)*

◀ Lavendelfelder vor der Abbaye de Sénanque aus dem 12. Jahrhundert *(siehe S. 168f)*

Überblick: Vaucluse

Der Name »Vaucluse« stammt vom lateinischen *vallis clausa* (»abgeschiedenes Tal«). Das Gebiet umfasst 3540 Quadratkilometer und wird westlich von der Rhône, südlich von der Durance und östlich von den Voralpen begrenzt. Es besitzt einige Bergketten, die der Mont Ventoux *(siehe S. 164)* beherrscht. Im Westen befinden sich die bizarren Dentelles-Felsnadeln, im Süden das Vaucluse-Plateau, wo die Sorgue durch die wildromantische Landschaft von Fontaine-de-Vaucluse fließt.

Sehenswürdigkeiten auf einen Blick

❶ Bollène
❷ Vaison-la-Romaine
❹ Mont Ventoux
❺ *Orange S. 165–167*
❻ Caderousse
❼ Châteauneuf-du-Pape
❽ Carpentras
❾ Abbaye de Sénanque
❿ Fontaine-de-Vaucluse
⓫ L'Isle-sur-la-Sorgue
⓬ *Avignon S. 170–172*
⓭ Gordes
⓮ Roussillon
⓯ Cavaillon
⓱ Apt
⓲ Cadenet
⓳ Ansouis
⓴ Pertuis
㉑ La Tour d'Aigues

Touren
❸ Dentelles
⓰ *Petit Luberon S. 174f*

Dächer und Terrassen von Gordes, mit Kirchen und Schloss

Weitere Zeichenerklärungen *siehe hintere Umschlagklappe*

Legende

- Autobahn
- Schnellstraße
- Hauptstraße
- Nebenstraße
- Panoramastraße
- Eisenbahn (Hauptstrecke)
- Eisenbahn (Nebenstrecke)
- Regionalgrenze

Die berühmte Rhône-Brücke von Avignon, im Hintergrund der Papstpalast

In der Vaucluse unterwegs

Die Hauptverbindungen – die A7 (Autoroute du Soleil) und die begleitende Nationalstraße D907 – folgen dem Rhône-Tal. Ebenso verläuft die Haupteisenbahnlinie mit Haltebahnhöfen in den wichtigsten Städten. Der TGV hält in Avignon. Andere Eisenbahnstrecken dienen vor allem dem Gütertransport, sodass Sie von Avignon aus in Orte wie Vaison-la-Romaine, Carpentras und Orange besser mit dem Bus fahren. In Avignon werden Bootsfahrten auf der Rhône angeboten.

Belvédère-Pasteur-Garten in Bollène

❶ Bollène

Straßenkarte B2. 14 500.
Place Reynaud de la Gardette, 04 90 40 51 45. Mo.
w bollenetourisme.com

Bollène liegt direkt an der A7, was dem Reiz seiner Boulevards, Uferpromenaden und des Campingplatzes am Ufer des Lez jedoch keinen Abbruch tut. Mitten im Gassengewirr steht die **Collégiale St-Martin** (11. Jh.) mit hölzernem Satteldach und Renaissance-Portal. Bollène hatte 1882 einen berühmten Gast, Louis Pasteur, der hier seinen Impfstoff gegen Schweinerotlauf entwickelte. Vom **Belvédère-Pasteur-Garten** oberhalb der Stadt blickt man auf das Rhône-Tal, die Cevennen, das Wasserkraftwerk von Bollène und das Kernkraftwerk Tricastin. In den letzten zwei Juliwochen findet hier ein Weltmusik-Festival statt.

Nördlich von Bollène liegt die einstige Albigenser-Bastion Barri. Die primitiven Hütten dienten im Zweiten Weltkrieg Soldaten als Unterschlupf.

❷ Vaison-la-Romaine

Straßenkarte B2. 6700.
Place du Chanoine Sautel, 04 90 36 02 11. Di. **w** vaison-ventoux-tourisme.com

Die Straßencafés der Stadt zählen zu den schicksten der Provence. Der neue und der antike Stadtteil liegen gegenüber der Haute-Ville, der Oberstadt, am anderen Flussufer. Vaison ist ein beliebter Zweitwohnsitz wohlhabender Pariser. Bereits in der Antike zog es viele Römer hierher. Die keltischen Vocontier lebten hier zusammen mit den römischen Machthabern, was die Einwohnerzahl damals auf rund 10 000 ansteigen ließ. Puymin, die obere der beiden Ausgrabungsstätten, umfasst ein römisches Theater mit einer in den Felsen gehauenen Bühne, das 6000 Zuschauern Platz bietet und während des Tanz-Sommerfestivals im Juli genutzt wird. Viele römische Funde stammen aus der Villa (Maison au Dauphin) einer wohlhabenden Familie und einem eleganten öffentlichen Gebäude. Überall stehen detailgenaue Repliken antiker Statuen, deren Originale man im **Musée Théo Desplans** findet. Dessen Sammlung vermittelt einen Eindruck vom damaligen Alltagsleben und umfasst u. a. eine Silberbüste (3. Jh.) aus einem Patrizierhaus vom Ausgrabungsgelände La Villasse. Unter den Marmorstatuen ist auch ein Akt von Kaiser Hadrian neben seiner Gattin Sabina. Viele Statuen wurden so konzipiert, dass man bei einem Machthaberwechsel nur den Kopf auszuwechseln brauchte. Ein weiterer Fund entpuppte sich als öffentliche Latrine mit sechs Sitzen.

Die Haute-Ville, die mittlerweile von zahlreichen Künstlern und Handwerkern bewohnt ist, erreicht man über eine mehr als 2000 Jahre alte römische Brücke mit einem einzigen Bogen von 17 Metern. Die Oberstadt betritt man durch ein Wehrtor aus dem 14. Jahrhundert. Sehenswert sind die romanische **Kathedrale** und die Ruinen einer Burganlage von 1160.

Mosaik im Museum von Vaison-la-Romaine

Römische Stadt
Fouilles de Puymin und Musée Théo Desplans, pl du Chanoine Sautel.
04 90 36 50 48. tägl. Jan.

Garten mit römischen Ruinen und Silberbüste (3. Jh.) in Vaison-la-Romaine

Hotels und Restaurants in der Vaucluse *siehe Seiten 201 und 215f*

❸ Tour: Dentelles

Dentelles (»Spitzen«) de Montmirail ist der Name einer Bergkette, deren bizarre Zacken sich über eine Länge von 15 Kilometern erstrecken. Sie sind keineswegs so hoch und unwegsam, wie sie auf den ersten Blick wirken. Die von Ginster, Pinien, Eichen und Mandelbäumen gesäumten Bergwege zählen zu den schönsten und am bequemsten begehbaren Wegen der Provence. Wer zu Fuß die Landschaft genossen hat, kann sich in einem der malerischen Bergdörfer mit Côtes-du-Rhône-Wein und köstlichem Ziegenkäse stärken.

Muscat-Weinstöcke bei Beaumes-de-Venise

① Vaison-la-Romaine
Der bei betuchten Parisern beliebte Ort besteht aus einem römischen und einem mittelalterlichen Teil. Zu den vielen Sehenswürdigkeiten zählt auch die Kathedrale mit dem Sarkophag des hl. Queninus (6. Jh.) und einer romanischen Kapelle.

Weingut Gigondas

⑥ Gigondas
Der hiesige Rotwein, der u. a. von den Gebrüdern Roux gekeltert wird, gilt als ausgezeichnet. Das Château (14. Jh.) wurde von den Grafen von Orange errichtet.

② Malaucène
Der Uhrturm dieser ehemaligen Hugenottenfestung diente während der Religionskriege *(siehe S. 50f)* als Wachturm.

③ Le Barroux
Vom ehemaligen Château der Herren von Baux in dem winzigen Dorf inmitten von Oliven- und Aprikosenhainen bietet sich eine herrliche Aussicht.

⑤ Vacqueyras
In dem Dorf wurde der Troubadour Raimbaud geboren. Sehenswert ist die Kirche mit einem Baptisterium aus dem 6. Jahrhundert.

④ Beaumes-de-Venise
Aus dieser Stadt mit ihren vielen Restaurants stammt der berühmte Muscat, ein alkoholreicher Weißwein, der sowohl mittags als auch abends zum Dessert getrunken wird.

Routeninfos

Länge: 50 km.
Rasten: Für einen Zwischenstopp eignen sich das Bergdorf Crestet, Lafare, ein Dorf am Fuß des Rocher du Turc (627 m), oder Montmirail, ein Kurort aus dem 19. Jahrhundert *(siehe auch 250f)*.

Legende
— Routenempfehlung
— Andere Straße

0 Kilometer 2

❹ Mont Ventoux

✈ Avignon. 🏔 3000. 🚌 ℹ Avenue de la Promenade, Sault-en-Provence, 04 90 64 01 21. 🌐 **ventoux-en-provence.com**

Der »Provenzalische Riese«, ein 1912 Meter hohes Kalksteinmassiv, ist die höchste Erhebung in diesem Teil der Provence. Wenn kein Schnee liegt, erreicht man den Parkplatz auf dem Gipfel gut mit dem Auto. Die Bergkuppe liegt etwa von Dezember bis Mai unter einer Schneedecke begraben, wirkt aber wegen des Kalksteins auch im Sommer wie schneebedeckt.

Bis 1973 wurden an der Südflanke des Mont Ventoux Autorennen ausgetragen. Oldtimer-Rennen finden im Juni in Bédoin statt. Die Straßen wurden ausgebaut und die gefährlichsten Haarnadelkurven entschärft. Die Bergstrecke ist bei Teilnehmern der Tour de France berüchtigt. 1967 starb hier der Fahrer Tom Simpson kurz vor dem Gipfel.

Für den Aufstieg muss man rund fünf Stunden einplanen. Petrarca *(siehe S. 49)*, der im Mai 1336 als Erster den Gipfel erklommen haben soll, machte sich im Morgengrauen in Malaucène auf den Weg. Er brauchte allerdings deutlich länger, da es damals noch keine Fußwege gab.

Gipfel des Mont Ventoux bei Mistral

Auf dem Gipfel weht oft der kalte, Mistral genannte Fallwind (Ventoux stammt vom lateinischen *ventosus*, »der Windige«). Er vertreibt aber auch alle Wolken, sodass der Gipfel oft vor der tiefblauen Kulisse des Himmels liegt und eine herrliche Fernsicht bietet.

Für eine Besteigung bieten sich drei Ausgangspunkte an: Malaucène (im Norden), Bédoin (im Süden) und Sault (im Osten). Doch auch vom nordöstlich gelegenen Brantes ist der Aufstieg durch das Toulourenc-Tal möglich. In Malaucène und Bédoin können Touren für Gruppen organisiert werden, die den Sonnenaufgang auf dem Mont Ventoux erleben möchten. Die 21 Kilometer lange Straße von Malaucène führt an der Chapelle Notre-Dame-du-Groseau (12. Jh.) und der Source Vauclusienne vorbei. Letztere ist eine Quelle, deren Wasser die Römer nach Vaison-la-Romaine leiteten. Dann kommt der Wintersportort Mont Serein. Von hier sind es noch fünf Kilometer bis zum Gipfel. Fährt man wieder ins Tal zurück, passiert man den Col des Tempêtes. Der Wintersportort Le Chalet-Reynard liegt an der Abzweigung nach Sault und zu den Gorges de la Nesque.

Oldtimer-Strecke: Automobilrallye am Mont Ventoux (1904)

Gedenktafel für den Radsportler Simpson

Flora der Provence

Aufgrund des starken Temperaturgefälles zwischen Hoch- und Tieflagen reicht die Vegetation an den Hängen von Lavendelfeldern und Pfirsichbäumen am Fuß des Bergs über Eichen-, Buchen- und Nadelwälder bis zu arktischen Pflanzen am Gipfel. Hauptblütezeit ist im Juni.

Manns-Knabenkraut *(Orchis mascula)*

Alpenmohn *(Papaver rhaeticum)*

Stängelloser Enzian *(Gentiana clusii)*

Hotels und Restaurants in der Vaucluse siehe Seiten 201 und 215f

❺ Orange

Straßenkarte B2. 🚗 30 000. 🚆 🚌
🛈 5, cours Aristide Briand, 04 90 34 70 88. 📧 Do. 🌐 otorange.fr

Die historische Altstadt birgt zwei der schönsten römischen Bauwerke: das Théâtre Antique d'Orange *(siehe S. 166f)* sowie den Arc de Triomphe, der an Tiberius erinnert und den Sieg Roms bei der Schlacht von Actium gegen Mark Anton und Kleopatra. Mit Orange verbindet man auch Côtes-du-Rhône-Weine, Oliven, Honig und Trüffeln. Die Besucher schätzen zudem die Gassen um das Hôtel de Ville (17. Jh.), die unvermittelt in schattige Plätze mit gemütlichen Straßencafés münden.

Altar in einer Seitenkapelle der Ancienne Cathédrale Notre-Dame

Römisches Orange
Die Römer erlitten 105 v. Chr. bei Arausio, dem heutigen Orange, gegen die wandernden germanischen Stämme der Kimbern, Teutonen und Ambronen eine vernichtende Niederlage. Jahrzehnte später – Gallien war inzwischen römische Kolonie – errichteten die Römer einen 19 Meter hohen Triumphbogen (Stadtgründungsbogen) an der Via Agrippa zwischen Arles und Lyon.

Altstadt
Das Altstadtviertel umschließt das Rathaus (17. Jh.) und die **Ancienne Cathédrale Notre-Dame** mit dem in den Religionskriegen *(siehe S. 50f)* beschädigten romanischen Portal. Die Place des Frères-Mounet wird von der Bühnenwand des antiken Theaters beherrscht, die Louis XIV einst als »schönste Mauer des Königreichs« pries. Von der **Colline St-Eutrope** hat man einen herrlichen Blick auf Stadt und Rhône-Tal. Hier liegt die Burgruine der Fürsten von Orange, die durch Heirat dem niederländischen Königshaus, den Oraniern, ihren Namen gaben.

🏛 Arc de Triomphe
Avenue de l'Arc de Triomphe.
Das monumentale Tor, ein UNESCO-Welterbe, ist mit Kriegsszenen und Fabelwesen verziert. Über den seitlichen Bogen ist Kriegsgerät dargestellt. Die gallischen Gefangenen symbolisieren den Machtanspruch Roms. Anker und Taue stehen für die Überlegenheit der römischen Flotte.

Als Moritz von Oranien 1622 die Stadt befestigen und dabei die römischen Bauten als »Steinbrüche« verwenden ließ, entging der Triumphbogen seinem Schicksal nur, weil er als Wehrburg in die Anlage integriert wurde.

🏛 Musée d'Art et d'Histoire d'Orange
Rue Madeleine Roch. 📞 04 90 51 17 60. 🕐 tägl. 🎫

Die Ausstellungsstücke im Hof und Erdgeschoss erläutern die Stadtgeschichte. Dazu gehört u. a. eine Katasterplatte aus über 400 Marmorfragmenten,

Steinrelief mit Zentaur im Musée d'Art et d'Histoire d'Orange

die auf den 77 n. Chr. vorgenommenen Grundstückserhebungen zwischen Bollène und Auzon beruht. Zudem sieht man Porträts der Angehörigen des Hauses Oranien sowie Werke des Malers Sir Frank Brangwyn (1867–1956). Auch zu sehen: wie im 18. Jahrhundert Stoffe bedruckt wurden.

🏛 L'Harmas de Fabre
Route d'Orange. 📞 04 90 30 57 62. 🕐 Apr–Okt. ⚫ Mi, Sa vormittags, So vormittags (außer Juli, Aug). 🎫 🎫

In Sérignan-du-Comtat (8 km nordöstlich von Orange) liegt *L'Harmas*, das Anwesen des Insektenforschers und Dichters Jean-Henri Fabre (1823–1915). Das Museum mit seiner Insekten- und Pilzsammlung sowie der botanische Garten ziehen viele Besucher an.

Römischer Triumph- bzw. Stadtgründungsbogen in Orange

Straßenkarte *siehe hintere Umschlaginnenseiten*

Théâtre Antique et Musée d'Orange

Das antike Theater von Orange, ein UNESCO-Welterbe, zählt zu den besterhaltenen römischen Bauwerken Europas. Es wurde Anfang der christlichen Zeitrechnung am Fuß der Colline St-Eutrope erbaut. Die Portale in der Bühnenrückwand bildeten schallreflektierende Hohlräume. Heute macht sich die gute Akustik bei Konzerten bezahlt. In der *cavea* nahmen bis zu 7000 Zuschauer entsprechend ihrem sozialen Status Platz. Vom 16. bis zum 19. Jahrhundert wurden im Theater Häuser gebaut. Über der Bühne befindet sich ein neues Dach auf einem 60 Meter hohen Träger. In den Grotten hinter den Rängen illustriert eine Multimedia-Show die Geschichte des Theaters.

Segelhalterungen
An den Außenmauern sieht man Kragsteine, die die Masten für das *velum* (Sonnensegel) trugen.

Römisches Theater
Diese Rekonstruktion zeigt das Theater, wie es zur Zeit der Römer ausgesehen haben könnte. Seinen Ruhm verdankt es der außergewöhnlichen Bühnenwand – der einzigen, die aus römischer Zeit erhalten blieb.

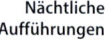
Haupteingang

Nächtliche Aufführungen
Kulturelle Events wie *Les Chorégies d'Orange*, ein Theater-, Opern-, Tanz- und Konzertfestival, das einst auch Sarah Bernhardt besuchte, finden hier seit 1869 statt *(siehe S. 37)*. Auch Rockgruppen treten hier gern auf.

Außerdem

① **Sonnensegel**, die als *velum* bekannt waren, boten Schutz vor Sonne und Regen.

② **Der Bühnenvorhang** *(aulaeum)* wurde zu Beginn der Aufführung nicht nach oben, sondern nach unten gezogen. Er wurde mit einer im Boden eingelassenen Winde bewegt.

③ **Nebenräume** *(parascaenia)* dienten den Schauspielern zwischen den Auftritten als Aufenthaltsraum oder zur Aufbewahrung von Requisiten.

④ **Jeder Streifen** des *velum* konnte einzeln nach Stand der Sonne bewegt werden.

⑤ **Winden** hielten und spannten die Halteaue des *velum*.

Bühnenwand
Die massive Konstruktion aus rotem Kalkstein ist 103 Meter lang, 36 Meter hoch und über 1,8 Meter dick.

Kaiser Augustus

Die Statue des Kaisers beherrscht die Bühnengalerie. Zu seinen Füßen kniet eine Figur in Bundhosen, vermutlich der besiegte Feind. Die anderen Statuen sind definitiv zerstört, die des Augustus wurde jedoch aus Bruchstücken rekonstruiert und 1951 wieder in ihrer Nische aufgestellt.

Infobox

Information
Rue Madeleine Roch. 04 90 51 17 60. März, Okt: tägl. 9.30–17.30 Uhr; Apr, Mai, Sep: tägl. 9–18 Uhr; Juni–Aug: tägl. 9–19 Uhr; Nov–Feb: tägl. 9.30–16.30 Uhr. 1. Jan, 25. Dez.

w theatre-antique.com

Detail der Bühnenwand

Die Innenseite der Bühnenwand *(frons scaenae)* weist Marmor-Inkrustationen auf. Ein Zentaurenfries umrahmte das dem Kaiser vorbehaltene Portal.

Marmorsäulen

Vor der Bühnenwand erhob sich eine dreigeschossige Kolonnadenreihe mit vielen Marmorsäulen, von denen nur zwei erhalten sind. An den Oberflächen brachen sich die Schallwellen, was einen Echoeffekt verhinderte.

Römischer Tempel

Nachdem 22 Häuser abgerissen worden waren, stieß man bei Ausgrabungen 1925–37 westlich des Theaters auf Fragmente von Tempeln und ein halbkreisförmiges Areal. Zusammen mit dem Theater bildete diese Anlage ein *Augusteum*, das der Verehrung römischer Kaiser gewidmet war.

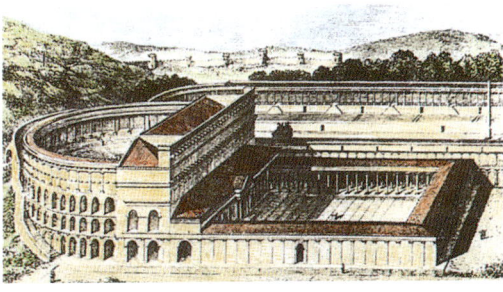

Romanische Kirche in Caderousse

❻ Caderousse

Straßenkarte B2. 🔴 2700. ℹ️ La Mairie, rue Berbiguier, 04 90 51 90 69. 🏠 Di.

Das Dorf an der Rhône liegt an der Stelle, wo Hannibal 218 v. Chr. auf dem Weg nach Rom mit seinen Elefanten den Fluss überquert haben soll. Jahrhundertelang ertrugen die Bewohner schicksalsergeben die regelmäßigen Überschwemmungen. 1856 hatten sie schließlich genug und bauten einen bis heute erhaltenen Damm, dessen vier Tore bei Hochwassergefahr geschlossen werden können. Sehenswert ist vor allem die romanische **Église St-Michel**, der im 16. Jahrhundert die gotische Chapelle St-Claude hinzugefügt wurde.

❼ Châteauneuf-du-Pape

Straßenkarte B3. 🔴 2000. 🚌 Sorgues, dann Taxi. 🅿️ Place du Portail, 04 90 83 71 08. 🌐 ot-chateauneuf-du-pape.mobi

Der bekannteste Côtes-du-Rhône-Wein wurde nach einem unscheinbaren Dorf benannt, das fast ausschließlich aus Weinkellereien und Restaurants besteht, in denen der gleichnamige hiesige AOC-Wein verkauft wird. Das sehenswerte **Musée du Vin** vermittelt einen Überblick über die Geschichte und den derzeitigen Stand des Weinbaus in der Region.

Am höchsten Punkt des Dorfs stehen die Ruinen des **Château des Papes**, einer Festung, die während der Religionskriege im 16. Jahrhundert niedergebrannt wurde. Die Burg wurde 1317 unter Papst Johannes XXII. errichtet, der hier als erster Exil-Papst Wein anbauen ließ. Es sollte jedoch 400 Jahre dauern, bis dieser Wein zu Weltruhm gelangte. Heute wird auf 350 Weingütern Châteauneuf-du-Pape gekeltert. Der nahe Ort Pernes-les-Fontaines ist für seine 40 Brunnen bekannt, vor allem die Fontaine du Cormoran (18. Jh.). Bis 1914 gab es für jeden Brunnen einen Brunnenwärter.

🏛 Musée du Vin
Avenue Pierre de Luxembourg, Châteauneuf-du-Pape. ☎ 04 90 83 70 07. 🕐 tägl. ⦿ 1. Jan, 25. Dez. ♿ teilweise. 📷

❽ Carpentras

Straßenkarte B3. 🔴 29 000. 🚌 ℹ️ 97, place 25 Août 1944, 04 90 63 00 78. 🏠 Fr. 🌐 carpentras.fr

Die Hauptstadt des Comtat Venaissin liegt im Herzen des Côtes-du-Ventoux-Weinbaugebiets.

An der Stelle der Stadtmauer, von der nur noch die Porte d'Orange erhalten ist, führen heute breite Boulevards ringförmig um die Altstadt. Die **Synagoge** (15. Jh.) der einst großen jüdischen Gemeinde ist die älteste Frankreichs. Obwohl der Vatikan die Juden nicht offen verfolgte, traten doch viele zum Christentum über. Die Bekehrten wurden im 15. Jahrhundert durch die *Porte juive* zur Taufe in die **Cathédrale St-Siffrein** geführt. Sie birgt Werke provenzalischer Maler, die Strahlenglorie des Holzschnitzers Jacques Bernus (1650–1728) und eine Schatzkammer. Im Hôtel-Dieu befindet sich auch eine Apotheke (18. Jh.). Trachtenliebhaber zieht es zum **Musée Comtadin-Duplessis**.

✡ Synagoge
Pl Maurice Charretier. ☎ 04 90 63 00 78. 🕐 Mo – Fr. ⦿ jüdische Feiertage.

⛪ Cathédrale St-Siffrein
Pl de Gaulle. ☎ 04 90 63 08 33. ♿ ⦿ So nachmittags.

🏛 Musée Comtadin-Duplessis
234, bd Albin Durand. ☎ 04 90 63 04 92. 🕐 Mi – Mo. ⦿ Feiertage, Okt – Mai. 📷

Apotheke des Hôtel-Dieu (18. Jh.) in Carpentras

❾ Abbaye de Sénanque

Straßenkarte C3. ☎ 04 90 72 05 86. 🕐 Feb – Mitte Nov: tägl. nachmittags; Mitte Nov – Jan: nur nachmittags mit Führung (französisch). 📷 🌐 senanque.fr

Die inmitten von Lavendelfeldern gelegene Abbaye de Sénanque erreicht man gut von Gordes *(siehe S. 173)* aus. Wie die beiden anderen erhaltenen Zisterzienserabteien der Provence *(siehe S. 47)* wirkt auch diese harmonisch und bescheiden. Das Kloster wurde 1148 von einem Abt und zwölf

Weinbau im Umland von Châteauneuf-du-Pape

Mönchen gegründet. Mit dem Bau der schlichten Klosterkirche wurde zwölf Jahre später begonnen.

Die Dächer einiger Gebäude sind noch mit Kalksteinplatten, sogenannten *lauzes*, bedeckt, die auch zum Bau der für diese Gegend typischen *bories (siehe S. 173)* dienten. Seine Blüte erlebte Sénanque im frühen 13. Jahrhundert, als der Abtei noch ein Teil des umliegenden Landes gehörte. Doch mit dem Wohlstand kam im 14. Jahrhundert auch die Korruption. Im 17. Jahrhundert lebten hier nur noch zwei Mönche. 1854 wurde die Abtei von Zisterziensern verwaltet, von denen einige noch von 1926 bis 1969 hier wohnten.

Zur Restaurierung der Abtei wurde die *Association des Amis de Sénanque* gegründet. Seit 1988 leben hier wieder Zisterziensermönche, die Ackerbau betreiben und zum Teil vom Verkauf ihrer Erzeugnisse leben.

Abbaye de Sénanque

⑩ Fontaine-de-Vaucluse

Straßenkarte B3. 600. Avignon. Résidence Jean Garcin, 04 90 20 32 22. oti-delasorgue.fr

Die Quelle der Sorgue ist eines der Naturwunder der Provence. Zahlreiche Flüsse bahnen sich ihren Weg durch das landschaftlich interessante Hochland der Vaucluse. Am Ufer steht der **Moulin à Papier Vallis Clausa**, wo seit dem 15. Jahrhundert Papier mit der Hand geschöpft wird. Heute

Fontaine-de-Vaucluse – Quelle der Sorgue

verkauft man hier Landkarten, Drucke und Lampenschirme. In dem unterirdischen Museum **Éco-Musée du Gouffre** sind die Funde eines Höhlenforschers ausgestellt, der 30 Jahre lang die Höhlen und Wasserfälle der Sorgue erforschte. Das **Musée d'Histoire 1939–45** beleuchtet die Widerstandsbewegung im Zweiten Weltkrieg und das Alltagsleben unter deutscher Besatzung.

Das heutige **Musée Bibliothèque Pétrarque** diente dem Dichter Petrarca 16 Jahre lang als Wohnung. Hier schrieb er über seine Liebe zu Laura von Avignon.

Moulin à Papier Vallis Clausa
Chemin du Gouffre. 04 90 20 34 14. tägl. 1. Jan, 25. Dez. moulin-vallisclausa.com

Eco-Musée du Gouffre (Musée de Spéléologie)
Chemin du Gouffre. 04 90 20 34 13. Feb–15. Nov: tägl.

Musée d'Histoire 1939–45
Chemin du Gouffre. 04 90 20 24 02. Apr–Okt: Mi–Mo; Nov, Dez, März: Sa, So. Jan, Feb, 1. Mai, 25. Dez.

Musée Bibliothèque Pétrarque
Rive gauche de la Sorgue. 04 90 20 37 20. Apr–Okt: Mi–Mo.

⑪ L'Isle-sur-la-Sorgue

Straßenkarte B3. 21 000. Place de la Liberté, 04 90 38 04 78. Mo, Do, Sa, So (Antiquitäten). oti-delasorgue.fr

Die hübsche Kleinstadt an der Sorgue zieht jedes Wochenende Antiquitätenliebhaber an. Hier wurde einst in 70 Wassermühlen Korn gemahlen und Öl gepresst. Die Kirche **Notre-Dame-des-Anges** (17. Jh.) ist innen prächtig verziert. Das Tourismusbüro ist in einer Kornkammer (18. Jh.) untergebracht. Das Musée du Jouet et de la Poupée Ancienne zeigt altes Spielzeug und Puppen.

Wassermühle nahe der Place Gambetta, L'Isle-sur-la-Sorgue

Straßenkarte *siehe hintere Umschlaginnenseiten*

⓬ Im Detail: Avignon

Die im Norden und Westen von der Rhône begrenzte mittelalterliche Hauptstadt des Département Vaucluse gilt als Tor zur Provence. Sie ist von einer 4,5 Kilometer langen Stadtmauer mit 39 Türmen und sieben Toren umschlossen. Kultur wird in dieser Stadt, die eine Universität, ein Opernhaus und Theater vorzuweisen hat, großgeschrieben. Straßen und Plätze sind eine einzige Open-Air-Bühne, das im Juli stattfindende Theaterfestival zählt mittlerweile zu den bedeutendsten kulturellen Ereignissen Europas.

Chapelle St-Nicolas
Der nach dem Schutzheiligen der Fischer benannte Bau besteht aus einer unteren (13. Jh.) und einer aufgestockten oberen Kapelle (15. Jh.). Man betritt ihn durch die Tour du Châtelet.

Porte du Rhône

★ **Pont St-Bénézet**
1177 soll ein Hirte mit dem Bau dieser in dem bekannten Lied *Sur le pont d'Avignon* besungenen Brücke begonnen haben.

Hôtel des Monnaies
Die Fassade der ehemaligen Münze (1619) trägt das Wappen von Kardinal Borghese.

Place de l'Horloge
Der Hauptplatz wurde im 15. Jahrhundert angelegt und nach dem gotischen Uhrturm des Rathauses benannt. Viele der umliegenden Bauten stammen aus dem 19. Jahrhundert.

Legende
— Routenempfehlung

Hotels und Restaurants in der Vaucluse siehe Seiten 201 und 215f

AVIGNON | 171

Musée du Petit Palais
Das bischöfliche Stadtpalais birgt heute Gemälde italienischer Meister aus Mittelalter und Renaissance sowie Werke französischer Künstler der Schule von Avignon, darunter auch diese Pietà (1457).

Infobox

Information
Straßenkarte B3. 91 000.
41, cours Jean Jaurès, 04 32 74 32 74. Di – So. Le Festival d'Avignon (siehe S. 37).
avignon-tourisme.com

Anfahrt
8 km bis Avignon-Caumont.
Boulevard St-Roch.

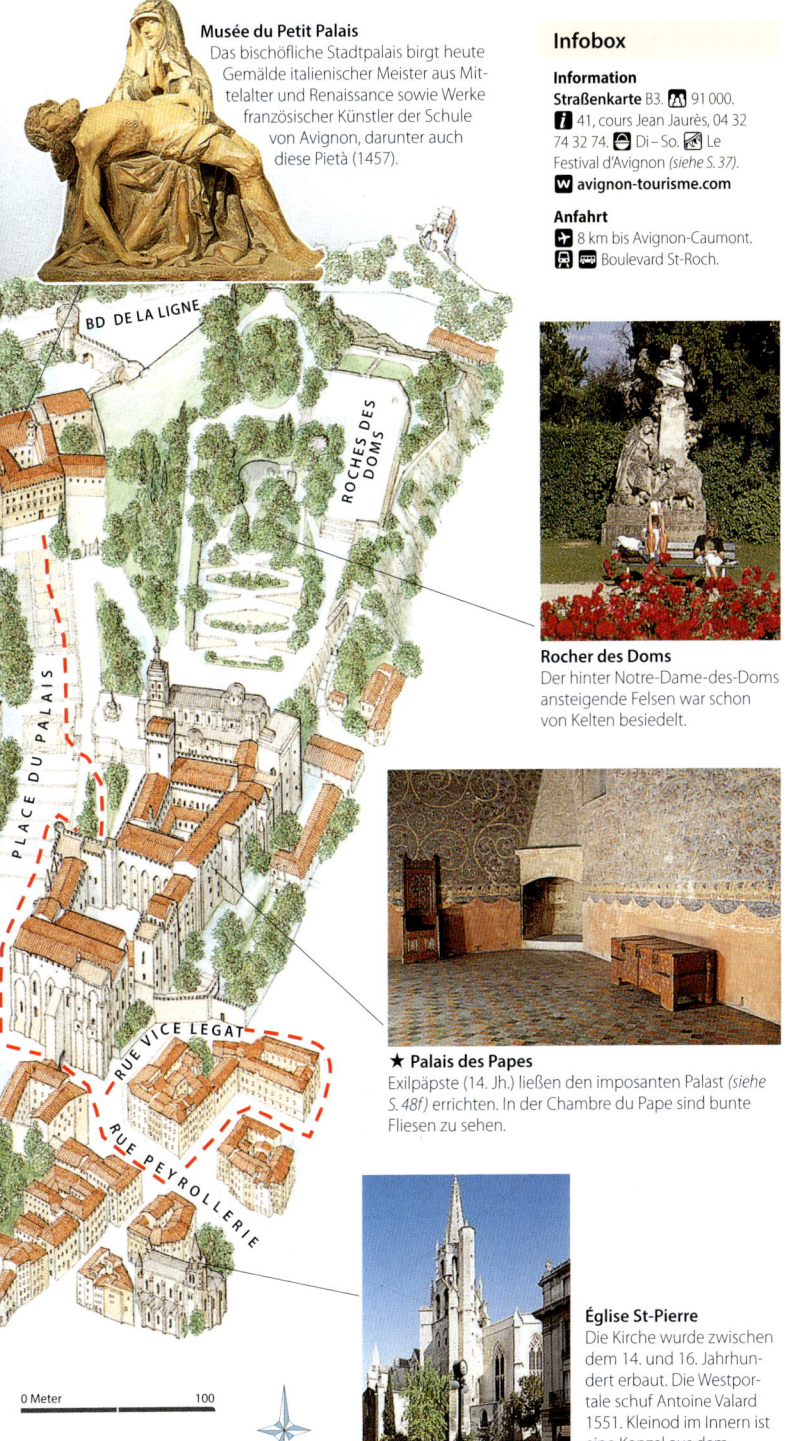

Rocher des Doms
Der hinter Notre-Dame-des-Doms ansteigende Felsen war schon von Kelten besiedelt.

★ Palais des Papes
Exilpäpste (14. Jh.) ließen den imposanten Palast (siehe S. 48f) errichten. In der Chambre du Pape sind bunte Fliesen zu sehen.

Église St-Pierre
Die Kirche wurde zwischen dem 14. und 16. Jahrhundert erbaut. Die Westportale schuf Antoine Valard 1551. Kleinod im Innern ist eine Kanzel aus dem 15. Jahrhundert.

Überblick: Avignon

Massive Mauern umschließen eine der faszinierendsten Städte Südfrankreichs. Auf einem Stadtbummel sieht man Trompe-l'Œil-Fenster und Herrenhäuser wie das des Königs René in der Rue du Roi-René. Die Straße mündet in die Rue des Teinturiers – benannt nach den Tuchmachern und -färbern. Von hier führt eine Brücke zur Chapelle des Pénitents Gris (16. Jh.).

Blick über die Rhône auf das Palais des Papes in Avignon

Palais des Papes
Place du Palais. 04 90 27 50 00. tägl. (Zeiten variieren). palais-des-papes.com

Der Palast *(siehe S. 48f)* vermittelt einen Eindruck vom durchaus luxuriösen Leben der sieben Päpste, die hier 1309 –77 residierten. Sie besaßen ihre eigene Münze und schützten sich mit Wehranlagen gegen Angriffe.

Man betritt den Palast durch die Porte des Champeaux unterhalb der beiden Türme und gelangt in das unter Clemens VI. erbaute Palais Neuf (1342 – 52), das an den Südflügel des Palais Vieux (1334 – 42) von Benedikt XII. grenzt. Im Innenhof der Cour d'Honneur, des Neuen Palasts, finden Aufführungen des Festival d'Avignon statt. Die Chambre du Pape in der Tour des Anges zeichnet sich durch ihre Bodenfliesen aus, die Chambre du Cerf durch die auf Matteo Giovanetti und andere Künstler zurückgehenden Jagdszenen.

Das durch zwei Wehrtürme mit quadratischem Grundriss geschützte Palais Vieux besitzt einen Kreuzgang im Zentrum und Säle wie den Großen Speisesaal (Grand Tinel) und das Konsistorium (Salle du Consistoire), den Saal für Empfänge. Hier hängen Bildnisse der Päpste. Die benachbarte Kapelle birgt Deckenfresken (1346 – 48) von Giovanetti.

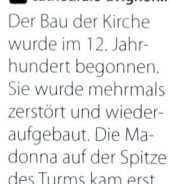

Bodenfliese in der Chambre du Pape

Cathédrale Notre-Dame-des-Doms
Place du Palais. 04 90 82 12 21. tägl. cathedrale-avignon.fr

Der Bau der Kirche wurde im 12. Jahrhundert begonnen. Sie wurde mehrmals zerstört und wiederaufgebaut. Die Madonna auf der Spitze des Turms kam erst im 19. Jahrhundert hinzu. Der alte Altar (12. Jh.) befindet sich zusammen mit dem Grabmal Benedikts XII. in der vorderen linken Seitenkapelle.

Musée du Petit Palais
Pl du Palais. 04 90 86 44 58. Mi – Mo. 1. Jan, 1. Mai, 1. Nov, 25. Dez. petit-palais.org

Der um einen Arkadenhof errichtete »Kleine Palast« wurde 1318 erbaut und 1474 auf Wunsch des Michelangelo-Mäzens Kardinal Rovere, des späteren Papsts Julius II., modernisiert. Er ist seit 1958 Museum und birgt Kunst aus Mittelalter und Frührenaissance, u. a. Werke von Simone Martini (1280 –1344) und Botticelli. Zu sehen sind Fresken und Skulpturen der Schule von Avignon sowie Madonnenbilder.

Musée Lapidaire
27, rue de la République. 04 90 85 75 38. Di – So. 1. Jan, 1. Mai, 25. Dez. musee-lapidaire.org

Die ehemalige Jesuitenkirche (17. Jh.) birgt keltisch-ligurische, ägyptische, gallische und römische Architekturfragmente und Skulpturen sowie eine Tarasque (2. Jh.).

Musée Calvet
65, rue Joseph Vernet. 04 90 86 33 84. Mi – Mo. 1. Jan, 1. Mai, 25. Dez. teilweise. musee-calvet-avignon.com

Das Museum wurde 2003 ausgebaut, um Platz für die Exponate im Archiv zu schaffen. Die Sammlung des 19./20. Jahrhunderts ist das Glanzstück des Museums, sie birgt Werke von Soutine, Manet, Dufy, Gleizes und Marie Laurencin.

Musée Angladon
5, rue Laboureur. 04 90 82 29 03. Mi – So nachmittags (Hochsaison: auch Di). angladon.com

Das Museum zeigt eine Privatsammlung aus dem 18. bis 20. Jahrhundert in einer raffinierten Kombination aus modernster Technologie und persönlichem Ambiente.

Collection Lambert
Musée d'Art Contemporain, 5, rue Violette. 04 90 16 56 20. Sep – Juni: Di – So; Juli, Aug: tägl. 1. Mai. collectionlambert.fr

Das Museum befindet sich in einem eleganten Haus (18. Jh.) im Zentrum nahe der Kunstschule. Die außergewöhnliche Sammlung zeitgenössischer Kunst hat der Galerist Yvon Lambert der Stadt für 20 Jahre überlassen. Sie wurde in den 1960er Jahren begonnen und umfasst einen Querschnitt der bedeutendsten Kunstrichtungen seit dieser Zeit.

AVIGNON, GORDES, ROUSSILLON | 173

⓭ Gordes

Straßenkarte C3. 🗻 2000. 🛈 Place de Château, 04 90 72 02 75. 🛒 Di.
🌐 gordes-village.com

Teure Restaurants und Hotels prägen den kleinen Ort. Auf dem Gipfel thronen eine Renaissance-Burg und die Kirche St-Firmin. Die Burg ist die eigentliche Hauptattraktion von Gordes, doch auch die verwinkelten Gassen haben ihren Reiz. Seit der Kubist André Lhote 1938 zum ersten Mal hierherkam, ist Gordes bei Künstlern beliebt.

Das **Château de Gordes** wurde im 16. Jahrhundert an jener Stelle errichtet, wo bereits im 12. Jahrhundert eine Burg gestanden haben soll. Sehenswert sind der verzierte Kamin (16. Jh.) in der Halle im Untergeschoss sowie das Renaissance-Portal am Eingang. Die Burg wurde vom Op-Art-Künstler Victor Vasarely angemietet und restauriert. 1970 eröffnete er hier ein Vasarely-Museum. Heute kuratiert das Château im Sommer Sonderausstellungen. Die Caves du St-Firmin (17. Jh.) beherbergen eine alte Olivenpresse aus Stein.

In unmittelbarer Nähe von Gordes liegt das **Village des Bories**, das zeigt, wie sich das ländliche Leben noch bis ins 20. Jahrhundert gestaltete.

🏛 Château de Gordes
📞 04 90 72 02 75. 🕒 tägl. ● Winter. 📷

🏛 Village des Bories
Route de Cavaillon. 📞 04 90 72 03 48.
🕒 tägl. ● 1. Jan, 25. Dez. 📷

Bories

Unter *bories* versteht man Steinhütten aus mörtellos zusammengefügten Kalksteinplatten *(lauzes)* mit bis zu 1,5 Meter dicken Mauern. Ihr genaues Alter ist unklar, sie wurden mehrmals nachgebaut. Heute sind noch etwa 3000 *bories* erhalten, viele davon auf Feldern. Hier suchte man bei schlechter Witterung Schutz oder lagerte seine Geräte. Das Village des Bories nahe Gordes umfasst 20 restaurierte Hütten.

⓮ Roussillon

Straßenkarte C3. 🗻 1200. 🛈 Place de la Poste, 04 90 05 60 25. 🛒 Do.
🌐 roussillon-provence.com

Der warme Farbton der Ockerfelsen, die Roussillon wie ein Kranz umringen, verleiht dem Dorf Charme und eine farbliche Harmonie ohnegleichen. Man hat mindestens 17 Ockertöne in und um Roussillon entdeckt, insbesondere im ehemaligen Steinbruch Chaussée des Géants (Chaussee der Riesen). Die Steinbrüche liegen rund 45 Minuten zu Fuß östlich der Besucherinformation. Bizarre Zacken kennzeichnen das Val des Fées (Feental) mit den Falaises de Sang (Blutfelsen). Vom Aussichtsplateau bei der Kirche oberhalb des Hauptplatzes hat man einen herrlichen Blick auf die Landschaft.

Vor dem Einsetzen des Baubooms war Roussillon ein ruhiges Dorf. Anfang der 1950er Jahre zog der amerikanische Soziologe Laurence Wylie für ein Jahr mit seiner Familie nach Roussillon. Seine soziokulturellen Studien des Dorflebens hielt er in dem Buch *Dorf im Vaucluse* fest. Er gelangte darin zu dem Schluss, dass die Bewohner trotz aller existierenden Feindseligkeiten und Spannungen eine hart arbeitende, produktive Gemeinschaft bilden.

Der Autor Samuel Beckett, der sich im Zweiten Weltkrieg hier versteckt hielt, war dagegen vom dörflichen Alltag weniger angetan.

Terrassenartig schmiegt sich Gordes an den Steilhang

Straßenkarte *siehe hintere Umschlaginnenseiten*

174 | VAUCLUSE

Triumphbogen bei Cavaillon

⓯ Cavaillon

Straßenkarte B3. 26 000.
 Place François Tourel, 04 90 71 32 01. Mo. cavaillon-luberon.com

Den schönsten Blick auf die Ausläufer des Luberon, den Mont Ventoux und die Alpilles hat man vom Aussichtsplateau vor der Chapelle St-Jacques. Rund um das Dorf werden Obst und Gemüse, vor allem Melonen, angebaut. Die Gegend um Cavaillon ist eines der größten Obst- und Gemüseanbaugebiete Frankreichs und wird im Département Vaucluse nur noch von Apt übertroffen.

Auf der Colline St-Jacques befand sich bereits ein keltisches Oppidum, das von den Römern übernommen wurde. Aus der damaligen Blütezeit ist noch ein Stadtgründungsbogen (1. Jh.) auf der Place Duclos erhalten. Einige Funde aus der Römerzeit sind im **Musée Archéologique** in der Grande Rue ausgestellt, die von der Cathédrale St-Véran (6. Jh.) in Richtung Norden führt. Die Synagoge in der Rue Hébraïque stammt von 1772, ihre Vorgängerin aus dem 14. Jahrhundert. Das **Musée Juif Comtadin** befasst sich mit der Geschichte des Judentums in der Provence.

 Musée Archéologique
Hôtel-Dieu, Porte d'Avignon.
 04 90 76 00 34. Mai – Sep: Mi – Mo (oder nach Vereinbarung).

 Musée Juif Comtadin
Rue Hébraïque. 04 90 76 00 34.
 Okt – März: Mo, Mi – Sa; Apr – Sep: Mi – Mo. 1. Jan, 1. Mai, 25. Dez.

⓰ Tour: Petit Luberon

Der Parc Naturel Régional nimmt rund 1200 Quadratkilometer dieses von Cavaillon in östlicher Richtung bis nach Manosque in den Alpes-de-Haute-Provence reichenden Kalksteinmassivs ein. Etwa 50 Dörfer liegen in dem fast unberührten Wanderparadies. Von hier stammen so berühmt-berüchtigte Persönlichkeiten wie der Baron d'Oppède oder der Marquis de Sade. Die beiden Hauptorte sind Apt und Lourmarin. Die durch die Combe de Lourmarin verlaufende D943 teilt den Naturpark in zwei Hälften: den Grand Luberon *(siehe S. 176)* und den Petit Luberon. Kalkfelsen, Talkessel und Zedernwälder prägen die Landschaft.

① **Oppède-le-Vieux**
Die dominierende Burgruine gehörte Jean Maynier, Baron d'Oppède, dessen blutige Kreuzzüge gegen die Valdenser im Luberon 1545 elf Dörfer zerstörten.

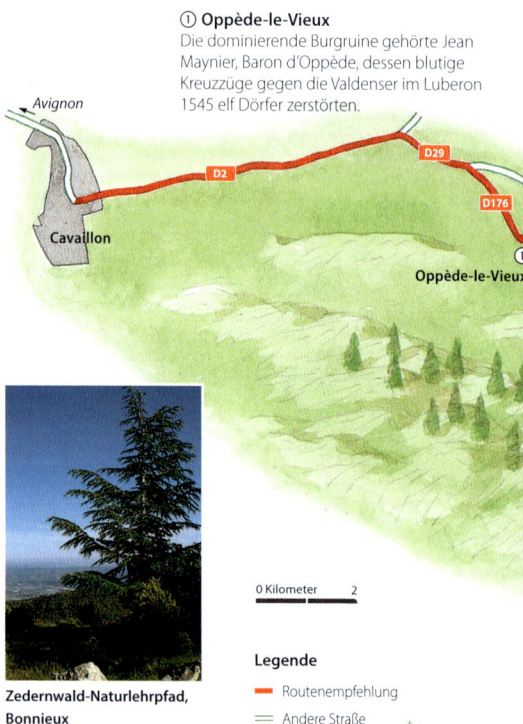

Zedernwald-Naturlehrpfad, Bonnieux

Legende
━━━ Routenempfehlung
═══ Andere Straße

Flora und Fauna

Der Parc Naturel Régional zeichnet sich durch seine Artenvielfalt aus. Die Nordseite der Berge ist zerklüftet, die Südseite geschützter und lieblicher. Diese Landschaft mit weißen Kreide- und rötlichen Ockerfelsen, Zedernwäldern und tiefen Schluchten bietet Tieren und Pflanzen unterschiedlichste Lebensräume. Informationen zu Wander- und Autorouten gibt es bei der Maison du Parc in Apt *(siehe S. 176)*.

Affenknabenkraut *(Orcis simia)* wächst auf sonnigen, kreidehaltigen Wiesen.

Hotels und Restaurants in der Vaucluse *siehe Seiten 201 und 215f*

TOUR: PETIT LUBERON | 175

Die schroffen Bergspitzen des Petit Luberon

Routeninfos

Länge: 40 km.
Rasten: Im Petit und Grand Luberon empfehlen sich Ménerbes (mehrere Cafés), Bonnieux (Mittagspause), der Zedernwald (schöne Picknickplätze) und Lourmarin (Wahlheimat und letzte Ruhestätte von Albert Camus). Im Zentrum der Dörfer findet man schwer einen Parkplatz, man muss daher mit einem längeren Anmarsch rechnen.
w parcduluberon.com

② Ménerbes
Am Fuß des praktisch uneinnehmbaren Orts befindet sich das Musée du Tire-Bouchon, das eine Sammlung an Korkenziehern aus dem 17. Jahrhundert präsentiert.

③ Lacoste
Nur wenig ist vom Schloss des Marquis de Sade erhalten, der 1778 wegen Perversionen zu zwölf Jahren Gefängnis verurteilt wurde. Dort schrieb er seine Memoiren.

④ Bonnieux
Das Musée de la Boulangerie schildert die Geschichte des Brotbackens. Der Naturlehrpfad durch den Zedernwald ist ein angenehmer Weg.

⑤ Lourmarin
Das Schloss gehörte der Familie der Gräfin von Agoult, die mit Franz Liszt (1811–1886) verheiratet war. Ihre Tochter Cosima heiratete Richard Wagner.

Wildschweine (*Sus scrofa*, franz. *sanglier*) sind bei Jägern und Feinschmeckern begehrt.

Der Uhu (*Bubo bubo*, provenzal. *dugas*) ist die größte europäische Eulenart.

Biber (*Castor fiber*, franz. *castor*) bauen ihre Dämme im Calavon und in der Durance.

Grand Luberon

Östlich der Combe de Lourmarin bildet der Mourre Nègre mit 1125 Metern die höchste Erhebung. Das herrliche Gipfelpanorama ist die Belohnung für mehrere Stunden Aufstieg (parken Sie Ihr Auto bei Auribeau). Diese einmalig schöne Landschaft kennt keinen Besucherrummel. Der Blick vom Gipfel reicht von Digne über das Lure-Gebirge, das Durance-Tal und die Ebene um Apt bis zum Étang de Berre und weiter zum Mont Ventoux.

⓱ Apt

Straßenkarte C3. 11 500.
Avignon. 20, av Philippe de Girard, 04 90 74 03 18. Di, Sa.
luberon-apt.fr

Apt ist das nördliche Tor zum Parc Naturel Régional du Luberon *(siehe S. 174f)*. Informationen zum Park gibt es in der Maison du Parc Naturel Régional, einem einstigen Herrenhaus (17. Jh.).

Im Herzen der Altstadt spielen die Einheimischen auf einem recht hübschen Platz Pétanque. Außerhalb des Orts sieht man Kirschbäume, so weit das Auge reicht.

Das **Musée de l'Aventure Industrielle** zeigt, wie Apt im 18. und 19. Jahrhundert durch die Produktion von kandierten Früchten und irdenem Geschirr prosperierte. Heute ist Apt für kandierte Früchte, Trüffeln, Lavendelessenz und Töpferwaren bekannt. Der samstägliche Markt bietet nicht nur provenzalische Spezialitäten, sondern auch Unterhaltung, etwa Jazz live. Empfehlenswert sind Ausflüge zum nordöstlich gelegenen Ockerfelsen von Rustrel, der schönsten Ockerformation an der Dôa. Sehenswert sind auch einige bizarre Felssporne, die Cheminées des Fées.

Die mittelalterliche **Cathédrale Ste-Anne** liegt im Herzen der Altstadt. Angeblich sollen die Gebeine der hl. Anna im 3. Jahrhundert nach Apt gebracht und vom ersten Bischof der Stadt in der Kathedrale versteckt worden sein. Die erste Seitenkapelle links, die Chapelle Royale, ist nach Anna von Österreich benannt. Nach der Geburt des Thronfolgers unternahm sie eine Wallfahrt nach Apt und stiftete eine Kapelle, die 1670 fertiggestellt wurde. Die Sakristei birgt den Reliquienschrein und eine Standarte vom ersten Kreuzzug (1096–99). Nahebei steht das sehenswerte Hôtel d'Albertas (17. Jh.).

Nördlich der Kirche liegt das **Musée d'Histoire et d'Archéologie**. Zu den Exponaten zählen prähistorische Feuersteine, Werkzeug, Schmuck, gallorömische Inschriften und Mosaiken. Etwas außerhalb von Apt befindet sich das **Observatoire Sirène** – durch die idyllische Lage und die hochmoderne Technologie ein idealer Ort zum Sternegucken.

Stickarbeit aus dem 14. Jahrhundert

🏛 **Maison du Parc**
60, pl Jean Jaurès. 04 90 04 42 00.
Mo – Fr (Mai – Sep: auch Sa).
parcduluberon.fr

🏛 **Musée de l'Aventure Industrielle**
Place du Postel. 04 90 74 95 30.
Juni – Sep: Mo – Sa; Okt – Mai: Di – Sa. Jan, Feiertage.

⛪ **Cathédrale Ste-Anne**
Rue Ste-Anne. 04 90 04 85 44.
Sa. apt-cathedrale.com

🏛 **Musée d'Histoire et d'Archéologie**
27, rue de l'Amphithéâtre. 04 90 74 95 30. nur Gruppenführungen nach Voranmeldung.

🏛 **L'Observatoire Sirène**
D34 Lagarde-d'Apt. 04 90 75 04 17. tägl. nach Voranmeldung. Feiertage. obs-sirene.com

Konfitüre – ein typisches Erzeugnis aus Apt

Hotels und Restaurants in der Vaucluse *siehe Seiten 201 und 215f*

⑱ Cadenet

Straßenkarte C3. 4000. Avignon. 11, pl du Tambour d'Arcole, 04 90 68 38 21. Mo, Sa (Mai–Okt: Bauernmarkt).

Cadenet liegt am Fuß eines Hügels im Durance-Tal. Beachtenswert sind seine Burgruine und die Kirche (14. Jh.). Ihr Taufbecken besteht aus vielmehr römischen Sarkophag. Auf dem Hauptplatz findet im Sommer der *marché paysan* (Bauernmarkt) statt. Hier steht auch die Statue des Trommlers von Arcole, André Estienne, dessen Trommelwirbel 1796 die Österreicher, die Gewehrfeuer zu hören glaubten, zum Rückzug bewog.

Der Trommler von Arcole, Cadenet

⑲ Ansouis

Straßenkarte C3. 1200. Place du Château, 04 90 07 50 29. So. luberoncotesud.com

Von 1160 bis 2008 befand sich der Renaissance-Bau des **Château d'Ansouis** im Besitz der Familie Sabran. Im 13. Jahrhundert wurden alle vier Töchter von Gersende de Sabran und Raymond Bérenger IV – Eléonore, Margaret, Sancy und Béatrice – Herrscherinnen über ein Königreich: Frankreich, England, Rumänien und Neapel. 1298 heiratete Elzéar de Sabran Delphine de Puy, eine reiche Nachfahrin des Vicomte de Marseille. Die beiden gelobten sich ewige Keuschheit und wurden 1369 heiliggesprochen. Der Wehrturm und zwei der vier Türme sind noch erhalten. Im Innern gibt es eine Prunktreppe und einen Wachsaal mit Rüstungen (17.–19. Jh.). Zu den Parkanlagen gehört der im Stil der Renaissance angelegte »Garten Eden«. Sehenswert ist das **Musée Extraordinaire de Georges Mazoyer** südlich des Orts: Die Sammlung provenzalischer Möbel ist in den Kellerräumen eines Hauses aus dem 15. Jahrhundert untergebracht. Im Keller findet man zudem eine Unterwassergrotte.

Château d'Ansouis
04 90 77 23 36. Apr–Okt. Nov–März. chateau-ansouis.com

Musée Extraordinaire de Georges Mazoyer
Rue du Vieux Moulin. 04 90 09 82 64. tägl. nachmittags.

⑳ Pertuis

Straßenkarte C3. 20 000. Le Donjon, place Mirabeau, 04 90 79 15 56. Mi, Fr, Sa. tourismepertuis.fr

Die einstige Hauptstadt des Pays d'Aigues ist heute ein ruhiger Flecken, dessen fruchtbares Umland im Lauf der Zeit an Aix-en-Provence fiel. Hier wurde der Vater des Grafen von Mirabeau geboren, nach dem auch der Platz vor dem Uhrturm (13. Jh.) benannt ist. Die **Église St-Nicolas** wurde im 16. Jahrhundert im gotischen Stil wiederaufgebaut. Sie birgt u. a. ein Triptychon (16. Jh.) und zwei Marmorstatuen (17. Jh.). Südlich davon liegt die zinnenbewehrte **Tour St-Jacques** aus dem 14. Jahrhundert.

Triumphbogenportal der Schlossanlage von La Tour d'Aigues

㉑ La Tour d'Aigues

Straßenkarte C3. 4600. nach Pertuis. Château de la Tour d'Aigues, 04 90 07 50 29. Di. luberoncotesud.com

Das Städtchen am Fuß des Grand Luberon wurde nach einem Wehrturm aus dem 10. Jahrhundert benannt. Das Schloss ist wie das von Lourmarin und das von Ansouis im Stil der Renaissance erbaut. Der Marquis de Cental ließ es auf den Fundamenten einer mittelalterlichen Festung errichten. Das in der Französischen Revolution beschädigte, dem Triumphbogen von Orange *(siehe S. 165)* ähnelnde Portal wurde zum Teil restauriert. Im Keller gibt es zwei Museen, eines zur hiesigen Architektur, das andere zur regionalen Keramikherstellung.

Salle de l'Habitat Rural en Pays d'Aigues & Musée des Faïences et des Céramiques
Caves du Château de La Tour d'Aigues. 04 90 07 42 10. tägl. Sep–Juli: Mo, So vorm.; 25. Dez–1. Jan.

Das Schlafgemach der Herzogin im Château d'Ansouis

Straßenkarte *siehe hintere Umschlaginnenseiten*

Alpes-de-Haute-Provence

Dieser Teil der Provence ist noch weitgehend unberührt, die Luft ist klarer und sauberer als im restlichen Frankreich – deshalb steht hier auch ein wichtiges Observatorium des Landes. Allerdings können Landschaft und Klima in Alpes-de-Haute-Provence erstaunlich rau sein. Mancherorts ist die Entwicklung der Region an der Unzugänglichkeit des Geländes gescheitert. In diesen Gegenden wird die ländliche Tradition auch heute noch gepflegt.

Künstliche Bewässerung hat diese Bergregion in fruchtbares Land verwandelt. Nirgends wächst heute beispielsweise mehr Lavendel als auf dem Plateau de Valensole. Die jungen Pfirsich-, Apfel- und Birnbäume gedeihen nur dank des Wassers der Durance, die seit einiger Zeit durch Staudämme und Wasserkraftwerke genutzt wird. Dies hat nicht nur Arbeitsplätze geschaffen, sondern der gesamten Region Wohlstand beschert.

Eine weitere Entwicklung ist das Kernforschungszentrum Cadarache bei Manosque. Die Einwohnerzahl der Stadt ist binnen Kurzem auf über 20 000 gestiegen und hat so die der Hauptstadt Digne-les-Bains übertroffen. Letztere zieht mit ihrem gesunden Klima seit mehr als 100 Jahren Kurgäste aus aller Welt an und ist mittlerweile bemüht, ihre Attraktivität durch Kunst im öffentlichen Raum weiter zu steigern.

Landschaft und Klima sind nicht ohne Einfluss auf die Geschichte und Architektur dieser Gegend geblieben. Überall thronen majestätische Zitadellen, so etwa in Sisteron, das 1815 von Napoléon erobert wurde, oder in der Grenzstadt Entrevaux. Städte und Häuser sollten Schutz vor den rauen Wintern und dem eisigen Mistral bieten. Für die Unannehmlichkeiten der klimatischen Gegebenheiten wird man allerdings durch Bergseen, hohe Gipfel, wildromantische Täler und die ganze Farbenpracht der Alpenflora reichlich entschädigt.

Zum Trocknen ausgelegte Lavendelbündel, in der Nähe der Gorges du Verdon *(siehe S. 188f)*

◀ Wanderer am Grund der Chambre du Roi, einem der *grés d'Annot*, der steilen Sandsteinfelsen *(siehe S. 191)*

Überblick: Alpes-de-Haute-Provence

Die einsame, zerklüftete Bergregion im Norden der Provence erstreckt sich über annähernd 6500 Quadratkilometer. Mitten durch diese wildromantische Bergwelt fließt die Durance, der wichtigste Fluss der Gegend. Zufluss erhält sie u. a. vom Verdon, der sich seinen Weg durch den europäischen »Grand Canyon«, die Gorges du Verdon, bahnt. Noch urwüchsiger wird die Landschaft im Nordosten, etwa am Mont Pelat im Herzen des Parc National du Mercantour. Weiter südlich liegt das Plateau de Valensole, das im Juli von einem ausgedehnten Lavendelteppich bedeckt wird.

Lavendelfelder auf dem Plateau de Valensole

Sehenswürdigkeiten auf einen Blick

❶ Sisteron
❷ Seyne-les-Alpes
❸ Barcelonnette
❹ Mont Pelat
❺ Colmars
❻ Digne-les-Bains
❼ Les Pénitents des Mées
❽ Lurs
❾ Forcalquier
❿ Manosque
⓫ Gréoux-les-Bains
⓬ Valensole
⓭ Riez
⓯ Moustiers-Ste-Marie
⓰ Castellane
⓱ St-André-les-Alpes
⓲ Annot
⓳ Entrevaux

Tour
⓮ *Gorges du Verdon S. 188f*

Legende
- Autobahn
- Hauptstraße
- Nebenstraße
- Panoramastraße
- Eisenbahn (Nebenstrecke)
- Staatsgrenze
- Regionalgrenze
- △ Gipfel

Gemütliche provenzalische Bar im malerischen alten Ortsteil von Castellane

Weitere Zeichenerklärungen siehe hintere Umschlagklappe

ALPES-DE-HAUTE-PROVENCE | 181

In Alpes-de-Haute-Provence unterwegs

Die Durance weist den Weg in die Haute-Provence. Die A51 von Aix-en-Provence folgt dem Flusslauf bis nach Sisteron. Nationalstraßen führen entlang der Durance Richtung Norden bis zum Lac de Serre-Ponçon und dann Richtung Osten entlang der Ubaye nach Barcelonnette. Auch die Hauptstadt Digne-les-Bains ist über Nationalstraßen gut zu erreichen. Die Eisenbahnlinie folgt ebenfalls der Durance. Sie verbindet Sisteron und Manosque mit Aix-en-Provence.

Der imposante Rocher de la Baume unweit von Sisteron

❶ Sisteron

Straßenkarte D2. 7500.
Hôtel de Ville, 1, place de la République, 04 92 61 36 50. Mi, Sa.
w sisteron.fr

Nähert man sich Sisteron von Norden oder von Süden, erkennt man sofort die militärische Schlüsselstellung der »Pforte zur Provence«. Die Stadt liegt inmitten von Olivenhainen in einem schmalen Tal an der Durance – im Schatten einer imposanten Zitadelle.

Die auf eine mittelalterliche Wehrburg (12. Jh.) zurückgehende **Zitadelle** bietet einen hervorragenden Blick auf das Durance-Tal. Von Juni bis September kann man vom Rathaus mit einem kleinen Zug zur Zitadelle fahren. Wehrturm, Burgverlies, Kapelle sowie Türme und Befestigungsmauern sind noch erhalten. Sie bilden die Kulisse für die *Nuits de la Citadelle*, ein Sommerfest mit Musik, Theater und Tanz. Die Kathedrale **Notre-Dame et St-Thyrse** (1160) auf dem Hauptplatz ist ein typisches Beispiel für provenzalische Romanik.

Typisch provenzalischer Hof unweit von Seyne

Im östlichen Teil befindet sich die Chapelle des Visitandines, sie beherbergt das **Musée Terre et Temps**. Folgen Sie den Schildern in die Altstadt mit ihren *andrônes* genannten, von kleinen Läden, Cafés und Bars gesäumten Treppengässchen. Der **Rocher de la Baume** am anderen Flussufer ist ein beliebter Kletterfelsen.

🏛 La Citadelle
Place de la Citadelle, 04200 Sisteron.
04 92 61 27 57. Apr – 11. Nov: tägl.

❷ Seyne-les-Alpes

Straßenkarte D2. 1300.
Place d'Armes, 04 92 35 11 00.
Di, Fr. **w** seyne-les-alpes.stationverte.com

Das Bergdorf liegt in 1210 Meter Höhe oberhalb der Vallée de la Blanche. Auf den Weiden grasen Pferde und Maultiere. Alljährlich findet hier ein Pferde- und Maultiermarkt statt.

Von **Notre-Dame-de-Nazareth** (13. Jh.), einer romanischen Kirche mit gotischen Portalen, Sonnenuhr und großer Fensterrose, führt ein Weg zur **Zitadelle**, die 1693 von Vauban errichtet wurde und einen Wachturm aus dem 12. Jahrhundert umschließt. Die Skigebiete St-Jean, Le Grand Puy und Chabanon machen Seyne zu einem beliebten Wintersportort.

❸ Barcelonnette

Straßenkarte E2. 3000.
Place Frédéric Mistral, 04 92 81 04 71. Mi, Sa. **w** barcelonnette.com

Im abgeschiedenen Ubaye-Tal liegt inmitten eines Halbrunds schneebedeckter Berge die nördlichste Stadt der Provence. Kopfsteinpflaster, Cafés und Restaurants sowie Souvenirläden, die regionale Spezialitäten verkaufen, prägen das Bild von Barcelonnette, das 1231 nach seinem Gründer Raymond Béranger V, dem Grafen von Barcelona und der Provence, benannt wurde. Die umliegenden Berge verleihen dem Ort ein Schweizer Ambiente – jedoch

Die Zitadelle von Sisteron hoch über dem Durance-Tal

Hotels und Restaurants in Alpes-de-Haute-Provence *siehe Seiten 201 und 216f*

Napoléon in der Provence

Napoléon wusste bei seiner Rückkehr aus dem Exil, dass ihn sein Weg nach Paris über Sisteron führen würde. Am 1. März 1815 schiffte er sich auf Elba ein und landete mit 1026 Soldaten im Golfe de Juan.

Von dort wollte er über Grenoble nach Norden ziehen. Seine erste Zwischenstation war Grasse, wo ihm die Menschen alles andere als wohlgesonnen waren. Napoléon und seine Getreuen ließen Wagen, Kanonen und Pferde zurück und bewältigten auf Trampelpfaden schwierigstes Gelände und rund 1000 Meter Höhenunterschied. In Digne aß er im Hôtel du Petit Paris zu Mittag. Die Nacht verbrachte er im Château Malijai, wo er auf Nachricht von der Royalisten-Bastion Sisteron wartete. Er hatte Glück: Die Zitadelle war unbewacht – am 5. März zog er, freundlich begrüßt, in die Stadt ein. Eine Gedenktafel in der Rue du Jeu-de-Paume erinnert daran.

Napoléon überquert die Alpen (1800) von Jacques-Louis David

Eine der vielen, ganz unterschiedlichen Villen in Barcelonnette

mit deutlichen mexikanischen Einflüssen. Da die Gebrüder Arnaud mit der Textilherstellung in Barcelonnette nicht genügend Geld verdienten, versuchten sie – gefolgt von vielen anderen – ihr Glück in Mexiko. Nach ihrer Rückkehr Anfang des 20. Jahrhunderts wurden ringsherum prunkvolle Villen errichtet.

In einer dieser Villen ist das **Musée de la Vallée** untergebracht, das sich mit der mexikanischen Verbindung befasst. Vier Filialen verteilen sich im Ubaye-Tal auf St-Paul, Jausiers, Pontis und Le Lanzet. Im Sommer öffnet hier außerdem ein Informationsstand für den Parc National du Mercantour, der sich entlang der italienischen Grenze bis zu den Alpes Maritimes *(siehe S. 101)* erstreckt und wegen seiner Flora, Fauna und zwei archäologischen Stätten sehenswert ist.

Musée de la Vallée
10, av de la Libération. 04 92 81 27 15. Mi – Sa nachmittags (Juli, Aug: tägl.). Mitte Nov – Mitte Dez. Sommer.

❹ Mont Pelat
Thorame-Verdon. Colmars, Allos. Place de la Coopérative, Allos, 04 92 83 02 81. valdallos.com

Der Berg ist mit 3050 Metern der höchste in den provenzalischen Alpen. Auch ringsum sieht man imposante Berge und Pässe, von denen einige bis in den Juni hinein gesperrt sind. Im Osten liegt beispielsweise der Col de Cayolle (2327 m) an der D2202, im Westen der Col d'Allos (2250 m) an der D908. Südlich des Mont Pelat, im Herzen des Parc National du Mercantour, erstreckt sich der idyllisch gelegene, kristallklare Lac d'Allos umringt von schneebedeckten Gipfeln. Mit einer Fläche von 50 Hektar ist er der größte Bergsee in Europa.

Die Gegend bietet noch einen weiteren Superlativ: Mit einer Passhöhe von 2862 Metern ist auch die Cime de la Bonette an der D64 nordöstlich des Mont Pelat in Europa unübertroffen. Von hier aus hat man den wohl schönsten Blick auf die umliegenden Berge.

Der höchste Pass Europas, die Cime de la Bonette

Straßenkarte *siehe hintere Umschlaginnenseiten*

❺ Colmars

Straßenkarte E2. 340. Ancienne Auberge Fleurie, 04 92 83 41 92. Di, Fr (Juni – Sep).
w colmars-les-alpes.fr

Die ungewöhnlich gut erhaltene befestigte Stadt liegt zwischen zwei mittelalterlichen Wehrburgen. Von der begehbaren, zwölf Meter breiten Stadtmauer blickt man auf holzgedeckte Dächer. Die Stadt wurde nach dem Hügel *collis Martis* benannt, auf dem sie errichtet wurde. Dort stand einst ein römischer Marstempel. Die Befestigungsanlage stammt von Vauban. Im Norden der Stadt führt eine Straße zur gut erhaltenen Festung **Fort de Savoie** (17. Jh.). Von der Porte de France gelangt man zu den Ruinen des Fort de France.

Im Sommer kann man sich entweder auf den *soleillades* (»Sonnenfänger«) genannten Holzbalkonen entspannen oder auf einer Bergwanderung die Landschaft genießen. Von Colmars führt eine 30-minütige Wanderung bis zum Wasserfall Cascade de la Lance.

Fort de Savoie
04370 Colmars. 04 92 83 41 92. Juli, Aug: nachmittags; Sep: nur nach Vereinbarung. obligatorisch.

Das mächtige Fort de Savoie überragt den Ort Colmars eindrucksvoll

❻ Digne-les-Bains

Straßenkarte D2. 18.000. Place du Tampinet, 04 92 36 62 62. Mi, Sa. **w** ot-dignelesbains.fr

Die Hauptstadt des Département verfügt über heiße Quellen und ist seit der Zeit der Römer ein beliebter Kurort. Zahlreiche Kurgäste erhoffen sich im Etablissement Thermal südöstlich der Stadt Heilung. Großzügig angelegte Straßen wie der nach dem einheimischen Mathematiker und Astronomen Pierre Gassendi (1592 –1655) benannte Boulevard Gassendi machen die Stadt sehr angenehm.

Straßenplastik in Digne

Jedes Jahr im August findet hier, in der *capitale de la Lavande*, das bekannte Lavendelfest (siehe S. 229) statt. In letzter Zeit hat sich die Stadt zu einem bedeutenden Zentrum für moderne Plastiken entwickelt, die man an vielen Ecken im Ort sehen kann.

Das **Musée Gassendi** zeigt Gemälde französischer, italienischer und holländischer Meister (16.–19. Jh.), Werke zeitgenössischer Künstler sowie wissenschaftliche Instrumente aus dem 19. Jahrhundert. Zu den porträtierten Persönlichkeiten des Orts zählt Alexandra David-Néel, eine furchtlose Weltenbummlerin, die 1969 mit 101 Jahren verstarb. Ihr Haus, *Samten-Dzong* (»Meditationsburg«), ist heute die **Maison Alexandra David-Néel** mit einem tibetischen Kulturzentrum. Am nördlichen Ende des Boulevard Gassendi steht die **Grande Fontaine** aus dem 19. Jahrhundert. Dahinter liegt der älteste Teil der Stadt. Die imposante Kathedrale **Notre-Dame-du-Bourg** (1200 –1330) ist die größte romanische Kirche der Provence mit einer Krypta, die aus der Römerzeit datiert.

Sehenswert ist außerdem der **Jardin des Cordeliers** in einem ehemaligen Nonnenkloster. Hier findet man eine große Sammlung einheimischer Pflanzen und Heilkräuter sowie einen Sinnesgarten.

Musée Gassendi
64, bd Gassendi. 04 92 31 45 29. Mi – Mo. Feiertage; 25. Dez – 2. Jan. **w** musee-gassendi.org

Maison Alexandra David-Néel
27, av Maréchal Juin. 04 92 31 32 38. tägl. (nur Führungen). Juli – Sep: 3-mal tägl. (Okt – Juni: Mo).
w alexandra-david-neel.com

Jardin des Cordeliers
Couvent des Cordeliers, av Paul Martin. 04 92 31 59 59. März – Nov: Mo – Fr. Feiertage.

Hotels und Restaurants in Alpes-de-Haute-Provence *siehe Seiten 201 und 216f*

❼ Les Pénitents des Mées

Straßenkarte D3. ✈ Marseille. 🚆 St-Auban. 🚌 Les Mées. ℹ 21, bd de la République, 04 92 34 36 38.

Eine der eigenartigsten geologischen Formationen dieser Region sind die Pénitents des Mées, eine mehr als 100 Meter hohe und über zwei Kilometer lange Felsgruppe, bei der es sich um zu Stein erstarrte Mönche handeln soll. Der Sage zufolge hatten die Mönche des Lure-Gebirges einige maurische Frauen, die zur Zeit der Sarazenenkriege im 6. Jahrhundert in die Hände eines Edelmanns gefallen waren, etwas zu begierig angestarrt und waren zur Strafe von dem in einer nahe gelegenen Höhle hausenden Eremiten St-Donat in Felsen verwandelt worden. An der Nordseite der Felsen liegt das Dorf Les Mées. Von der Kapelle St-Roch aus kann man die bizarre Felsformation am besten sehen.

Blick auf die bizarr geformten Pénitents des Mées

❽ Lurs

Straßenkarte D3. 🏔 390. 🚌 La Brillane. ℹ Apr – Sep: Seminaire, 04700 Lurs, 04 92 79 10 20; Okt – März: Mairie, 04 92 79 95 24.

Die Stadt fiel im 9. Jahrhundert auf Befehl Karls des Großen an die Bischöfe von Sisteron und die Fürsten von Lurs. Anfang des 20. Jahrhunderts war sie fast unbewohnt, erst nach dem Zweiten Weltkrieg siedelten sich wieder Menschen an, vor allem Drucker und Grafiker, die jedes Jahr bei einem Wettbewerb von sich reden machen.

Man betritt die von einer mittelalterlichen Stadtmauer umgebene Altstadt durch die Porte d'Horloge. Nördlich des restaurierten Schlosses der Fürstbischöfe beginnt die von 15 Kapellen gesäumte, 300 Meter lange **Promenade des Évêques** (»Straße der Bischöfe«), die zur Kirche Notre-Dame-de-Vie führt. Letztere lohnt allein wegen des Blicks auf Mohnfelder und Olivenhaine sowie auf das Durance-Tal einen Abstecher.

Fährt man die N96 Richtung Norden, erreicht man die **Prieuré de Ganagobie** (12. Jh.). Die Kirche birgt wunderschöne, nach byzantinischem Vorbild gestaltete Mosaiken. Die Mönche lesen täglich Messen, an denen Besucher teilnehmen können.

🏛 **Prieuré de Ganagobie**
N96, 04310. 📞 04 92 68 00 04. 🕑 Di – Sa nachmittags, So.

Fußbodenmosaik in der Prioratskirche (12. Jh.) von Ganagobie

Le Train des Pignes

Ein besonderes Erlebnis ist eine Fahrt auf dem Chemin de Fer de Provence von Digne-les-Bains bis Nizza – auf einem der wenigen erhaltenen Teilstücke eines zwischen 1891 und 1911 erbauten Schienennetzes, das ursprünglich die Côte d'Azur mit den Alpen verbinden sollte. Heute verkehrt der von einer Diesellok gezogene, aus zwei Waggons bestehende Train des Pignes ganzjährig viermal täglich. Er befördert Besucher wie Einheimische auf dem Weg zur Arbeit. Langsam ruckelt er die eingleisige Strecke entlang, an der tosenden Asse de Moriez vorbei, über 16 Viadukte, 15 Brücken und durch 25 Tunnel.

Die mitunter holprige Fahrt führt durch wunderschöne Landstriche, beispielsweise zwischen St-André-les-Alpes und Annot, wo man die *grés d'Annot* sieht *(siehe S. 191)*. Die einfache Fahrt dauert ca. drei Stunden und kann bei Bedarf unterbrochen werden. Ein Zwischenstopp empfiehlt sich in Entrevaux *(siehe S. 191)*. Tickets sind unter 04 92 03 80 80 (von Nizza aus) oder 04 92 31 01 58 (von Dignes-les-Bains aus) erhältlich (online unter: www.trainprovence.com).

Skriptorium im Couvent des Cordeliers in Forcalquier

❾ Forcalquier

Straßenkarte C3. 🚶 5000. 🚌
ℹ 13, pl du Bourguet, 04 92 75 10 02.
🛒 Mo, Do. 🌐 haute-provence-tourisme.com

In dem Städtchen unter der Burgruine und der Wallfahrtskapelle Notre-Dame-de-Provence (19. Jh.) erinnert nur noch die Altstadt an die Blütezeit Forcalquiers als eigener Staat und Hauptstadt der Region. Der Wochenmarkt lockt Künstler und Handwerker an.

Außer einigen Fassaden ist lediglich ein Tor, die Porte des Cordeliers, erhalten. Im benachbarten Couvent des Cordeliers (1236) sind die Grafen von Forcalquier beigesetzt.

Das **Musée Départemental Ethnologique** im nahen Mane dokumentiert eindrucksvoll die wechselvolle Geschichte der Menschen der Haute-Provence und ihrer Kultur.

Das **Observatoire de Haute-Provence** wurde südlich der Stadt errichtet, nachdem hier die sauberste Luft und die geringste Nebelbildung von ganz Frankreich festgestellt worden waren.

🏛 **Musée Départemental Ethnologique**
N100, Mane. 📞 04 92 75 70 50.
🕐 tägl. (Nov: nur So). ⬤ Jan, 24., 25., 31. Dez. 🎟 Gruppen. 📷

✉ **Observatoire de Haute-Provence**
St-Michel l'Observatoire. 📞 04 92 70 64 00. 🗓 Ostern – 1. Nov: Mi nachmittags. 📷 🌐 obs-hp.fr

❿ Manosque

Straßenkarte C3. 🚶 22 000. 🚆 🚌
ℹ Place du Docteur Joubert, 04 92 72 16 00. 🛒 Sa.
🌐 manosque-tourisme.com

Die Stadt verdankt dem Kernforschungszentrum Cadarache Wohlstand, aber auch ein hohes Verkehrsaufkommen. In der Fußgängerzone sind zwei Tore (13. und 14. Jh.) erhalten: die Porte Saunerie und die Porte Soubeyrand. Der Parfumladen in der Rue Grande war einst das Atelier, in dem die Mutter des Schriftstellers Jean Giono (siehe S. 32) arbeitete, der erste Stock war das Reich seines Vaters. Das Leben des Autors wird im **Centre Jean Giono** erläutert. Der 1907 in Syrien geborene Maler Jean Carzou malte das **Couvent de la Présentation** mit apokalyptischen Allegorien aus.

🏛 **Centre Jean Giono**
3, bd Elémir Bourges. 📞 04 92 70 54 54. 🕐 Di – Sa. ⬤ So, Mo, Feiertage, 25. Dez – 2. Jan. 📷
🌐 centrejeangiono.com

🏛 **Couvent de la Présentation**
9, bd Elémir Bourges. 📞 04 92 87 40 49. 🕐 Apr – Aug: Di – So; Okt – Mai: Mi – Sa nachmittags. ⬤ 23. Dez – 3. Jan. 📷

⓫ Gréoux-les-Bains

Straßenkarte D3. 🚶 2000. 🚌
ℹ 7, pl Hôtel de Ville, 04 92 78 01 08.
🛒 Di, Do. 🌐 greoux-les-bains.com

Die Heilkräfte der Thermalquellen waren bereits den Römern bekannt. Auch heute noch sprudeln im Etablissement Thermal im Osten des Dorfs an der Avenue du Verdon stündlich 100 000 Liter heißes, schwefelhaltiges Wasser aus dem Boden.

Wie die meisten Kurorte hat auch Gréoux das Ambiente der Blütezeit im 19. Jahrhundert bewahrt. Die Ruine einer Tempelritter-Burg wird mittlerweile als Open-Air-Theater genutzt.

Lavendel und Lavendin

Die berühmteste Pflanze der Provence überzieht das Plateau de Valensole jedes Jahr im Juli mit einem lavendelblauen Teppich. Der hier seit dem 19. Jahrhundert angebaute Lavendel deckt 80 Prozent des weltweiten Bedarfs. Die Ernte dauert bis September. Dann werden die Pflanzen zwei bis drei Tage getrocknet und zum Destillieren gegeben.

Seit die Hybridpflanze Lavendin immer mehr an Bedeutung gewinnt, dient der echte Lavendel überwiegend der Herstellung von Parfum, während Lavendin den Duftstoff für Seifen liefert.

Lavendelernte in der Haute-Provence

Hotels und Restaurants in Alpes-de-Haute-Provence siehe Seiten 201 und 216f

ALPES-DE-HAUTE-PROVENCE | 187

Plateau de Valensole, eines der größten Lavendelanbaugebiete der Provence

Das Museum **Le Petit Monde d'Émilie** zeigt 148 Miniaturen von 1832 bis heute, darunter Puppen, Trachten und Modelleisenbahnen.

Le Petit Monde d'Émilie
16, av des Alpes. 04 92 78 16 52. Apr – Aug: Mo – Fr nachmittags (Gruppen tägl. nach Vereinbarung). Feiertage. Gruppen.

Gallorömisches Bad mit korinthischen Säulen in Gréoux-les-Bains

⓬ Valensole

Straßenkarte D3. 3000. Place des Héros de la Résistance, 04 92 74 90 02. Sa. **valensole.fr**

Das Zentrum von Frankreichs größtem Lavendelanbaugebiet liegt am Rand des Plateau de Valensole und wird von einer gotischen Kathedrale mit mächtigen Türmen überragt. Hier wurde im Jahr 1763 Admiral Villeneuve, der glücklose Gegner von Admiral Nelson in der Schlacht von Trafalgar, geboren.

Überall wird selbst gemachter Lavendelhonig verkauft. Im **Musée Vivant de l'Abeille** wird der Alltag einer Honigbiene anhand von Fotos und Videos anschaulich erklärt. Im Sommer kann man Bienenstöcke besichtigen und Imkern bei der Arbeit zusehen.

Musée Vivant de l'Abeille
Route de Manosque. 04 92 74 85 28. Di – Sa. Feiertage.

⓭ Riez

Straßenkarte D3. 1700. Place de la Mairie, 04 92 77 99 09. Mi, Sa. **ville-riez.fr**

Am Rand des Plateau de Valensole liegt auch dieser urwüchsige Ort, in dem Keramik, *santons*, Honig und Lavendel verkauft werden. Der Glanz vergangener Tage spiegelt sich in den vielen eleganten Renaissance-Fassaden der Herrenhäuser in der Altstadt wider. Durch die Porte Ayguière (spätes 13. Jh.) gelangt man in die ruhige Allee Grand Rue. Besonders schön sind die Fassaden der Anwesen Nr. 27 und 29.

Sehenswert sind die Überreste eines römischen Apollotempels aus dem 1. Jahrhundert n. Chr. Sie stehen auf freiem Feld unweit des Colostre-Ufers. Hier siedelte einst die *Colonia Julia Augusta Apollinaris Reiorum*. Am anderen Ufer findet man ein seltenes Beispiel merowingischer Architektur: ein kleines Baptisterium (5. Jh.).

Riez besitzt erstaunlich viele Brunnen für seine Größe. Die Fontaine Benoîte gegenüber der Porte Sanson stammt von 1819, es existierte an dieser Stelle jedoch bereits im 15. Jahrhundert ein Brunnen. Die Fontaine de Blanchon aus dem 17. Jahrhundert wird von einer unterirdischen Quelle gespeist. Vor der Zeit der Antibiotika und Impfstoffe wurden hier die Kleider der Kranken gewaschen.

Vom Wasser der Fontaine de Saint-Maxime, das sich aus einer Quelle speist, hieß es einst, dass es heilende Kräfte für die Augen habe.

Versteinerung eines Stelzvogels im Fremdenverkehrsbüro in Riez

Straßenkarte *siehe hintere Umschlaginnenseiten*

Tour: Gorges du Verdon

Die atemberaubenden Gorges du Verdon zählen zu den Naturwundern Frankreichs. Der Verdon, ein Zufluss der Durance, hat sich bis zu 700 Meter tief in den Fels gegraben. Für die gesamte Schlucht braucht man mindestens einen Tag, es gibt aber eine kurze Route, auf der man die Hauptattraktionen zu sehen bekommt. Den westlichen Eingang zur Schlucht bildet Moustiers-Ste-Marie, den östlichen Castellane. Autofahrer müssen sich auf Haarnadelkurven und enge Straßen direkt neben dem Abgrund einstellen. Außerdem ist die Fahrbahn manchmal bis in das späte Frühjahr hinein vereist.

Wanderer oberhalb einer Schlucht

⑤ **La Palud-sur-Verdon**
Geführte Wanderungen starten beim Dorf La Palud, der »Hauptstadt« der Schlucht.

④ **Moustiers-Ste-Marie**
Die Stadt ist für ihre Fayencen bekannt *(siehe S. 190)*.

Blumenschmuck, Moustiers

Legende
— Routenempfehlung
= Andere Straße
✲ Aussichtspunkt

③ **Aiguines**
Das liebevoll restaurierte Schloss (17. Jh.) oberhalb des Dorfs bietet einen schönen Blick auf den Lac de Ste-Croix.

Routeninfos
Länge: 113 km.
Rasten: In La Palud-sur-Verdon finden sich einige Cafés. Zum Mittagessen empfiehlt sich Moustiers-Ste-Marie. Castellane bietet mit einigen Hotels und Campingplätzen gute Übernachtungsmöglichkeiten.

Das tiefblaue Wasser des riesigen Lac de Ste-Croix

Hotels und Restaurants in Alpes-de-Haute-Provence *siehe Seiten 201 und 216f*

Outdoor-Aktivitäten

Seit Isadore Blanc (1875–1932) die Gorges du Verdon 1905 erstmals vollständig durchfuhr, zieht die Schlucht Abenteuerlustige an. Hier kommen Wanderer, Kletterer, Kanuten und Wildwasserfahrer voll auf ihre Kosten *(siehe S. 231f)*. Doch Vorsicht: Der Fluss ist nicht überall befahrbar, und die teilweise reißende Strömung erschwert das Steuern an manchen Stellen ganz erheblich!

Wildwasser-Rafting auf dem reißenden Verdon

Isadore Blanc, Erkunder der Schlucht

⑥ Point Sublime
Dies ist einer der besten Aussichtspunkte. Beschilderte Wege führen in die Schlucht hinab. In den langen Tunneln ist eine Taschenlampe erforderlich.

① Castellane
Ein Uhrturm und ein Tor sind in der Altstadt des beliebten Urlaubsorts noch erhalten *(siehe S. 190)*.

Pont de Tusset

Blick über die wildromantische Verdon-Schlucht

② Pont de l'Artuby
Parken Sie am Anfang oder Ende der Brücke (100 m lang) über den Artuby, und genießen Sie das herrliche Panorama. Die Brücke zieht Bungee-Jumper magisch an.

⓯ Moustiers-Ste-Marie

Straßenkarte D3. 🏔 700. 🚌
ℹ Place de l'Église, 04 92 74 67 84.
🛒 Fr vormittags; Handwerksmarkt (Juli, Aug). 🌐 moustiers.eu

Die Lage des kleinen Orts ist atemberaubend: Seine Häuser wurden unterhalb zerklüfteter Felsen direkt an den Abgrund gebaut. Im Zentrum ragt der dreistöckige Glockenturm der Pfarrkirche auf. Von hier führt ein Weg in Serpentinen hinauf zur Chapelle Notre-Dame-de-Beauvoir mit Panoramablick auf die Gorges du Verdon (siehe S. 188f).

Auf der anderen Seite der Schlucht ist ein Felseinschnitt, über den sich eine Eisenkette (227 m) mit einem fünfzackigen goldenen Stern spannt. Dieser wurde 1957 erneuert. Es heißt, der Vorgänger sei im 13. Jahrhundert vom Kreuzritter Baron Blacas zum Dank für seine Befreiung aus sarazenischer Gefangenschaft (siehe S. 46) gestiftet worden.

Moustiers ist wegen seiner Lage und der berühmten Fayencen äußerst beliebt. Historische Stücke findet man im **Musée de la Faïence**. Reproduktionen sind in der Stadt erhältlich. Das neue **Musée de la Préhistoire** in Quinson (40 km südlich) ist ein Muss.

🏛 Musée de la Faïence
Le Village, Moustiers-Ste-Marie. 📞 04 92 74 61 64. 🕒 Apr – Okt: Mi – Mo (Juli, Aug: tägl.); Nov – März: Sa, So nachmittag. ⬤ Jan.

Die Chapelle Notre-Dame-du-Roc auf einem Felsen hoch über Castellane

⓰ Castellane

Straßenkarte D3. 🏔 1600. 🚌
ℹ Rue Nationale, 04 92 83 61 14.
🛒 Mi, Sa. 🌐 castellane.org

Der Ort zählt zu den Besuchermagneten der Gorges du Verdon. Im Sommer wimmelt es im Ortszentrum nur so von Gästen. Castellane und die umliegenden Campingplätze werden von einem 180 Meter hohen Felsen überragt, auf dem die 1703 errichtete Kapelle **Notre-Dame-du-Roc** thront. Hinter der Kirche führt ein Weg steil nach oben. Für die Anstrengung (Gehzeit: 30 Min.) wird man mit herrlicher Aussicht belohnt.

Castellane war einst eine Befestigungsanlage, deren Bewohner mehrere Invasionen abwehrten. Das Ende der Belagerung durch die Hugenotten 1586 wird jährlich mit einem Feuerwerk anlässlich der Fête des Pétardiers gefeiert (letzter Sa im Jan).

Die Befestigungsanlagen wurden im 14. Jahrhundert erneuert, nachdem der größte Teil der aus der Römerzeit stammenden Stadt in die Verdon-Schlucht abgestürzt war. Das Leben spielt sich auf der von kleinen, traditionsreichen Hotels gesäumten zentralen Place Marcel Sauvaire ab.

Von der Stadtmauer sind lediglich die Tour Pentagonale und ein kleines Teilstück der alten Mauer – gleich hinter der Église St-Victor (12. Jh.) auf dem Weg hinauf zur Kapelle – erhalten.

Fayencen aus Moustiers

Die wichtigste Periode der Fayence-Töpferei von Moustiers dauerte von 1679 bis Ende des 18. Jahrhunderts, als bereits ein Dutzend Manufakturen diese Tongefäße mit Zinnglasur herstellten. Dann kam der Niedergang und 1874 das endgültige Aus. Erst 1925 erweckte Marcel Provence das Handwerk wieder zum Leben. Er fertigte Fayencen nach der ursprünglichen Methode, seither wird diese Tradition in Moustiers fortgeführt.

Ihren charakteristischen Glanz verdanken die Moustiers-Fayencen Antoine Clérissy, einem hiesigen Töpfer, der das Geheimnis der Herstellung von einem italienischen Mönch erfahren hatte. Mit der Einführung spanischer Glasurtechniken wurden ab 1738 leuchtend bunte Blumenmotive populär.

Viele Töpfer pflegen die Tradition in unterschiedlicher Perfektion. Man kann ihnen in den Werkstätten zusehen.

Glasierte Fayence-Terrine aus Moustiers

Enge Straßen in Moustiers

⓱ St-André-les-Alpes

Straßenkarte D3. 920.
Place Marcel Pastorelli, 04 92 89 02 39. Mi, Sa.

Der beliebte Ferienort liegt am sandigen Nordufer des Lac de Castillon, direkt am Zusammenfluss von Isolde und Verdon. Das in der Nähe entstandene Paradies für Rafter, Kajakfahrer, Kanuten, Schwimmer und Angler ist der Aufstauung des Verdon durch den 90 Meter hohen Barrage de Castillon zu verdanken.

Lavendelfelder und Obstbäume prägen das Bild des reizvollen Hinterlands von St-André. Paragliding ist in dieser Gegend so beliebt, dass einer der hier ansässigen Winzer seinen Wein mittlerweile als »Wein der Adler« verkauft.

⓲ Annot

Straßenkarte E3. 1040.
Place du Germe, 04 92 83 23 03.
Di. annot.com

Annot liegt im Vaïre-Tal, an der Strecke des Train des Pignes (siehe S. 185), und besitzt einen geradezu alpenländischen Charme. Das Gelände wird von zahllosen Gebirgsbächen durchzogen. Zerklüftete Felsen und eine Reihe tiefer Felshöhlen prägen das wildromantische Landschaftsbild.

Viele Einheimische haben ihre Häuser unmittelbar an die senkrecht stehenden Sandsteinfelsen, die sogenannten grés d'Annot, gebaut. Die Altstadt beginnt gleich hinter der Hauptstraße. Zu sehen gibt es eine romanische Kirche und enge Straßen mit hohen Häusern, deren ursprüngliche Fensterstürze aus dem 15. bis 18. Jahrhundert bis heute erhalten sind.

Eine romantische Fahrt bietet im Sommer an fast jedem Sonntag ein von einer Dampflokomotive gezogener Zug aus der Belle Époque (1909) zwischen Puget-Théniers und Annot.

Ein steiler Zickzackpfad führt zur Zitadelle von Entrevaux

⓳ Entrevaux

Straßenkarte E3. 950.
Porte Royale du Pont-Levis, 04 93 05 46 73. Fr. entrevaux.info

Wenn man die Zugbrücke überquert und das Städtchen durch die imposante Porte Royale betritt, versteht man, warum Entrevaux »Märchenstadt« genannt wird. Das Tor zur Ville Forte wird von zwei Türmen, Porte de France und Porte d'Italie, eingerahmt.

Die 1690 von Vauban entworfenen Anlagen machten Entrevaux zu einer der am besten befestigten Städte an der Grenze zwischen Frankreich und Savoyen. Sogar die Kathedrale (17. Jh.) wurde geschickt in die turmbewehrte Stadtmauer integriert.

Im Gegensatz zu den meisten anderen Wehrburgen wurde die Zitadelle nicht auf einer Anhöhe errichtet, sondern auf einem einzeln aufragenden Felsen 135 Meter oberhalb des Orts. Das letzte Mal war sie im Ersten Weltkrieg in Gebrauch: als Gefängnis für deutsche Offiziere. Sie ist über einen steilen Zickzackpfad zu erreichen.

Häuser in Annot – direkt an riesige Sandsteinfelsen gebaut

ZU GAST IN DER PROVENCE

Hotels	**194 – 201**
Restaurants	**202 – 219**
Shopping	**220 – 223**
Unterhaltung	**224 – 229**
Themenferien und Aktivurlaub	**230 – 233**

Hotels

Über einen Mangel an Hotels kann man sich in der Provence nicht beklagen. In manchen Gegenden reihen sich Unterkünfte dicht aneinander. Die Spanne reicht von Luxushotels wie dem InterContinental Carlton in Cannes bis hin zu *chambres d'hôtes* (B & Bs) auf dem Land, die zumeist für Herzlichkeit, Ruhe und gute Küche bürgen. Bei Selbstversorgern sind Ferienwohnungen beliebt. Es gibt zudem Jugendherbergen und Campingplätze. Die Hotelauswahl auf den Seiten 198–201 umfasst Unterkünfte aller Preisklassen.

Hotelsuche

Die Provence und die Côte d'Azur bieten Quartiere für alle Ansprüche. Seit Jahrhunderten werden Fremde in den Dörfern und Hafenstädtchen mehr oder weniger luxuriös beherbergt. Einige der schönsten und preisgünstigsten Unterkunftsmöglichkeiten an der Küste findet man beiderseits des Var zwischen Toulon und St-Tropez. Extravagant wird es erst weiter östlich, zwischen Fréjus und Menton, aber auch dort gibt es Unterkünfte für jeden Geschmack und Geldbeutel: vom exklusiven Cap-Eden-Roc am Cap d'Antibes, dem Lieblingshotel vieler Filmstars, bis zum Hôtel des Arcades (15. Jh.) in Biot.

Auch die größeren Städte im Hinterland können eine Vielzahl von Hotels vorweisen – von alten Patrizierhäusern in Aix-en-Provence und Arles bis zu einfachen Gasthöfen im Luberon und im Département Var. Boutique-Hotels und luxuriöse *chambres d'hôtes* (B & Bs) sind mittlerweile sehr beliebt. Bisweilen handelt es sich um umgebaute Landhäuser und mittelalterliche Priorate inmitten von Lavendelfeldern.

Palmenbeschatteter Pool des Pastis Hotel St-Tropez *(siehe S. 199)*

Wer sich nach Ruhe sehnt, sollte sein Quartier weiter nördlich in der wildromantischen Haute-Provence suchen, etwa in einem Château, einer *auberge* oder einem *relais de poste* mit rustikalem Ambiente und guter Küche.

Ländliche Idylle findet man in den Bergen des Département Var, im Luberon-Nationalpark oder in den Ausläufern des Mont Ventoux, exquisitere Unterkünfte dagegen in der Universitätsstadt Aix, im früheren Papstsitz Avignon oder auch in der Römerstadt Arles.

Das von manchen gemiedene Marseille ist trotz allem eine pulsierende, kosmopolitische Großstadt mit ausgezeichneten Hotels und Restaurants.

Hoteltypen

Unter den berühmten Luxushotels der Provence sind einige der spektakulärsten Häuser Frankreichs, viele davon am Mittelmeer oder in herrlicher Berglage im Hinterland. Sie bieten meist viele Sport- und Wellnessmöglichkeiten, Privatstrände und Top-Restaurants.

Aufgrund ihrer Kunstaffinität bietet die Region einige der schicksten Boutique-Hotels und B & Bs, viele mit exotischem oder minimalistischem Interieur von bekannten Designern. Meist findet man sie in Städten und Ferienorten. Sie haben modernste Annehmlichkeiten, etwa iPods oder Wellness-Duschen. Zudem bieten sie Beauty- und Wellness-Behandlungen.

In der Provence und an der Côte d'Azur finden sich schöne historische Hotels und charmante B & Bs. Sie liegen in Burgen, Höfen, Klöstern, mittelalterlichen Gasthäusern oder Mühlen. Hier erfahren Gäste

Zimmer im luxuriösen InterContinental Carlton, Cannes *(siehe S. 198)*

◀ Antiquitätengeschäft in L'Isle-sur-la-Sorgue *(siehe S. 169)*

die reiche Vergangenheit der Region. Die Zimmer sind oft mit Antiquitäten ausgestattet, viele Establissements befinden sich in alten Parkanlagen oder Gärten.

Für Reisende mit Kindern sind Familienhotels ideal. Teilweise bieten sie miteinander verbundene Zimmer an. Zahlreiche Landhotels haben auch Bungalowapartments speziell für Familien. Meist liegen sie in der Nähe des Pools.

Traditionelle Hotels oder Gasthöfe sind oft noch familiengeführt. Man findet sie fast in jedem Dorf, die Atmosphäre ist entspannt. Das Hotel ist meist der Treffpunkt des Orts, Speisesaal und Bar stehen auch Nicht-Gästen offen. Der jährlich aktualisierte Führer Logis de France (in Tourismusbüros erhältlich) listet auberges mit ein oder zwei Sternen auf, die meist auf regionale Küche spezialisiert sind. Viele liegen auf dem Land und sind einfach ausgestattet. Einige findet man auch in den Städten. Doch abseits bekannter Pfade stößt man am ehesten auf charmante Höfe und preisgünstige Hotels in Meerlage.

Wer außerhalb von Städten günstige, moderne Unterkünfte sucht, ist mit Hotelketten wie **Campanile** und **Ibis** gut beraten. Sie bieten verlässliche Standards und können online oder telefonisch mit Kreditkarte gebucht werden.

Neuere Hotelketten richten sich an Geschäftsreisende. Man findet sie meist in größeren Städten. **Sofitel**, **Novotel** und **Mercure** haben Häuser in Aix-en-Provence, Nizza, Marseille und Avignon.

Hotelpreise

In vielen Hotels richtet sich der Zimmerpreis nach Aussicht, Größe, Einrichtung und sanitärer Ausstattung. Einzelzimmer kosten in der Regel genauso viel wie Doppelzimmer. Die Preise gelten pro Zimmer, nicht pro Person. Mehrwertsteuer und Bedienung sind außer bei Vollpension (pension) und Halbpension (demi-pension) inbegriffen, nicht dagegen das

La Bastide de Voulonne, Cabrières d'Avignon-Gordes (siehe S. 201)

Frühstück. In abgelegeneren Gegenden ist Halbpension oft obligatorisch – und auch nötig, wenn das Hotel das einzige Restaurant des Orts besitzt. Für nur eine Übernachtung haben viele Hotels Paketangebote: Zimmer, Abendessen und Frühstück (soirée étape). In der Hochsaison bevorzugen einige populäre Hotels am Meer Gäste, die Halbpension buchen.

In der Nebensaison (Okt – März) fallen die Preise. Viele Hotels schließen monatelang und öffnen erst an Ostern wieder. Bei Festen und Festivals (siehe S. 36 – 39 und 228f) erreichen die Preise allerdings wieder Hochsaison-Level. Bei den Hotels an der Küste gibt es in der Nebensaison günstige Pauschalangebote. Informieren Sie sich online: Viele berühmte Hotels haben dann fantastische Angebote – auch die Luxushotels an der Côte d'Azur müssen im Winter ihre Zimmer an die Gäste bringen.

Offizielle Kategorien

Französische Hotels werden in fünf Kategorien eingeteilt: von einem bis fünf Sternen. Die Sterne geben Auskunft über die Ausstattung und den Komfort, nicht aber über Sauberkeit, Atmosphäre und Freundlichkeit des Personals.

So kommt es, dass einige der reizvollsten Hotels nur wenige Sterne haben, während hochkarätigere sich als unpersönliche Massenabfertigungsbetriebe entpuppen.

B & Bs

Die altmodischen familiären und preisgünstigen Pensionen der Provence sind mittlerweile aus dem Landschaftsbild verschwunden. An ihrer Stelle entstanden die chambres d'hôtes (B & Bs). Man findet sie in allen Varianten, darunter auch sehr edle Angebote, die an das Preisniveau von Vier-Sterne-Hotels heranreichen. Viele dieser B & Bs bieten auch table d'hôte (Abendessen nach Vereinbarung). In Tourismusbüros gibt es eigene Listen mit solchen Etablissements, viele sind auch bei **Gîtes de France** registriert und werden entsprechend kontrolliert und kategorisiert.

Für Familien bieten sich Ferien auf dem Bauernhof an. Für Kinder ist es meist ein großes Abenteuer, Tiere aus nächster Nähe zu erleben. Informationen erhält man auch den Websites von **Accueil Paysan en Provence Alpes Côte d'Azur** und **Bienvenue à la Ferme**.

Treppe und Glasaufzug im Hotel du Cap-Eden-Roc (siehe S. 198)

Zimmer im romantischen Jardins Secrets, Nîmes *(siehe S. 200)*

Ausstattung

Die Ausstattung variiert je nach Lage und Kategorie. In abgelegeneren Gegenden verfügen die meisten Hotels über ein Restaurant im Haus und fast alle über einen Frühstücksraum oder eine Terrasse. Viele der Drei-Sterne-Hotels haben einen Swimmingpool. Hotels auf dem Land bieten genügend Gästeparkplätze, die Hotels in den Städten zum Teil Tiefgaragen oder eigene bewachte Parkplätze – in Städten wie Marseille und Nizza ein Muss, da Autodiebstähle ein Problem darstellen.

Viele Unterkünfte sind dadurch entstanden, dass man alte Gebäude in Hotels umgebaut hat. Das verleiht dem Hotel zwar einen gewissen Charme, kann aber auch bedeuten, dass Strom und Wasser machen, was sie wollen, und nachts merkwürdige Geräusche zu hören sind. Bei Hotels an der Hauptstraße oder am Hauptplatz sollte man für einen erholsamen Schlaf ein rückwärtig liegendes Zimmer buchen. Die meisten Hotels und *chambres d'hôtes* bieten kostenloses WLAN – zumindest in den öffentlichen Bereichen.

Auch in der Provence wird morgens das schmale französische Frühstück serviert, im Sommer oft im Freien. Abendessen gibt es bis 21 Uhr. An Sonntagen ist das Restaurant vieler Hotels abends geschlossen. Die Zimmer sollten am Abreisetag bis 12 Uhr geräumt sein – sonst zahlen Sie extra.

Reservierung

In der Hochsaison (Juni – Sep) muss man im Voraus buchen, vor allem in den beliebten Hotels an der Küste. Oft wird eine Anzahlung verlangt. In der Nachsaison kann man auch noch am Anreisetag vor Ort ein Zimmer finden, es empfiehlt sich jedoch, sich vorher telefonisch zu vergewissern, ob das Hotel geöffnet hat. Informieren Sie sich im Internet: Viele Hotels haben günstige Angebote bei Online-Buchungen.

Ferienwohnungen

Die Provence ist ideal für Selbstversorger. Agenturen bieten unterschiedlichste Unterkünfte an – von Cottages im Hinterland bis zu Apartments und Strandbungalows. Einer der besten Anbieter ist **Gîtes de France** mit seinem Hauptbüro in Paris. Hier erhalten Sie Listen von Unterkünften in jedem Département, die Sie wochenweise mieten können.

Der Eigentümer einer *gîte* wohnt üblicherweise in der Nähe, ist meist herzlich, spricht aber selten Fremdsprachen. Erwarten Sie von einer *gîte* (Ferien-Cottage) keinen Luxus. Die einfachen Unterkünfte sind allerdings eine gute Möglichkeit, das provenzalische Leben kennenzulernen. Auf den Websites von **Clévacances** und **Inter Chalet** gibt es preiswerte *gîtes* und Apartments.

Jugendherbergen

Für Alleinreisende sind Jugendherbergen die preisgünstigste – und oft gar nicht mal so komfortarme – Alternative. In der Provence gibt es neun Jugendherbergen, alle unter den Schirm von **Hostelling International**. Erforderlich ist lediglich ein von Ihrem Jugendherbergsverband ausgestellter Mitgliedsausweis oder ein Ausweis von *Ajiste*, den Sie in jeder Jugendherberge einer französischen Universitätsstadt erhalten. Das **Centre Régional Information Jeunesse (CRIJ)** versorgt Interessenten auch mit Details zum studentischen Leben und bietet Informationen hinsichtlich preiswerter Studentenunterkünfte.

Camping

Camping war in der Provence schon immer beliebt und ist auch heute noch eine preisgünstige Möglichkeit, Land und Leute kennenzulernen. Die Ausstattung reicht von einfachen Plätzen auf einem Feld oder einem Weinberg bis hin

Camping in der Provence – eine Option für Preisbewusste

zu wahren Campingparadiesen, vornehmlich an der Côte d'Azur, die über Extras wie Erlebnisschwimmbad, Satelliten-TV und zahlreiche andere Einrichtungen verfügen.

Der **Deutsche Camping-Club** informiert ebenfalls über Campingreisen in die Provence.

Einige Plätze akzeptieren nur Gäste mit einem *camping carnet*, das etwa bei der **Fédération Française de Camping et de Caravaning** erhältlich ist.

Behinderte Reisende

Die überwiegend alten provenzalischen Hotels sind meist nur bedingt behindertengerecht. Größere Hotels verfügen in der Regel über einen Lift, auch das Personal ist behinderten Gästen gern behilflich. Viele Ferienanlagen und B&Bs bieten zumindest ein geeignetes Zimmer. Ein Verzeichnis entsprechender Hotels erhalten Sie von der **Association des Paralysés de France (APF)**. Infos erteilt auch das **Groupement pour l'Insertion des Personnes Handicapées Physiques (GIHP)**.

Hotelkategorien

Die Hotelauswahl *(siehe S. 198–201)* dieses Reiseführers ist nach Regionen geordnet. Um Ihnen die Auswahl zu erleichtern, wurden die Unterkünfte verschiedenen Kategorien zugeordnet: Boutique, klassisch, familienfreundlich, Luxus und historisch. Alle gelisteten provenzalischen Hotels wurden wegen ihrer Qualität und, in einigen Fällen, auch wegen ihres günstigen Preises ausgewählt. Alle Übernachtungsmöglichkeiten bieten ein bisschen mehr als nur ein Bett für die Nacht.

Die **Vis-à-Vis-Tipps** listen besondere Häuser auf – Hotels mit schönen Zimmern, historischem Flair, überdurchschnittlichem Service, grandiosem Ausblick, einem tollen Spa, familiärer Atmosphäre – oder einer Kombination aus allem.

Halbschattiger Pool von La Bonne Étape, Château-Arnoux *(siehe S.201)*

Auf einen Blick

Hoteltypen

Atout France – Französische Zentrale für Tourismus
Postfach 100128,
60001 Frankfurt am Main
(Anfragen nur per E-Mail oder Fax: 069-74 55 56).
W de.rendezvousenfrance.com
W de.franceguide.com

Campanile
W campanile.com

Ibis, Novotel, Sofitel, Mercure
C 08 25 88 00 00 (Frankreich).
W accorhotels.com

B&Bs

Accueil Paysan en Provence Alpes Côte d'Azur
W accueil-paysan-paca.com

Bienvenue à la Ferme
W bienvenue-a-la-ferme.com

Ferienwohnungen

Clévacances
W clevacances.com

Gîtes de France
59, rue St-Lazare,
75009 Paris.
C 01 49 70 75 75.
W gites-de-france.com

Inter Chalet
Heinrich-v.-Stephan-Straße 25, 79100 Freiburg.
C (0761) 21 00 77.
W interchalet.de

Jugendherbergen

Deutsches Jugendherbergswerk
Bismarckstraße 8,
32756 Detmold.
C (05231) 74 010.
W jugendherberge.de

CRIJ Côte d'Azur
19, rue Gioffredo,
06000 Nizza.
C 04 93 80 93 93.
W crijca.fr

CRIJ Provence Alpes
96, la Canebière,
13001 Marseille.
C 04 91 24 33 50.
W crijpa.com

Hostelling International
W hihostels.com

Camping

Deutscher Camping-Club e.V.
Mandlstr. 28,
80802 München.
C (089) 380 14 20.
W camping-club.de

Fédération Française de Camping et de Caravaning
78, rue de Rivoli,
75004 Paris.
C 01 42 72 84 08.
W ffcc.fr

Behinderte Reisende

APF
9, bd Auguste Blanqui,
75013 Paris.
C 01 53 62 84 00.
W apf.asso.fr

GIHP
32, rue de Paradis,
75010 Paris.
C 01 43 95 66 36.
W gihpnational.org

Bundesverband Selbsthilfe Körperbehinderter
Altkrautheimer Straße 20, 74238 Krautheim.
C (06294) 428 10.
W bsk-ev.org

Hotelauswahl

Riviera und Alpes Maritimes

ANTIBES: Mas Djoliba €€
Familienfreundlich SK E3
29, av Provence, 06600
☎ 04 93 34 02 48
🌐 hotel-djoliba.com
Charmantes, altmodisches Bauernhaus mit Terrasse und Palmen am Swimmingpool.

**BEAULIEU-SUR-MER:
La Réserve de Beaulieu** €€€
Luxus SK F3
5, bd du Maréchal Leclerc, 06310
☎ 04 93 01 00 01
🌐 reservebeaulieu.com
Das elegante Hotel mit Spa hat einen fabelhaften Pool am Meer.

BIOT: Hôtel des Arcades €
Historisch SK E3
16, pl des Arcades, 06410
☎ 04 93 65 01 04
🌐 hotel-restaurant-les-arcades.com
Die kleinen, aber komfortablen Zimmer des Gasthauses (15. Jh.) sind gemütlich.

CANNES: Blue Riva €
Klassisch SK E4
35, rue Hoche, 06400
☎ 04 93 38 33 67
🌐 hotel-blueriva.com
Preisgünstiges Hotel mit hellen Zimmern. Kostenloses WLAN.

**CANNES:
InterContinental Carlton** €€€
Luxus SK E4
58, la Croisette, 06400
☎ 04 93 06 40 06
🌐 intercontinental-carlton-cannes.com
Mondänes Hotel im Art-déco-Stil mit atemberaubenden Suiten und schönem Privatstrand.

**CAP D'ANTIBES:
La Gardiole et La Garoupe** €
Familienfreundlich SK E3
60–74, chemin de la Garoupe, 06160
☎ 04 92 93 33 33
🌐 hotel-lagaroupe-gardiole.com
Einfache Zimmer in einem Gebäude aus den 1920er Jahren.

**CAP D'ANTIBES:
Hotel du Cap-Eden-Roc** €€€
Luxus SK E3
Boulevard Kennedy, 06601
☎ 04 93 61 39 01
🌐 hotel-du-cap-eden-roc.com
Der Rückzugsort an der Riviera für die Reichen und Berühmten bietet Luxussuiten, Apartments und Cabanas (Hütten) am Meer.

ÈZE: Hermitage du Col d'Èze €
Klassisch SK F3
1951, av des Diables Bleus, 06360
☎ 04 93 41 00 68
🌐 ezehermitage.com
Preisgünstiges Hotel mit Blick auf die Berge. Kostenloses WLAN.

ÈZE: La Chèvre d'Or €€€
Luxus SK F3
Rue du Barri, 06360
☎ 04 92 10 66 66
🌐 chevredor.com
Das vornehme Hotel hat individuell eingerichtete Zimmer.

**JUAN-LES-PINS:
Hotel des Mimosas** €
Klassisch SK E4
Rue Pauline, 06160
☎ 04 93 61 04 16
🌐 hotelmimosas.com
Freundliches, altmodisches Hotel mit komfortablen Zimmern.

MENTON: Hotel Napoléon €€€
Klassisch SK F3
29, porte de France, 06500
☎ 04 93 35 89 50
🌐 napoleon-menton.com
Helle, zeitgemäße Zimmer mit Blick aufs Meer und auf die Berge.

**MONACO:
Novotel Monte Carlo** €€
Familienfreundlich SK F3
16, bd Princesse Charlotte, 98000
☎ 00 377 99 99 83 00
🌐 novotel.com
Elegantes Hotel mit allen modernen Annehmlichkeiten.

MONACO: Hôtel Hermitage €€€
Luxus SK F3
Square Beaumarchais, 98000
☎ 00 377 98 06 40 00
🌐 hotelhermitage montecarlo.com
Das opulente Belle-Époque-Hotel besitzt ein eindrucksvolles Foyer.

Preiskategorien	
Die Preise gelten für ein Standard-Doppelzimmer pro Nacht (Hochsaison), inklusive Steuern und Service.	
€	unter 125 Euro
€€	125 – 250 Euro
€€€	über 250 Euro

NIZZA: Hotel Windsor €
Boutique SK F3
11, rue Dalpozzo, 06000
☎ 04 93 88 59 35
🌐 hotelwindsornice.com
Das Haus bietet ein kunstvoll gestaltetes Ambiente und einen hübschen Garten mit Pool.

NIZZA: Le Négresco €€€
Luxus SK F3
37, promenade des Anglais, 06000
☎ 04 93 16 64 00
🌐 hotel-negresco-nice.com
Gediegenes Hotel, ausgestattet mit prächtigen Kunstwerken.

**ST-JEAN-CAP-FERRAT:
La Fregate** €
Klassisch SK F3
11, av Denis Séméria, 06230
☎ 04 93 76 04 51
🌐 hotellafregate.jimdo.com
Familiengeführtes Hotel mit einfachen, schönen Zimmern.

Vis-à-Vis-Tipp

**ST-JEAN-CAP-FERRAT:
Royal Riviera** €€€
Luxus SK F3
3, av Jean Monnet, 06230
☎ 04 93 76 31 00
🌐 royal-riviera.com
Von dem 1904 errichteten Gebäude hat man einen wunderbaren Blick auf die »Milliardärsbucht«. Das stilvolle Hotel verfügt über elegant eingerichtete Zimmer. Freundliches Personal und tadelloser Service.

Frühstückstisch mit Meerblick im Le Négresco, Nizza

Hotelkategorien *siehe Seite 197*

ST-PAUL-DE-VENCE:
Hostellerie les Remparts €
Historisch SK E3
72, rue Grande, 06570
📞 04 93 24 10 47
🌐 hostellerielesremparts.com
Das charmante Hotel verströmt mittelalterliches Flair, bietet aber zeitgemäßen Komfort.

ST-PAUL-DE-VENCE:
Le Saint Paul €€€
Luxus SK E3
86, rue Grande, 06570
📞 04 93 32 65 25
🌐 lesaintpaul.com
Ruhiges, kunstvoll gestaltetes Anwesen mit opulenten Zimmern. Ausgezeichnetes Restaurant.

VENCE: Hôtel Villa Roseraie €
Boutique SK E3
128, av Henri Giraud, 06140
📞 04 93 58 02 20
🌐 villaroseraie.com
Das Stadthotel im Belle-Époque-Stil mit schickem Dekor besitzt einen schönen Garten mit Pool.

VILLEFRANCHE-SUR-MER:
Hôtel Versailles €€
Familienfreundlich SK F3
7, av Princesse Grace, 06230
📞 04 93 76 52 52
🌐 hotelversailles.com
Das hübsche, moderne Haus bietet einen wunderbaren Ausblick und ein exzellentes Restaurant.

Var und Îles d'Hyères

BORMES-LES-MIMOSAS:
Domaine du Mirage €€
Familienfreundlich SK D4
38, rue de la Vue des Îles, 83230
📞 04 94 05 32 60
🌐 domainedumirage.com
Gebäude im viktorianischen Stil mit einigen Familienzimmern.

COLLOBRIÈRES:
Hôtel des Maures €
Klassisch SK D4
19, bd Lazare Carnot, 83310
📞 04 94 48 07 10
🌐 hoteldesmaures.fr
Das Hotel mit den freundlichen Zimmern ist in Familienbesitz. Famoses klassisches Restaurant mit mediterraner Küche.

FAYENCE:
Moulin de la Camandoule €€
Historisch SK E3
Chemin de Notre-Dame-des-Cyprès, 83440
📞 04 94 76 00 84
🌐 camandoule.com
Hier gibt es provenzalische Zimmer in einer Olivenölmühle (15. Jh.). Exzellentes Restaurant.

FOX-AMPHOUX:
Auberge du Vieux Fox €
Historisch SK D3
Place de l'Église, 83670
📞 04 94 80 71 69
Kleine, gemütliche Zimmer in einem mittelalterlichen Gasthaus.

FRÉJUS: Hôtel L'Aréna €€
Klassisch SK E4
139–145, rue Gén. de Gaulle, 83600
📞 04 94 17 09 40
🌐 hotel-frejus-arena.com
Das stilvolle Hotel strahlt warmes, mediterranes Flair aus. Englischer Landschaftsgarten.

GRIMAUD VILLAGE:
Hostellerie du Côteau Fleuri €
Klassisch SK E4
Place des Pénitents, 83310
📞 04 94 43 20 17
🌐 coteaufleuri.fr
Idyllisches Landgasthaus mit überwältigendem Ausblick. Exzellentes Restaurant mit Terrasse.

ÎLE DE PORQUEROLLES:
Hôtel Résidence Les Mèdes €€
Familienfreundlich SK D5
Rue de la Douane, 83400
📞 04 94 12 41 24
🌐 hotel-les-medes.fr
Elegant eingerichtete Zimmer und Apartments.

ÎLE DE PORT-CROS:
Le Manoir €€€
Historisch SK D5
Île de Port-Cros, 83400
📞 04 94 05 90 52
🌐 hotel-lemanoirportcros.com
In dem alten, romantischen Herrenhaus gibt es einen herzlichen Empfang und köstliche Speisen.

LA CADIÈRE-D'AZUR:
Hostellerie Bérard & Spa €€
Historisch SK C4
6, rue Gabriel Péri, 83740
📞 04 94 90 11 43
🌐 hotel-berard.com
Die hellen, geräumigen Zimmer liegen in einem Kloster (11. Jh.).

LA CELLE: L'Hostellerie de l'Abbaye de la Celle €€€
Luxus SK D4
10, pl du Général de Gaulle, 83170
📞 04 98 05 14 14
🌐 abbaye-celle.com
Erstklassige Zimmer und fabelhaftes Restaurant in einem Kloster aus dem 12. Jahrhundert.

PORT-GRIMAUD:
Hôtel le Suffren €€
Familienfreundlich SK E4
16, pl du Marché, 83310
📞 04 94 55 15 05
🌐 hotelleriedusoleil.com
Das Hotel am Meer bietet freundliche, geräumige Zimmer.

Gemütliches, hübsch möbliertes Zimmer im Pastis Hotel, St-Tropez

SEILLANS:
Hôtel des Deux Rocs €
Historisch SK E3
1, pl Font d'Amont, 83440
📞 04 94 76 87 32
🌐 hoteldeuxrocs.com
Das familienfreundliche Herrenhaus (18. Jh.) hat ein gutes Restaurant mit mediterraner Küche.

ST-TROPEZ: Lou Cagnard €€
Klassisch SK E4
18, av Paul Roussel, 83990
📞 04 94 97 04 24
🌐 hotel-lou-cagnard.com
Hotel mit hübschen Zimmern und überwuchertem Garten.

ST-TROPEZ:
Château de la Messardière €€€
Luxus SK E4
Route de Tahiti, 83990
📞 04 94 56 76 00
🌐 messardiere.com
Zu den Annehmlichkeiten des prächtigen Hotels gehören Spa, Pool und ein Gourmetrestaurant.

Vis-à-Vis-Tipp

ST-TROPEZ:
Pastis Hotel St-Tropez €€€
Boutique SK E4
6, av du Général Leclerc, 83990
📞 04 98 12 56 50
🌐 pastis-st-tropez.com
Das lauschige Refugium bietet einen Mix aus modernen und altmodischen Elementen. Der Palmengarten ist die perfekte Kulisse für ein Frühstück oder einen Schlummertrunk.

TOULON: Ibis Styles Toulon Centre Congrès €
Familienfreundlich SK D4
Place Besagne, 83000
📞 04 98 00 81 00
🌐 accorhotels.com
Dekor in hellen, freundlichen Farben. Babysitter-Service.

SK = Straßenkarte *siehe hintere Umschlaginnenseiten*

TOURTOUR:
L'Auberge St-Pierre €
Familienfreundlich SK D3
534, chemin de Fontfiguière, 83690
04 94 50 00 50
aubergesaintpierre.com
Ländliche Ruhe in einem Bauernhaus aus dem 16. Jahrhundert.

Bouches-du-Rhône und Nîmes

AIX-EN-PROVENCE:
Hôtel Saint Christophe €
Familienfreundlich SK C4
2, av Victor Hugo, 13100
04 42 26 01 24
hotel-saintchristophe.com
Dies ist ein erstklassiges Hotel mit Art-déco-Flair und einer belebten, traditionellen Brasserie.

AIX-EN-PROVENCE:
Hôtel Cézanne €€
Boutique SK C4
40, av Victor Hugo, 13100
04 42 91 11 11
cezanne.hotelaix.com
Edles Hotel mit kunstvollem Dekor. Sehr gutes Frühstücksbüfett.

ARLES:
Hôtel de l'Amphithéâtre €
Familienfreundlich SK B3
5–7, rue Diderot, 13200
04 90 96 10 30
hoteldelamphitheatrearles.com
Reizvoll gestaltetes Hotel mit freundlichem Personal.

ARLES: Hôtel Calendal €€
Klassisch SK B3
5, rue Porte de Laure, 13200
04 90 96 11 89
lecalendal.com
Die Zimmer sind hell und sonnig. Sehr schönes Spa.

Vis-à-Vis-Tipp

ARLES: L'Hôtel Particulier €€€
Historisch SK B3
4, rue de la Monnaie, 13200
04 90 52 51 40
hotel-particulier.com
Das hübsche Herrenhaus mit aristokratischem Touch besitzt einen ummauerten Garten mit Swimmingpool. Die eleganten Zimmer weisen Antikmöbel auf. Erstklassiges Spa und Hammam. Perfekter Service.

CASSIS: Le Clos des Arômes €
Klassisch SK C4
10, rue Abbé Paul Mouton, 13260
04 42 01 71 84
le-clos-des-aromes.com
Ruhiges provenzalisches Hotel mit entzückendem Garten.

Farbenfrohes Interieur im Hôtel Cézanne, Aix-en-Provence

FONTVIEILLE: Villa Régalido €€
Boutique SK B3
118, av Frédéric Mistral, 13990
04 90 54 60 22
laregalido.com
Hotel in einer umgebauten Ölmühle mit luxuriösen Zimmern.

LES BAUX-DE-PROVENCE:
L'Hostellerie de la Reine Jeanne €
Klassisch SK B3
Grande Rue, 13520
04 90 54 32 06
la-reinejeanne.com
Einfache, schöne Zimmer mit Panoramablick über Les Baux.

LES BAUX-DE-PROVENCE:
La Cabro d'Or €€€
Luxus SK B3
Route d'Arles, Carita, 13520
04 90 54 33 21
lacabrodor.com
Das Landhaus in idyllischer Lage besitzt ein sehr gutes Restaurant.

MARSEILLE:
Hôtel Saint-Ferréol €
Klassisch SK C4
19, rue Pisançon, 13000
04 91 33 12 21
hotel-stferreol.com
Modernes Hotel mit kleinen, zweckmäßigen Zimmern.

MARSEILLE: Hôtel la Résidence du Vieux Port €€
Boutique SK C4
18, quai du Port, 13002
04 91 91 91 22
hotel-residence-marseille.com
Hotel am Meer im Stil der 1950er Jahre. Kostenloses WLAN.

MARSEILLE:
Sofitel Marseille Vieux Port €€
Klassisch SK C4
36, bd Charles Livon, 13007
04 91 15 59 00
sofitel-marseille-vieuxport.com
Luxus mit minimalistischem Dekor und Blick auf den Vieux Port.

NÎMES: Hôtel des Tuileries €
Klassisch SK A3
22, rue Roussy, 30000
04 66 21 31 15
hoteldestuileries.com
Preisgünstiges, zentral gelegenes Hotel mit freundlichen Besitzern.

NÎMES: Jardins Secrets €€€
Boutique SK A3
3, rue Gaston Maruejols, 30000
04 66 84 82 64
jardinssecrets.net
Stilvolles, romantisches Hotel mit antikem Mobiliar. Sehr gutes Frühstück. Gartenoase mit Pool.

STES-MARIES-DE-LA-MER:
Hôtel de Cacharel €€
Historisch SK A4
Route de Cacharel, 13460
04 90 97 95 44
hotel-cacharel.com
Beliebtes Landhotel, perfekt ausgestattet für Reiterferien.

STES-MARIES-DE-LA-MER:
Mas de la Fouque €€€
Boutique SK A4
Route du Petit Rhône, 13460
04 90 97 81 02
masdelafouque.com
Luxushotel mit Spa und herrlichem Blick auf den Naturpark Camargue. Grandioses Restaurant.

SALON-DE-PROVENCE:
Abbaye de Sainte-Croix €€
Historisch SK B3
Route de Val de Cuech, 13300
04 90 56 24 55
hotels-provence.com
Rustikale Zimmer in einem Kloster (12. Jh.). Schöner Ausblick von der Terrasse mit Pool.

ST-RÉMY-DE-PROVENCE:
Hôtel l'Amandière €
Klassisch SK B3
Avenue Théodore Aubanel, 13210
04 90 92 41 00
hotel-amandiere.com
Ein Rückzugsort mit rustikalem Charme. Schöne Gartenanlage.

ST-RÉMY-DE-PROVENCE:
Le Mas des Carassins €€
Familienfreundlich SK B3
1, chemin Gaulois, 13210
04 90 92 15 48
masdescarassins.com
Bauernhaus mit eleganten Zimmern und gepflegtem Garten.

VILLENEUVE-LÈS-AVIGNON:
La Magnaneraie €€
Historisch SK B3
37, rue Champ de Bataille, 30400
04 90 25 11 11
magnaneraie.najeti.fr
Kultiviertes Hotel mit Garten und Restaurant in einer ehemaligen Seidenspinnerei (15. Jh.).

Vaucluse

AVIGNON: Bristol Hotel €€
Klassisch SK B3
44, cours Jean Jaurès, 84000
📞 04 90 16 48 48
🌐 bristol-avignon.com
Freundliches, zweckmäßiges Hotel im Stadtzentrum mit Familienzimmern sowie Garage.

AVIGNON: Hôtel d'Europe €€
Historisch SK B3
12, pl Crillon, 84000
📞 04 90 14 76 76
🌐 heurope.com
Das opulente Gebäude (16. Jh.) ist mit Möbeln aus dieser Zeit ausgestattet. Im Garten steht ein schöner Brunnen.

AVIGNON: La Mirande €€€
Luxus SK B3
4, pl de l'Amirande, 84000
📞 04 90 14 20 20
🌐 la-mirande.fr
Der prächtige ehemalige Kardinalssitz in der Nähe des Papstpalasts wurde perfekt im Stil des 18. Jahrhunderts renoviert.

Vis-à-Vis-Tipp
CABRIÈRES D'AVIGNON-GORDES:
La Bastide de Voulonne €€
Familienfreundlich SK B3
Cabrières d'Avignon, 84220
📞 04 90 76 77 55
🌐 bastide-voulonne.com
Das von schönen Ländereien umgebene Anwesen (18. Jh.) ist ein idealer Rückzugsort für die ganze Familie. Vom beheizten Pool und von der Terrasse aus hat man einen herrlichen Blick auf das Luberon-Massiv. Das Haus verfügt über drei Familiensuiten. Es gibt erstklassige *tables d'hôte*. Zudem werden themenorientierte Aufenthalte angeboten.

GORDES: Le Mas de Romarin €€
Historisch SK C3
Route de Sénanque, 84220
📞 04 90 72 12 13
🌐 masromarins.com
Das bezaubernde Landhaus (18. Jh.) verfügt über typisch provenzalische Steinöfen.

LOURMARIN: Villa Saint-Louis €
Historisch SK C3
35, rue Henri de Savournin, 84160
📞 04 90 68 39 18
🌐 villasaintlouis.com
Das gemütliche B & B liegt in einer hübschen Villa (18. Jh.).

PERNES-LES-FONTAINES:
Mas de la Bonoty €
Historisch SK B3
355, chemin de la Bonoty, 84210
📞 04 90 61 61 09
🌐 bonoty.com
Das renovierte Bauernhaus (17. Jh.) liegt inmitten von Lavendelfeldern und Olivenhainen.

SÉGURET:
Domaine de Cabasse €€
Klassisch SK B2
Route de Sablet, 84110
📞 04 90 46 91 12
🌐 cabasse.fr
Gemütliche Zimmer in einem Weingut. Erstklassiges Restaurant mit Weinproben für die Gäste.

VAISON-LA-ROMAINE:
Le Mas d'Hélène €
Klassisch SK B2
Quartier Chante Coucou, 84110
📞 04 90 36 39 91
🌐 lemasdhelene.com
Zimmer im provenzalischen Stil mit modernem Komfort.

VAISON-LA-ROMAINE:
Les Tilleuls d'Élisée €
Historisch SK B2
1, av Jules Mazen, 84110
📞 04 90 35 63 04
🌐 vaisonchambres.info
Das zauberhafte B & B residiert in einem Bauernhaus.

Alpes-de-Haute-Provence

CASTELLANE:
Nouvel Hôtel du Commerce €
Familienfreundlich SK D3
Place Marcel Sauvaire, 04120
📞 04 92 83 61 00
🌐 hotel-du-commerce-verdon.com
Das exzellente Hotel bietet reizende Zimmer sowie ein schönes Gartenrestaurant.

Vis-à-Vis-Tipp
CHÂTEAU-ARNOUX:
La Bonne Étape €€
Klassisch SK D2
Chemin du Lac, 04160
📞 04 92 64 00 09
🌐 bonneetape.com
Das Hotel von Jany Gleize ist in einer ehemaligen Poststation (18. Jh.) untergebracht. Der Rückzugsort mit einem beheizten Swimmingpool ist von Olivenhainen umgeben. In den zwei hervorragenden Restaurants werden die Erzeugnisse aus dem riesigen Biogarten verwendet.

FORCALQUIER: Charembeau €
Historisch SK C3
Route de Niozelles, 04300
📞 04 92 70 91 70
🌐 charembeau.com
Das Bauernhaus (18. Jh.) ist von sanften Hügeln umgeben. Köstliches Frühstück.

MOUSTIERS-STE-MARIE:
La Bonne Auberge €
Klassisch SK D3
Rue Principale »Le Village«, 04360
📞 04 92 74 66 18
🌐 bonne-auberge-moustiers.com
Das preiswerte Hotel bietet helle Zimmer nahe den atemberaubenden Gorges du Verdon.

MOUSTIERS-STE-MARIE:
La Bastide de Moustiers €€€
Boutique SK D3
Chemin de Quinson, 04360
📞 04 92 70 47 47
🌐 bastide-moustiers.com
Das rustikale Gasthaus (17. Jh.) mit attraktivem Garten bietet großartige Aussicht auf die Berge. Alain-Ducasse-Restaurant.

REILLANNE:
Auberge de Reillanne €
Historisch SK C3
D214, Le Pigonnier, 04110
📞 04 92 76 45 95
🌐 auberge-de-reillanne.com
Das ruhige Landhaus mit hübschen Gärten weist geräumige, schön möblierte Zimmer auf.

Swimmingpool der Domaine de Cabasse, Séguret

SK = Straßenkarte *siehe hintere Umschlaginnenseiten*

Restaurants

Die Gaumenfreuden tragen wesentlich zur Attraktivität dieser sonnenverwöhnten Region bei. Die Küste ist bekannt für feine Fischrestaurants. Die besten findet man in Marseille und Nizza. Echt provenzalische Küche bekommt man im Hinterland, z. B. in den Dörfern der Départements Var und Vaucluse. In den Tälern der Haute-Provence ist die Küche zwar weniger raffiniert, aber nicht minder schmackhaft. Typische Spezialitäten sind Wild und Trüffeln. Da den Südländern das Essen heilig ist, herrscht mittags und abends eine geradezu unheimliche Ruhe auf den Straßen der Ortschaften. Mittagessen gibt es etwa von 12 bis 14 Uhr, Abendessen zwischen 19 und 22 Uhr. Cafés und Bars in den Städten haben aber auch länger geöffnet *(siehe S. 218f)*.

Restaurants

In ländlichen Gegenden gibt es die *ferme auberge*, einen einfachen, zu einem Bauernhof oder Weingut gehörenden Gasthof mit gutem Essen, häufig aus regionalen Produkten. Am oberen preislichen Ende stehen Gastro-Paläste, wo berühmte Küchenchefs *haute cuisine* zelebrieren. In eher zeitgenössisch orientierten Restaurants kombinieren die Köche frische lokale Produkte und machen daraus innovative Gerichte. Provenzalische Restaurants sind auf traditionelle Rezepte der Region spezialisiert. In klassischen Restaurants findet man auch die Klassiker wie Steak und *moules-frites* – oder *escargots* und *tournedos Rossini* in edleren Etablissements. Bistros und Brasserien sind weniger formell und oft den Tag über als abends geöffnet. Es gibt viele Ethno-Küchen, besonders häufig: Pizzerien.

Preise

Die Preise in der Provence, vor allem an der Côte d'Azur, sind relativ hoch. Ein Großteil der Restaurants bietet Menüs an, die preiswerter sind als Essen à la carte. Das Mittagsmenü ist meist günstig. Für etwa 15 bis 20 Euro bekommt man schon eine Mahlzeit (inkl. Wein). Im Hinterland muss man für ein Abendessen pro Person rund 40 Euro rechnen, an der Küste sind gute Restaurants abends teurer. In den Luxusrestaurants an der Côte d'Azur kostet ein Abendessen mindestens 70 Euro pro Person, dafür bekommt man aber auch qualitativ gutes Essen.

Gaststätten sind verpflichtet, die Preise am Eingang auszuhängen. Die Bedienung ist inklusive, dennoch wird ein Trinkgeld (ca. fünf Prozent) erwartet. Wer mit Kreditkarte zahlt, hat mit Visa und MasterCard die geringsten Probleme. Die Bezahlung mit girocard ist in Frankreich unüblicher als in Deutschland oder Österreich.

Reservierung

In die noblen Luxusrestaurants an der Côte d'Azur kommt man nur mit einer Reservierung. In der Hochsaison gilt eine Reservierung teilweise auch für ganz normale Lokale.

Essen im Freien: Brasserie Les Deux Garçons in Aix *(siehe S. 219)*

Speisekarte

Ein Menü besteht meist aus drei bis vier Gängen, der Käse wird vor dem Dessert gegessen. Manche Restaurants auf dem Land servieren sechs Gänge – ein stundenlanges Vergnügen. Heutzutage hat man auch bei Festpreismenüs Wahlmöglichkeiten beim *entrée* (Vorspeise), Hauptgang und Dessert. Gastro-Tempel servieren bei einem *menu de dégustation* (Probiermenü) meist viele kleine, dafür hervorragende Gänge.

Das *entrée* besteht meist aus Salat, Pastete, Suppe oder Schalentieren. Als Hauptgang gibt es entweder Lamm, Huhn, Fisch oder Wild nach Saison. Kaffee wird nach dem Dessert serviert. Wünschen Sie dazu Milch, bestellen Sie *café au lait* oder *café crème*.

Weinauswahl

Wein ist in der Provence praktisch ein Grundnahrungsmittel, selbst im kleinsten Lokal hat man oft die Qual der Wahl *(siehe S. 206f)*. Die Preise sind nicht sehr verlockend, vor

L'Olivier, Île de Porquerolles *(siehe S. 211)*

Ferdinand Légers Fliesenwand ziert noch immer die Terrasse des Colombe d'Or, St-Paul-de-Vence *(siehe S. 210f)*

allem Flaschenweine sind sehr teuer. Am besten bestellt man nur einen *demi* (0,5 l) oder auch einen *quart* (0,25 l). Im Zweifelsfall bestellen Sie den Hauswein (*la réserve* oder *vin de la maison*) – die wenigsten Wirte werden ihren Ruf durch einen schlechten Hauswein ruinieren wollen. Französische Weine werden in vier Kategorien eingeteilt. Die unterste Qualitätsstufe ist der Vin de Table, gefolgt vom Vin de Pays und dem Vin Délimité de Qualité Supérieure (VDQS). Höchstes Qualitätsprädikat ist die Appellation d'Origine Contrôlée (AOC).

Vegetarische Gerichte
Rein vegetarische Restaurants sind sehr selten, das Konzept muss sich im fleischlastigen Süden erst noch durchsetzen. Es gibt mittlerweile allerdings Bio-Lokale. In den meisten Restaurants können Vegetarier jedoch auf Salate, ein Omelett, eine Gemüsesuppe oder eine vegetarische Vorspeise zurückgreifen. Pasta und Pizza gibt es auch überall.

Mit Kindern essen
Da in der Provence grundsätzlich im Kreis der Familie gegessen wird, sind die meisten Restaurants kinderfreundlich. Immer mehr Lokale verfügen über Kinder- und Babystühle. Auch Kinderteller oder kleinere Portionen zu verbilligten Preisen sind immer häufiger im Angebot.

Service
Weil man sich in Frankreich mit dem Essen viel Zeit lässt, ist auch der Service oft langsam. Zudem wird in kleinen Restaurants oftmals erst auf Bestellung gekocht.

Behinderte Reisende
Die wenigsten Restaurants sind behindertengerecht. In den Sommermonaten ist es bei Tischen im Freien meist unproblematisch, bitten Sie aber bei der Reservierung dennoch um einen geeigneten Tisch.

Rauchen
Trotz mancher Versuche, das gesetzliche Rauchverbot in öffentlichen Räumen zu umgehen, haben sich in Frankreich sowohl Bar- und Restaurantbesitzer als auch ihre Gäste weitgehend damit arrangiert. Für eine Zigarette geht man ganz einfach vor die Tür.

Picknick
Ein Picknick auf dem Land wäre nichts ohne Brot, Käse und *charcuterie* von einem der reizenden Märkte oder Läden der Provence. An vielen der größeren Straßen gibt es ausgewiesene Picknickplätze mit Tischen und Stühlen. An den Landstraßen sind die Plätze am idyllischsten.

Restaurantkategorien
Die Restaurantauswahl *(siehe S. 208 – 217)* dieses Reiseführers legt Wert auf Lokale mit gutem Essen und gutem Service. Die Palette ist breit – von Gastro-Tempeln in Städten bis zu kleinen Lokalen auf dem Land. Viele ländliche Restaurants gehören zu einem Hotel, bedienen aber auch Nicht-Hotelgäste. Sie sind meist gut und oft das soziale Zentrum eines Orts.

Die **Vis-à-Vis-Tipps** listen besondere Häuser auf – etwa Lokale mit außergewöhnlich guten Gerichten, moderaten Preisen, romantischem Ambiente, schöner Aussicht, besonders guter traditioneller provenzalischer Küche – oder einer Kombination aus allem.

Château Eza im *village perché* von Èze *(siehe S. 209)*

Provenzalische Küche

Die Küche der Provence wird auch als *cuisine du soleil* (»Küche der Sonne«) bezeichnet – aus gutem Grund. Sie ist für ihr sonnengereiftes Obst und Gemüse bekannt. Auch das frische Seafood und das exzellente magere Fleisch machen sie sehr gesund. Käse wird meist aus Ziegenmilch hergestellt. Schlüsselzutaten der Gerichte sind Olivenöl, Knoblauch und duftende Kräuter. Auf den Märkten gibt es Obst und Gemüse im Überfluss: Tomaten, Auberginen, Paprika, Zucchini, Kirschen, Melonen, Zitronen und Feigen. Doch die Provence ist und bleibt das Land der Oliven und des Olivenöls.

Oliven und Olivenöl

Aromatische Cavaillon-Melonen auf einem Markt

Gemüse

In der provenzalischen Küche spielt Gemüse die Hauptrolle. Man serviert es roh als Vorspeise mit *aioli* (Knoblauchsauce) oder mit *tapenade* (pürierte Oliven, Kapern und Sardellen). Tomaten und Zucchini werden *à la niçoise* mit Hackfleisch, Reis und Kräutern gefüllt. Zu den kleinen violetten Artischocken gibt es eine Butter-Zitronen-Sauce, oder sie werden mit Schinken gebraten. Lieblingssuppe ist die kräftige *soupe au pistou* (Bohnen und Gemüse mit Pinienkernen, Basilikum und Knoblauch). Ein weiterer Klassiker ist die *ratatouille*. Neben dem berühmten *salade niçoise* findet man auch *mesclun* auf der Speisekarte, eine regionale Mischung aus verschiedenen Blattsalaten (u. a. Feldsalat, Rucola, Löwenzahn).

Seafood

Fisch aus dem Mittelmeer wird in der provenzalischen Küche hoch geschätzt. Die Leidenschaft gipfelt in der *bouillabaisse*. Es finden sich darin u. a. Streifenbarsch, *rascasse* (Drachenkopf), Rotbarbe, Seebrasse, Petersfisch, Seeteufel und Tintenfisch. Rund um Nizza besteht der Hauptfang aus Sardinen und Sardellen. Am besten genießt

Auswahl an Seafood aus dem Mittelmeer
(Miesmuscheln, Hummer, Garnelen, Wolfsbarsch, Seeteufel, Tintenfisch, Herzmuschel)

Typische Gerichte und Spezialitäten

Die Provence hat berühmte Gerichte hervorgebracht, am bekanntesten ist wohl die *bouillabaisse*. Die Zutaten für die Fischsuppe variieren von Ort zu Ort, wobei Marseille den Anspruch auf das Originalrezept erhebt. Mindestens vier verschiedene Fischsorten – u. a. *rascasse* (Drachenkopf) und *grondin* (Knurrhahn) – werden mit Tomaten und Safran gekocht. Zunächst wird der Sud mit Croûtons serviert, dann der Fisch mit *rouille*, einer Knoblauchmayonnaise. Das einst einfache Fischeressen ist heute eine luxuriöse Spezialität, die Sie in vielen Lokalen 24 Stunden im Voraus bestellen müssen. Eine einfachere Variante ist *bourride*, eine Knoblauch-Fisch-Suppe. Zu den zahlreichen weiteren Spezialitäten gehören *ratatouille*, *salade niçoise* und gehaltvolle Rindfleischeintöpfe mit Rotwein.

Frische Feigen

Bouillabaisse
In diesen provenzalischen Klassiker gehören u. a. Seeteufel, Petersfisch und Knurrhahn.

Getrocknete Kräuter und Gewürze auf einem Markt in Nizza

man den Fisch einfach mit Kräutern gegrillt, z. B. *loup* (Seebarsch) mit Fenchel. An Meeresfrüchten gibt es Muscheln *(moules)*, Krabben, Garnelen *(gambas)* und Seeigel *(oursins)*. Nördlich von Nizza locken Bachforellen, in der Camargue Süßwasseraale. Beliebt sind die *soupe de poissons* (Fischsuppe), provenzalischer Oktopus (mit Weißwein, Tomaten und Kräutern) und *brandade de morue* (pürierter Kabeljau mit Sahne, Kartoffeln und Olivenöl), eine Spezialität aus Nîmes.

Fleisch und Wild

Lamm ist die beliebteste Fleischsorte – vor allem Lamm aus Sisteron. Dort ergeben die Bergweiden ein zartes und doch würziges Fleisch. Rindfleisch wird meist als *daube* serviert, benannt nach dem kugelförmigen Terrakottagefäß *(daubière)*, in dem das Fleisch geschmort wird. Köstlich ist auch *bœuf gardian*, ein Fleischeintopf aus der Camargue mit dem typischen Reis der Region. An Wildgerichten gibt es vor allem Wildkaninchen, Hase und Wildschwein. Probieren Sie auch die *caillettes* (Pasteten mit

Auslage mit den köstlichen *saussicons d'Arles*

Schweinefleisch, Leber, Spinat und Wacholder) und die *saucisson* aus Arles (früher aus Eselfleisch, heute meist aus Schweinefleisch zubereitet).

Früchte und Honig

Aufwendige Desserts sind selten – ist doch schon das frisch geerntete Obst so köstlich. Berühmt sind die Melonen aus Cavaillon und die Zitronen aus Menton. In Apt werden seit dem Mittelalter kandierte Früchte produziert. Zudem gibt es verschieden aromatisierte Honigsorten (etwa mit Kastanie, Lavendel und Rosmarin).

Auf der Speisekarte

Beignets des fleurs de courgette sind frittierte Zucchiniblüten.

Fougasse ist ein Brotfladen mit Olivenöl und meist auch Oliven.

Ratatouille ist ein Eintopf aus Auberginen, Tomaten, Zucchini und Paprika.

Salade niçoise besteht aus grünem Salat mit Ei, Oliven, grünen Bohnen, Tomaten und Sardellen.

Socca, ein Kichererbsen-Pfannkuchen, ist die Spezialität Nizzas.

Tarte Tropezienne (St-Tropez) ist ein Biskuit mit *crème patissière*.

Tourte des blettes ist eine Pastete mit Mangold, Rosinen und Pinienkernen.

Artichauts à la barigoule
Babyartischocken werden mit Schinken und Gemüse gefüllt und in Weißwein gegart.

Loup au fenouil
Mit Fenchel gefüllter Wolfsbarsch wird gegrillt oder mit Weißwein im Ofen geschmort.

Bœuf en daube
Das in Rotwein, Zwiebeln und Knoblauch marinierte Rindfleisch wird mit Tomaten geschmort.

Provenzalische Weine

Das Weinangebot der Provence könnte kaum verlockender und vielfältiger sein. Auf dem steinigen Boden im Norden reifen unter sengender Sonne die gehaltvollen und erdigen Rotweine, unter denen sich der Châteauneuf-du-Pape besonders auszeichnet. An der Küste im Süden werden leichtere, fruchtigere Weiß- und Roséweine angebaut, aber auch einige gute Rotweine. Besonders zu empfehlen sind der trockene Weißwein aus Cassis sowie die Rot- und Roséweine aus dem winzigen Anbaugebiet um Bandol. Früher galten provenzalische Weine als qualitativ minderwertig, doch dank moderner Anbautechniken und der Einführung geeigneter Rebsorten hat sich die Qualität deutlich verbessert.

Weinflaschen in der für die Provence typischen Form

Weißweine

Grenache-Gris-Trauben, kombiniert mit anderen Rebsorten, geben dem provenzalischen Weißwein das reiche Bukett und die feine Säure. Die unten aufgeführten Weine passen hervorragend zu Fisch.

Gute Weißweine
Clos Ste-Magdeleine
Cassis

Château Val Joanis
Côtes du Luberon

Domaine St-André-de-Figuière
Côtes de Provence

Domaines Gavoty
Côtes de Provence

Weißer Châteauneuf-du-Pape

Weißer Côtes-du-Rhône

Roséweine

Provenzalischer Rosé ist weit mehr als süßer Aperitif-Wein in kegelförmiger Flasche. Rebsorten wie Syrah oder Tavel liefern einen körperreicheren Wein, der zur würzigen, knoblauchreichen Küche passt. Auch der rund um Bandol angebaute *vin gris* gilt als sehr guter Tropfen.

Gute Roséweine
Château Romassan Bandol

Commanderie de Bargemone
Côtes de Provence

Commanderie de Peyrassol
Côtes de Provence

Domaine la Forcadière
Tavel

Domaines Gavoty
Côtes de Provence

Weinbaugebiete der Provence

Sie konzentrieren sich an den steinigen Hängen (côtes) im Südwesten der Region. Les Arcs ist ein guter Ausgangspunkt für eine Tour durch das Côtes-de-Provence-Anbaugebiet (siehe S. 112f).

Heller Rosé *(gris)* aus Bandol

Terrassierter Weinberg oberhalb von Cassis

Rotweine

Um Châteauneuf-du-Pape wird ein ausgezeichneter, gehaltvoller Rotwein angebaut, der gut zu herzhaften Fleischgerichten passt. Auch der lagerfähige Bandol ist überaus empfehlenswert. Etwas leichtere Alternativen sind Côtes-du-Rhône oder Côtes de Provence. Die Weine aus einem der genannten Rhône-Dörfer sollten von gehobener Qualität sein, wie auch die Weine aus Les Baux-de-Provence oder den Côtes du Luberon.

Rotwein aus Les Baux

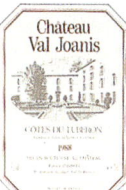

Besonders edler Côtes du Luberon

Erdiger Châteauneuf-du-Pape

Gute Rotweine

Château de Beaucastel
Châteauneuf-du-Pape

Château du Trignon
Sablet, Côtes-du-Rhône

Château Val Joanis
Côtes du Luberon

Château de Pibarnon
Bandol

Domaine des Alysses
Coteaux Varois

Domaine Font de Michelle
Châteauneuf-du-Pape

Domaine Tempier
Bandol

Weinernte im Anbaugebiet Côtes de Provence

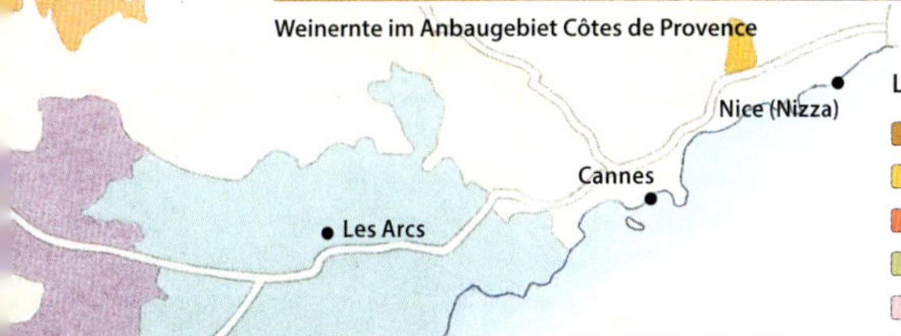

Legende

- Bandol & Côtes de Provence
- Bellet
- Cassis
- Costières de Nîmes
- Coteaux d'Aix-en-Provence
- Coteaux de Pierrevert
- Coteaux Varois
- Côtes de Provence
- Côtes de Ventoux
- Côtes du Luberon
- Côtes-du-Rhône

Dessertweine

Bei den *vins doux naturels* (natürlich süßen Weinen) ist der Zucker nicht vollständig zu Alkohol vergoren, sie werden dann mit etwas Weinalkohol versetzt. Besonders köstlich sind sie zum Dessert, als kühler Aperitif oder anstelle eines Likörs. Die meisten Dessertweine werden aus der Muscat-Traube gekeltert, ihr Spektrum reicht von extrem süß bis zu betörend duftend, einige sind auch aus der roten Grenache-Traube.

Typische Muscat-Flaschenform

Sonnenverwöhnter Boden des Rhône-Tals

Restaurantauswahl

Riviera und Alpes Maritimes

ANTIBES: Aubergine €
Provenzalisch SK E3
7, rue Sade, 06600
📞 04 93 34 55 93 ⏺ Mi
Hier gibt es exzellente provenzalische Gerichte – viele davon mit Auberginen, wie der Name sagt. Gute hausgemachte Desserts.

ANTIBES: Chez Helen €
Vegetarisch SK E3
35, rue des Revennes, 06600
📞 04 92 93 88 52 ⏺ So
Das vegetarische Restaurant (eine Seltenheit in der Provence) verwendet nur Produkte aus der Region. Kreative Hauptgerichte und *salades composées*.

ANTIBES: L'Armoise €€
Modern SK E3
2, rue de la Tourraque, 06600
📞 04 92 94 96 13 ⏺ Sa
Das beliebte Restaurant in der Altstadt von Antibes direkt am Marktplatz serviert bunte mediterrane Gerichte.

ANTIBES: Le Vauban €€
Modern SK E3
7 bis, rue Thuret, 06600
📞 04 93 34 33 05 ⏺ Di
Exzellente, preiswerte Küche in einem unscheinbaren Restaurant: Probieren Sie Rebhuhn mit Trüffeln und Ochsenschwanz-Ravioli in Consommé.

BAR-SUR-LOUP: L'École des Filles €€
Modern SK E3
380, av Amiral de Grasse, 06620
📞 04 93 09 40 20 ⏺ Mo
Das Lokal in einer ehemaligen Mädchenschule serviert kreative Küche mit Schwerpunkt Seafood.

BEAULIEU-SUR-MER: Le Petit Darkoum €
Marokkanisch SK F3
18, bd Général Leclerc, 06310
📞 04 93 01 48 59 ⏺ Mo, Di
Hier gibt es feine Gerichte aus dem Süden Marokkos in freundlichem Ambiente, darunter Kebab, pikante Tajine oder Couscous.

BIOT: Les Terraillers €€€
Gourmet SK E3
11, route chemin neuf, 06410
📞 04 93 65 01 59
⏺ Mi, Do; Mitte Okt – Nov
Genießen Sie in einem Restaurant der gehobenen Klasse kulinarische Highlights wie Hummersuppe, Trüffel oder *foie gras* und dazu Weine der Region.

BREIL-SUR-ROYA: Le Flavie €
Provenzalisch SK F3
17, bd Jean Jaurès, 06540
📞 04 93 54 65 74
⏺ Do; Nov – Mitte Dez
Das gemütliche Café serviert schmackhafte Eintöpfe, Braten und Grillgerichte. Menüs enthalten frischen Salat und Desserts.

CAGNES-SUR-MER: Fleur de Sel €€
Modern SK E3
85, montée de la Bourgade, 06800
📞 04 93 20 33 33 ⏺ Mi
Das hoch gelegene Haut-de-Cagnes bildet die Kulisse für dieses Restaurant mit raffinierter Küche. Empfehlenswerte Menüs.

CAGNES-SUR-MER: Château le Cagnard €€€
Gourmet SK E3
54, rue Sous Barri, 06800
📞 04 93 20 73 21
Hier gibt es leckere Menüs, u. a. mit Taube oder Langusten. Die Terrasse gewährt einen herrlichen Blick aufs Mittelmeer.

> **Preiskategorien**
> Die Preise gelten für ein Drei-Gänge-Menü pro Person mit einer halben Flasche Hauswein, inklusive Steuern und Service.
> € unter 40 Euro
> €€ 40 – 60 Euro
> €€€ über 60 Euro

CANNES: L'Assiette Provençale €
Modern SK E4
9, quai Saint-Pierre, 06400
📞 04 93 38 52 14 ⏺ Mo
Beliebtes Hafenrestaurant mit preisgünstigen Menüs. Probieren Sie Austern, Zucchiniblüten, Ente oder die Schnecken.

CANNES: Angolo Italiano €€
Italienisch SK E4
6, rue du Batéguier, 06400
📞 04 93 68 42 36 ⏺ Mo
Das Restaurant nahe der Croisette bietet italienische *charcuterie* und Käsespezialitäten sowie eine große Vielfalt an Pastagerichten, Grillfleisch und Seafood.

CANNES: Le Pastis €€
Bistro SK E4
28, rue du Com. André, 06400
📞 04 92 98 95 40
Le Pastis ist sowohl für Mittag- als auch Abendessen zu empfehlen: Auf dem Speiseplan stehen Pastagerichte, Salate, Sandwiches und Omeletts. Es gibt auch Menüs.

CANNES: La Cave €€€
Provenzalisch SK E4
9, bd de la République, 06400
📞 04 93 99 79 87
⏺ Mo, Sa mittags, So
Das bei Einheimischen und Besuchern beliebte Lokal bietet gehobene provenzalische Küche mit Gerichten wie *aïoli aux légumes* oder Sardinen. Gute Weinkarte.

CANNES: La Palme d'Or €€€
Gourmet SK E4
73, la Croisette, 06400
📞 04 92 98 74 14 ⏺ So – Di
Das angesagte Restaurant besitzt zwei Michelin-Sterne und gehört zum berühmten Hotel Martinez. Prominente genießen hier exzellentes Essen und erlesene Weine.

CANNES: L'Ondine €€€
Seafood SK E4
64, la Croisette, 06400
📞 04 93 94 23 15 ⏺ Mi (Nebensaison); Mitte Nov – Mitte Dez
L'Ondine liegt direkt am Strand und ist das ideale Lokal, um im Freien Spezialitäten wie gegrillten Fisch oder Hummer zu essen. Hervorragende Weinauswahl.

Tische auf der hübschen Terrasse des Les Terraillers in Biot

Restaurantkategorien siehe Seite 203

Köstliche Wurstwaren in der *salumeria* des La Trattoria, Monaco

COURMES:
Auberge de Courmes €
Modern SK E3
3, rue des Platanes, 06620
📞 04 93 77 64 70 ⬤ Mo
Die freundliche Dorfgaststätte mit Blick auf die Gorges du Loup serviert saftiges Fleisch und als Nachspeise *clafoutis*.

ÈZE: La Gascogne Café €
Bistro SK F3
151, av de Verdun, 06360
📞 04 93 41 18 50
Im Restaurant des Hôtel du Golf gibt es einen Mix aus italienischer und provenzalischer Küche.

ÈZE: Château Eza €€€
Gourmet SK F3
Rue de la Pise, 06360
📞 04 93 41 12 24
⬤ Mo, Di (Jan – März)
Das Restaurant mit einem Michelin-Stern sowie großartigem Blick auf die Riviera bietet köstliche Speisen, garniert mit Blüten.

GRASSE:
La Bastide St-Antoine €€€
Gourmet SK E3
48, av Henri Dunant, 06130
📞 04 93 70 94 94
Erleben Sie ein sinnliches Fest der Farben und Aromen in der Welthauptstadt des Parfums. Blumengeschmückter Innenhof.

JUAN-LES-PINS: Ti Toques €
Modern SK E4
9, av Louis Gallet, 06160
📞 04 92 90 25 12 ⬤ Mo, So
Das versteckt liegende Lokal serviert wundervolle Fleischgerichte, aber auch Vegetarisches. Viele Sorten belgisches Bier.

LA TURBIE: Café de la Fontaine €
Bistro SK F3
4, av Général de Gaulle, 06320
📞 04 93 28 52 79
Im Bistro in der Hostellerie Jérôme bereitet Küchenchef Bruno Cirino außergewöhnliche Speisen zu günstigen Preisen. Traditionelle Küche der Provence.

LA TURBIE:
Hostellerie Jérôme €€€
Gourmet SK F3
20, rue Comte de Cessole, 06320
📞 04 92 41 51 51
⬤ Mo, Di (Okt – Mai); Dez – Jan
Der renommierte Küchenchef Bruno Cirino hat einen Michelin-Stern vorzuweisen. Saisonale Produkte aus der Region bestimmen die tägliche Speisekarte.

MANDELIEU-LA-NAPOULE:
Côté Place €
Modern SK E4
21, pl de la Fontaine, 06210
📞 04 93 47 59 27 ⬤ So
Das populäre, einfache Restaurant serviert erstklassig zubereitete Gerichte der mediterranen Küche, z. B. marokkanische Tajine, spanisches Seafood und italienische *saltimbocca*.

MANDELIEU-LA-NAPOULE:
La Brocherie €€
Seafood SK E4
11, av Henri Clews, 06210
📞 04 93 49 80 73
Das Restaurant direkt am Kai bietet ein unvergessliches Menü mit fünf Sorten Seafood als Vorspeise sowie Austern, Muscheln und diverse Grillgerichte.

MENTON: Coté Sud €
Italienisch SK F3
15, quai Bonaparte, 06500
📞 04 93 84 03 69
Das elegante Restaurant mit stilvollem weißem Dekor serviert fabelhaft zubereitete Speisen, darunter Pizza, Seafood und Pasta. Herzlicher Empfang.

MENTON: Le Martina €€
Italienisch SK F3
11, pl du Cap, 06500
📞 04 93 57 80 22 ⬤ Mi
Le Martina bietet eine große Bandbreite an Vorspeisen, Reis- und Nudelgerichten sowie Seafood. Gute Kinderkarte.

Vis-à-Vis-Tipp

MENTON: Le Mirazur €€€
Gourmet SK F3
30, av Aristide Briand, 06500
📞 04 92 41 86 86 ⬤ Nov – Feb
Le Mirazur bietet visuelle und kulinarische Freuden der Extraklasse mit extravagant zubereiteten Speisen. Küchenchef Mauro zaubert eine bunte Kombination aus Fleisch, Fisch und Meeresfrüchten, verfeinert mit Gewürzen und Kräutern aus dem eigenen Garten. Dazu gibt es erlesene Weine sowie einen herrlichen Blick über Menton und das Meer.

MONACO: Maya Bay €€
Asiatisch SK F3
24, av Princesse Grace, 98000
📞 00 377 97 70 74 67 ⬤ So, Mo
Das stilvolle Lokal bietet Thai-Küche mit französischem Einschlag. Im separaten japanischen Restaurant können Sie Teppanyaki und Suhsi genießen.

MONACO: La Trattoria €€€
Italienisch SK F3
Sporting Monte Carlo, av Princesse Grace, Monte Carlo, 98000
📞 00 377 98 06 71 71
⬤ Okt – Mitte Mai
Hier gibt es eine große Auswahl an italienischen Gerichten, feinen Antipasti, Minipizzas und Schinken. Herrlicher Blick aufs Meer.

MONACO: Le Louis XV €€€
Gourmet SK F3
Hôtel de Paris, pl du Casino, Monte Carlo, 98000
📞 00 377 98 06 88 64 ⬤ Di, Mi;
Dez, Mitte Feb – Mitte März
Hier ist seit über 25 Jahren der Hauptsitz des Imperiums von Alain Ducasse. Im großartigen Restaurant des Hôtel de Paris feiert sich die *haute cuisine*.

MOUGINS: Resto des Arts €
Modern SK E3
Rue du Maréchal Foch, 06250
📞 04 93 75 60 03 ⬤ So, Mo
Angesagtes Lokal mit guter, einfacher Küche. Probieren Sie die Fleisch- und Eintopfgerichte.

MOUGINS:
La Place de Mougins €€€
Gourmet SK E3
Place du Commandant Lamy, 06250
📞 04 93 90 15 78 ⬤ Mo, Di
Das elegante Restaurant auf dem Marktplatz serviert außerordentlich raffinierte Speisen mit ungewöhnlich kombinierten Zutaten. Preiswerte Mittagsmenüs.

Speisesaal des Le Louis XV im Hôtel de Paris, Monaco

SK = Straßenkarte *siehe hintere Umschlaginnenseiten*

NIZZA: Chez Palmyre €
Provenzalisch SK F3
5, rue Droite, 06000
04 93 85 72 32 ● So
Eine feste Größe seit den 1920er Jahren: Hier gibt es gute Hausmannskost im winzigen Speiseraum mit nur sechs Tischen. Reservierung unabdingbar.

NIZZA: L'Acchiardo €
Provenzalisch SK F3
38, rue Droite, 06300
04 93 85 51 16 ● So; Aug
L'Acchiardo bietet erstklassige Küche in anregender Atmosphäre in Nizzas Altstadt. Es gibt provenzalischen Wein vom Fass.

NIZZA: La Cave de l'Origine €
Modern SK F3
3, rue Dalpozzo, 06000
04 93 50 09 60 ● So, Mo
Dies ist eine Weinbar und zugleich ein freundliches, kleines Lokal. Täglich wechselnde Speisekarte. Reservierung empfohlen.

NIZZA: Les Amoureux €
Italienisch SK F3
46, bd Stalingrad, 06000
04 93 07 59 73 ● So, Mo
Die Pizzeria bietet die beste neapolitanische Pizza an der Côte d'Azur mit einer perfekten Kruste sowie weitere italienische Spezialitäten. Reservierung empfohlen.

NIZZA: Au Moulin Enchanté €€
Modern SK F3
1, rue Barberis, 06300
04 93 55 33 14 ● So, Mo
Lokaler Treff abseits der Touristenpfade. Es gibt eine große Auswahl an Fleisch- und Fischgerichten. Preiswerte Mittagsmenüs.

NIZZA: Le Bistrot d'Antoine €€
Bistro SK F3
27, rue de la Préfecture, 06300
04 93 85 29 57 ● So, Mo
Das Bistro ist ein beliebter Treffpunkt in der Altstadt, wiederbelebt von einem jungen Paar. Serviert wird traditionelle Küche.

NIZZA: Le Chantecler €€€
Gourmet SK F3
37, promenade des Anglais, 06000
04 93 16 64 00 ● Mo, Di; Jan
Das Restaurant mit einem prächtigen Speiseraum (19. Jh.) gehört zum Hotel Négresco. Opulentes Menü mit Trüffeln und Kaviar. Exzellente Weinkarte.

NIZZA: Luc Salsedo €€€
Gourmet SK F3
14, rue Maccarani, 06000
04 93 82 24 12 ● Mi
Küchenchef Luc Salsedo kocht klassische Gerichte wie Lammbraten oder Ratatouille mit eigener Note. Auch Vegetarisches.

PEILLON: L'Authentique €€€
Provenzalisch SK F3
2, pl Auguste Arnulf, 06440
04 93 79 91 17 ● Mi
Hier isst man feine Speisen aus regionalen Produkten, serviert auf einer hübschen Terrasse. Viele vegetarische Gerichte.

**ROQUEBRUNE-CAP-MARTIN:
Au Grand Inquisiteur** €
Klassisch französisch SK F3
15, rue du Château, 06190
04 93 35 05 37 ● Mo
Dies ist ein lauschiges Plätzchen in der Dorfmitte. Auf der Karte stehen traditionelle Gerichte mit Wachteln, Schnecken und Wild.

SOSPEL: Bel Aqua €
Provenzalisch SK F3
7, bd du Verdun, 06380
04 93 04 00 09
● Di, Mi; Nov – Mitte März
Anspruchsvolle Küche der Bergregion mit italienischem Touch. Fantastische Desserts.

STE-AGNÈS: Le Righi €
Provenzalisch SK F3
1, pl du Fort, 06500
04 92 10 90 88 ● Mi
Genießen Sie die gute, solide Hausmannskost und den herrlichen Ausblick: Ravioli, Gnocchi, Wildschwein- und Lammbraten.

**ST-JEAN-CAP-FERRAT:
Le Pirate** €€
Seafood SK F3
Nouveau Port, 06230
04 93 76 12 97
In perfekter Lage am malerischen Hafen hat man eine große Auswahl an Menüs mit gegrilltem Fisch sowie Risottos.

**ST-MARTIN-VÉSUBIE:
L'Ô à la Bouche** €
Klassisch SK F2
Le Boréon, 06450
04 93 02 98 42
● Mitte Nov – Mitte Dez
Die erstklassige Küche bietet Speisen wie Burger, Fondue oder Raclette. Sie haben die Möglichkeit, selber Forellen zu fangen.

**ST-PAUL-DE-VENCE:
La Colombe d'Or** €€
Provenzalisch SK E3
Place du Général de Gaulle, 06570
04 93 32 80 02 ● Nov – Dez
Renommierter Künstlertreff. Die einfachen, aber hervorragend zu-

Luxuriöses Ambiente im Le Chantecler des Le Négresco in Nizza

Restaurantkategorien *siehe Seite 203* Preiskategorien *siehe Seite 208*

RIVIERA UND ALPES MARITIMES, VAR UND ÎLES D'HYÈRES | 211

Frisches Gemüse in der Hostellerie Berard, La Cadière-d'Azur

bereiteten Gerichte locken auch die Reichen und Berühmten an. Exquisite Weinkarte.

THÉOULE-SUR-MER: Jilali B €€
Seafood SK E4
16, rue Trayas, 06590
04 93 75 19 03
Mo; Mitte Nov – Jan
Kreativ zubereitetes Seafood mit exotischem Touch. Versuchen Sie die ausgezeichnete *bouillabaisse*. Von der Terrasse hat man einen wundervollen Blick aufs Meer.

TOUËT-SUR-VAR: Chez Paul €
Klassisch SK E3
4260, av Général de Gaulle, 06710
04 93 05 71 03
Einfaches Dorfgasthaus mit herzhafter Hausmannskost: Steaks, Kaninchen und Wild. Zudem gibt es Pizzas und gute Kindermenüs.

VALBONNE: Lou Cigalon €€€
Gourmet SK E3
6, bd Carnot, 06560
04 93 12 01 61   So, Mo, Do
Das neue, stilvolle Restaurant liegt nördlich von Cannes. Es gibt schmackhafte Menüs mit Wildgerichten, Entenbraten und Waldpilzen.

VENCE: La Litote €
Modern SK E3
5, rue de l'Évêché, 06140
04 93 24 27 82   Mo, Di
Zauberhaftes Plätzchen mit Tischen unter Zitronenbäumen – ein idealer Ort, um die innovativen Gerichte des jungen Küchenchefs zu genießen.

**VILLEFRANCHE-SUR-MER:
La Mère Germaine** €€
Seafood SK F3
9, quai Courbet, 06230
04 93 01 71 39
Mitte Nov – Weihnachten
Seit 1938 beliebtes Hafenlokal. Den Schwerpunkt der Speisekarte bilden Fisch und Meeresfrüchte. Probieren Sie die hervorragende *bouillabaisse*.

**VILLEFRANCHE-SUR-MER:
L'Oursin Bleu** €€
Seafood SK F3
11, quai de l'Amiral Courbet, 06230
04 93 01 90 12   Jan
Traditionelle Seafood-Rezepte, neu interpretiert und verfeinert für die Zubereitung von köstlichen Gerichten. Im Foyer befindet sich ein großes Aquarium.

Var und Îles d'Hyères

COGOLIN: Grain de Sel €€
Modern SK E4
6, rue du 11 Novembre, 83310
04 94 54 46 86
Mo; Ende Nov – Anfang Dez
Das helle Bistro serviert einfache, aber raffiniert zubereitete provenzalische Küche. Im Sommer kann man draußen sitzen.

**COLLOBRIÈRES:
La Petite Fontaine** €
Provenzalisch SK D4
1, pl de la République, 83610
04 94 48 00 12
Mo; Feb, 1 Woche im Sep
Provenzalische Hausmannskost in großen Portionen: Probieren Sie das Hühnerfrikassee mit Knoblauch. Sehr gute Weine.

Vis-à-Vis-Tipp

FAYENCE: L'Escourtin €€
Modern SK E3
Chemin de Notre-Dame des Cyprès, 83440
04 94 76 00 84
Mi, Do mittags
Das Lokal, das zum Hôtel Moulin de la Camandoule gehört, liegt idyllisch in einer alten Olivenölmühle. Zum Interieur zählen antike Möbel und reicher Blumenschmuck. Man serviert Gerichte wie Wildbraten, *foie gras* oder Fisch mit feiner Sauce und frischen Kräutern aus dem eigenen Garten.

FAYENCE: Le Castellaras €€
Modern SK E3
461, chemin de Peymeyan, 83440
04 94 76 13 80
Mo, Di; Nov – Mitte März
Das Restaurant liegt in einem schönen Bauernhaus. Der Küchenchef zaubert aus Lamm- und Kalbfleisch sowie regionalen Produkten wunderbare Gerichte. Provenzalische Weine.

FRÉJUS: L'Île aux Bourbons €
Modern SK E4
923, bd de la Mer, 83600
06 87 79 02 51
Das beliebte Lokal bietet leckere Speisen aus exotischen Regionen wie Réunion, Tahiti oder der Karibik. Mit Rum verfeinerte, köstliche Desserts.

HYÈRES: Grand Baie €
Seafood SK D4
5, pl du Belvédère, Giens, 83400
04 94 58 28 16
Hier genießt man erstklassiges Seafood mit Blick über die Bucht. Manchmal gibt es ein All-you-can-eat-Büfett.

HYÈRES: Le Désiré €
Modern SK D4
13, rue Crivelli, 83400
04 94 20 27 38   Mi
Das unscheinbare Lokal serviert erstklassig zubereitete Gerichte in ruhiger Umgebung. Die Desserts sind eine Sünde wert.

**ÎLE DE PORQUEROLLES:
L'Olivier** €€€
Gourmet SK D5
Île de Porquerolles Ouest, 83400
04 94 58 34 83
Mo (außer Juli, Aug); Okt – Apr
L'Olivier gehört zum Hotel Le Mas du Langoustier, einem Inselrefugium, und ermöglicht exquisite kulinarische Erfahrungen. Speisekarte mit Fokus auf Seafood.

**LA CADIÈRE-D'AZUR:
Hostellerie Bérard** €€€
Gourmet SK C4
6, rue Gabriel Péri, 83740
04 94 90 11 43   Mo, Di
Das Restaurant wurde mit einem Michelin-Stern ausgezeichnet und verwendet bevorzugt Produkte aus dem eigenen Garten. Französische *haute cuisine* mit sehr guten saisonalen Menüs.

LE LAVANDOU: La Farigoulette €
Modern SK D4
1, av du Capitaine Thorel, La Fossette 83980
04 94 71 06 85
Kreativ zubereitete Gerichte mit Schwerpunkt auf Seafood: *bouillabaisse*, gegrillter Fisch und Hummer im Teigmantel.

SK = Straßenkarte *siehe hintere Umschlaginnenseiten*

Terrasse mit Blick aufs Mittelmeer im La Vague d'Or, St-Tropez

ST-RAPHAËL: L'Étoile €
Provenzalisch SK E4
2170, route de la Corniche, 83700
📞 04 94 83 10 44
⚫ Mi; Mitte Nov – Mitte Feb
Das einladende Lokal liegt schön am Port de Boulouris, dem kleinen Hafen. Gute Reisgerichte und provenzalisches Seafood.

ST-RAPHAËL:
Le Bouchon Provençal €€
Modern SK E4
45, rue de la République, 83700
📞 04 94 53 89 18 ⚫ So, Mo
Bezauberndes Restaurant mit Tischen unter Platanen. Probieren Sie *aïoli façon pastorel* (Meeresfrüchte und Gemüse mit Knoblauchmayonnaise).

ST-TROPEZ: Le Sporting €
Bistro SK E4
42, pl des Lices, 83990
📞 04 94 97 00 65
Entfliehen Sie dem Trubel von St-Tropez, ohne die Stadt zu verlassen. Gute Hauptgerichte, aber auch Burger, Salate und Omeletts in ruhigem Ambiente.

ST-TROPEZ:
Le Bistrot St-Tropez €€
Bistro SK E4
3, pl des Lices, 83990
📞 04 94 97 11 33
Schicke Brasserie mit gedimmtem Licht und elegantem Interieur. Die Karte bietet für jeden etwas: gegrillten Fisch, *tartare*, Sushi oder Frühlingsrollen.

ST-TROPEZ:
Au Caprice des Deux €€€
Modern SK E4
40, rue du Portail Neuf, 83990
📞 04 94 97 76 78
⚫ Nov – Mitte Feb
Freundliche Atmosphäre mit Kerzenlicht in einem alten provenzalischen Haus. Die gehobene Küche serviert *foie gras* mit Zwiebelmarmelade. Unbedingt probieren: *piña colada sorbet*.

ST-TROPEZ: La Vague d'Or €€€
Gourmet SK E4
Plage de la Bouillabaisse, 83990
📞 04 94 55 91 00
⚫ Anfang Okt – Ende Apr
Das Luxusrestaurant ist mit einem Michelin-Stern prämiert. Küchenchef Arnaud Donckele kreiert einfallsreiche Gerichte mit exotischen Zutaten wie Zeder, Queller oder Kastanienhonig.

TOULON: La Lampa €
Brasserie SK D4
117, quai de la Sinse, 83000
📞 04 94 03 06 09
Von den Tischen direkt am Kai genießt man eine schöne Aussicht. La Lampa bietet leichte Speisen mit Salat, Muscheln und Pommes frites, aber auch gegrillten Fisch und Fleischgerichte.

TOULON: La Promesse €€
Modern SK D4
250, rue Jean Jaurès, 83000
📞 04 94 98 79 39
⚫ So, Mo; 3 Wochen im Jan
Im einfachen Speiseraum bietet man preisgekrönte *cuisine d'auteur* mit italienischen Einflüssen. Beliebt bei den Einheimischen. Reservierung empfohlen.

Bouches-du-Rhône und Nîmes

AIGUES-MORTES: Le Dit Vin €
Bistro SK A4
6, rue du 4 Septembre, 30220
📞 04 66 53 52 76
Schickes Restaurant und Tapas-Bar mit Blick in den Weinkeller. Probieren Sie die köstliche *bouillabaisse*. Hübscher Garten und aufmerksames Personal.

Speisen im Parkambiente: Le Mas d'Entremont, Aix-en-Provence

AIGUES-MORTES:
Le Millesime €€
Modern SK A4
38, av de la République, 30220
📞 04 66 53 74 60 ⚫ Mo, Di
Für die Zubereitung der Gerichte (auch Tapas) werden regionale Produkte verwendet. Am Wochenende gibt es Weinproben.

AIX-EN-PROVENCE:
Brasserie Léopold €
Brasserie SK C4
2, av Victor Hugo, 13100
📞 04 42 26 01 24
Auf der Karte des Lokals im Art-déco-Stil stehen traditionelle, regionale Gerichte, wie sie für eine Brasserie typisch sind, auch Gerichte mit Sauerkraut.

AIX-EN-PROVENCE:
Le Comté d'Aix €
Klassisch SK C4
17, rue Couronne, 13010
📞 04 42 26 79 26 ⚫ So
Preisgünstiges Lokal, eine Seltenheit in Aix-en-Provence. Serviert werden einfache, gut zubereitete Gerichte mit vielen Spezialitäten.

AIX-EN-PROVENCE:
Le Formal €€
Gourmet SK C4
32, rue Espariat, 13100
📞 04 42 27 08 31
⚫ So, Mo; Ende Aug – Anfang Sep
Hier gibt es verfeinerte kulinarische Genüsse, oft mit Trüffeln, in zeitgemäß gestalteten Kellergewölbe. Gute, preiswerte Mittagsmenüs.

AIX-EN-PROVENCE:
Le Mas d'Entremont €€
Provenzalisch SK C4
315, route d'Avignon, 13090
📞 04 42 17 42 42
⚫ Nov – Mitte März
Hotel-Restaurant im Park: Serviert werden schmackhafte Speisen wie geröstete Garnelen oder Filet von Montbéliard-Rindern. Exzellente provenzalische Weine.

ARLES: La Grignotte €
Provenzalisch SK B3
6, rue Favorin, 13200
📞 04 90 93 10 43 ⚫ So
Einfaches, freundliches Lokal: Probieren Sie die Fischsuppe oder den Rindereintopf mit Reis, dazu den Hauswein.

ARLES: La Gueule du Loup €
Provenzalisch SK B3
39, rue des Arènes, 13200
📞 04 90 96 96 69
⚫ So, Mo mittags; Mitte Jan – Mitte Feb
Das charmante Lokal mit wenigen Tischen serviert famose provenzalische Gerichte.

ARLES: L'Atelier de Jean-Luc Rabanel
Gourmet €€€ SK B3
7, rue des Carmes, 13200
📞 04 90 91 07 69 ⬤ Mo, Di
Küchenchef Jean-Luc Rabanel, prämiert mit einem Michelin-Stern, kreiert exquisite Meisterwerke der Kochkunst. Reservierung empfohlen.

ARLES: La Chassagnette
Biologisch €€€ SK B3
Le Sambuc, 13200
📞 04 90 97 26 96
⬤ Di, Mi; Feb, Weihnachtswoche
Küchenchef Armand Arnal führt Frankreichs berühmtestes Bio-Restaurant in einem üppigen Garten nahe der Camargue. Vegetarische Gerichte mit Trüffeln.

ARLES: Le Cilantro
Gourmet €€€ SK B3
31, rue Porte de Laure, 13200
📞 04 90 18 25 05 ⬤ So; 3 Wochen im Nov, Anfang März
Küchenchef Jérôme Laurent, ausgezeichnet mit einem Michelin-Stern, verleiht seinen Kreationen eine exotische Note. Vortreffliche provenzalische Weine.

ARLES: Lou Marques
Gourmet €€€ SK B3
9, bd Lices, 13200
📞 04 90 52 52 52 ⬤ Sa mittags, So abends, Mo (Nov – März)
Das stilvolle Restaurant im Hôtel Jules César serviert klassische provenzalische Gerichte. Speisen Sie auf der Gartenterrasse. Sehr gute, preiswerte Mittagsmenüs.

CASSIS: Le Grand Bleu
Seafood €€ SK C4
12, quai des Baux, 13260
📞 04 42 01 23 23 ⬤ Mi
Schlichtes Hafenrestaurant mit einfach zubereitetem Seafood zu erschwinglichen Preisen. Aufmerksamer, freundlicher Service.

CASSIS: La Villa Madie
Gourmet €€€ SK C4
Av Revestel, Anse de Corton, 13260
📞 04 96 18 00 00 ⬤ Mo, Di
Das Restaurant mit Michelin-Stern serviert köstliches Seafood. Im angeschlossenen Bistro La Petite Cuisine speisen Sie preisgünstiger. Herrlicher Blick über das Mittelmeer.

LES BAUX-DE-PROVENCE: Le Café des Baux
Modern € SK B3
Rue du Trencat, 13520
📞 04 90 54 52 69 ⬤ Nov – März
Im angesagten Restaurant des renommierten Konditors Pierre Walter erwarten Sie kulinarische Highlights.

Reich bestückter Weinkeller im Le Julien, Marseille

LES BAUX-DE-PROVENCE: L'Oustau de Baumanière
Gourmet €€€ SK B3
Route Départementale 27, Le Val d'Enfer, 13520
📞 04 90 54 33 07 ⬤ Dez – Feb
Das superbe Restaurant mit zwei Michelin-Sternen in großartiger Umgebung bietet kreative Küche aus erlesenen Zutaten. Prominente verkehren gern hier.

MARSEILLE: Beach Café
Klassisch € SK C4
214, quai du Port, 13002
📞 04 91 91 55 40
⬤ Mo; 2 Wochen um Weihnachten
Die Karte listet Salate, Fleisch- und Fischgerichte und eine große Auswahl an Eiscreme auf.

MARSEILLE: Le Boucher
Steakhaus € SK C4
10, rue de Village, 13006
📞 04 91 48 79 65
⬤ So, Mo; Aug, Ostern
Dies ist ein hinter einer Metzgerei verborgenes Restaurant für Fleischliebhaber. Traditionelle Rezepte und saftige *entrecôtes* für zwei. Erstklassige Pommes frites.

MARSEILLE: Toinou
Seafood € SK C4
3, cours Saint-Louis, 13001
📞 08 11 45 45 45
Idealer Ort, um Seafood zu genießen: frische Austern, Muscheln und Garnelen, serviert mit knusprigem Brot und Weißwein.

MARSEILLE: La Table du Fort
Modern €€ SK C4
8, rue Fort Notre-Dame, 13007
📞 04 91 33 97 65
⬤ Sa – Mo mittags; Juli
Das von einem jungen Paar geführte reizende Lokal bietet sehr gutes Seafood sowie Geflügel- und Fleischgerichte. Leckere Desserts. Reservierung erforderlich.

MARSEILLE: Le Julien
Klassisch französisch €€ SK C4
114, rue Paradis, 13006
📞 04 91 37 06 22
⬤ Sa mittags, So, Mo abends
Das freundliche Lokal bietet klassische Gerichte wie Kalbsbries mit Morcheln oder *baba au rhum*. Umfangreiche Speisekarte.

MARSEILLE: Vinonéo
Modern €€ SK C4
6, pl Daviel, 13002
📞 04 91 90 40 26 ⬤ So
In dem modernen Lokal eines Winzers gibt es warme Speisen, aber auch Wurst- und Käseplatten, dazu passende Weine.

Vis-à-Vis-Tipp

MARSEILLE: L'Epuisette
Seafood €€€ SK C4
Vallon des Auffes, 13007
📞 04 91 52 17 82 ⬤ So, Mo
Vom Speiseraum hat man einen herrlichen Blick auf das türkisfarbene Meer. Das elegante Restaurant besteht schon seit Jahrzehnten. Das freundliche Personal schafft eine angenehme, entspannte Atmosphäre. Zum Speisenangebot gehören eine himmlische *bouillabaisse*, Hummer-Tajine und andere Seafood-Spezialitäten. Umfangreiche Weinkarte und köstliche Desserts.

MARSEILLE: Le Petit Nice – Passédat
Seafood €€€ SK C4
Anse de Maldormé, Corniche du Président J. F. Kennedy, 13007
📞 04 91 59 25 92 ⬤ So, Mo
Modernes Hotel-Restaurant am Meer mit drei Michelin-Sternen. Küchenchef Gérard Passédat zaubert eine wunderbare *bouillabaisse* und köstliche Desserts. Schöner Blick aufs Mittelmeer.

SK = Straßenkarte *siehe hintere Umschlaginnenseiten*

MARTIGUES:
Le Cabanon de Maguy €
Modern SK B4
2, quai des Anglais, 13500
☏ 04 42 49 32 51
⬤ So, Mo; 3 Wochen im Jan
Auf der Karte: Entenbrust in Honig und Rosmarin, Auberginenkaviar oder Fischsuppe. Relaxte Atmosphäre. Hübsche Terrasse.

MAUSSANE-LES-ALPILLES:
La Fleur de Thym €
Modern SK B3
15, av de la Vallée des Baux, 13520
☏ 04 90 54 54 00 ⬤ Sa mittags, So abends (Sep – Juni), Mo; Dez
Preisgünstigstes Lokal in Les Baux mit kleiner, aber sehr guter Speisekarte. Angenehme Atmosphäre und freundlicher Service.

MAUSSANE-LES-ALPILLES:
La Place €€
Bistro SK B3
65, av de la Vallée des Baux, 13520
☏ 04 90 54 23 31
⬤ Di, Mi (Winter); Jan
Mit dem neuen Küchenchef kamen Glanz und Glamour in das stimmungsvolle Bistro, das zum Baumanière-Imperium gehört, zurück. Es ist oft ausgebucht, reservieren Sie also rechtzeitig.

NÎMES: Au Flan Coco €
Klassisch SK A3
21, rue du Grand Couvent, 30900
☏ 04 66 21 84 81 ⬤ So, Mo
Das Lokal in einem mittelalterlichen Kloster bietet üppige Salatteller, klassische Hauptgerichte und *pat' à coco* (Kartoffelkuchen).

NÎMES: Le Vintage €
Bistro SK A3
7, rue de Bernis, 30000
☏ 04 66 21 04 45
⬤ So, Mo (außer Juli, Aug)
Gemütliches Restaurant und Weinbar. Auf der Speisekarte stehen Gerichte wie *foie gras*, Ente und Steaks. Tische im Freien.

NÎMES: Au Plaisirs des Halles €€
Modern SK A3
4, rue Littré, 30000
☏ 04 66 36 01 02 ⬤ So, Mo
Das moderne Ambiente passt zur Küche. Probieren Sie die Garnelen, die Jakobsmuscheln oder die Spezialität *brandade*. Famose Auswahl an regionalen Weinen.

NÎMES: Alexandre €€€
Gourmet SK A3
2, rue Xavier Tronc, Garons, 30128
☏ 04 66 70 08 99 ⬤ Sep – Juni: So abends, Mo, Di; Jul – Aug: So, Mo.
Küchenchef Michel Kayser, ausgezeichnet mit einem Michelin-Stern, bereitet Ihnen unvergessliche kulinarische Erlebnisse.

Schattige Terrasse mit Blick auf den Garten im Alexandre, Nîmes

NÎMES: Vincent Croizard €€€
Gourmet SK A3
17, rue des Chassaintes, 30900
☏ 04 66 67 04 99 ⬤ Mo
Das schicke Lokal liegt verborgen in einer schmalen Seitenstraße. Der hochbegabte Küchenchef Vincent Croizard sorgt für eine exquisite Auswahl kleiner Gerichte. Vegetarische Menüs.

STES-MARIES-DE-LA-MER:
El Campo €
Spanisch SK A4
13, rue Victor Hugo, 13460
☏ 04 90 97 84 11
⬤ Mi (außer Juli, Aug)
Belebtes spanisches Lokal mit großartigem Service: zu den Spezialitäten des Hauses gehört *paella*. Abends gibt es Live-Flamenco zu Gitarrenmusik.

STES-MARIES-DE-LA-MER:
L'Estelle en Camargue €€€
Modern SK A4
D38, route du Petit Rhône, 13460
☏ 04 90 97 89 01
⬤ Mo; Mitte Nov – März
Die hervorragenden saisonalen Gerichte werden im mediterranen Garten serviert. Große Auswahl an Fisch und Meeresfrüchten sowie köstliche Desserts.

SALON-DE-PROVENCE:
La Salle à Manger €
Provenzalisch SK B3
6, rue du Maréchal Joffre, 13300
☏ 04 90 56 28 01 ⬤ So, Mo
Tafeln Sie in einem Speiseraum im Rokoko-Stil oder im Sommer im Innenhof. Berühmt für seine Auswahl von über 40 Desserts.

ST-RÉMY-DE-PROVENCE:
La Cantina €
Italienisch SK B3
18, bd Victor Hugo, 13210
☏ 04 90 90 90 60 ⬤ Mitte Feb – Mitte März, Mitte Nov – Anfang Dez
Hier gibt es Pasta und knusprige Pizza in entspannter Atmosphäre. Gute Auswahl an italienischen Weinen. Ideal für Kinder.

ST-RÉMY-DE-PROVENCE:
La Medina €
Marokkanisch SK B3
34, pl Mireille Moatti, 13210
☏ 06 63 00 14 28 ⬤ Mi
Das ruhige marokkanische Restaurant serviert leckere Tajines, Couscous und französische Gerichte. Nette Sommerterrasse.

ST-RÉMY-DE-PROVENCE:
Alain Assaud €€
Provenzalisch SK B3
13, bd Marceau, 13210
☏ 04 90 92 37 11
⬤ Mi; Mitte Nov – Mitte März
Altmeister Alain Assaud verweigert sich konsequent modernen Trends – klassische provenzalische Gerichte, wunderbar zubereitet, in rustikaler Atmosphäre.

VERS-PONT-DU-GARD:
Le Jardin de la Gare €
Klassisch SK A3
435, route d'Uzès, 30210
☏ 04 66 03 40 67 ⬤ So, Mo
Im ehemaligen Bahnhofsgebäude oder im Freien unter Platanen werden schmackhafte, preiswerte Mittagsmenüs serviert.

Einst ein Bahnhof: Le Jardin de la Gare, Vers-Pont-du-Gard

Restaurantkategorien *siehe Seite 203* Preiskategorien *siehe Seite 208*

Édouard Loubet, das elegante Restaurant im Hotel Bastide de Capelongue in Bonnieux

VERS-PONT-DU-GARD:
Les Terrasses €€
Provenzalisch SK A3
La Bégude, 400, route du Pont-du-Gard, 30210
📞 04 66 63 91 37 ⬤ Nov–März
Speisen vor der Kulisse des Aquädukts – ein spektakulärer Anblick, vor allem nachts, wenn das Bauwerk beleuchtet ist.

VILLENEUVE-LÈS-AVIGNON: La Guinguette du Vieux Moulin €
Seafood SK B3
5, rue du Vieux Moulin, 30400
📞 04 90 94 50 72
⬤ So abends, Mo (Sep–Juni)
Das lebhafte Restaurant am Flussufer ist auf gegrillte Sardinen und andere Fischgerichte spezialisiert. Abends gibt es Events und Live-Musik.

VILLENEUVE-LÈS-AVIGNON: Le Prieuré €€€
Gourmet SK B3
7, pl du Chapître, 30400
📞 04 90 15 90 15
⬤ Mo; Nov–März
Das Hotel-Restaurant in einer ehemaligen Klerikerresidenz (14. Jh.) ist ein Juwel. Raffiniert zubereitete, saisonale Gerichte.

Vaucluse

AVIGNON: L'Épice and Love €
Modern SK B3
30, rue des Lices, 84000
📞 04 90 82 45 96 ⬤ So
In dem wunderbar romantischen Restaurant bereitet die Küchenchefin herrliche saisonale Gerichte aus frischen Marktzutaten zu. Reservierung erforderlich.

AVIGNON: Why Not €
Modern SK B3
25, rue Carnot, 84000
📞 04 90 82 69 24 ⬤ Mo, Di
Das angesagte, bodenständige Lokal wird von einem jungen Paar geführt. Einfache, aber ausgezeichnete zubereitete Gerichte. Das Menü wechselt monatlich.

AVIGNON: La Fourchette €€
Provenzalisch SK B3
17, rue Racine, 84000
📞 04 90 85 20 93 ⬤ Sa, So
Ungewöhnliches Bistro mit klassischen Gerichten, darunter viel Seafood und köstliche Käsesorten. Reservierung erforderlich.

AVIGNON: L'Hermitage €€
Provenzalisch SK B3
7, rue Figuière, 84000
📞 04 90 86 21 36
⬤ Sa mittags, So
Das schön in einem Innenhof gelegene Lokal ist ein Refugium im Sommer. Probieren Sie Ziegenkäse, Steak tartare, Lachs oder Ente.

AVIGNON: Christian Etienne €€€
Gourmet SK B3
10, rue Mons, 84000
📞 04 90 86 16 50 ⬤ So, Mo
Küchenchef Christian Etienne bietet saisonale Küche in einem Speisesaal aus dem 14. Jahrhundert. Preiswerte Mittagsmenüs.

AVIGNON: La Mirande €€€
Gourmet SK B3
4, pl de la Mirande, 84000
📞 04 90 14 20 20
⬤ Di, Mi; Mitte Jan–Mitte Feb
Dinieren Sie in noblem Ambiente oder auf der schattigen Terrasse. Fantastische Speisekarte und freundlicher Service.

AVIGNON: La Vieille Fontaine €€€
Gourmet SK B3
12, pl Crillon, 84000
📞 04 90 14 76 76 ⬤ So, Mo
Schön eingerichtetes Restaurant im Hôtel d'Europe. Küchenchef Bruno d'Angelis hat einen Michelin-Stern. Famose Weinauswahl.

BONNIEUX: Un p'tit Coin de Cuisine €
Bistro SK C3
Place Gambetta, 84480
📞 09 81 64 85 81 ⬤ So
Elegantes Bistro mit kleiner, guter Speisekarte. Große Auswahl an Côtes-du-Rhône-Weinen.

BONNIEUX: Édouard Loubet €€€
Gourmet SK C3
Les Claparèdes, chemin des Cabanes, 84480
📞 04 90 75 89 78 ⬤ Mi
Das Gourmetrestaurant im umwerfenden Hotel Bastide de Capelongue serviert delikate Gerichte aus regionalen Produkten.

CADENET: Auberge La Fenière €€€
Gourmet SK C3
D943, Route de Lourmarin, 84160
📞 04 90 68 11 79
⬤ Mo, Di; Mitte Nov–Anfang Feb
Der namhafte Küchenchef Reine Sammut bereitet köstliches Seafood und vegetarische Gerichte. Regelmäßig Konzerte.

CARPENTRAS: Chez Serge €€
Modern SK B3
90, rue Cottier, 84200
📞 04 90 63 21 24
Kreativ zubereitete Fischgerichte mit Waldpilzen in schickem Ambiente. Umfangreiche Weinkarte.

SK = Straßenkarte siehe hintere Umschlaginnenseiten

CAVAILLON:
Restaurant Prévot €€€
Gourmet SK B3
353, av de Verdun, 84300
📞 04 90 71 32 43 ⬤ So, Mo
Küchenchef Jean-Jacques Prévot sorgt für kulinarischen Hochgenuss mit saisonalen Zutaten: Spargel im Frühling, Melonen im Sommer, Pilze im Herbst und Schwarze Trüffeln im Winter.

CHÂTEAUNEUF-DU-PAPE:
La Mère Germaine €€
Provenzalisch SK B3
3, rue Commandant Lemaître, 84230
📞 04 22 78 34 ⬤ Mi, So abends
Provenzalische Gerichte und erstklassige Weine aus der Region mit Blick auf die Weinberge. Gutes, preiswertes Mittagessen.

CHÂTEAUNEUF-DU-PAPE:
La Sommellerie €€
Modern SK B3
2268, route de Roquemaure, 84230
📞 04 90 83 50 00 ⬤ Mo (Okt – März), Sa mittags, So abends
Das Hotel-Restaurant liegt in einem ehemaligen Schafstall aus dem 17. Jahrhundert. Serviert werden delikate Speisen und Côtes-du-Rhône-Weine. Sensationelles, fünfgängiges Hummermenü zum Preis von 65 €.

GIGONDAS: Les Florets €
Modern SK B2
Route des Dentelles, 84190
📞 04 90 65 85 01 ⬤ Mi
Kunstvoll zubereitete Gerichte, dazu passende Weine aus der Region – von der Terrasse hat man einen herrlichen Blick auf die Dentelles de Montmirail.

GORDES:
La Ferme de la Huppe €€
Provenzalisch SK C3
RD 156, Les Pourquiers, 84220
📞 04 90 72 12 25
⬤ So; Nov – 15. März
Das bäuerliche Anwesen (18. Jh.) besitzt einen bezaubernden Garten. Die Speisekarte des Lokals ist klein, aber fein.

Einfallsreich präsentierte Gerichte im Le Mesclun, Séguret

Hübscher Innenhof des La Ferme de la Huppe (18. Jh.) in Gordes

L'ISLE-SUR-LA-SORGUE:
Le Vivier €€
Gourmet SK B3
800, cours Fernande Peyre, 84800
📞 04 90 38 52 80 ⬤ Mo
Hier können Sie auf einer Terrasse am Fluss speisen. Köstlich: Taubenpastete mit Steinpilzen.

Vis-à-Vis-Tipp
LAGARDE-D'APT:
Le Bistrot de Lagarde €
Bistro SK C3
Route Départementale 34, 84400
📞 04 90 74 57 23
⬤ Mo, Di; Anfang Dez – Feb
Ein ehemaliger Raketenbunker auf 1100 Metern Höhe bildet die Kulisse für dieses Bistro. Küchenchef Lloyd Tropeano kreiert ungewöhnliche Speisen mit Safran aus der Region und anderen sorgfältig ausgewählten Zutaten. Das Menü wechselt alle drei Wochen.

MÉNERBES: Café Veranda €
Bistro SK C3
Avenue Marcellin-Poncet, 84560
📞 04 90 72 33 33
⬤ Mo, So abends
Der Speiseraum und die Terrasse gewähren einen Blick auf die Berge. Kreative europäische Küche.

OPPÈDE: Restaurant Celinà €
Italienisch SK C3
1367, route des Petitons, 84580
📞 04 32 52 17 85
⬤ Mai – Aug: Mo; Sep – Apr: Mo – Do
In einer Bastide (19. Jh.) wird italienische Küche serviert. Reservieren Sie für den Brunch.

PERNES-LES-FONTAINES:
Coté Jardin €
Klassisch SK B3
221, quai de Verdun, 84210
📞 04 90 60 08 93
⬤ Okt – Mitte Apr
Im hübschen Garten werden üppige Salatteller und gegrilltes Fleisch serviert. Es gibt zudem köstliche Eiscreme.

ROAIX: Le Grand Pré €€€
Gourmet SK B2
Route de Vaison-la-Romaine, 84110
📞 04 90 46 18 12
⬤ Apr – Mitte Nov: Di; Mitte Nov – März: So
Das Restaurant hat einen herrlichen Garten. Raoul Reichrath kreiert delikate Gerichte mit Feigen im Herbst und Trüffeln im Winter.

SÉGURET: Le Mesclun €€
Modern SK B2
Rue des Poternes, 84110
📞 04 90 46 93 43
⬤ Mi; Mo (Juli – Aug)
Lokal mit zauberhafter Terrasse mit herrlicher Aussicht auf das Rhône-Tal. Die anspruchsvolle Küche ist asiatisch, karibisch und mexikanisch beeinflusst.

SÉRIGNAN-DU-COMTAT:
Le Pré du Moulin €€€
Modern SK B2
Cours Joël Estève / Route de Sainte-Cécile des Vignes, 84830
📞 04 90 70 14 55
⬤ Mo, So abends (Sep – Juni)
Das schicke Hotel-Restaurant liegt unter Platanen. Probieren Sie Köstlichkeiten wie Hummerravioli mit Chicorée. Côtes-du-Rhône- und Gigondas-Weine.

Alpes-de-Haute-Provence

CASTELLANE:
Auberge du Teillon €€
Modern SK D3
Route Napoléon le Garde, 04120
📞 04 92 83 60 88
⬤ Mo, So abends; Nov – Mitte März
Der nette Landgasthof ist für seinen geräucherten norwegischen Lachs, foie gras, Jakobsmuscheln, Risotto mit Morcheln und Käse aus der Region bekannt.

Restaurantkategorien siehe Seite 203 Preiskategorien siehe Seite 208

VAUCLUSE, ALPES-DE-HAUTE-PROVENCE | 217

Restaurant L'Olivier, Digne-les-Bains

CHÂTEAU-ARNOUX:
La Bonne Étape €€€
Gourmet **SK** D2
Chemin du Lac, 04160
04 92 64 00 09
Mo, Di; Jan – Mitte Feb, Ende Nov
Köstlich: die Lamm- und Seafood-Gerichte, zubereitet aus frischen Erzeugnissen der Region. Vorzügliche Weinkarte.

DIGNE-LES-BAINS: L'Olivier €
Modern **SK** D2
1, rue des Monges, 04000
04 92 31 47 41   Mo, Di
Das schöne Restaurant in reizvoller Lage serviert delikate Seafood- und Fleischgerichte.

DIGNE-LES-BAINS: Villa Gaïa €
Provenzalisch **SK** D2
24, route de Nice, 04000
04 92 31 21 60
Nov – Mitte Apr
Hier gibt es einfache, aber köstliche saisonale Gerichte mit frischem Gemüse aus dem eigenen Garten. Reservierung erforderlich.

FORCALQUIER: Aux 2 Anges €
Bistro **SK** C3
3, pl Saint-Michel, 04300
04 92 75 04 36   Feb
Freundliches, einfaches Lokal mit Tischen im Freien und sehr guten provenzalischen Speisen. Preiswerte, gute Menüs.

FORCALQUIER: Le 9 €
Modern **SK** C3
9, av Jean Giono, 04300
04 92 75 03 29
Di, Mi (Winter); Jan
Zur Aussicht vom Garten und von der Terrasse genießt man einfache frische Gerichte. Ein Muss: Rehrücken mit Cranberrys.

MANOSQUE:
Hostellerie de la Fuste €€€
Gourmet **SK** C3
Route d'Oraison, Valensole, 04210
04 92 72 05 95
Mo, So abends
Der stilvolle Landgasthof serviert Seafood, saftiges Fleisch und Gemüse aus dem eigenen Garten. Die Terrasse liegt im Schatten von Platanen.

Vis-à-Vis-Tipp
MOUSTIERS-STE-MARIE:
La Treille Muscate €
Provenzalisch **SK** D3
Place de l'Église, 04360
04 92 74 64 31
Mi, Do (Winter)
Das freundliche, einladende Restaurant mit schattiger Terrasse liegt an einer Felsformation mit Wasserfall – der ideale Ort, um sich in entspannter Atmosphäre an exquisiter provenzalischer Küche zu erfreuen. Probieren Sie Spezialitäten wie Kaninchen-*confit* mit Rosmarin, Penne mit Pilzen oder *foie gras*. Reservierung empfohlen.

MOUSTIERS-STE-MARIE:
Ferme Ste-Cécile €€
Modern **SK** D3
Route des Gorges du Verdon
04 92 74 64 18
Mo, So abends; Nov – März
Hier gibt es gute, preiswerte Mahlzeiten in idyllischer Umgebung: Gerichte mit Dinkel, Rebhuhn, Kalb, Fisch und Meeresfrüchte. Reservierung empfohlen.

MOUSTIERS-STE-MARIE:
La Bastide de Moustiers €€€
Provenzalisch **SK** D3
Chemin de Quinson, 04360
04 92 70 47 47
Di, Mi; Jan, Feb
Das Lokal serviert vorzügliche Küche mit frischen Produkten aus dem eigenen Obst-, Gemüse- und Kräutergarten. Das Menü wechselt täglich. Reservieren Sie den »Salon des Amoureux« für ein romantisches Abendessen.

ROUGON: Le Mur d'Abeilles €
Crêperie **SK** D3
D955 – La route du Grand Canyon, 04120
04 92 83 76 33   Nov – März
Für Besucher der Gorges du Verdon der ideale Ort für eine Rast. Die Aussicht ist überwältigend, serviert werden üppige Portionen süßer und pikanter Crêpes.

STE-CROIX DU VERDON:
Le Comptoir €
Klassisch **SK** D3
Le Village, 04500
04 92 73 74 62   Nov – Ostern
Auf der schönen Terrasse mit Seeblick werden riesige Salatteller, Fisch und Grillfleisch sowie Muscheln mit Pommes frites serviert. Gute Kinderkarte.

Opulent ausgestatteter Speisesaal im La Bonne Étape, Château-Arnoux

SK = Straßenkarte *siehe hintere Umschlaginnenseiten*

Cafés, Bars und Snacks

In den ländlichen Gegenden Frankreichs trifft man sich vorzugsweise in der Kneipe. Dies gilt ganz besonders für die Provence. Überall in der Region findet man belebte Bars oder Cafés, oft mit Garten oder Terrasse. In den meisten bekommt man auch ein einfaches, relativ günstiges Mittagessen. Snacks sind in Frankreich weniger verbreitet, aber in so gut wie allen Bars ist zumindest ein belegtes *baguette* oder ein *croque monsieur* (Toast mit Schinken und Käse) zu haben.

Die meisten Provenzalen trinken gern. Vor allem der berühmte *pastis*, ein Anisschnaps aus Marseille, gilt als Lebenselixier. Auf dem Land genießen ihn die Einheimischen oft schon vormittags zum Kaffee. Mittags wird gern eisgekühlter Rosé getrunken, der die brütende Sommerhitze sofort um einiges erträglicher und etwas amüsanter macht.

Cafés

In der Provence unterscheiden sich die Cafés kaum von den Bars. In beiden wird an ganzen Tag Alkohol ausgeschenkt. Auf dem Land schließen Cafés gegen 20 Uhr, in den Städten haben viele auch länger geöffnet. Die Szenetreffs in Marseille oder Nizza schließen erst, wenn der letzte Gast gegangen ist. Viele haben bis zum Morgen geöffnet, man kann dann gleich frühstücken.

In den Cafés, die zugleich *tabacs* sind, bekommt man Zigaretten, Tabak, Süßigkeiten und Briefmarken.

Die meisten Cafés sind eher einfach gehalten. Wandschmuck beschränkt sich meist auf den Kalender der örtlichen Feuerwehr, und mit Flanellhemd und Stiefeln ist man durchaus passend gekleidet. Ausnahmen sind die schicken Cafés am Cours Mirabeau in Aix. Hier lautet das Motto: Sehen und Gesehenwerden. Auch an der Côte d'Azur gibt es viele schöne Cafés. Mit etwas Glück sieht man während der Filmfestspiele in Cannes vielleicht im **Restaurant Carlton** einen Filmstar. In Nizza trifft man sich in den Cafés am Cours Saleya. Das Nonplusultra allerdings ist die **Brasserie du Café de Paris** in Monaco.

Essen

In den meisten Cafés der Provence gibt es Frühstück. Auf dem Dorf beschränkt sich dies meist auf Baguette und Kaffee. In den Städten bekommt man auch frisch gepressten Orangensaft, ofenfrische Croissants und Marmelade. In manchen Cafés gibt es *plat du jour* (Tagesgericht) einschließlich Nachspeise und einem halben Liter Wein. Die Tagesgerichte kosten selten mehr als zwölf Euro. Man kann auch nur ein Sandwich, ein Omelett oder einen Salat bestellen. Abendessen erhält man, außer am Land, wo man in der Bar auch abends essen kann, nur in ausgewiesenen Restaurants.

Trinken

Seit der Antike – damals führten die Römer den Wein ein – gehört Trinken zu den Lieblingsbeschäftigungen der Provenzalen. Wenn es nach der Zahl der Einheimischen geht, die in Bars *pressions* (0,5 l Bier) trinken, steht der Gerstensaft bei den Bauern höher in der Gunst als Wein. Hochprozentigere Getränke sind *pastis* (Anisschnaps mit Vanille und Zimt) und *marc* (klarer Tresterschnaps). Beliebt sind auch der *diabolo* (Limonade mit Sirup) oder *orange pressée* (frisch gepresster Orangensaft).

Wie in fast allen Mittelmeerländern hat Kaffee auch hier eine lange Tradition. *Café* ist starker Espresso. Wenn Sie Kaffee mit Milch möchten, bestellen Sie *café crème* oder *café au lait*. Filterkaffee heißt *café filtre*, löslicher Kaffee *café américain*. Tee wird schwarz serviert, Milch oder Zitrone muss man extra bestellen. Gern getrunken werden auch Kräutertees *(tisanes, infusions)*.

Bars und Pubs

In den meisten Städten gibt es einige Bars, wo man ausschließlich Bier und andere alkoholische Getränke bekommt. Hier lernt man Land und Leute besonders gut kennen. In Universitätsstädten wie Nizza, Marseille oder Aix-en-Provence findet man auch Pubs im englischen Stil, die Flaschenbier und Bier vom Fass aus ganz Europa ausschenken. In manchen wird dazu Live-Musik geboten, etwa in **Wayne's Bar** und im **De Klomp** in Nizza.

Etwas schickere Bars sind die der Nobelhotels entlang der Côte d'Azur. Hier kann man in Belle-Époque-Ambiente seinen Champagner-Cocktail genießen. Für die musikalische Untermalung sorgen Pianisten, Streichquartette oder Opernsänger. Die elegantesten Hotelbars befinden sich im Carlton und im Martinez in Cannes, im Négresco in Nizza, im Grand-Hôtel in St-Jean-Cap-Ferrat (**Le Bar**) und im L'Hermitage in Monte Carlo *(siehe Hotels S. 198–201)*.

Snacks

Verhungern wird man in der Provence sicher nicht. Überall gibt es Stände, an denen man z. B. *pain bagnat* (ein mit *salade niçoise* belegtes und mit Olivenöl beträufeltes Sandwich) kaufen kann. Auch Pizza erfreut sich großer Beliebtheit. Pizza gibt auch ihre provenzalische Variante *pissaladière* (mit Oliven, Zwiebeln und Sardellen belegt) gibt es in jeder nahen Stadt im Straßenverkauf. In Nizza ist *socca* (dicker Crêpe aus Kichererbsenmehl) ein echter Renner *(siehe S. 205)*.

Wie alle Franzosen picknicken auch die Provenzalen gern. Sie laden Tisch, Stühle, Grill und Kühltaschen ins Auto – und los geht's. Für Picknickfreunde gibt es in den Dörfern extra Läden, wo Gerichte zum Mitnehmen verkauft werden. In *boulangeries* und *pâtisseries* bekommt man von Croissants über Kuchen und

Torten bis hin zur Minipizza und Quiche alles, was das Herz begehrt. Sehr viele *boulangeries* verkaufen frische Baguette-Sandwiches.

In den großen Städten gibt es *traiteurs*, die fertige Speisen – Salate, kalte Gerichte oder Brathähnchen – zum Mitnehmen anbieten, beispielsweise **Au Flan Coco** in Nîmes oder **Bataille** in Marseille.

Supermärkte haben oft eine Imbisstheke. *Charcuteries* verkaufen nur Schweinefleisch, vor allem *pâtés* und Wurstwaren. Die für die Camargue typischen herzhaft würzigen Würste erhält man in der **Maison Genin** in Arles.

Für ein Picknick deckt man sich natürlich am besten auf dem Markt ein. In jeder provenzalischen Stadt ist regelmäßig Markt, in manchen täglich, in anderen nur ein- bis zweimal pro Woche. Natürlich ist in Frankreich ein Picknick ohne Brot – sprich *baguette* – unvorstellbar. Da macht auch die Provence keine Ausnahme. Hier gibt es aber zusätzlich noch andere Brotsorten aus einheimischen Zutaten, darunter das fast überall erhältliche *pain aux olives*, häufig in Form der zopfähnlichen *fougasse*, oder auch *pain aux anchois* (mit Sardellen), *pain aux épinards* (mit Spinat) bzw. die süße Variante mit Mandeln.

Schwarzbrot und Vollkornbrot sind weniger verbreitet. Fragen Sie nach *pain aux céréales*. Gesünder als Weißbrot ist auch das *pain de campagne*, ein baguetteähnliches Brot aus unraffiniertem Weizenmehl. Eine der besten *boulangeries* ist die Bäckerei **Le Four à Bois** in der Altstadt von Nizza. Schon seit Generationen wird dort nach altbewährten Rezepten Brot gebacken.

In jedem Dorf der Provence gibt es *boulangeries* mit einer großen Auswahl an *pâtisseries* (Kuchen, Gebäck und Torten), meist aus einheimischen Zutaten wie Obst, Honig oder Mandeln. Sie sollten unbedingt den Kuchen von **Béchard** probieren, wenn Sie in Aix-en-Provence sind.

Naschkatzen kommen bei provenzalischer Schokolade und kandierten Früchten voll auf ihre Kosten. Ein Zentrum für die Produktion kandierter Früchte ist Apt in der Vaucluse *(siehe S. 176).* Dort machte die Herstellung dieser Süßigkeit die Stadt im 18. und 19. Jahrhundert wohlhabend.

Sehr beliebt bei Einheimischen und Besuchern sind auch *calissons* (Mandelplätzchen) sowie *suce-miel* (Honigbonbons). Süßwaren kauft man am besten bei **Puyricard** in Aix-en-Provence oder bei **Auer** in Nizza.

Auf einen Blick

Cafés

AIX-EN-PROVENCE

Brasserie Les Deux Garçons
53, cours Mirabeau.
04 42 26 00 51.

CANNES

Restaurant Carlton
58, la Croisette.
04 93 06 40 06.

ÈZE

Château Eza
Rue de la Pise.
04 93 41 12 24.

MONACO

La Brasserie du Café de Paris
Le Casino, pl du Casino.
00 377 98 06 76 23.

NÎMES

Le Café Olive
22, bd Victor Hugo.
04 66 67 89 10.

NIZZA

Le Grand Café de Turin
5, pl Garibaldi.
04 93 62 29 52.

ST-PAUL-DE-VENCE

Café de la Place
Place du Général de Gaulle.
04 93 32 80 03.

ST-TROPEZ

Brasserie des Arts
Place des Lices.
04 94 40 27 37.

Le Café de Paris
Le Port, 15, quai de Suffren.
04 94 97 00 56.

Senequier
Quai Jean Jaurès.
04 94 97 20 20.

Bars und Pubs

AVIGNON

Pub Z
58, rue de la Bonneterie.
04 90 85 42 84.

CANNES

3.14
5, rue François Einesy.
04 92 99 72 00.

JUAN-LES-PINS

Pam-Pam
137, bd Wilson.
04 93 61 11 05.

MARSEILLE

Le Bar de la Marine
15, quai de Rive Neuve.
04 91 54 95 42.

La Part des Anges
33, rue Sainte.
04 91 33 55 70.

MONACO

Flashman's
7, av Princesse Alice.
00 377 93 30 09 03.

NÎMES

La Grande Bourse
2, bd des Arènes.
04 66 67 68 69.

NIZZA

De Klomp
8, rue Mascoinat.
04 93 92 42 85.

Les Trois Diables
2, cours Saleya.
09 82 34 14 21.

Wayne's Bar
15, rue de la Préfecture.
04 93 13 46 99.

ST-JEAN-CAP-FERRAT

Le Bar
Grand-Hôtel de Cap-Ferrat, 71, bd du Gén. de Gaulle. 04 93 76 50 50.

VILLEFRANCHE-SUR-MER

Le Cosmo Bar
11, pl Amélie Pollonais.
04 93 01 84 05.

Snacks

AIX-EN-PROVENCE

Béchard
12, cours Mirabeau.

Puyricard
7, rue Rifle-rafle.

ARLES

Maison Genin
11, rue des Porcelets.

MARSEILLE

Bataille
18, rue Fontange.

Le Four des Navettes
136, rue Sainte.

NÎMES

Au Flan Coco
21, rue du Grand Couvent.

NIZZA

Auer
7, rue St-François-de-Paule.

Le Four à Bois
35, rue Droite.

Shopping

Einkaufen in der Provence macht richtig Spaß. Selbst im kleinsten Dorf findet man einen interessanten Töpfer oder Maler. An den Markttagen der jeweiligen Orte kann man frisches Obst und Gemüse – Artischocken, Spargel oder Pilze – aus der Umgebung kaufen, so viel das Herz begehrt. In größeren Städten gibt es zahllose kleine Läden, die alles Mögliche anbieten – von Trockenblumen bis hin zu schicker Babykleidung. Modebewusste finden immer eine oder zwei Straßen, in denen die großen Namen vertreten sind. Frisch eingekaufte Lebensmittel lassen sich dank praktischer Vakuum-Verpackung meist problemlos bis zu Ihrem Feriendomizil transportieren. Viele Verpackungsutensilien – Flaschen, Gläser oder Schachteln – sind als solche schon kleine Kunstwerke. Auf den folgenden Seiten finden Sie Informationen zu den Öffnungszeiten der Läden und eine Zusammenstellung typisch provenzalischer Erzeugnisse.

Fleischerei und Haushaltswarenladen in einem kleinen Ort in der Provence

Öffnungszeiten

Lebensmittelläden öffnen um 8 Uhr und schließen mittags für bis zu drei Stunden. Danach sind die meisten bis 19 Uhr geöffnet, in Nizza und Marseille auch länger. In vielen Bäckereien kann man mittags noch kleine Snacks kaufen. Sie schließen dann erst um 13 Uhr oder später.

Supermärkte und Großmärkte haben in der Regel auch über Mittag geöffnet. Alle anderen Läden sind montags bis samstags von 9 bis 19 Uhr geöffnet, die meisten schließen über Mittag. Viele bleiben am Montagvormittag zu. Lebensmittel- und Zeitschriftenläden öffnen auch am Sonntagvormittag. Außerhalb der Hochsaison haben einige Läden einen Ruhetag in der Woche.

Kaufhäuser, Großmärkte

Großmärkte (*hypermarchés* oder *grandes surfaces*) liegen meist am Stadtrand. Achten Sie auf das Schild *Centre Commercial*. Zu den größten zählen Casino, Auchan, E. Leclerc und Carrefour. Dort bekommt man auch billiges Benzin – oft nur gegen Barzahlung.

Supermärkte (*supermarchés*), die auch Kleidung verkaufen, wie Monoprix und Champion liegen meist im Stadtzentrum. Die meisten Kaufhäuser (*grands magasins*) wie Galeries Lafayette und Printemps sind nur in den größeren Städten zu finden.

Fachgeschäfte

Einkaufen in der Provence macht auch deshalb so viel Spaß, weil es trotz neu entstehender Supermärkte immer noch genügend kleine Läden gibt. Bäckereien (*boulangeries*), die häufig auch Konditoreien (*pâtisseries*) sind, verkaufen Brot, Kuchen und Torten. Käseläden, die auch andere Molkereierzeugnisse anbieten, sind *fromagerie* und *laiterie* in einem. Dagegen sind Metzgereien (*boucheries*) in der Regel von Läden für Wurstwaren (*charcuterie*) getrennt. Beim *traiteur* bekommt man Fertiggerichte, Feinkost gibt es dagegen in der *épicerie*. Kosmetika und Haushaltsmittel sind in der *droguerie* erhältlich, Eisenwaren und Artikel für den Haushalt bekommt man in der *quincaillerie*.

Märkte

Diesem Reiseführer können Sie entnehmen, wann in welcher Stadt Markttag ist. Wenn Sie nach dem Weg fragen, erkundigen Sie sich nach *le marché*. Märkte sind frühmorgens am schönsten, wenn alles noch taufrisch ist. Mittags ist die beste Ware längst verkauft. Laut Gesetz muss auf dem Preisschild auch stehen, woher die Ware kommt (*du pays* bedeutet »einheimisch«).

Die *marchés de Provence* gehören zu den schönsten Märkten Frankreichs. Die berühmtesten – den Cours Saleya in Nizza (*siehe S. 88*) oder den Blumenmarkt von Aix (*siehe S. 152*) – muss man einfach gesehen haben. Andere, wie z. B. die Trüffelmärkte des Var, sind eher Geheimtipps. Fahren Sie in der Trüffelsaison (Nov – Feb) unbedingt an einem Donnerstag nach Aups (*siehe S. 108*).

Blumenladen und Café im Luberon, Vaucluse

Die volle Mehrwertsteuer in Frankreich beträgt 20 % *(siehe S. 236)*

Getrocknete Kräuter auf dem Markt von St-Rémy-de-Provence

Spezialitäten

Die Sonne der Provence leuchtet aus den bunten Stoffen *(indiennes)*. Sie werden als Meterware, Möbelstoffe, Tücher, Hemden etc. verkauft, z. B. bei **Mistral – Les Indiennes de Nîmes** oder **Souleïado**.

In den Ölmühlen der Region wird das Olivenöl gepresst, das auch zur Herstellung der berühmten Seifen, der *savons de Marseille*, gebraucht wird. Überall bekommt man Oliven mit *herbes de Provence* und getrocknete Kräuter in Stoffsäckchen. Auch Lavendel in Stoffsäckchen oder Lavendelhonig gehören zu den Spezialitäten. Blumen kann man getrocknet kaufen oder gleich in Form von Duftessenzen. Zentrum der Parfumherstellung ist Grasse *(siehe S. 71)*.

Naschkatzen lieben Süßigkeiten *(confiseries)* aus den hiesigen Früchten und Nüssen: *calissons* (Konfekt mit Mandeln, kandierten Melonen und Orangen) aus Aix, fruchtige *berlingots* (Bonbons aus Fruchtsirup) aus Carpentras und *fruits confits* (kandierte Früchte) aus Apt.

Wein

Die Provence zählt zwar nicht zu den großen Weinregionen der Welt, dennoch werden in den Anbaugebieten *(siehe S. 206f)* zahlreiche gute Weine produziert. Überall laden Schilder zur Weinprobe *(dégustation)* ein. Im Allgemeinen wird erwartet, dass man zumindest eine Flasche kauft. Winzergenossenschaften bieten die Weine der kleineren Weingüter, zum Teil auch in Kanistern von fünf bis zehn Litern *(en vrac)*, an. Weinkenner trinken *en vrac* gekauften Wein vor Ort und erstehen für zu Hause gute Tropfen wie Châteauneuf-du-Pape und Beaumes-de-Venise.

Wer Anis mag, wird sich für den als Aperitif getrunkenen *pastis* begeistern können.

Kunsthandwerk

Viele der provenzalischen Kunstgewerbe haben eine lange Tradition, schienen aber vor fast 50 Jahren dem Aussterben geweiht. Die Töpfer von Vallauris verdanken Picasso die Renaissance ihres Handwerks *(siehe S. 76f)*.

Mitbringsel und Souvenirs reichen von den Ton-*santons* bis hin zu den kostbaren Fayencen aus Moustiers. Einige Städte haben ihre eigene Spezialität: Biot ist für Glaswaren bekannt, Cogolin für Pfeifen und Teppiche, Barjols für Flöten und Tamburine, Salernes für Terrakottafliesen.

Künstler verkaufen ihre Werke im Hafen von St-Tropez

Auf einen Blick

Spezialitäten

AIX-EN-PROVENCE

Souleïado
Rue Marius Reinaud.
04 42 38 19 00.
souleiado.com

AVIGNON

Souleïado
19, rue Joseph Vernet.
04 90 86 32 05.

GRASSE

Huilerie Ste-Anne
138, route de Draguignan.
04 93 70 21 42.

Moulin à huile du Rossignol
41, chemin des Paroirs.
04 93 70 16 74.

Parfumerie Fragonard
20, bd Fragonard.
04 92 42 34 34.
fragonard.com

Parfumerie Galimard
73, route de Cannes.
04 93 09 20 00.
galimard.com

NÎMES

Mistral – Les Indiennes de Nîmes
2, bd des Arènes.
04 66 21 69 57.
indiennesdenimes.fr

Souleïado
27, rue de la Madeleine.
04 66 36 70 15.
souleiado.com

NIZZA

Alziari
14, rue St-François-de-Paule. 04 93 85 76 92.
Olivenpresse.

SAINT-RÉMY-DE-PROVENCE

Souleïado
2, av de la Résistance.
04 90 92 45 90.
souleiado.com

Kunsthandwerk

COGOLIN

Fabrique de Pipes Courrieu
58, av G. Clemenceau.
04 94 54 63 82.

Manufacture des Tapis de Cogolin
6, bd Louis Blanc.
04 94 55 70 65.
Atelier und Showroom.

MARSEILLE

Ateliers Marcel Carbonel
47–49, rue Neuve Ste-Catherine.
04 91 54 26 58.
santonsmarcel carbonel.com
Santons-Werkstatt und Museum.

VALLAURIS

Céramiques Dominique N. B.
Avenue Maréchal Juin.
04 93 64 02 36.

Souvenirs

Man kauft am besten Dinge, die das Wesen dieser Region einfangen, Ausdruck ihrer geografischen Besonderheiten sind oder ihren handwerklichen und künstlerischen Traditionen entsprechen. Die schicken Boutiquen in St-Tropez oder Cannes mögen zwar der Mode immer um eine Nasenlänge voraus sein, echte Souvenirs sollten jedoch zeitlos sein. Die charakteristischen Düfte, Farben und Gaumenfreuden werden Sie auch im tiefsten Winter immer an Ihren Urlaub erinnern, zumindest bis zur nächsten Provence-Reise.

Lavendel – ein typischer Duft der Provence

Düfte der Provence

Lavendel aus der Provence findet man als Duftnote in vielen Dingen. Sehr beliebt sind die kleinen Stoffsäckchen mit getrockneten Lavendelblüten. Badezusätze in kunstvollen Flaschen oder die berühmte Olivenölseife aus Marseille machen das Bad zu einem berauschenden Erlebnis.

Savons de Marseille aus Olivenöl

Orangenwasser aus Vallauris

Lindenblüten-Schaumbad

Getrockneter Lavendel in Stoffsäckchen

Malvenblüten-Schaumbad

Glaswaren

Die Glasbläserei ist ein modernes provenzalisches Handwerk. In Biot *(siehe S. 78)* kann man Glasbläsern bei der Arbeit zuschauen und gleich vor Ort hübsche Souvenirs kaufen.

Töpferwaren

Typisch sind Bodenfliesen und Küchengefäße aus *terre rouge* sowie Fayencen aus Moustiers *(siehe S. 190)* oder Steingut aus *grès* (Tonsandstein).

Terrakotta-*santons*

Diese bunt bemalten provenzalischen Krippenfiguren bekommt man in vielen Geschäften in reicher Auswahl.

Olivenholz
Das Holz des Olivenbaums gibt es in der gleichen Vielfalt wie das Öl. Es eignet sich für Kunst- und Gebrauchsgegenstände.

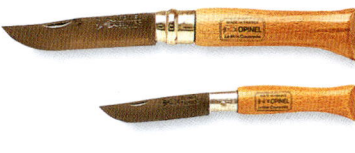

Jagdmesser
In den Jagdartikelgeschäften der Provence bekommt man überraschend gute Fahrten- und Küchenmesser: sicher und sehr scharf.

Provenzalische Stoffe
Die bunt bedruckten Textilien haben eine jahrhundertelange Tradition. Sie werden als Möbelstoffe, Tücher o. Ä. verkauft.

Gaumenfreuden der Provence
Niemand sollte die Provence ohne ein Glas Oliven und eine Flasche Olivenöl verlassen. Eingemachtes Obst, feiner Honig oder auch herzhafte Pürees in gut zu transportierenden und dekorativen Dosen und Gläsern bieten sich als ideale Mitbringsel an.

Mandelkonfekt –
eine Spezialität aus Aix

Kandierte Kastanien
(marrons glacés)

In Kastanienblätter
gewickelter Ziegenkäse

Thunfischfleisch
in Olivenöl

Aromatisiertes
Olivenöl

Olivenöl

Pürierter Kabeljau
(brandade de morue)

Orangen-Mandel-
Marmelade

Lavendelhonig mit
Haselnuss-*confit*

Unterhaltung

Die Provence bietet ihren Besuchern eine Vielfalt an Kulturevents. Praktisch jeden Monat findet in der Region ein großes Festival statt (siehe S. 36 – 39, S. 228f). Das ganze Jahr über kann man in Nizza und Marseille Tanz, Oper und Jazz erleben sowie Rockkonzerte in Toulon, Theater in Avignon und große Shows in Nizza, Antibes, Monaco und Aix-en-Provence. Das Nachtleben findet vor allem in den schicken Badeorten wie Juan-les-Pins und St-Tropez statt. Die Clubs und Bars sind oft die ganze Nacht geöffnet. Im Winterhalbjahr wird es etwas ruhiger, doch die Bars und Cafés von Marseille, Nîmes und Nizza sind immer voller Leben. Die Einheimischen verbringen viel Zeit an der frischen Luft: Sie wandern oder treffen sich im Park auf ein Spielchen *Pétanque*.

Information

Informationen zu den verschiedenen Veranstaltungen bekommt man in der Regel in den örtlichen Fremdenverkehrsbüros. In den meisten Städten werden außerdem Zeitungen oder Zeitschriften herausgegeben, in denen auf aktuelle Veranstaltungen hingewiesen wird. Die regionalen Tageszeitungen sind ebenfalls gute Informationsquellen. *Le Provençal* wird im Westen der Region gelesen, während *Nice Matin* an der Küste Verbreitung findet. Eine deutschsprachige Zeitung mit lokalen Nachrichten, Veranstaltungen und Tipps ist die *Riviera Côte d'Azur Zeitung* (www.rczeitung.com). Tageszeitungen und Magazine kauft man im Zeitschriften- oder im Tabakladen (*tabacs*).

Tickets

Bei manchen Veranstaltungen kann man Karten an der Abendkasse kaufen, für große Konzerte – vor allem im Sommer – sollte man allerdings vorbestellen. Vorverkaufsstellen sind in größeren Städten die **FNAC**-Filialen. Theater-Vorverkaufsstellen sind täglich von 11 bis 19 Uhr geöffnet. Bei vielen kann man telefonisch vorbestellen und mit Kreditkarte zahlen.

Wer nicht reserviert hat, kann noch am Abend der Veranstaltung vor Ort Karten an der Abendkasse oder aber von Schwarzhändlern kaufen, die natürlich über dem normalen Preis liegen. Doch Vorsicht: Manche verkaufen gefälschte Karten!

Oper und klassische Musik

Überall in der Provence wird Musik gemacht: in den kleinen Dorfkirchen bis zu den Belle-Époque-Opernhäusern von Marseille, Toulon und Nizza. Die **Opéra de Nice** gehört zu den besten Frankreichs. Karten zu bekommen, ist in der Regel kein Problem. Das **Orchestre Philharmonique de Monte-Carlo** arbeitet mit weltberühmten Dirigenten. In Toulon wird im Sommer eine Reihe von klassischen und Jazzfestivals angeboten, die in großer Zahl Gastorchester und Solisten anziehen.

Jedes Jahr am 21. Juni findet in der Provence und in ganz Frankreich die Fête de la Musique statt. In sämtlichen Dörfern und Städten werden Bühnen aufgebaut, auf denen Amateure und Profis auftreten. Hier gibt es eine beeindruckende Vielfalt an Konzerten zu hören: von Akkordeonmusik über ganze Orchester bis hin zu Rap-Performances.

Violoncello

Rock und Jazz

Die großen Stars gastieren auf ihren Welttourneen heute auch in den Städten der Provence. Großkonzerte finden etwa in Toulons **Zenith-Oméga** oder im Fußballstadion von Marseille, dem **Stade Vélodrome**, statt. Das **Nice Jazz Festival** in der Arena von Cimiez (siehe S. 88) gilt als eines der besten der Welt. Hier gab Miles Davis eines seiner Abschiedskonzerte zwischen römischen Ruinen und Olivenhainen. In den letzten Jahren hat sich das Festival auch erfolgreich anderen Musikrichtungen geöffnet. Seit 1960 gibt es das Festival **Jazz à Juan** in Juan-les-Pins bei Antibes, wo heute renommierte Musiker wie Wynton Marsalis oder Joshua Redman auftreten.

Theater

Ein Theaterbesuch in der Provence kann je nach Geschmack formell oder leger sein. In den größeren Theatern legt man viel Wert auf schicke Garderobe. Auch eine Reser-

Leonard Cohen beim Nice Jazz Festival

vierung für ein *souper* (Dinner nach dem Theater) in einem Restaurant in der Nähe gehört dazu. Der Champagner in der Pause kostet fast noch einmal so viel wie die Eintrittskarte. In den kleineren Theatern geht es dagegen etwas salopper zu, die Karten sind meist deutlich günstiger.

Das Zentrum der provenzalischen Theaterszene ist Marseille. Das **Théâtre National de la Criée** gehört zu den besten Frankreichs. Die vielen kleineren Ensembles zählen zu den innovativsten in Europa. Berühmt ist das **Théâtre des Carmes** in Avignon, wo das **Festival d'Avignon** *(siehe S. 229)* stattfindet. Das »Indie«-Festival **Avignon Public Off** verfügt über eigene Regisseure und Vorverkaufsstellen.

Sportevents

Die Stars der Tour de France fahren jedes Jahr durch die Region. Auch die Tennisturniere von Monte Carlo und Nizza ziehen Prominenz an. Der Grand Prix von Monaco *(siehe S. 36)* ist ein Highlight der Formel-1-Saison. Pferdesportbegeisterte kommen im Hippodrome de la Côte d'Azur in Cagnes-sur-Mer (Dez–März) auf ihre Kosten.

Die Provence rühmt sich zweier der besten Fußballteams in Frankreich: Olympique de Marseille und AS Monaco (auch als Millionärsclub bekannt).

Rugby erfreut sich großer Beliebtheit. Die besten Teams findet man in Nizza und Toulon.

Rolex Masters – bei den Tennismeisterschaften in Monte Carlo

Tanz

Marseilles vielseitige Mischung von Nationalitäten und Stilrichtungen hat eine ausgesprochen originelle Tanztradition hervorgebracht. Ensembles wie die **Bernadines** treten auch in Paris auf. **La Friche La Belle de Mai** ist einer der wichtigsten Veranstaltungsorte der Tanz- und Musikszene von Marseille. Das **Centre Chorégraphique National** in Aix-en-Provence ist ein aufregender Neuzugang der provenzalischen Tanzszene. Es gibt mehrere Tanzfestivals in der Region, etwa Les Hivernales (März) in Avignon.

Casinos

Die Riviera ist berühmt für ihre opulenten Casinos. Das Mindestalter beträgt in den meisten Etablissements 18 Jahre. **Le Casino**, die Spielbank von Monte Carlo, gehört zu den bekanntesten der Welt. Hier zahlt man Eintritt und muss sich ausweisen.

Architektonisch und atmosphärisch interessant sind das **Casino Croisette** in Cannes und das **Casino Ruhl** in Nizza. Wer es nicht ganz so nobel mag, wird sein Geld problemlos auch an den »Einarmigen Banditen« los.

Blick über den Hafen von Monaco auf das Casino

Stierkampf

Die spektakulärsten Sportveranstaltungen sind wohl die alljährlichen *férias* (Stierkämpfe). In dieser Region Frankreichs hat die *course à la cocarde* Tradition. Nach dem *abrivado* (»Eröffnung«) werden die Stiere quer durch die Stadt in die Arena gejagt. Dem Stier wird vor dem Kampf zwischen den Hörnern eine rote Rosette befestigt. Für die *razeteurs* (Matadore) gilt es nun, diese zu erwischen. Das ganze Spektakel ist unblutig, aber dennoch spannend. Am Ende der Saison wird der Matador mit den meisten Rosetten feierlich geehrt und mit einer Prämie belohnt.

In den großen Arenen von Nîmes und Arles *(siehe S. 36)* wird auch die spanische *corrida* immer beliebter. Pro Saison gibt es gewöhnlich sechs Kämpfe, von denen zwei mit dem Tod des Stiers (*la mise à la mort*) enden.

Stierkampfposter von 1992 für die *féria* in Nîmes von Francis Bacon

Kino

In der kleinen Hafenstadt La Ciotat drehten die Brüder Lumière den ersten Kinofilm der Welt. Marcel Pagnol legte in seinen Studios in Marseille den Grundstein für das moderne französische Kino. *La Septième Art*, wie die Franzosen den Film nennen, ist in Frankreich ein geschätztes Genre. Unabhängige Kinos findet man auch in kleineren Orten. Viele Filme laufen auch im Original, erkennbar an der Abkürzung V.O. *(Version Originale)*, die Abkürzung V.F. *(Version Française)* zeigt an, dass der Film französisch synchronisiert wurde.

Zwar wird auch in französischen Kinos Popcorn verkauft, doch man hört nur Nicht-Franzosen während der spannendsten Stellen eines Films essen. Recht oft stößt man dagegen auf den Kinos angeschlossene Bars oder Restaurants, in denen man anschließend über den Film diskutieren kann.

Wie man an Cannes *(siehe S. 72)* sieht, genießen Filmfestivals in Frankreich einen sehr guten Ruf. In Cannes selbst ist das Medieninteresse unangenehm groß. Hier trifft Glamour auf Cash. Wer Glück hat, wird zu einer Vorführung eingeladen (die Karten werden nicht frei verkauft).

Discos und Clubs

In den Sommernächten ist in allen großen Städten der Provence etwas los. Die Musik setzt sicherlich keine neuen Trends, sondern greift die des vergangenen Jahrs aus New York und London auf, doch die Clubs sind sehr chic und teuer. Im **Jimmy'Z** in Monaco und im **Les Caves du Roy** in St-Tropez trifft sich der Jetset, die Clubs **Whisky à Gogo** in Juan-les-Pins und **Via Notte** in Cannes ziehen vor allem die jungen Leute an. Die Garderobe der Gäste ist durchgehend chic – Turnschuhe sollten daher Sie besser im Hotel lassen.

Spaß für Kinder

Die Strände der Provence gehören zu ihren Hauptattraktionen. Für Kleinkinder sind die der kleineren Küstenorte besser geeignet. Eine Alternative zum Meer sind Erlebnisbäder wie **Marineland** und **Aqualand** sowie Zoos und Aquarien. Zum Angebot von Erlebnisparks gehören Felsklettern oder Seilbrücken. Der **Canyon Forest** bei Villeneuve-Loubet und **Coudou Parc** bei Six-Fours-les-Plages sind empfehlenswert.

Künstlerisch veranlagte Kinder können bei **Ceramic Crea** in Antibes ihre eigenen Objekte töpfern. In größeren Städten organisieren Museen und Theater Events für Kinder – fragen Sie im Fremdenverkehrsbüro danach. In kleinen Orten gibt es einen Spielplatz oder einen verkehrsfreien Platz, wo die Kleinen mit einheimischen Kindern in Kontakt kommen und spielen können. Zudem gibt es unzählige Outdoor-Aktivitäten.

Auf einen Blick

Tickets

FNAC
08 25 02 00 20.
fnac.com

Avignon
19, rue de la République.

Marseille
Centre Commercial Bourse.

Nizza
40–46, av Jean Médecin.

Deutschsprachige Infos

Riviera Côte d'Azur Zeitung
rczeitung.com

Oper und klassische Musik

AIX-EN-PROVENCE

Grand Théâtre de Provence
380, av Max Juvénale.
04 42 91 69 70.
lestheatres.net

MARSEILLE

Opéra Marseille
2, rue Molière.
04 91 55 11 10.
opera.marseille.fr

MONACO
Orchestre Philharmonique de Monte-Carlo
Pl du Casino. 00 377 98 06 28 28. opmc.mc

NIZZA

CEDAC de Cimiez
49, av de la Marne.
04 93 53 85 95.
cedac-nice.org

Forum Nice Nord
10, bd Comte de Falicon.
04 93 84 24 37.
nice.fr/culture

Opéra de Nice
4 & 6, rue St-François-de-Paule. 04 92 17 40 00.
opera-nice.org

TOULON – OLLIOULES

Châteauvallon
04 94 22 02 02.
chateauvallon.com

Festival de Musique Classique
04 94 93 55 45.

Opéra de Toulon
Bd de Strasbourg.
04 94 93 03 76.
operadetoulon.fr

Rock und Jazz

AIX-EN-PROVENCE

HotBrass Club
1857, chemin d'Eguilles-Célony. 04 42 23 13 12.

Le Scat
11, rue de la Verrerie.
04 42 23 00 23.

JUAN-LES-PINS

Jazz à Juan
Office de Tourisme, 42, av R. Soleau, Antibes. 04 22 10 60 10. antibesjuanlespins.com

MARSEILLE

Espace Julien
39, cours Julien.
04 91 24 34 10.
espace-julien.com

L'Intermédiaire
63, pl Jean Jaurès.
04 91 47 01 25.

Le Pelle-Mêle
8, pl aux Huiles.
04 91 54 85 26.

Stade Vélodrome
Allée Ray-Grassi.
04 91 29 14 50.

NIZZA

Bar des Oiseaux
5, rue St-Vincent.
04 93 80 21 33.

Nice Jazz Festival
Avenue de Monastère.
08 92 68 36 22.
nicejazzfestival.fr

TOULON

Zenith-Oméga
Bd Com. Nicolas. 08 92 70 08 40. zenith-omega-toulon.com

Theater

AVIGNON

Avignon Public Off
04 90 85 13 08.
avignonleoff.com

Auf einen Blick

Festival d'Avignon
Espace St-Louis, 20, rue Portail Boguier.
☎ 04 90 27 66 50.
🌐 festival-avignon.com

Théâtre des Carmes
6, place des Carmes.
☎ 04 90 82 20 47.
🌐 theatredescarmes.com

MARSEILLE

Théâtre du Merlan
Avenue Raimu. ☎ 04 91 11 19 30. 🌐 merlan.org

Théâtre National de la Criée
30, quai de Rive-Neuve.
☎ 04 91 54 70 54.
🌐 theatre-lacriee.com

NIZZA

Théâtre de l'Alphabet
19, rue de Lille.
☎ 04 06 60 89 10.

Théâtre de la Semeuse
2, montée Auguste Kerl.
☎ 04 93 92 85 00.

Sportevents

CAGNES-SUR-MER

Hippodrome de la Côte d'Azur
🌐 hippodrome-cotedazur.com

MARSEILLE

ASPTT Tennis
☎ 04 91 93 85 85.
🌐 asptt.com

Olympique de Marseille
🌐 om.net

MONACO

AS Monaco FC
🌐 asm-fc.com

Grand Prix de Monaco
🌐 acm.mc

NIZZA

Ligue de la Côte d'Azur Tennis
☎ 04 93 18 00 95.

Tour de France
🌐 letour.fr

Tanz

AIX-EN-PROVENCE
Centre Chorégraphique National
530, av Mozart.
☎ 04 42 93 48 00.

MARSEILLE

Bernardines
17, bd Garibaldi. ☎ 04 91 24 30 40. 🌐 theatre-bernardines.org

La Friche la Belle de Mai
41, rue Robin.
☎ 04 95 04 95 95.
🌐 lafriche.org

Casinos

CANNES

Casino Croisette
Palais des Festivals.
☎ 04 92 98 78 00.
🌐 lucienbarriere.com

MONACO

Le Casino
Place du Casino.
☎ 00 377 98 06 21 21.
🌐 montecarlocasinos.com

NIZZA

Casino Ruhl
1, promenade des Anglais.
☎ 04 97 03 12 22.

Stierkampf

ARLES

Arènes d'Arles
Rond-Point des Arènes.
☎ 04 90 49 59 05.

NÎMES

Les Arènes
Boulevard des Arènes.
☎ 04 66 21 82 56.

Kino

AIX-EN-PROVENCE

Le Mazarin
6, rue Laroque.
☎ 08 92 68 72 70.

AVIGNON

Utopia Cinéma
4, rue des Escaliers Sainte-Anne. ☎ 04 90 82 65 36.

CANNES

Cannes Film Festival
🌐 festival-cannes.com

MARSEILLE

Cinéma Chambord
283, av du Prado.
☎ 08 92 68 01 22.

MONTE CARLO

Le Sporting d'Hiver
Place du Casino.
☎ 00 377 93 30 81 08.

NÎMES

Le Sémaphore
25a, rue Porte de France.
☎ 04 66 67 88 04.

NIZZA

Cinémathèque
3, esplanade Kennedy.
☎ 04 92 04 06 66.

Mercury Cinéma
16, place Garibaldi.
☎ 08 92 68 81 06.

Discos und Clubs

AIX-EN-PROVENCE

Le Mistral
3, rue Frédéric Mistral.
☎ 04 42 38 16 49.

AVIGNON

Les Ambassadeurs Club
27, rue Bancasse.
☎ 04 90 86 31 55.

CANNES

Le Bâoli
Port Canto, La Croisette.
☎ 04 93 43 03 43.

Disco 7
7, rue Rouguière.
☎ 04 93 39 10 36.

Via Notte
13, rue du Commandant André. ☎ 06 22 92 23 58.

HYÈRES

Les Coulisses
R9 98, Quartier St-Nicolas, La Londe-les-Maures.
☎ 07 78 66 89 07.

La Palace
4000, route de Giens.
☎ 06 52 11 30 39.

JUAN-LES-PINS

Le Village Voom Voom
1, bd de la Pinède.
☎ 04 92 93 90 00.

Whisky à Gogo
Rue Jacques Leonetti.
☎ 04 93 61 26 40.

MARSEILLE

The Trolleybus
24, quai de Rive-Neuve.
☎ 04 91 54 30 45.

MONACO

Jimmy'Z
26, av Princesse Grace.
🌐 fr.jimmyzmontecarlo.com

Le Tiffany's
3, av Spélugues.
☎ 00 377 93 50 53 13.

NIZZA

High Club/Studio 47
45, promenade des Anglais. ☎ 06 95 45 41 12.

ST-RAPHAËL

La Réserve
Promenade René Coty.
☎ 04 94 95 02 20.

ST-TROPEZ

Les Caves du Roy
Palace de la Côte d'Azur, Avenue Paul Signac.
☎ 04 94 56 68 00.
🌐 lescavesduroy.com

Papagayo
Résidence du Port.
☎ 04 94 97 95 95.

Spaß für Kinder

Aqualand
RN 98, 83600 Fréjus.
☎ 04 94 51 82 51.
🌐 aqualand.fr

Canyon Forest
Parc des Rives du Loup, Villeneuve-Loubet.
☎ 04 92 02 88 88.
🌐 canyonforest.com

Ceramic Crea
94, bd Beau Rivage, Antibes. ☎ 04 93 95 12 68.
🌐 ceramic-crea.com

Coudou Parc
34, rue de la République, Six-Fours-les-Plages.
☎ 06 63 77 02 06.
🌐 coudouparc.com

Marineland
RN 7, 06600 Antibes.
☎ 08 92 42 62 26.
🌐 marineland.fr

Musée Océanographique du Monaco
Avenue St-Martin, Monte Carlo.
☎ 00 377 93 15 36 00.

Park Zoologique de Fréjus
Le Capitou, Fréjus.
☎ 04 98 11 37 37.

Feste und Festivals

Feiern gehört zum provenzalischen Lebensstil. Mit Festen wird die tief verwurzelte Tradition der Jahreszeitenfeiern gepflegt. Vielen *fêtes* liegen heidnische Riten zugrunde, anderen historische Ereignisse. Nur an der Küste sind sie vereinzelt von vergnügungshungrigen Urlaubern in Beschlag genommen. Hier folgt eine Auswahl der schönsten Feste und Festivals jedes Départements.

Einer der aufsehenerregenden Festwagen beim Karnevalsumzug in Nizza

Riviera und Alpes Maritimes

Die Karnevalsfeuerwerke über der Baie des Anges in Nizza gehören zu den bekannten Bildern der Stadt *(siehe S. 88f)*. Der Karneval von Nizza ist der größte Frankreichs. Höhepunkt ist am Faschingsdienstag, wenn *Sa Majesté Carnaval* (König Karneval) feierlich geopfert wird.

Die Karnevalsfeste gehen auf einen heidnischen Brauch zurück, der den Winter verabschieden und den Frühling begrüßen sollte. *Mardi gras* bedeutet »fetter Dienstag« und meint die letzte Gelegenheit zum Feiern, bevor die Fastenzeit beginnt. Das lateinische *carne vale* bedeutet »Abschied vom Fleisch«. Die Festivitäten starten drei Wochen vorher, wenn König Karneval durch die Straßen zieht. An den beiden Wochenenden zwischen Amtsantritt und Verabschiedung paradieren die Festwagen auf der zwei Kilometer langen Strecke um den Jardin Albert I.

Bis zum 19. Jahrhundert war Karneval in Nizza nicht viel mehr als eine Kreide- und Mehlschlacht. Erst seit 1873 gibt es die durch den Künstler Alexis Mossa inspirierten Festwagen – von ihm stammt auch die Figur des Karnevalskönigs. Seither wird viel Energie auf die Anfertigung der Kostüme verwendet.

Gleichzeitig finden Partys und Bälle in Hotels und an öffentlichen Plätzen statt. Besucher sollten sich rechtzeitig eine Unterkunft besorgen.

Var und Îles d'Hyères

Bei zahlreichen Festen der Gegend werden Musketen abgefeuert, ein Relikt alter Riten zur Hexenvertreibung. Jährlich werden in St-Tropez *(siehe S. 122f)* zwei Ereignisse mit spektakulären Salven gewürdigt: zum einen die Mai-*bravade* vom 16. bis 18. Mai, eine Prozession für Saint-Torpès, den Schutzheiligen der Stadt. Als Soldat im Dienste Kaiser Neros trat er im Jahr 68 zum Christentum über

Karnevalsgestalten in den Straßen Nizzas

und starb als Märtyrer durch Enthauptung. Sein Leichnam wurde, zusammen mit einem ausgehungerten Hund und einem jungen Hahn, in einem Boot ausgesetzt. Wunderbarerweise blieb der Körper des Heiligen unversehrt. Das Boot wurde an der südfranzösischen Küste, nahe der heutigen Stadt St-Tropez, angeschwemmt. Die Feier gedenkt seiner Ankunft und beginnt mit der Segnung einer Lanze in der Église de St-Tropez. Von hier wird die Büste des Heiligen unter dem Donner von Musketensalven durch die fahnengeschmückte Stadt zum Strand hinuntergetragen, wo man das Meer zum Dank für die sichere Ankunft des Heiligen segnet.

Die zweite *bravade* findet am 15. Juni statt. Begleitet wird sie von krachenden Gewehrsalven und Militärparaden. Dieses Fest erinnert an den 15. Juni 1637, an dem die Miliz eine aus 22 Schiffen bestehende spanische Flotte in die Flucht schlug, die versucht hatte, vier Schiffe der französischen Flotte zu kapern.

Bravade-Prozession zu Ehren des Schutzpatrons von St-Tropez

Bouches-du-Rhône und Nîmes

Roma und Sinti aus allen Teilen Europas treffen sich Ende Mai (meist vom 24.–26.) zur größten Wallfahrt, dem *Pèlerinage des Gitanes des Stes-Maries-de-la-Mer (siehe S. 142)*, in der malerischen Stadt zu Ehren ihrer Schutzpatronin, der hl. Sarah oder schwarzen Madonna.

FESTE UND FESTIVALS | 229

Prozession der Heiligenfiguren zum Meer in Stes-Maries-de-la-Mer

Die Wallfahrt ist ein farbenfrohes Ereignis – nicht zuletzt dank der traditionellen Trachten der *gardians*, der Hirten der Camargue. Der Legende nach kam die hl. Sarah, eine äthiopische Dienerin, mit einem Boot an der Küste der Camargue an. Im Boot befanden sich auch Maria Magdalena sowie die hl. Maria Jacobäa (Schwester der Jungfrau Maria) und die ältere Maria Salome (Mutter der Apostel Jakob und Johannes). Die Frauen ließen sich in der Stadt nieder und errichteten eine kleine Kapelle, aus der später die befestigte Kirche Notre-Dame-de-la-Mer entstand. Die heiligen Frauen verkündeten das Evangelium und brachten der Stadt den Ruf eines »Mekka der Provence« ein.

Die Statue der hl. Sarah steht festlich gekleidet in der Krypta der Wehrkirche von Stes-Maries-de-la-Mer. An den zwei Tagen und Nächten der Feierlichkeiten im Mai wird ihrer mit einer Prozession, einer Messe und einer Nachtwache gedacht. Am nächsten Tag werden die vier Statuen der Heiligen zum Strand getragen, wo die Camargue-Hirten ihre Pferde bis zum Hals ins Meer hineinreiten lassen, das der Bischof von Arles segnet. Nach der Rückkehr der Heiligen in die Kirche beginnt das große Volksfest mit Rodeo, Stier- und Pferderennen und Tänzen.

Die *gardians* treten noch einmal im Oktober bei einer Feier für Maria Salome bei einer Prozession um die Kirche auf.

Vaucluse

Die Papststadt Avignon *(siehe S. 170–172)* ist ein passender Rahmen für das größte Spektakel der Provence: das von Mitte Juli bis Anfang August dauernde Festival d'Avignon mit Theater, Film, Musik und Tanz, zu dem jährlich über eine Viertel Million Besucher anreisen. Es empfiehlt sich sehr, im Voraus Hotels und Eintrittskarten zu reservieren *(siehe Reservierungen S. 226f)*.

Das Festival wurde 1947 vom Theaterleiter Jean Vilar ins Leben gerufen, um dem Theater größere Popularität zu verleihen. Einige seiner Produktionen werden noch immer alljährlich vom Théâtre National Populaire im Papstpalast gezeigt. Weitere Veranstaltungsorte sind Theater und Kinos mit ganztägigem Programm, das Opernhaus und einige Kirchen.

Seit den 1960er Jahren inszeniert das alternative Straßentheater »Public Off« von Avignon an die 500 Aufführungen an über 100 Schauplätzen der Stadt, darunter viele speziell für das Festival errichtete Bühnen.

Während dieser Zeit sind Amateurkünstler auf der Place de l'Horloge, dem Platz vor der Oper, gratis zu sehen.

Alpes-de-Haute-Provence

Dem Lavendel ist ein eigenes Fest geweiht: der Corso de la Lavande im Bergkurort Digne-les-Bains *(siehe S. 184)*.

Lavendel beim Festival in Digne

Das vier Tage dauernde Ereignis findet im August anlässlich der Lavendelernte statt. Alle möglichen Lavendelprodukte werden hier verkauft. Veranstaltungen spielen sich in erster Linie auf der Hauptstraße, dem Boulevard Gassendi, ab. Höhepunkt des Festivals sind die blumengeschmückten Festwagen, die – begleitet von Musik und Tanz – am letzten Abend des Festivals durch die Straßen fahren. An der Spitze des Umzugs sprüht ein städtischer Wagen literweise Lavendelwasser auf die Straßen und hüllt die ganze Stadt in den berauschenden, unverwechselbar süßen Duft.

Straßentheater beim Sommerfestival in Avignon

Themenferien und Aktivurlaub

Die Provence ist ein Paradies für Outdoor-Fans. Nahezu alles – vom Sonnenbaden über Wassersport bis hin zum Skifahren – ist in dieser vielfältigen Region im Angebot. Insbesondere der Wassersport erfreut sich (auch bei den Provenzalen) außerordentlicher Beliebtheit. In den meisten Orten an der Küste kann man Segelboote mieten. Die erfahrenen Windsurfer wird es zum Brutal Beach (Plage de Bonnegrace) westlich von Toulon ziehen, die Îles d'Hyères bieten einige der besten Tauchmöglichkeiten im ganzen Mittelmeer. Das Hinterland um Verdon und Gard lässt die Herzen der Kanu- und Rafting-Freunde höherschlagen. Außerdem kann man in dieser Gegend auch hervorragend wandern, Rennrad und Mountainbike fahren oder reiten. Die Fédération Française de la Randonnée Pédestre gibt die weitverbreiteten *Topo Guides* heraus, die Informationen zu den Routen mitsamt Übernachtungs- und Verkehrsmöglichkeiten bieten.

Sprachkurse und Workshops

Eine gute Möglichkeit für einen Sprachurlaub bietet die Sprachschule **Inlingua**. Die **Union Rempart** (Union pour la Réhabilitation et Entretien des Monuments et du Patrimoine Artistique) vermittelt Französischstudenten an Grabungs- und andere historische Stätten, wo sie halbtags bei Restaurierungen mitarbeiten können.

Töpferkurse auf dem Land bietet **Provence Verte**. Einige andere Veranstalter haben sich auf Malurlaube spezialisiert. Informationen bekommen Sie im Internet oder beim französischen Fremdenverkehrsamt **Atout France**.

Kochkurse

In der Provence sind viele Kochkurse zur regionalen oder auch klassisch französischen Küche im Angebot. Oft lernt man dabei auch, wie man auf einem Markt die richtigen Zutaten einkauft. Empfehlenswert ist die **Hostellerie Bérard** in La Cadière d'Azur. Sie bietet auch Workshops an.

Olivenöl ist das A und O der Mittelmeerküche, deshalb bieten viele Olivenölproduzenten Besichtigungen ihrer *moulins* an, darunter auch das **Château Virant** in Lançon de Provence. Auf der »Olivenbaumroute« in Canton de Levens sehen Sie die Ölpressen in Aktion. Wer mehr über Feigen wissen möchte, ist mit einem Besuch des Familienbetriebs **Les Figuières du Mas de Luquet** bestens beraten.

Lavendelfelder und Weinberge

Die berühmtesten Lavendelgebiete der Provence befinden sich um den Mont Ventoux, im Luberon und im provenzalischen Teil der Drôme. Das **Musée de la Lavande** in Lagarde-d'Apt bietet geführte Wanderungen durch die Lavendelfelder von Familienunternehmen an.

Darüber hinaus gibt es in der ganzen Region zahlreiche Möglichkeiten zur Weinverkostung (*dégustation*). Kombinierte Ausflüge nach Les Baux-de-Provence, Les Alpilles oder St-Rémy-de-Provence mit Besuch eines Weinguts bietet **Les Vignerons des Baux**.

Für Touren und Verkostungen der Weine aus dem Luberon wenden Sie sich an **Les Vins Luberon**.

Kochkurs in der empfehlenswerten Hostellerie Bérard

Parfum und Aromatherapie

In der Parfumhauptstadt Grasse bietet sich Parfumliebhabern die Gelegenheit, ihr eigenes *eau de toilette* zu kreieren – mit der Hilfe eines »Meister-Parfumeurs«. Buchen können Sie solche Kurse bei **Le Studio des Fragrances** in Galimard oder bei **Tarinologie Workshop** in Molinard.

Der größte Parfumhersteller ist **Fragonard**. Er bietet auch Workshops zur Aromakunde und -therapie an, bei denen man alles über Pflanzen und ätherische Öle lernen kann. Sie werden von professionellen Aromatherapeuten und Pflanzenexperten geleitet.

Extremsport

Eine aufregende Extremsportart ist das Snowkiting – Skifahren mit Gleitschirm, um die Sprünge zu verlängern. Die momentan angesagteste Gegend ist am Col du Lautaret zwischen Grave, Meije und Serre Chevalier. Eine Spur extremer geht es beim Tauchen unter Eis zu.

Wunderschöne, duftende Lavendelfelder in der Nähe von Châteauneuf-du-Pape

Pétanque gehört in der Provence noch immer zu den beliebtesten Freizeitbeschäftigungen

Zu den weiteren Favoriten zählen Paragliding *(parapente)* und Hanggliding *(deltaplane)*. Mehr Informationen dazu gibt es bei der **Fédération Française de Vol Libre**. Das Gleitschirmfliegen *(vol à voile)* ist vor allem im Süden beliebt, wo das Klima warm und die Thermik gut ist. Informationen zu den Clubs gibt es bei der **Fédération Française de Vol à Voile**.

Vogelbeobachtung

Die Camargue ist ein wahres Vogelparadies. Das Informationszentrum des **Parc Naturel Régional de Camargue** bietet zahlreiche Details zur Vogelbeobachtung sowie geführte Wanderungen in der Gegend. Mit dem Fernglas kann man die Tiere zudem in einer verglasten Voliere beobachten. Weitere Infos liefern die Fremdenverkehrsbüros in Arles *(siehe S. 149)* und in Stes-Maries-de-la-Mer *(siehe S. 141)*.

Häufig zu sehen: Bienenfresser

Pétanque / Boule

Der französische Nationalsport ist eher Männersache. Pétanque ähnelt dem Boccia und wird mit kleinen Metallkugeln auf jedem beliebigen staubigen Boden gespielt. Die Regeln sind einfach, doch die Konkurrenz ist groß – und die Franzosen nehmen das Spiel sehr ernst.

Kanufahren

Diese Sportart ist vor allem auf dem riesigen Lac de Ste-Croix im Nationalpark Verdon beliebt. Die bekannteste Route ist 24 Kilometer lang und führt von den Gorges du Verdon (Carrejuan-Brücke) zum Lac de St-Croix. In der Regel sollte man sich dafür zwei Tage Zeit nehmen. La Palud-sur-Verdon ist der beste Ausgangspunkt zum Wildwasser-Rafting und Kajakfahren auf den Stromschnellen.

Etwas gemütlicher geht es auf dem Fluss Sorgue zu. Die Touren beginnen hier am Fuß der hohen Klippen bei Fontaine-de-Vaucluse. Weitere Informationen erhalten Sie bei der **Fédération Française de Canoë-Kayak**.

Canyoning

Die Gorges du Verdon sind Europas größter Canyon. Man kann sie per Floß oder zu Fuß erkunden. Das **Office de Tourisme de Castellane** hat Veranstalter für Canyoning, Rafting und andere Aktivitäten aufgelistet.

Angeln

Das Angeln in Seen und Flüssen ist sehr beliebt. Lizenzen bekommt man bei örtlichen Fremdenverkehrsbüros und in Angelläden. Im Mittelmeer kann man auch größere Fänge machen, u. a. Barsche, Sardinen, Meeräschen und Krustentiere wie Langusten und Hummer. Immer beliebter wird auch das Nachtfischen.

Golf und Tennis

Das Angebot an Golfmöglichkeiten in der Provence ist groß. Die Plätze liegen in großer Höhe, am Meer oder auch an Klippen. Es gibt rund 30 Golfplätze, die meisten im Var und Bouches-du-Rhône. Von diesen sind mehr als 20 18-Loch-Plätze. Zu den besten Plätzen zählen der Frégate-Platz in St-Cyr, Golf de l'Estérel in St-Raphaël und Golf de Châteaublanc in der Nähe von Avignon. Die meisten Golfclubs bieten auch Kurse an.

Der »Provence Golf Pass« ermöglicht den Zugang zu 13 Plätzen in fünf Départements. Dies ist sowohl für Golfsüchtige als auch für Gelegenheitsgolfer eine exzellente Möglichkeit, viele Plätze kennenzulernen. Informationen dazu erteilen das **Provence-Alpes-Côte d'Azur Comité Régional de Tourisme** und die **Fédération Française de Golf**, die auch eine Liste aller Golfplätze in Frankreich zur Verfügung stellt.

Die meisten Ferienorte und Städte in der Provence verfügen über eigene, öffentlich zugängliche Tennisplätze. Meist handelt es sich dabei um traditionelle Sandplätze.

Tennisfans kommen im April in Monte Carlo zusammen, wenn hier die Internationalen Tennismeisterschaften für Männer ausgetragen werden.

Kanufahren in den Gorges du Verdon – ein echtes Erlebnis

Reiten

Das Feuchtgebiet der Camargue ist für die widerstandsfähigen weißen Camargue-Pferde berühmt, die von den Urpferden abstammen sollen *(siehe S. 140)*. Doch im Grund ist die ganze Provence bei Reitern sehr beliebt. Informationen zu Reiterferien und Reitsport erhalten Sie bei der **Ligue Régionale de Provence de Sports Équestres**.

FKK-Urlaub

Der größte und älteste FKK-Strand der Provence befindet sich auf der östlichsten der Îles d'Hyères, auf der Île du Levant. Er erstreckt sich fast über die Hälfte der acht Kilometer langen Insel. Informationen erteilt die **Fédération Française de Naturisme**.

Skifahren

Die wichtigsten Skigebiete der Region befinden sich im Département Alpes Maritimes, wo die Alpen auf die Provence treffen. Hauptorte des Wintersports sind Auron, Isola 2000 und Valberg *(siehe S. 100)*. Sie liegen nur einige Stunden Fahrt von der Küste entfernt, was es möglich macht, Ski- und Strandvergnügen an nur einem Tag zu erleben. Im Norden der Region, in den Alpes-de-Haute-Provence, befinden sich die Skiorte Pra Loup und Chabanon. Weitere Informationen erhalten Sie bei der **Fédération Française de Ski** in Annecy oder bei der **Fédération Française de la Montagne et de l'Escalade**.

Thermen und Spas

Mitten im Hügelort Gordes, einem der hübschesten Dörfer ganz Frankreichs, lockt das neu eröffnete Daniel-Jouvance-Spa **La Bastide de Gordes**. Wer hier nicht entspannen kann, ist selbst schuld.

In dem malerischen und kulinarisch berühmten Dorf Mougins bietet das elegante Hotel **Le Mas Candille** ein Shiseido-Spa im japanischen Stil an. Der allerletzte Schrei in Sachen Luxus und Entspannung ist das **Thalazur** in Antibes.

Wandern, Klettern und Radfahren

Die Fernwander- und Kletterrouten in Frankreich heißen Grandes Randonnées (GR). Kürzere Routen sind als Petites Randonnées (PR) gekennzeichnet. Auf einigen Wegen kann man auch mountainbiken und reiten. Der Parc Naturel Régional du Luberon verfügt über einige exzellente Rad- und Wanderwege. Im Informationszentrum **Maison du Parc** gibt es eine Liste mit Übernachtungsmöglichkeiten und Routen. Auch in der Camargue lässt es sich ausgezeichnet wandern. Der großartige Küstenpfad *sentier littoral* führt 35 Kilometer lang von St-Tropez nach Cavalaire. Einen Zwischenstopp kann man in Ramatuelle einlegen. Das französische Buch *Promenez-vous à Pied – Le Golfe de St-Tropez* führt 26 verschiedene Routen auf.

Der spektakulärste Weg der Provence ist wohl der GR 9 über die Luberon-Bergkette und die Monts du Vaucluse.

Kletterfans kommen an den Buoux-Klippen im Luberon oder bei einer der 933 Routen in den Gorges du Verdon auf ihre Kosten. Die *calanques* (Meeresbuchten) zwischen Cassis und Marseille sind idyllisch. Leichtere Routen bieten die Dentelles de Montmirail, trotz ihrer zerklüfteten Oberfläche. In der Gegend gibt es zudem ausgezeichnete Weine, z. B. Gigondas, Vacqueyras und Beaumes-de-Venise.

Beim **Comité Départemental de la Randonnée Pédestre** in Cagnes-sur-Mer erhalten Sie detaillierte Informationen zu Wandermöglichkeiten. Für Routen in bestimmten Regionen wenden Sie sich an die **Fédération Française de Randonnée Pédestre**.

Radtouren durch das üppig grüne Luberon im Vaucluse sind für jedes Alter geeignet. Figanières im oberen Var ist bei Mountainbikern bekannt, in den Alpes-de-Haute-Provence gibt es rund 1500 Kilometer Radwege. Weitere Informationen dazu erteilt die **Fédération Française de Cyclisme**.

Wassersport

Die meisten Küstenorte sind ideal für erfahrene Segler wie auch für Anfänger. Auf den Îles d'Hyères gibt es einige erstklassige Segelschulen: z. B. auf der winzigen Insel Bendor und auf Porquerolles, der größten Insel an der französischen Riviera.

Zuverlässige Winde für Surfer gibt es in den Départements Bouches-du-Rhône und Var. Weitere geeignete Orte sind die Camargue mit dem starken Mistral, Port St-Louis und Stes-Maries-de-la-Mer. Die Regatta für Windsurfer in St-Tropez im Juli ist ein glamouröses, immer gut besuchtes Ereignis.

Tauchfans finden in der Provence bzw. an der Côte d'Azur kristallklares Wasser, Schiffswracks und eine vielfältige Meeresfauna. Geeignet sind vor allem Marseille, die Îles d'Hyères und Cavalaire. Die kleine Insel Port-Cros kann sich eines »Unter-Wasser-Entdeckungspfads« rühmen. In den Gewässern um St-Raphaël gibt es Schiffswracks aus dem Zweiten Weltkrieg zu sehen. Weitere Informationen erhalten Sie bei der **Fédération Française d'Études et de Sports Sous-Marins** in Marseille.

Der malerischste Abschnitt der Rhône verläuft mitten durch Avignon und Arles, die auch als »Städte der Kunst und der Geschichte« bekannt sind, sowie durch die Camargue, die Heimat der weißen Wildpferde, schwarzen Stiere und Flamingos. Mehrere Veranstalter bieten Bootsausflüge oder Flusskreuzfahrten an. Details erfahren Sie bei der Touristeninformation in Avignon, Arles, Stes-Maries-de-la-Mer und Port-St-Louis-du-Rhône.

Die *calanques* können per Boot von Marseille und Cassis aus erkundet werden. Wenden Sie sich an **Les Amis des Calanques**.

Viele Strände der Provence sind privat und kosten Eintritt. Katamarane, kleine Boote, Wasserskier und Surfausrüstung sind allerdings überall erhältlich. Informationen erteilt die nationale Segelschule **Fédération Française de Voile**.

Auf einen Blick

Sprachkurse und Workshops

Atout France
Postfach 100128, 60001 Frankfurt am Main.
🌐 de.rendezvous enfrance.com

Inlingua Sprachschule Berlin
Kronenstraße 55–58, 10117 Berlin.
📞 030 88 47 11 90.
🌐 inlingua.de

Provence Verte
Office de Tourisme, 83170 Brignoles. 📞 04 94 72 04 21. 🌐 la-provence-verte.net

Union Rempart
1, rue des Guillemites, 75004 Paris. 📞 01 42 71 96 55. 🌐 rempart.com

Kochkurse

Château Virant
Route de St-Chamas, 13680 Lançon de Provence. 📞 04 90 42 44 47.
🌐 chateauvirant.com

Les Figuières du Mas de Luquet
Chemin du Mas de la Musique, Mas de Luquet, 13690 Graveson.
📞 04 90 95 72 03.
🌐 lesfiguieres.com

Hostellerie Bérard
83740, La Cadière d'Azur.
📞 04 94 90 11 43.
🌐 hotel-berard.com

Lavendelfelder und Weinberge

Musée de la Lavande
276, route de Gordes, 84220 Coustellet.
📞 04 90 76 91 23.
🌐 museedelalavande.com

Les Vignerons des Baux
📞 04 90 92 25 01.
🌐 lesvinsdesbaux.com

Les Vins Luberon
Boulevard du Rayol, 84160 Lourmarin.
📞 04 90 07 34 40.
🌐 vins-luberon.fr

Parfum und Aromatherapie

Fragonard
Boulevard Fragonard, 06130 Grasse.
📞 04 92 42 34 34.
🌐 fragonard.com

Le Studio des Fragrances
73, route de Cannes, 06130 Grasse.
📞 04 93 09 20 00.
🌐 galimard.com

Tarinologie Workshop
60, bd Victor Hugo, 06130 Grasse.
📞 04 93 36 01 62.
🌐 molinard.com

Extremsport

Fédération Française de Vol Libre
4, rue de Suisse, 06000 Nice.
📞 04 97 03 82 82.
🌐 ffvl.fr

Fédération Française de Vol à Voile
29, rue de Sèvres, 75006 Paris.
📞 01 45 44 04 78.
🌐 ffvv.org

Vogelbeobachtung

Parc Naturel Régional de Camargue
Mas du Pont de Rousty, 13200 Arles.
📞 04 90 97 10 82.
🌐 parc-camargue.fr

Kanufahren

Fédération Française de Canoë-Kayak
87, quai de la Marne, 94340 Joinville-le-Point.
📞 01 45 11 08 50.
🌐 ffck.org

Canyoning

Office de Tourisme de Castellane
Rue Nationale, Castellane.
📞 04 92 83 61 14.
🌐 castellane.org

Golf und Tennis

Fédération Française de Golf
68, rue Anatole France, 92300, Levallois Perret.
📞 01 41 49 77 00.
🌐 ffgolf.org

Provence-Alpes-Côte d'Azur Comité Régional de Tourisme
61, le Canabière, Marseille.
📞 04 91 56 47 00.
🌐 tourismepaca.fr

Reiten

Ligue Régionale de Provence de Sports Équestres
298, av du Club Hippique, 13090 Aix-en-Provence.
📞 04 42 52 97 32.

FKK-Urlaub

Fédération Française de Naturisme
5, rue Regnault, 93500 Pantin.
📞 01 48 10 31 00.
🌐 ffn-naturisme.com

Skifahren

Fédération Française de la Montagne et de l'Escalade
8, quai de la Marne, 75019 Paris.
📞 01 40 18 75 50.
🌐 ffme.fr

Fédération Française de Ski
50, av des Marquisats, Annecy.
📞 04 50 51 40 34.
🌐 ffs.fr

Thermen und Spas

La Bastide de Gordes
Le Village, 84220 Gordes.
🌐 bastide-de-gordes.com

Hôtel Thalazur
770, chemin des Moyennes Bréguières, 06600 Antibes.
📞 04 92 91 82 00.
🌐 thalazur.fr

Le Mas Candille
Boulevard Clément Rebuffet, 06250 Mougins.
📞 04 92 28 43 43.
🌐 lemascandille.com

Wandern, Klettern und Radfahren

Comité Départemental de la Randonnée Pédestre
4, av de Verdun, Cagnes-sur-Mer.
📞 04 93 20 74 73.
🌐 cdrp06.org

Fédération Française de Cyclisme
Vélodrome National de Saint-Quentin-en-Yvelines, 1, rue Laurent Fignon, 78069 Montigny-le-Bretonneux.
📞 08 11 04 05 55.
🌐 ffc.fr

Fédération Française de Randonnée Pédestre
64, rue du Dessous des Berges, 75013 Paris.
📞 01 44 89 93 93.
🌐 ffrandonnee.fr

Maison du Parc Naturel Régional du Luberon
60, pl Jean Jaurès, 84404 Apt.
📞 04 90 04 42 00.
🌐 parcduluberon.fr

Wassersport

Les Amis des Calanques
4, quai Amiral Ganteaume, La Ciotat.
📞 06 09 33 54 98.
🌐 visite-calanques.fr

Fédération Française d'Études et de Sports Sous-Marins
24, quai Rive Neuve, 13284 Marseille.
📞 04 91 33 99 31.
🌐 ffessm.fr

Fédération Française de Voile
17, rue Henri Bocquillon, 75015 Paris.
📞 01 40 60 37 00.
🌐 ffvoile.fr

GRUND-INFORMATIONEN

Praktische Hinweise	236–243
Reiseinformationen	244–253

Praktische Hinweise

Die Hauptsaison dauert in Frankreich von Mitte Juni bis Ende August. Beliebtes Ziel sind vor allem die Küsten. Die Provence bietet für jeden etwas: Skipisten im Winter und herrliche Strände im Sommer, exzellente moderne Kunstsammlungen, gut erhaltene römische Funde, farbenfrohe Straßenfeste, eine ausgezeichnete, mediterran geprägte Küche sowie eine atemberaubende Landschaft. Um alles optimal genießen zu können, wendet man sich am besten an eines der Fremdenverkehrsämter. Die größten finden Sie auf der gegenüberliegenden Seite *(siehe auch S. 194f)*. Die Läden sind in der Regel zwischen 12 und 15 Uhr geschlossen. Hier gilt das angenehme Motto der Finheimischen: »Man lasse morgens alles langsam angehen und vermeide nachmittags jede Hektik.«

Entspanntes Mittagessen auf einer Terrasse

Reisezeit

Viele Läden in den Urlauberzentren erwirtschaften in der Hochsaison fast ihren ganzen Jahresumsatz. Vor allem entlang der Küste muss man dann mit unzähligen Urlaubern und erhöhten Preisen rechnen. Wer den Massen ausweichen will, fährt in die Berge des Var und der Vaucluse oder in die Haute-Provence.

Am schönsten ist es in der Provence im Mai und September, dann ist das Wetter ideal und die Besucherzahl geringer. Der Mai bietet ein Blütenmeer, der September in vielen Gebieten die Weinlese. Skifahrer kommen von November bis April auf ihre Kosten *(siehe S. 100)*.

Die meisten Sehenswürdigkeiten sind ganzjährig zu besichtigen, außerhalb der Saison allerdings oft mit kürzeren Öffnungszeiten.

Reisegepäck

Abgesehen von verschreibungspflichtigen Medikamenten bekommen Sie in der Provence alles vor Ort. In der Region kleidet man sich generell leger. Kirchen sollte man allerdings in angemessener Kleidung besuchen, Gleiches gilt für feinere Restaurants.

Einreise

Seitdem mit dem Schengener Abkommen die Grenzkontrollen weggefallen sind, brauchen Bürger der EU und der Schweiz beim Grenzübertritt nicht einmal mehr einen Ausweis vorzuzeigen. Einen Pass oder Personalausweis muss man dennoch mit sich führen (Kinder jeglichen Alters brauchen einen eigenen Ausweis). Stichprobenartige Kontrollen an den Grenzen sind jederzeit möglich.

Wer als EU-Bürger in Frankreich arbeiten will, muss lediglich eine Aufenthaltserlaubnis beantragen. Schweizer, die in Frankreich arbeiten möchten, sollten sich in ihrem Heimatland bei der französischen Botschaft nach den derzeit geltenden Bestimmungen erkundigen.

Zoll

Für EU-Bürger gibt es keine Zollgrenzen mehr. Alle nachweislich zum Privatkonsum erworbenen Waren dürfen ein- und ausgeführt werden. Auskünfte über die Einfuhrbeschränkungen problematischer Güter (etwa von morphinhaltigen Medikamenten oder Waffen) erteilt das **Centre des Renseignements des Douanes**.

Einfuhrverbote gibt es für jugendgefährdende und verfassungswidrige Schriften und Medien, Feuerwerkskörper, Drogen und Betäubungsmittel sowie Kampfhunde (siehe Website der Zollbehörde).

Mehrwertsteuer

In Frankreich wird auf die meisten Waren eine Umsatzsteuer (TVA = Taxe sur la valeur ajoutée) von 20 Prozent erhoben. Es gibt zudem eine ermäßigte TVA von zehn Prozent in der Gastronomie; auf Güter des täglichen Bedarfs (Nahrungsmittel etc.) sind es 5,5 Prozent, auf Presseprodukte und Medikamente 2,1 Prozent.

Wer seinen ständigen Wohnsitz *nicht* in der EU hat, kann diese Steuer (mit Ausnahme der ermäßigten Sätze) rückerstattet bekommen.

Einfuhrbestimmungen

In der Regel dürfen Sie persönliche Besitztümer (z. B. Auto oder Fahrrad) zollfrei einführen, sofern genannte Waren nicht zum Verkauf angeboten werden und dem eigenen Gebrauch dienen. Wer sich genauer informieren will, besorgt sich am besten die Broschüre *Voyagez en Toute Liberté* vom französischen Zollamt **Centre des Renseignements des Douanes**. Sie gibt detailliert Auskunft darüber, welche Bestim-

Tourismusbüro in Monieux, Vaucluse

◀ Sonne und Meer – Entspannung an einem Privatstrand in Nizza *(siehe S. 84–89)*

mungen der EU Sie bei der Ein- und Ausfuhr von Haustieren, Pflanzen, Kulturgütern (z. B. Replikate und Originalkunstwerke) und Waffen beachten müssen.

Information

In den meisten größeren Orten gibt es entweder ein *Syndicat d'Initiative* oder ein *Office de Tourisme*, in kleineren Ortschaften wendet man sich am besten an das Rathaus.

Überall bekommt man kostenlose Stadtpläne, Verzeichnisse über Unterkünfte und Veranstaltungskalender. Wer sich schon vor Antritt seiner Reise informieren will, kann sich Infomaterial bei **Atout France**, der Französischen Zentrale für Tourismus, bestellen.

Beinahe jede Stadt und jede Region hat eine eigene, meist sehr informative Website.

Etikette

Provenzalen nehmen einige Höflichkeitsregeln genauer als sonst üblich. Die grundlegenden Gepflogenheiten sind auch für Fremde leicht zu erlernen. In Läden sollten Sie zur Begrüßung *bonjour monsieur/madame* sagen, *merci*, wenn Sie Ihr Wechselgeld bekommen, *merci* und *au revoir* zum Abschied. Wenn Ihnen jemand vorgestellt wird und Ihnen die Hand entgegenhält, sollten Sie diese ergreifen. In kleinen Dörfern ist es üblich, auch Fremde mit *bonjour monsieur/madame* zu begrüßen.

Öffnungszeiten

Bei den im Buch aufgeführten Sehenswürdigkeiten finden Sie die entsprechenden Öffnungszeiten. Viele Sehenswürdigkeiten und Museen machen eine oder zwei Stunden Mittagspause, meist zwischen 12 oder 13 und 14 Uhr. Nur in der Hochsaison sind größere Sehenswürdigkeiten durchgehend offen. Viele Museen haben einen Tag in der Woche geschlossen, entweder montags oder dienstags. Einige schließen den ganzen November über.

Die meisten Läden haben von 8 oder 9 bis 12 Uhr und von 14 oder 15 bis 18 Uhr geöffnet, Banken montags bis freitags von 8.30 bis 12 Uhr und von 13.30 bis 16.30 Uhr. Kaufhäuser, Supermärkte und

Die einladende Fassade des Musée Matisse in Nizza

Tourismusbüros haben meist durchgehend geöffnet. Restaurants bleiben oft einen Tag in der Woche geschlossen, meist montags, teilweise schließen sie auch sonntagabends.

In der Nebensaison ist es ziemlich ruhig. Am besten vergewissern Sie sich vorher telefonisch, ob das Hotel oder Restaurant, das Sie im Auge haben, auch offen hat. Sogar bei den öffentlichen Verkehrsmitteln muss man mit Beeinträchtigungen rechnen.

Auf einen Blick

Französische Tourismuszentrale

Atout France
(früher: Maison de la France). Die Auslandsbüros von Atout France sind seit 2012 für den Publikumsverkehr geschlossen. Anfragen können weiterhin per Post oder Fax gestellt werden.

In Deutschland
Postfach 100128,
60001 Frankfurt am Main.
FAX 069 74 55 56.
w franceguide.com
w de.rendezvous enfrance.com

In Österreich
w at.rendezvous enfrance.com

In der Schweiz
w ch.rendezvous enfrance.com

Information in der Provence

Aix-en-Provence
300, av Giuseppe Verdi.
04 42 16 11 61.
w aixenprovence tourism.com

Arles
Boulevard des Lices.
04 90 18 41 20.
w arlestourisme.com

Avignon
41, cours Jean Jaurès.
04 32 74 32 74.
w ot-avignon.fr

Cannes
Palais des Festivals,
La Croisette.
04 92 99 84 22.
w cannes-destination.fr

Draguignan
2, av Carnot. 04 98 10 51 05. w tourisme-dracenie.com

Marseille
4, la Canebière.
08 26 50 05 00.
w marseille-tourisme.com

Monte Carlo
2a, bd des Moulins.
00 377 92 16 61 16.
w visitmonaco.com

Nîmes
6, rue Auguste.
04 66 58 38 00.
w ot-nimes.fr

Nizza
5, promenade des Anglais.
08 92 70 74 07.
w nicetourism.com

St-Tropez
Quai Jean Jaurès.
08 92 68 48 28.
w sainttropez tourisme.com

Zoll

Centre des Renseignements des Douanes
23, rue de l'Université,
75007 Paris.
08 11 20 44 44.
w douane.gouv.fr

Marseille
48, av R. Schuman.
04 91 14 15 16.

Nützliche Websites

Provence Web
w provenceweb.fr

Provence & Beyond
w beyond.fr

Tourisme Provence-Alpes-Côte d'Azur
w tourismpaca.fr

Das eindrucksvolle Rathaus von Aix-en-Provence

Eintrittspreise
Die Eintrittspreise für Museen rangieren von drei bis zwölf Euro. Am ersten Sonntag des Monats oder am Sonntagvormittag kann man manche Museen kostenlos oder zu reduzierten Preisen besichtigen.

Mit der *Carte Musée Côte d'Azur* (für drei oder sieben Tage) kann man 62 Museen und historische Bauwerke in der Region kostenfrei besuchen. Man erhält sie in den teilnehmenden Museen und in Informationsbüros *(siehe S. 237)*. Der *French Riviera Pass* (für ein, zwei oder drei Tage; www.frenchrivierapass.com) beinhaltet freien Zugang zu vielen Sehenswürdigkeiten in und um Nizza sowie einige Preisnachlässe.

Trinkgeld
In den meisten Restaurants beinhaltet die Rechnung schon den Service von zehn bis 15 Prozent, ein Trinkgeld ist somit nicht zwingend notwendig, aber immer erwünscht. Auch in einer Bar oder einem Café gibt man ein kleines Trinkgeld, Gleiches gilt für Taxifahrer und Hotelangestellte.

Behinderte Reisende
Die engen Gassen in den alten Ortschaften der Provence machen Gehbehinderten die Fortbewegung mitunter sehr beschwerlich. Parkplätze für Behinderte gibt es hingegen in ausreichender Zahl. Rollstühle und andere nützliche Geräte kann man in Apotheken ausleihen. Rampen oder Lifte für Rollstuhlfahrer findet man nur in neueren Gebäuden vor, Hotels und Restaurants rüsten diesbezüglich allmählich nach.

Die Eisenbahngesellschaft SNCF hat ihre Waggons behindertengerecht ausgestattet *(siehe S. 247)*. Taxifahrer müssen laut Gesetz Behinderte und Blindenhunde transportieren (weitere nützliche Informationen findet man auf der Website www.access-able.com).

Mit Kindern reisen
Viele Hotels bieten ihren Gästen Familienzimmer oder stellen auf Nachfrage (und eventuell gegen einen Aufpreis) ein Kinderbett ins Zimmer. Restaurants haben bisweilen Speisekarten für Kinder. Bei Anmietung eines Wagens sollten Sie rechtzeitig einen Kindersitz verlangen, den die Mitarbeiter der Leihfirma auch anbringen sollten. In Zügen und im öffentlichen Nahverkehr fahren Kinder billiger.

Schwule und Lesben
In der Provence gibt es zahlreiche Treffpunkte für Schwule und Lesben. Das sind Bars und Diskotheken, aber auch bestimmte Strände bzw. Strandabschnitte. Die auf Seite 239 aufgelisteten Websites informieren über homosexuellenfreundliche Hotels sowie über spezielle Veranstaltungen und Unternehmungen.

Preiswert reisen
Die Provence ist sicherlich nicht die preiswerteste Reiseregion Frankreichs. Außerhalb der Hochsaison reist man hier aber schon deutlich günstiger. Allgemein sind die Preise im Hinterland niedriger als an der Küste. Die örtlichen Informationsbüros versorgen Sie mit Adressen günstiger Unterkünfte wie Jugendherbergen oder Campingplätzen.

Reisen mit öffentlichen Verkehrsmitteln ist billiger als die Anmietung eines Wagens, zudem sind die Verkehrsverbindungen gerade an der Küste ausgezeichnet *(siehe S. 246–248 und S. 250–252)*. In größeren Städten lohnt sich bei Nutzung öffentlicher Verkehrsmittel der Kauf von *carnets* mit einer bestimmten Anzahl von Einzelfahrscheinen (meist zehn).

Internationaler Studentenausweis

In vielen Museen in der Provence ist der Eintritt an einem Tag im Monat kostenlos. Fragen Sie auch nach verbilligten Familientickets.

Ermäßigungen
Neben den üblichen Ermäßigungen für Gruppen, Kinder und Schüler bekommen auch Künstler, Lehrer und Studenten nach Anfrage und Ausweisvorlage in Museen und anderen Einrichtungen ermäßigten Eintritt gewährt.

Es lohnt sich auch, nach verbilligten Übernachtungspreisen in Hotels zu fragen, wenn man außerhalb der Hauptsaison oder für mehrere Tage bucht. Auf eigenes Verhandlungsgeschick kommt es an, ob Sie bei Veranstaltern von Freizeitunternehmungen, bei Bootsverleihern oder Reitzentren eine Preisreduzierung erreichen können.

Studenten

Studenten mit einem internationalen Studentenausweis (International Student Identification Card; ISIC) bezahlen in Museen, Theatern, Kinos und vielen öffentlichen Gebäuden bis zu 50 Prozent weniger Eintritt. Die Fakultäten der bedeutendsten Universität der Region verteilen sich auf Aix-en-Provence und Marseille. Weitere große Hochschulen sind in Avignon und Nizza ansässig. In jeder Universitätsstadt findet man das **Bureau Information Jeunesse (BIJ)** und das **Centre Régional Information Jeunesse (CRIJ)**. Sie bieten wertvolle Informationen hinsichtlich preiswerter Unterkünfte *(siehe auch S. 196)*.

Zeit

In der Provence gilt die Mitteleuropäische Zeit (MEZ). Die Sommerzeit dauert von Ende März bis Ende Oktober.

Strom

Die Netzspannung beträgt in Frankreich (wie in ganz Europa) 230 Volt, 50 Hz. Zweipolige Stecker passen überall.

Die schöne russisch-orthodoxe Kirche in Nizza

Gottesdienste

Die meisten Bewohner der Provence sind katholisch. Es gibt viele religiöse Feste, deren Ursprung bis ins Mittelalter zurückreicht. Die zahlreichen Einwanderer haben jedoch auch in diesem Landstrich für religiöse Vielfalt gesorgt, so gibt es neben katholischen Gottesdiensten auch evangelisch-lutherische und jüdische.

Umweltbewusst reisen

Das Umweltbewusstsein ist in Frankreich gestiegen. In der Provence gibt es Nationalparks, Naturzonen und Küstenschutz.
Echoway, eine der führenden französischen Organisationen für Ökotourismus, informiert über alle Aspekte des »sanften Tourismus« und klärt landesweit auf. In der Provence gibt es ein dichtes Netz aus ländlichen Herbergen. Buchen kann man zentral bei **Gîtes de France**.

Kleinere Organisationen betonen den ökologischen Aspekt von Urlaub deutlich stärker, z. B. **Accueil Paysan**, ein Netzwerk von Kleinbauern, die nachhaltige Landwirtschaft betreiben. Urlauber finden in der Provence zudem zahlreiche komfortable Campingplätze *(siehe S. 196f.)*.

Informationen zum Thema Ökotourismus *(tourisme vert oder eco)*, zu Initiativen und Aktivitäten erhält man in den regionalen Fremdenverkehrsbüros. In vielen Orten werden auf den Wochenmärkten ausschließlich Bioprodukte und traditionelle Erzeugnisse verkauft. Fragen Sie nach einem *marché bio*.

In Städten ohne ausgewiesene Biomärkte gibt es auf den Lebensmittelmärkten einige Stände mit Bioprodukten, wie beispielsweise in Nizza auf dem Markt am Cours Saleya. In diesem Buch sind die Markttage im einleitenden Infoblock zu jedem Ort aufgeführt.

Maßeinheiten

In Frankreich gilt das metrische System. Es kann im Alltag nicht schaden, wenn Sie einige »Gebrauchsmaße« kennen, die insbesondere in der Gastronomie verwendet werden. Die wichtigsten davon sind: *un ballon* (ein Achtel Wein), *vin en pichet* (ein Krug offener Wein), *un demi* (ein halber Liter Bier im Glas, in der Regel frisch vom Zapfhahn, d. h. *pression*).

Auf einen Blick

Behinderte Reisende

Association HORUS (Blindenhilfswerk)
13, rue Ernest Lairolle,
06100 Nizza.
℡ 04 92 09 03 31.

Comité National Français de Liaison pour la Réadaption des Handicapés
Paris.
℡ 01 53 80 66 44.

Groupement pour l'Insertion des Personnes Handicapées Physiques
Paris.
℡ 01 43 95 66 36.
W gihpnational.org

Schwule und Lesben

La France Gaie et Lesbienne
W france.qrd.org

Gay Provence
W gayprovence.org

International Gay & Lesbian Travel Association
W iglta.org

Studenten

Aix-en-Provence
BIJ, 37 bis, bd Aristide Briand.
℡ 04 42 91 98 01.

Marseille
CRIJ, 96, la Canebière.
℡ 04 91 24 33 50.
W crijpa.com

Nizza
CRIJ, 19, rue Gioffredo.
℡ 04 93 80 93 93.
W crijca.fr

Umweltbewusst reisen

Accueil Paysan
W accueil-paysan.com

Echoway
W echoway.org

Gîtes de France
W gites-de-france.com

Sicherheit und Gesundheit

In der Provence kann sich jeder Gast sicher fühlen. Wie in allen Mittelmeerländern sollte man jedoch insbesondere in Großstädten und dort vor allem im Gedränge auf großen Plätzen und in engen Straßen Vorsicht walten lassen. Die ländlichen Gebiete sind im Allgemeinen sehr sicher. Autodiebstahl ist leider ein weitverbreitetes Übel. Lassen Sie deshalb Ihre Wertsachen nie im Wagen liegen. Vorsicht ist auch bei Gruppen von unschuldig aussehenden Kindern geboten – es könnte sich um versierte Taschendiebe handeln. Im Notfall kann Ihnen Ihr Konsulat weiterhelfen.

Polizist   Feuerwehrmann

Diebstahl

Lassen Sie stets Vorsicht walten, gehen Sie niemals sorglos mit Ihrem Eigentum um. Tragen Sie möglichst keine Wertgegenstände oder zu viel Bargeld bei sich. Sinnvoll ist eine Reiseversicherung.

Wie in allen Urlauberzentren blüht auch an der Côte d'Azur der Taschendiebstahl, wobei sich einige Diebe auf das Entreißen von Handtaschen spezialisiert haben. Auch hier ist also Vorsicht geboten.

Wenn Sie mit dem eigenen Fahrzeug unterwegs sind, vermeiden Sie das Parken in abgelegenen Gegenden, bevorzugen Sie stattdessen Parkhäuser, die in der Regel mit Videokameras überwacht werden. Außerdem laufen Sie dann auch nicht Gefahr, wegen Falschparkens abgeschleppt zu werden.

Nehmen Sie keine Wertgegenstände mit an den Strand. Falls dies unumgänglich ist, lassen Sie sie nie aus den Augen. Vermeiden Sie es nach Möglichkeit, am Strand einzuschlafen, wenn Sie sich dort allein aufhalten, denn eine leichtere Beute für Diebe gibt es kaum.

Wurden Sie bestohlen, wenden Sie sich an die nächste Polizeistation (gendarmerie). Mitzunehmen sind Ausweis- und bei Bedarf Kfz-Papiere. Die Anzeige des Vorfalls (procès-verbal oder PV) kann dauern, ist aber Voraussetzung für die Schadensregelung. Den Diebstahl von wichtigen Ausweispapieren wie Reisepass oder Führerschein meldet man am besten beim nächsten Konsulat.

Persönliche Sicherheit

Die Provence ist zwar alles in allem eine sichere Region, doch einige Bahnstrecken, vor allem um Marseille, genießen zweifelhaften Ruf. Passen Sie dort besonders auf. Seit einigen Jahren kommt es auf größeren Straßen außerhalb des Stadtzentrums immer häufiger zu Überfällen sogenannter Piraten, die einen Autounfall vortäuschen oder absichtlich einen Unfall verursachen, um Urlauber zum Anhalten zu zwingen. An fast jeder Autobahnausfahrt befindet sich eine Polizeistation.

Recht

Sollten Sie nicht über einen Auslandsschutzbrief mit Rechtsbeistand Ihrer Kfz-Versicherung, des ADAC (siehe S. 251) oder einer anderen Gesellschaft verfügen, können Sie sich im Notfall an Ihr Konsulat wenden.

Polizeiauto

Drehleiterfahrzeug der Feuerwehr

Krankenwagen

Alleinreisende Frauen

Frauen, die allein reisen, sollten die üblichen Sicherheitsvorkehrungen beachten: Tragen Sie Handtaschen quer über die Schulter und dicht am Körper. Vermeiden Sie nachts wenig belebte Straßen. Verriegeln Sie beim Autofahren die Türen von innen. Verriegeln Sie in Zügen Ihr Liegewagenabteil nachts von innen.

Französische Männer sind Frauen gegenüber meist höflich und zuvorkommend, keineswegs aber aufdringlich. Sie flirten in der Tat gern, wissen aber in der Regel genau, wo die Grenze liegt.

Gefahren im Freien

Waldbrände sind in der Provence nichts Ungewöhnliches. Fast jeden Sommer werden Tausende Hektar Wald zerstört, denn durch Wind und Trockenheit breiten sich die Brände rapide aus. Offenes Feuer ist überall verboten. Wenn Sie in die Nähe eines Feuers geraten, müssen Sie besonders vorsichtig sein, denn seine Richtung ändert sich oft schlagartig.

Waldbrandgefahr

Das Mittelmeer beschert Ihnen ungetrübte Badefreuden, mit Strömungen ist bei Cap d'Antibes und in der Camargue zu rechnen. Auf verschmutztes Wasser trifft man vor allem in Hafennähe. Blaue Flaggen in Strandnähe signalisieren sauberes Wasser.

Wer in die Berge geht, muss sich auf Wetterumstürze gefasst machen. Im Winter informiert man am besten die örtlichen Behörden über die Route, im Sommer sind bei Gewitter und Sturm warme Kleidung und Proviant zu empfehlen. In den Alpen sollte man sich langsam an die Höhenunterschiede gewöhnen.

In den Bergen hinter Nizza und Cannes leben einige kleine Natternarten und auch die grau- oder grünbraune Europäische Eidechsennatter. Trotz ihrer Länge ist sie harmlos und flieht vor Menschen.

Zur Jagdsaison – September bis Februar, vor allem am Sonntag – sollte man auf dem Land nur grelle Kleidung tragen. Schilder an Bäumen weisen auf die Jagdgebiete hin (reserve du chasse).

Medizinische Versorgung

Seit 2006 gilt die »European Health Insurance Card (EHIC)«, die Europäische Krankenversicherungskarte, für gesetzlich versicherte Bürger der EU-Staaten und der Schweiz. Damit hat man das Anrecht auf notwendige medizinische Behandlungen im Reiseland. Erste Hilfe und Medikamente bekommen Sie in der Apotheke (pharmacie), die Sie am grünen Kreuz erkennen können. In jeder Ortschaft gibt es einen Apotheken-Notdienst. Französische Apotheker sind sehr gut ausgebildet. Bei einfachen Erkrankungen werden sie Ihnen ein Medikament verordnen, das in der Regel ausreicht.

Ein Krankenhaus mit Notaufnahme gibt es in jeder größeren Ortschaft. In ländlichen Regionen sind viele pompiers (Feuerwehrmänner) auch als Rettungssanitäter ausgebildet und können im Notfall helfen. In größeren Städten steht rund um die Uhr ein medizinischer Notdienst (médecin de garde) bereit.

Öffentliche Toiletten

Vielerorts findet man die modernen runden Münztoiletten. Lassen Sie niemals Kinder unter zehn Jahren allein hinein, da die automatische Spülvorrichtung für sie gefährlich sein kann.

Suchen Sie möglichst eine Toilette im Café, im Restaurant oder im Kaufhaus auf. Die alten pissoirs und Stehtoiletten – sie sind sehr selten noch auf dem Land zu finden – sind meist ziemlich schmutzig. Auf der Autobahn findet man Toiletten an jeder Raststätte (etwa alle 20 km).

Auf einen Blick

Konsulate

Deutschland
338, av du Prado,
13295 Marseille.
04 91 16 75 20.
allemagne.diplo.de

Österreich
27, cours Pierre Puget,
13006 Marseille.
04 91 53 02 08.
bmeia.gv.at

Schweiz
7, rue d'Arcole,
13291 Marseille.
04 96 10 14 10.
eda.admin.ch/marseille

Notruf

Europäische Notrufnummer
112.

Polizei (Gendarmerie)
17 oder 112.

Feuerwehr (Sapeurs Pompiers)
18 oder 112.

Krankenwagen / Notarzt (SAMU)
15 oder 112.

Centre Anti-Poison (Giftnotruf Marseille)
04 91 75 25 25.

Aids-Hotline
0800 84 08 00.

Hotline für Vergewaltigungsopfer
0800 05 95 95.

SOS Médecins
Marseille. 04 91 52 91 52.
Nizza. 08 10 85 01 01.

Krankenhäuser mit Notaufnahme

Avignon
Hôpital Général Henri Duffaut,
305, rue Raoul Follereau.
04 32 75 33 33.
ch-avignon.fr

Marseille
La Conception,
147, bd Baille.
04 91 38 30 00.

Nizza
Hôpital St-Roch,
5, rue Pierre-Devoluy.
04 92 03 77 77.

Banken und Währung

Seit Einführung des Euro (mittlerweile die Währung in 19 Eurostaaten) ist für viele Urlauber der Geldwechsel weggefallen. Besuchern aus Nicht-Euroländern empfiehlt sich der Geldwechsel in Banken. Mit Kredit- und Debitkarten, z. B. der girocard, können Sie an jedem Geldautomaten Bargeld abheben. Die Bezahlung mit Kreditkarte ist in Frankreich weitverbreitet.

Öffnungszeiten
In den großen Städten haben die Banken in der Regel montags bis freitags 8.30–12 und 13.30–16.30 Uhr geöffnet. An den Feiertagen bleiben sie geschlossen.

Banken und Geldautomaten
Es gibt in Frankreich keine Devisenbeschränkungen mehr, Zahlungsmittel können somit in beliebiger Höhe ein- und ausgeführt werden. Selbst in kleinen Orten kann man mit girocard oder Kreditkarten und Geheimnummer problemlos Geldautomaten benutzen. Bedienungsanleitungen gibt es auf Französisch, Englisch und oft auf Deutsch.

Kredit- und Debitkarten
Die größte Akzeptanz genießen **Visa** (in Frankreich **Carte Bleue** genannt) und **MasterCard**. Kreditkarten von American Express werden wegen der höheren Gebühren nicht überall angenommen.

Debitkarten wie die **girocard** (früher Maestro-/EC-Karte) gibt es in einer Ausführung mit Maestro-Logo oder VPay-Logo. Beide funktionieren an Geldautomaten und können auch zum Bezahlen in Hotels, Restaurants oder Läden benutzt werden.

Falls Ihnen eine Ihrer Karten abhandenkommt, sollten Sie sie möglichst sofort sperren lassen *(Notrufnummern siehe Kasten)*.

Auf einen Blick

Banken

Aix-en-Provence
Barclays, 24, place des Martyrs de la Résistance.
04 91 13 98 03.

Marseille
Barclays, 112–114, rue de Rome.
04 91 13 98 13.
barclays.fr

Nizza
American Express, Aéroport, Terminal 1. 04 93 215 979.

Kartenverlust

Allgem. Notrufnummer
0049 116 116.
www.116116.eu

American Express
01 47 77 72 00.

Diners Club
0810 31 41 59.

MasterCard
0800 90 13 87.

Visa (Carte Bleue)
0800 90 11 79.

girocard
0049 69 740 987.

Euro-Banknoten und -Münzen
Euro-Banknoten gibt es in sieben Werten (5 bis 500 €). Die Scheine wurden von Robert Kalina (1. Serie) und Reinhold Gerstetter (2. Serie) entworfen. Sie zeigen diverse Baustile, eine Europakarte und die EU-Flagge. Euro-Münzen gibt es in acht Werten (1 Cent bis 2 €). Die Vorderseiten sind einheitlich, die Rückseiten in jedem Land anders gestaltet. Monaco prägt eigene Münzen.

Alter 5-Euro-Schein
Alter 10-Euro-Schein
20-Euro-Schein
50-Euro-Schein
100-Euro-Schein
200-Euro-Schein
500-Euro-Schein

2 Euro — 1 Euro
50 Cent — 20 Cent — 10 Cent
5 Cent — 2 Cent — 1 Cent

Kommunikation

Für Telekommunikation ist in Frankreich die France Télécom zuständig, für Briefe und Pakete »La Poste«. Postämter *(bureaux de poste)* erkennt man am blauen »La Poste« auf gelbem Grund. In Kleinstädten findet man die Post oft im Rathaus. Internet-Zugang bieten Internet-Cafés, öffentliche Einrichtungen und viele Hotels.

Briefkästen sind in Frankreich leuchtend gelb

Telefonieren
Alle französischen Telefonnummern haben zehn Ziffern. Die ersten zwei Ziffern stehen für die Region. Fast alle öffentlichen Telefone sind Kartentelefone. Sie können Kreditkarten oder Telefonkarten *(télécartes)*, die es bei Postämtern, in Tabakläden und an Zeitungskiosken gibt, verwenden.

Mit dem Telefondienst **Pays Direct** kann man über eine Vermittlungsstelle Anrufe ins Ausland tätigen, die dann der Kreditkarte oder dem Telefonanschluss zu Hause berechnet werden. Die **Telefonkarte Comfort** der Deutschen Telekom ist als Calling Card einsetzbar.

Mobiltelefone
Mobilfunknetze decken die gesamte Region ab. In der Provence funktionieren alle gängigen Smartphones und GSM-Handys.

Die EU begrenzt schrittweise die Roaming-Gebühren in den Mitgliedsstaaten. Der Minutenpreis für ein abgehendes Telefonat beträgt seit 1. Juli 2014 maximal 0,23 Euro, für ein ankommendes Gespräch 0,06 Euro. Eine SMS kostet maximal 0,07 Euro, Datenübertragung pro MB maximal 0,24 Euro (alle Angaben zuzüglich Mehrwertsteuer). Bis zum 15. Dezember 2015 beabsichtigt die EU die Erhebung von Roaming-Gebühren ganz abzuschaffen.

Internet
Viele Hotels, Jugendherbergen und Campingplätze bieten die Möglichkeit eines Internet-Zugangs. Größere Hotels sind mit WLAN-Hotspots ausgestattet. In vielen Orten gibt es Internet-Cafés. Listen liegen in den Fremdenverkehrsbüros aus. Die Haupthäfen der Provence bieten ebenfalls WLAN.

Post
Briefmarken *(timbres)* können Sie entweder einzeln oder im *carnet* (ein *carnet* enthält zehn Briefmarken) im Postamt oder Tabakwarenladen kaufen. Ein Standardbrief (bis 20 g) oder eine Postkarte in europäische Länder kostet 0,83 Euro. Es gelten nur Briefmarken der französischen Post. Postämter haben montags bis freitags 9–12 Uhr und 14–17 Uhr, samstags 9–12 Uhr geöffnet. In größeren Städten sind sie an manchen Werktagen auch 8–19 Uhr geöffnet.

Briefe werfen Sie in die gelben Briefkästen, die oft nach Stadt und andere Orte *(autres destinations)* unterteilt sind.

Zeitungen und Zeitschriften
In den großen Städten gibt es in den Bahnhöfen, den Tabakwarenläden und Kiosken viele ausländische Zeitungen und Zeitschriften zu kaufen. Die überregionalen deutschen Blätter wie *Frankfurter Allgemeine Zeitung* oder *Süddeutsche Zeitung*, der österreichische *Standard* sowie die Schweizer *Neue Zürcher Zeitung* sind in aller Regel einen Tag nach ihrem Erscheinen erhältlich.

Fernsehen und Radio
Der Sender Canal+ sendet täglich um 7 Uhr die englischsprachigen Nachrichten von ABC. In den meisten Hotels können auch andere europäische Sender empfangen werden. Der französisch-deutsche Sender ARTE strahlt u. a. Kultursendungen und Spielfilme aus.

Neben Radio Plus Monte Carlo (UKW 95,4) sendet auch Radio France Internationale (738 MW) jeden Tag 18–19 Uhr Nachrichten in deutscher Sprache. Provence Radio ist ein Web-Radio (www.provence-radio.com).

Auf einen Blick
Nützliche Nummern

Vermittlung
12.

Pays Direct
0800 0900.

Deutschland Direkt
0800 99 00 49.

Vorwahlnummern
Deutschland: 0049.
Österreich: 0043.
Schweiz: 0041.
Frankreich: 0033.

Internet-Cafés

Avignon
Webzone Cybercafé,
3, rue St-Jean le Vieux.
04 32 76 29 47.

Cannes
Dre@mcybercafé,
6, rue Commandant Vidal.
04 93 38 26 79.

Dignes-les-Bains
Cyber Café Municipale,
45, av du Mai 1945.
04 92 30 87 10.

Marseille
ATTA Cybercafé,
15, rue Jean Fiolle.
04 91 48 40 62.

Monaco
Stars 'N' Bars, 6, quai Antoine 1er.
00 377 97 97 95 95.

Nizza
Cyberpoint,
10, av Félix Faure.
04 93 92 70 63.

St-Tropez
Kreatik Café,
19, av Général Leclerc.
04 94 97 40 61.

Reiseinformationen

Die geografische Lage macht die Provence zu einer Drehscheibe für den Verkehr im westlichen Mittelmeerraum. Die Anbindung der Region ist ausgezeichnet. Nach Paris verfügt Nizza über den größten Flughafen Frankreichs. Auf ihm werden jährlich rund vier Millionen Passagiere abgefertigt. Auch in Marseille landen täglich Flugzeuge aus aller Herren Länder. Mit dem schnellen TGV *(siehe S. 246)* sind Zugreisen in Frankreich eine echte Alternative. Das französische Straßennetz ist ausgezeichnet, Autobahnen sind jedoch teuer. Im Sommer ist mit einem hohen Verkehrsaufkommen zu rechnen.

Mit dem Flugzeug

Die beiden wichtigsten Flughäfen der Provence – Marseille Provence und Nizza, Côte d'Azur – bieten besten Komfort. **Marseille Provence** besitzt je einen Terminal für in- und ausländische Flüge und den Terminal MP2 für Billig-Airlines. Der Flughafen wird von vielen Geschäftsreisenden genutzt. Die Flüge sind etwas teurer, dafür ist die Lage mitten in der Provence ausgezeichnet.

Ein Taxi ins Zentrum von Marseille kostet ca. 50 Euro (60 Euro bei Nacht und am Sonntag), es fährt jedoch auch alle 20 Minuten ein Bus zum Hauptbahnhof St-Charles. Außerdem findet man alle großen Autovermietungen (z. B. Avis, Budget, Citer, Ada, Europcar sowie Hertz).

Der Flughafen **Nice Côte d'Azur** verfügt über zwei Terminals. Im Ostterminal (eins) werden internationale Flüge abgefertigt, am Westterminal (zwei) überwiegend Inlandsflüge bzw. Flüge von Air France. Zwischen den Terminals verkehren Shuttle-Busse. Ein Taxi ins Stadtzentrum kostet 23 – 31 Euro (nachts und sonntags 28 – 33 Euro). Busse zur Gare Routière verkehren im Zehn-Minuten-Takt, Busse zur Gare SNCF alle 30 Minuten. Halbstündlich fahren Busse nach Cannes und stündlich nach Monaco und Menton.

Heli-Inter bietet alle 20 Minuten einen Hubschrauberservice nach Monte Carlo an, nach St-Tropez gibt es im Sommer mehrere Flüge täglich. Außerdem unterhalten alle großen Autovermietungen am Flughafen ein Büro.

Die drei weiteren internationalen Flughäfen der Provence befinden sich in Montpellier, in Nîmes und in Toulon. Allerdings gibt es von dort so gut wie keine Direktverbindungen zu Städten im deutschsprachigen Raum.

Flüge

Die Provence ist nach Paris wahrscheinlich das beliebteste Reiseziel in Frankreich und wird deshalb von allen großen Fluglinien angeflogen. Der Flughafen von Nizza ist mit rund vier Millionen Fluggästen jährlich der zweitwichtigste Flughafen Frankreichs. Für Reisende in den östlichen Teil der Provence empfiehlt sich auch der etwas kleinere, aber zentral gelegene internationale Flughafen von Marseille.

Von fast allen deutschen Großstädten und auch von Österreich und der Schweiz aus gibt es Direktflüge nach Marseille und Nizza. Air Berlin fliegt regelmäßig nach Nizza.

Es lohnt sich auf jeden Fall, die Angebote verschiedener Fluggesellschaften zu vergleichen, da zu bestimmten Zeiten und Bedingungen immer wieder Sondertarife gelten. Eine gute Übersicht bieten Portale wie www.trabber.de.

Das moderne Terminal 2 des Aéroport Nice Côte d'Azur

Abflughalle des Flughafens von Marseille

Flugpreise

Um die Osterzeit sowie in den Sommermonaten Juli und August zur Hochsaison in der Provence sind die Preise für Flugtickets mit Abstand am höchsten. Den Rest des Jahres liefern sich die Fluggesellschaften einen harten Konkurrenzkampf, der in der Regel dazu führt, dass die Preise sinken. Unter bestimmten Bedingungen offerieren die Fluggesellschaften jedoch das ganze Jahr hindurch Ermäßigungen. Angeboten werden sowohl Linienflüge als auch Charterflüge.

Fly & Drive- und Fly & Rail-Angebote

Air France und SNCF *(siehe S. 246 – 248)* bieten Sondertarife für kombinierte Flug- und Bahnreisen an. Von Paris aus gelangt man beispielsweise mit dem Hochgeschwindigkeitszug TGV (Train à Grande Vitesse) in weniger als drei Stunden nach Avignon.

Ein Auto zu mieten ist in Kombination mit dem Flug oft preisgünstiger. Natürlich gibt es auch Pauschal(flug)reisen zu den unterschiedlichsten Preisen in die Provence.

Umweltbewusst reisen

Dank der Qualität und Effizienz der öffentlichen Verkehrsmittel, insbesondere der Eisenbahngesellschaft SNCF, kann man in Frankreich durchaus auf Flug- und Autoreisen verzichten.

Die staatliche Umweltbehörde Frankreichs hat ein *Écomobilité*-Programm initiiert. Ziel ist es, die Nutzung von Privatwagen zugunsten des Transports mit Zügen, Bussen, Rädern oder anderen »umweltfreundlichen« Fahrzeugen zu reduzieren. Dazu gehören kostenlos oder sehr preiswert zur Verfügung gestellte Fahrräder, etwa von *Le Vélo* in Marseille und von *Vélopop* in Avignon *(siehe S. 253)*. Zudem gibt es in vielen Städten Mietstationen für Räder. Örtliche Tourismusbüros nennen Ihnen Adressen und haben Routenvorschläge. In Zügen der SNCF ist die Mitnahme von Rädern zum Teil möglich.

Für die Erkundung ländlicher Gebiete ist aufgrund mangelnder öffentlicher Verkehrsmittel leider oft ein Privatwagen unumgänglich.

Auf einen Blick

Flughafeninformation

Avignon Provence
📞 04 90 81 51 51.
Flughafen 10 km außerhalb. Taxi 25 Euro.
🌐 avignon.aeroport.fr

Marseille Provence
📞 04 42 14 14 14.
Flughafen 25 km außerhalb. Shuttle 8 Euro, Taxi 50 Euro. 🌐 marseille.aeroport.fr

Montpellier Méditerranée
📞 04 67 20 85 00. Flughafen 7 km außerhalb. Shuttle 1,60 Euro, Taxi 25 Euro. 🌐 montpellier.aeroport.fr

Nice Côte d'Azur
📞 0820 423 333.
Flughafen 6 km außerhalb. Shuttle 6 Euro, Taxi 23 – 31 Euro.
🌐 nice.aeroport.fr

Nîmes-Alès-Camargue-Cévennes
📞 04 66 70 49 49.
Flughafen 12 km außerhalb. Shuttle 6 Euro, Taxi 25 Euro.
🌐 aeroport-nimes.fr

Toulon-Hyères
📞 08 25 01 83 87.
Flughafen 23 km außerhalb. Shuttle 1,40 Euro, Taxi 40 Euro. 🌐 toulon-hyeres.aeroport.fr

Fluglinien

Air France
Deutschland
📞 +49 1806 830 830.
Frankreich
📞 3654.
🌐 airfrance.com

Austrian
Österreich
📞 +43 5 17 66 10 00.
Nizza
📞 08 20 816 816.
🌐 austrian.com

KLM
Deutschland
📞 +49 1805 25 47 50.
Frankreich
📞 08 92 70 26 08.
🌐 klm.com

Lufthansa
Deutschland
📞 +49 69 86 799 799.
Frankreich
📞 08 92 23 16 90.
🌐 lufthansa.com

Swiss
Schweiz
📞 +41 848 700 700.
Frankreich
📞 08 92 23 25 01.
🌐 swiss.com

Air Berlin
🌐 airberlin.com

Helikopter-Service

Héli-Air Monaco
📞 00 377 92 05 00 50.
🌐 heliairmonaco.com

Nice Hélicoptères
📞 04 93 90 42 04.
🌐 nicehelicopteres.com

Französische Reisebüros

Jancarthier Voyages
7, cours Sextius,
Aix-en-Provence.
📞 04 42 93 48 48.
🌐 voyages-jancarthier.fr

Travel Connaisseur France
455, promenade des Anglais, Nizza.
📞 04 94 21 09 00.
🌐 travelconnaisseur.com

Voyages Wasteels
67, la Canebière, Marseille.
📞 04 95 09 30 60.
🌐 wasteels.fr
🌐 thomascook.fr

Mit der Bahn unterwegs

Von allen großen Städten in Mitteleuropa aus erreicht man die Provence mit höchstens ein- oder zweimaligem Umsteigen. Von Norddeutschland aus fährt man am besten via Straßburg oder Paris und weiter über Lyon nach Marseille, während sich von Süddeutschland die Strecke über Mailand und Nizza oder über die Schweiz anbietet. Die Züge der französischen Eisenbahngesellschaft SNCF gehören zu den modernsten in Europa.

Der moderne TGV-Bahnhof von Avignon

Bahnhöfe

Die wichtigsten Bahnhöfe der Region sind Marseille Gare St-Charles, Nîmes und Nizza (Nice Ville, av Thiers). In den Bahnhöfen findet man Einrichtungen wie Restaurants, Läden, WLAN und Schließfächer. Seien Sie immer zeitig am Gleis – die französischen Züge sind sehr pünktlich.

In Frankreich unterwegs

Eine bequeme Reiseart ist die Fahrt mit dem Autoreisezug, der von verschiedenen deutschen Großstädten mehrmals wöchentlich in die Provence fährt. Es empfiehlt sich, die Fahrkarten rechtzeitig vorzubestellen. Auskunft über Routen, Fahrzeiten und Preise erteilen die Reisezentren der Bahnhöfe.

Von Frankfurt am Main erreicht man Marseille via Paris beispielsweise in gut elf Stunden, von München nach Marseille fährt man via Mailand 15 Stunden und 40 Minuten. Innerhalb der Provence und entlang der Côte d'Azur sind die Züge oft überfüllt, deshalb empfiehlt sich eine Platzreservierung.

Ermäßigungen gibt es auf deutscher Seite mit der Bahncard, mit dem InterRail-Pass (Informationen gibt es in jedem Reisezentrum deutscher Bahnhöfe sowie in Reisebüros mit Bahnangeboten), die Angebote auf der französischen Seite holt man sich direkt bei der SNCF. Die französische Eisenbahngesellschaft **Société Nationale des Chemins de Fer Français (SNCF)** verfügt über ein gut ausgebautes Schienennetz, das auch in den hintersten Winkel des Landes reicht.

Wo Strecken aus finanziellen Gründen stillgelegt wurden, bietet die SNCF Busverbindungen an, die Reisende mit einer gültigen Bahnfahrkarte ohne Aufpreis nutzen können.

Neben der SNCF gibt es in der Provence auch noch die private Eisenbahngesellschaft **Chemins de Fer de Provence**, die mit dem Train des Pignes (siehe S. 185) von Nizza nach Digne-les-Bains durch eine landschaftlich herrliche Gegend fährt (151 km).

Reservierung und Preise

Fahrkarten gibt es an allen Bahnhöfen, für Auskunft und Reservierungen kann man das Internet nutzen oder sich direkt an die SNCF wenden. Reservierungspflichtig ist beispielsweise der TGV. Fahrkarten können außerdem am Automaten gekauft werden, bezahlt wird entweder mit Kreditkarte oder in bar.

Für TGVs gibt es zwei Preiskategorien in der 2. Klasse

TGV-Netz

Die Franzosen sind zu Recht auf ihre *Trains à Grande Vitesse* stolz. Sie erreichen 300 km/h und mehr. Die Züge befahren auch einen Teil des Auslands. Der weiß-gelbe Eurostar etwa verkehrt zwischen Paris, Brüssel und London. Die Züge aus der Provence fahren in der Gare de Lyon in Paris ein. Geschwindigkeit, Komfort und Verlässlichkeit der Züge schlagen sich auf den Preis nieder (Platzreservierung obligatorisch).

Der TGV bewältigt die Strecke Paris – Marseille in drei Stunden

(Haupt- oder Nebensaison) und eine Preiskategorie in der 1. Klasse. Das Entgelt für die obligatorische Sitzplatzreservierung ist im Preis bereits enthalten. Bei allen anderen Zugfahrkarten werden Sitzplatzreservierung und Aufschläge separat berechnet. 25 Prozent Ermäßigung wird Reisenden in Begleitung von Kindern *(Découverte Enfant +)*, Jugendlichen *(Découverte 12–25)*, den über 60-Jährigen *(Découverte Senior)*, zu zweit Reisenden *(Découverte à Deux)*, bei Reisen mit einer Übernachtung von Samstag auf Sonntag *(Découverte Séjour)* oder für Buchungen im Voraus *(Découverte J8 und J30)* gewährt. Wer häufiger in Frankreich mit der Bahn unterwegs ist, erhält von der SNCF mit dem Seniorenpass *(Carte Senior)* und der *Carte Enfant +* Ermäßigungen bis zu 50 Prozent.

Mit der auch in Deutschland erhältlichen **InterRail**-Karte kann man innerhalb eines bestimmten Zeitraums (zwischen fünf Tagen und einem Monat je nach Ticket) beliebig oft mit dem Zug fahren. Es gibt zwei Pässe: *InterRail Global Pass* gilt für 32 europäische Länder, der *InterRail One Country Pass* hingegen ist nur in einem Land (das nicht das Heimatland sein darf) gültig. Für Fahrten mit dem TGV muss ein Aufpreis bezahlt werden.

Angebote der Bahn

Frankreichs Züge, die bis jetzt fast ausschließlich von der SNCF (Société nationale des chemins de fer français) betrieben werden, sind preisgünstig, schnell und zuverlässig. Neben den *Trains à Grande Vitesse* (TGV), die seit 1981 in Frankreich fahren, wurden mit Eurostar, Thalys und Alleo auch Hochgeschwindigkeitsverbindungen ins Ausland ausgebaut.

Zudem gibt es das Schnellbahnnetz *Train Rapide National* (TRN), auch als Corail bekannt, das zwar nicht so schnelle Züge bietet, aber dafür mehr Bahnhöfe und Strecken bedient. Der *Train Express Régional* (TER), der häufig nur mit einem oder zwei Waggons unterwegs ist, bedient regionale Strecken.

Autoreisezüge sind zahlreich und zuverlässig unterwegs. Sie werden aber hauptsächlich auf der Nord-Süd-Achse eingesetzt, um die großen Autobahnen in Richtung Süden zu entlasten.

Weitere Dienstleistungen, die von der SNCF angeboten werden, sind u. a. die Reservierung von Mietwagen, Fahrrädern oder die Buchung eines Hotelzimmers am Zielort.

Behinderte Reisende

Um sich die Reiseplanung zu erleichtern, können Sie telefonischen Kontakt mit dem **SNCF Accessibilité Service** aufnehmen. Dieser Service gibt nicht nur nützliche praktische Informationen, sondern kann Ihnen auch die Tickets zuschicken lassen.

Blick aus dem Train des Pignes

Panoramastrecken

Die private Eisenbahngesellschaft **Chemins de Fer de Provence** betreibt den Train des Pignes, der die 151 Kilometer lange Strecke von Nizza nach Digne-les-Bains befährt. Die Fahrt führt durch Tunnel und über Viadukte, die Aussicht ist zum Teil atemberaubend. Lohnenswert ist auch die eingleisige Strecke durch die Berge von Nizza über Peille, Sospel und Tende nach Cuneo in Italien. Die Alpenlinie Alpazur verkehrt im Sommer zwischen Nizza und Grenoble, auf dem Abschnitt Puget-Théniers wird eine Dampflok eingesetzt. Weitere Infos unter: www.traintouristiques-ter.com.

Auf einen Blick

Information und Reservierung

Autotrain
w autotrain.voyages-sncf.com

Corail
w corailteoz.com

SNCF
Gare St-Charles,
13001 Marseille.
☎ 04 95 04 10 00.
☎ 36 35 (Reservierungszentrale).
w voyages-sncf.com
w tgv-europe.com

SNCF Accessibilité Service
☎ 08 90 64 06 50.
w accessibilite.sncf.com

Rail Europe Deutschland
Lindenstraße 5,
60325 Frankfurt am Main.
☎ 01805 21 82 38.
w interrailers.net

Deutsche Bahn
w bahn.de
w reiseauskunft.bahn.de

InterRail
w interrail.eu

TER
w ter-sncf.com

Autoreisezug

In den Sommermonaten bietet die Deutsche Bahn von Hamburg-Altona, Hildesheim, Düsseldorf und Neu-Isenburg (bei Frankfurt am Main) Direktverbindungen mit dem Autoreisezug nach Narbonne (Provinz Languedoc-Roussillon, westlich der Provence) und nach Alessandria (Norditalien, östlich der Côte d'Azur) an. Bis 2017 wird die Deutsche Bahn die Autoreisezüge aus dem Verkehr nehmen.
☎ 01806 99 66 33.
w dbautozug.de

Panoramastrecken

Chemins de Fer de Provence
Gare de Digne-les-Bains,
Espace Pierre Ferrié,
av Pierre Sémard.
☎ 04 92 31 01 58.
Gare de Nice (Nizza),
4 bis, rue Alfred Binet.
☎ 04 97 03 80 80.
w trainprovence.com

Mitnahme von Fahrrädern in Zügen

Die Mitnahme von Fahrrädern ist nur in dafür zugelassenen Zügen möglich, das gilt vor allem für die deutschsprachigen Heimatländer. In Frankreich selbst kann man sogar im TGV mit dem Fahrrad reisen. Dafür ist jedoch unbedingt eine rechtzeitige Reservierung notwendig. Das Fahrrad wird entweder separat transportiert, weshalb man mitunter bis zu fünf Tage auf die Anlieferung warten muss. Oder man darf das Fahrrad in ausgewiesenen Waggons in speziellen Fahrradabteilen abstellen.

Die Regionalzüge, in denen man Fahrräder transportieren darf, sind auf den Fahrplänen mit einem entsprechenden Zeichen ausgewiesen. Das Angebot train + velo gilt auf einigen kleineren Strecken der SNCF und ermöglicht die Reservierung und Bereitstellung eines Mietfahrrads am Zielbahnhof. Fragen Sie beim (rechtzeitigen) Kauf der Fahrkarte nach dieser Möglichkeit.

Fahrpläne

Die Fahrpläne ändern sich in Frankreich zweimal pro Jahr – im Mai und im September. Sie werden kostenlos ausgegeben bzw. sind über die Website von SNCF abrufbar.

Die Verwaltungsregion Provence – Alpes – Côte d'Azur gibt einen regionalen Fahrplan TER *(Transports Express Régionaux)* heraus, in dem auch die Busverbindungen aufgeführt sind. Fahrkarten müssen auf dem Bahnsteig entwertet werden.

Reservieren in Frankreich

Fahrkartenschalter sind in allen Bahnhöfen digital zu bedienen. Die Fahrkartenausgabe- und die Reservierungsautomaten *(billetterie automatique)* gibt es in jedem großen Bahnhof. Bezahlen kann man mit der Kreditkarte oder mit der girocard. Reservierungen sind beim TGV unbedingt erforderlich, sie können aber auch noch bis kurz vor der Abfahrt getätigt werden – sofern Plätze frei sind.

Composteurs (Kartenentwerter) stehen am Zugang zum Bahnsteig

Sowohl Reservierungsbescheinigung als auch Fahrkarte müssen vor dem Betreten des Zugs in einem *composteur* entwertet werden. Den gelben Automaten finden Sie am Zugang zum Bahnsteig.

Eisenbahnnetz (Hauptrouten)

Legende
— TGV-Strecke
— Andere SNCF-Strecke
— Privatbahnen

Auf dieser Karte sind nicht alle SNCF-Bahnhöfe verzeichnet.

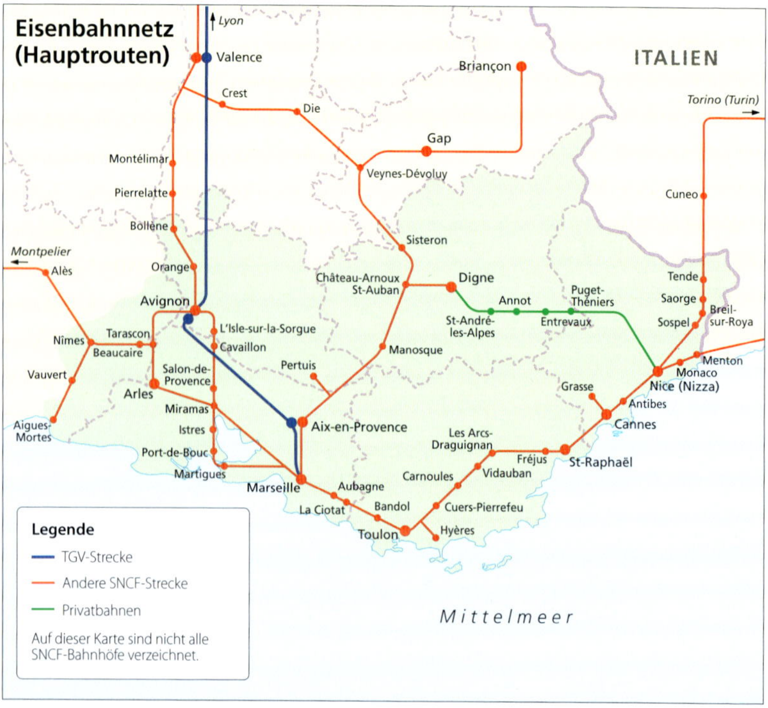

Mit dem Schiff unterwegs

Es gibt kaum einen anderen Küstenabschnitt am Mittelmeer von ähnlich atemberaubender Schönheit. In fast jeder Stadt entlang der provenzalischen Küste kann man ein Boot mieten und sich auf eigene Faust auf den Weg machen. Zudem kann man mit der Fähre sowie größeren Schiffen von Marseille und Nizza aus das ganze Jahr über nach Korsika gelangen. Immer mehr Unternehmen bieten Mittelmeerkreuzfahrten an. Aber auch auf der Rhône und der Durance kann man vom Hausboot oder Schiff aus die umliegende Landschaft genießen. Bootsfahrten gibt es auch in der Camargue.

Mit frischer Brise aus einer felsigen Bucht

Mittelmeerhäfen

Die **SNCM Ferryterranée** bietet ganzjährig Autofährverbindungen von Marseille und Nizza nach Korsika. Zwischen April und September verkehren Fähren auch von Toulon aus zu den korsischen Häfen Ajaccio, Bastia und Propriano sowie von Marseille nach Propriano. In der Hochsaison gibt es zudem ein- bis zweimal pro Woche Fährverbindungen von Marseille und Toulon nach Sardinien sowie von Marseille nach Tunis oder Algier.

Zu den nahe gelegenen Inseln gelangt man regelmäßig mit Fähre bzw. Schiff, so von Bandol zur Île de Bendor, von Tour Fondue nach Porquerolles, von Port d'Hyères und Le Lavandou nach Le Levant und Port-Cros, von Cannes zu den Îles de Lérins.

Kreuzfahrten und Bootsausflüge

Das Mittelmeer ist als Kreuzfahrtdestination bekannt. Die zahlreich vertretenen Schifffahrtsgesellschaften haben für jeden Geschmack ein passen-

Kleine Boote liegen bei St-Tropez vor Anker

des Angebot. Einwöchige Fahrten auf den großen Flüssen bietet **Crown Blue Line** an. Am Quai Stalingrad in Toulon besteigt man das Schiff für eine eintägige Kreuzfahrt zu den Îles d'Hyères.

Einige Unternehmen bieten Flussfahrten auf der Rhône zwischen Avignon und Lyon an. **Les Grands Bateaux de Provence-Mireio** fährt von Avignon aus viele Destinationen an. Man kann auch Ausflüge in der Camargue auf einem traditionellen Boot *(péniche)* unternehmen. Es gibt mehrere Anbieter für Hausbootferien.

Segeln

Die Küste der Provence ist ein Seglerparadies mit über 70 Häfen. Hafengebühren sollte man an Ort und Stelle erfragen – doch billig sind die Häfen der Côte d'Azur nicht. Die **Fédération Française de Voile** informiert über Segelvereine und Bootsverleih.

Auf einen Blick

Autofähren

SNCM Ferryterranée
Marseille.
📞 32 60 (Frankreich).
📞 0033 825 88 80 88 (außerhalb Frankreichs).
🌐 sncm.fr

Bootsausflüge

Crown Blue Line
2, quai du Canal,
30800 Saint-Gilles.
📞 04 66 87 22 66.
🌐 crownblueline.fr

Les Grands Bateaux de Provence-Mireio
Allée de l'Oulle, Avignon.
📞 04 90 85 62 25.
🌐 mireio.net

Les Péniches Isles de Stel
12, rue Amiral Courbet,
30220 Aigues-Mortes.
📞 04 66 53 60 70.
🌐 croisiere-de-camargue.com

Segeln

Fédération Française de Voile
📞 01 40 60 37 00.
🌐 ffvoile.fr

Private Motoryacht vor Cannes

Mit dem Auto unterwegs

Frankreichs Straßennetz ist dicht und gut ausgebaut. Über die mehrspurigen Autobahnen *(autoroutes)* kommt man schnell voran. Wer in der Provence bleiben will, dem bieten sich reizvolle Strecken, darunter die atemberaubende Grande Corniche oberhalb von Nizza sowie die Fahrten entlang den Bergkuppen des Luberon *(siehe S. 174f.)*. Die Küstenstraßen an der Côte d'Azur sind in den Sommermonaten ziemlich stark befahren.

Anreise
Führerschein und Zulassungspapiere sind die einzigen Autodokumente, die Sie bei sich haben müssen. Sinnvoll sind die grüne Versicherungskarte, das Europäische Unfallprotokoll und vielleicht ein Euroschutzbrief. Wie in Deutschland ist es auch in Frankreich Vorschrift, Warndreieck und Verbandskasten mitzuführen. Zusätzlich müssen Sie mindestens eine Warnweste und (seit Juli 2012) ein Alkoholtest-Set im Wagen haben.

Die schnellste Verbindung vom Norden in die Provence ist die A7, die Autoroute du Soleil. Während der Hauptreisezeit sollten Sie Lyon auf jeden Fall auf der Umgehungsstraße umfahren. Die A8 verläuft von Italien die ganze Côte d'Azur entlang bis nach Aix-en-Provence. Falls Sie durch die Schweiz nach Frankreich reisen, denken Sie daran, dass Sie für Autobahnen eine Vignette brauchen.

Während der Hochsaison sind die Autobahnen entsprechend stark befahren. Außerdem sind die Autobahngebühren in Frankreich relativ hoch. Wer also Geld sparen will und zudem nicht in Eile ist, sollte auf die landschaftlich wesentlich reizvolleren Strecken durch die Alpen ausweichen, wie etwa die Route Napoléon von Grenoble nach Digne oder auch die Route Nationale 75, die von Grenoble nach Sisteron führt. Den Luberon erreichen Sie, wenn Sie bei Montélimar Richtung Nyons und Vaison-la-Romaine abbiegen. Eine weitere alternative Strecke bietet sich an: Nehmen Sie zunächst bei Avignon die Ausfahrt in Richtung Luberon, und fahren Sie dann weiter ins Département Var.

Mietwagen
In Frankreich findet man alle großen Autovermieter. Mitunter ist es günstiger, das Auto schon im Heimatland zu buchen. Erkundigen Sie sich nach Wochen- und Wochenendtarifen sowie nach Saisonangeboten.

Fly & Drive sowie *Rail & Road* sind weitere kostensparende Möglichkeiten.

Pannenhilfe
Bei einem Unfall oder einer Panne auf Autobahnen und Schnellstraßen muss jeder beim Verlassen des Fahrzeugs eine reflektierende Warnweste anlegen. Auf der Autobahn kann man die Pannenhilfe über die Notrufsäule rufen. Die **ADAC**-Notrufstation in Lyon ist 24 Stunden besetzt. Ein regionaler Abschleppdienst ist **Dépannage Côte d'Azur Transports**.

Autobahngebühr
Beim Auffahren auf die Autobahn (autoroute) ziehen Sie ein Ticket aus dem Automaten. Die Gebühr, die sich nach der gefahrenen Strecke richtet, zahlen Sie erst, wenn Sie wieder von der Autobahn abfahren. Viele Routenplaner berechnen auch die Maut.

Hinweisschild
Schilder zeigen die Entfernung bis zur nächsten Gebührenstation. Sie sind in der Regel blau und weiß, auf einigen stehen die Gebühren für Pkw, Wohnwagen, Motorrad und Lkw.

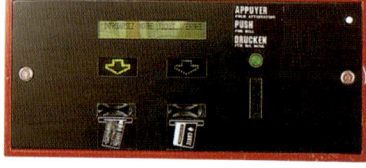

Mautstation
Nachdem Sie Ihr Ticket abgegeben haben, wird die zu entrichtende Gebühr automatisch angezeigt. Bezahlen kann man in bar oder mit Kreditkarte.

Gebührenautomat
Wenn Sie Ihre Ausfahrt erreicht haben, schieben Sie Ihr Ticket in den Schlitz des Automaten. Die Gebührenanzeige erfolgt automatisch. Sie können in bar oder mit Kreditkarte zahlen. Der Automat gibt Restgeld und bei Bedarf auch eine Quittung heraus.

Verkehrsregeln

Es gelten im Wesentlichen die gleichen Verkehrsregeln wie in Deutschland, Österreich und der Schweiz. Rechts hat Vorfahrt, außer im Kreisverkehr. Außerhalb geschlossener Ortschaften zeigt das Schild *passage protégé* die Vorfahrtsstraße an. Hupen ist in Orten nur als Warnsignal erlaubt, nachts erfüllt die Lichthupe diese Funktion.

Es besteht Anschnallpflicht für alle Insassen, Motorradfahrer müssen mit Helm und auch am Tag mit Abblendlicht fahren. Abblendlicht ist bei Regen- und Schneefällen sowie in Tunneln und Galerien vorgeschrieben. Gelbe Streifen am Straßenrand zeigen ein Parkverbot an. Die Alkoholgrenze liegt bei 0,5 Promille.

Kinder unter zehn Jahren müssen auf dem Rücksitz Platz nehmen. Bei Babysitzen auf dem Beifahrersitz muss die Rückseite nach vorn weisen. Es darf nur mit Freisprechanlage telefoniert werden.

Geschwindigkeitsbegrenzungen

Für Pkws gelten folgende Höchstgeschwindigkeiten: auf Autobahnen 130 km/h bei trockener Fahrbahn, 110 km/h bei Nebel und Nässe; auf Schnellstraßen 110 km/h bei trockener Fahrbahn, 100 km/h bei Nebel und Nässe; außerhalb geschlossener Ortschaften 90 km/h bei trockener Fahrbahn, 80 km/h bei Nebel und Nässe. In geschlossenen Ortschaften sind, wenn nicht anders angegeben, 50 km/h erlaubt. Bei Vergehen wird unverzüglich und kräftig zur Kasse gebeten.

Verbindungsstraßen

Es gibt drei wichtige Autobahnen in der Provence: die A7 von Lyon nach Marseille, die A9 von Orange nach Barcelona und die A8 von Marseille nach Menton. Die A54 führt von Aix-en-Provence durch die Camargue via Arles nach Nîmes. Die A8 ist die teuerste von allen, dafür benötigt man von Nizza bis nach Aix nicht einmal zwei Stunden.

Panoramastraße entlang den Gorges du Verdon

Landstraßen und Panoramastraßen

Die RN *(route nationale)* und die D *(route départementale)* sind geeignete Alternativen zu den vor allem in der Hochsaison stark befahrenen Autobahnen. Die staatliche Organisation **Bison Futé** (»Schlauer Büffel«) gibt durch grün-gelbe Hinweisschilder nützliche Tipps zur Umgehung stark befahrener Straßen und Staus. Dies ist insbesondere während der französischen Hauptreisezeit im Sommer, *grands départs* genannt, hilfreich. Am vollsten sind die Straßen an den Wochenenden Mitte Juli sowie Anfang und Ende August, wenn die Sommerferien in Frankreich beginnen bzw. enden.

Abgesehen von den herrlichen Küstenstraßen der Provence bietet auch das Hinterland einzigartige Panoramastraßen. Eine der schönsten ist die durch das Massif des Maures *(siehe S. 120f)* mit atemberaubenden Aussichtspunkten entlang der Strecke.

Straßenkarten

Straßenkarten gibt es u. a. von **Falk** und **Michelin**, beim ADAC sind sie sogar kostenlos. In Frankreich führen zahlreiche Buchläden, Tankstellen und Zeitungskioske gutes Kartenmaterial.

Karten in größerem Maßstab bietet **Espace IGN** (Institut Géographique National). Stadtpläne bekommt man meist kostenlos bei den jeweiligen Fremdenverkehrsämtern.

Auf einen Blick

Mietwagen

Ada
w ada.fr

Avis
w avis.com

Budget
w budget.com

Hertz
w hertz.com

Europcar
w europcar.com

Pannenhilfe

ADAC-Notruf in Frankreich
04 72 17 12 22
(deutschsprachiger Notruf).
+49 89 22 22 22 (München).
w adac.de

Dépannage Côte d'Azur Transports
04 93 29 87 87.

Verkehrsinformation

Autoroute ESCOTA
w vinci-autoroutes.com/fr/article/escota

Bison Futé
w bison-fute.gouv.fr

Info Trafic
w infotrafic.com

Les sociétés d'autoroutes
w autoroutes.fr

Straßenkarten

Espace IGN
73, avenue de Paris, 94165 Saint-Mandé. 01 43 98 80 00.
w ign.fr

Falk Verlag
w falk.de

Michelin
w michelin.de

Busse

Eurolines
Deutschland
+49 6196 207 85 01.
w eurolines.de
Frankreich
08 92 89 90 91.
w eurolines.fr

Parken

Das Parken in Großstädten, vor allem entlang der Küste, ist streng reguliert. Wer unerlaubt parkt, muss damit rechnen, abgeschleppt zu werden und eine saftige Strafe zu bezahlen. In den meisten Städten gibt es Parkuhren (horodateurs), an denen man gegen Münzeinwurf einen Parkschein ziehen kann. Vielerorts kann man von 12 – 14 Uhr kostenlos parken. Die Parkzeit ist oft auf zwei Stunden beschränkt. Weil Parkplätze in der Regel rar und eng sind, kommt es vor, dass man bei der Rückkehr sein Gefährt von allen Seiten eingeparkt vorfindet. Dann hilft nur noch warten.

Benzin

Benzin ist in Frankreich meist etwas billiger als in Deutschland. Am billigsten bekommt man Treibstoff bei großen Supermärkten, am teuersten ist er auf Autobahnen. Achtung: Bisweilen schließen Tankstellen über Mittag. Dann kann man nur noch mit Kreditkarte tanken, allerdings akzeptieren die meisten Automaten nur die Carte Bleue. Denken Sie immer daran, dass Tankstellen auf dem Land bisweilen dünn gesät sind. Tanken Sie besser vorab in einem größeren Ort, wenn Sie eine längere Strecke vor sich haben.

Volltanken heißt auf Französisch *faire le plein*. Bleifreies Benzin (*sans plomb*) gibt es überall, oft nur als die teurere Variante *super sans plomb*. Diesel heißt *gazole* oder *gasoil*. E10 ist weitverbreitet.

Erkundung des bergigen Hinterlands der Provence mit dem Mountainbike

Radfahren

Obwohl Franzosen gern Rad fahren und man viele sportliche Radfahrer auf Landstraßen und in den Bergregionen sieht, gibt es in den Städten nur wenige Fahrradwege. Einige Städte wie Arles, Avignon und Nîmes bieten ausgewiesene Fahrradrouten an. Viele regionale Tourismusbüros halten Faltblätter mit Informationen für Fahrradfahrer bereit.

Mieten kann man sich ein Fahrrad vielerorts, oft auch an Bahnhöfen. Das Mitführen von Fahrrädern ist in einigen Zügen erlaubt (auf das Fahrradsymbol im Fahrplan achten, *siehe auch S. 248*). Schließen Sie auf jeden Fall eine Versicherung ab, denn Fahrraddiebstahl ist ein alltägliches Delikt.

In einigen Städten der Provence, etwa in Marseille und Nizza, kann man an Stationen in der ganzen Stadt Fahrräder ausleihen und an anderen Stationen zurückgeben. Erkundigen Sie sich im Tourismusbüro.

Taxis

Die Preise variieren je nach Gegend, entlang der Côte d'Azur sind sie natürlich am höchsten. 30 Euro für eine 20-minütige Fahrt sind nicht ungewöhnlich. Ansonsten beginnt man mit ca. drei Euro und zahlt für jeden gefahrenen Kilometer bis zu einem Euro. Große Gepäckstücke kosten extra, zudem gibt es Tag- und Nachttarife. Jedes Taxi muss mit einem Taxameter (*compteur*) ausgestattet sein. Herangewunken werden Taxis in der Provence nur selten, man geht entweder zum Taxistand oder bestellt eines telefonisch.

Mitfahrzentralen

Trampen ist in Frankreich erlaubt, wird aber nicht gern gesehen. Verboten ist es auf den Autobahnen, tun Sie es dennoch, müssen Sie mit einer Verwarnung rechnen. Besser ist es, sich im Internet bei einer Mitfahrzentrale (für Fahrten ab Deutschland etwa www.mitfahrzentrale.de, für Fahrten vor Ort etwa www.allostop.net oder www.covoiturage.fr) umzutun.

Busreisen

Mit dem Bus reist man am billigsten in die Provence oder innerhalb Frankreichs, z. B. mit dem Busunternehmen-Verbund **Eurolines**, der Büros in Marseille, Nîmes und Nizza unterhält. Leider werden in der Provence nur die größeren Städte per Bus angefahren, die kleineren Orte werden, wenn überhaupt, höchstens einmal morgens und einmal gegen Abend bedient. Nur größere Städte verfügen über einen Busbahnhof (*gare routière*). Ansonsten bekommt man Fahrpläne und Fahrkarten auch an Kiosken, in Tabakwarenläden oder in den Bussen selbst.

Taxis an einem Taxistand in Marseille

In den Städten unterwegs

Abgesehen von Marseille, der nach Paris zweitgrößten Metropole Frankreichs, sind die Städte der Provence eher klein. Meist lassen sie sich gut zu Fuß erkunden. Parkplätze sind in allen Orten Mangelware, zudem fließt der Verkehr vor allem in den Sommermonaten eher zäh. Marseille und Nizza verfügen über ein effizientes Transportsystem. In Marseille und Nizza gibt es ein Fahrradleihsystem ähnlich dem *Vélib'*-System von Paris.

Fahrradstation des Systems Le Vélo in Marseille

Métro in Marseille

In Marseille ist man am schnellsten mit der **Métro** unterwegs. Es gibt zwei Linien, die sich an den Stationen Gare St-Charles und Castellane überschneiden. Métro 1 führt von der Station La Fourragère im Osten nach La Rose im Nordosten, vorbei am Vieux Port. Métro 2 fährt in Nord-Süd-Richtung. Tickets kauft man an den Métro-Stationen oder im Tabakladen *(tabacs)*. Die Linien verkehren werktags von 5 – 22.30 Uhr, am Wochenende (einschließlich Sonntag) bis 0.30 Uhr.

Trams

Das Straßenbahnnetz in Marseille besteht aus drei Linien, die das Stadtzentrum mit den Vororten nördlich, südlich, östlich und westlich der Stadt verbinden. Die Linien treffen an der Haltestelle Noailles aufeinander. Das Ticketsystem in Marseille heißt *Réseau Liberté*. Die Fahrkarten sind in Métro, Trambahnen und Bussen gültig. Innerhalb einer Stunde darf man kostenlos und beliebig umsteigen.

In Nizza wird ebenfalls an einem Trambahnsystem gearbeitet. Die Linie 1 verbindet die Vororte im Norden und Osten mit dem Stadtzentrum, mit Halt an der Place Masséna und am Hauptbahnhof. Tickets bekommt man an Automaten oder in der Tram.

Busse

Die Busverbindungen zwischen den Städten der Provence sind nicht die schnellsten. Innerhalb der Städte sind Busse allerdings sehr effizient. In Marseille fahren sie in alle Ecken der Stadt. Reise- und Shuttle-Busse zum Flughafen fahren an der *gare routière* (Busbahnhof) hinter der Gare St-Charles ab. An beiden Bahnhöfen es gibt ein Fundbüro für Gepäckstücke.

Auch das Bussystem in Nizza mit den Nachtbussen ist gut. Urlauber können täglich mit dem Sunbus die Läden der Stadt erkunden. Tickets bekommt man im Bus oder im Tabakladen *(tabacs)*. Die Abfahrtzeiten finden Sie auf der Website von **Lignes d'Azur**.

Taxis

An den meisten großen Plätzen der Orte und Städte in der Provence gibt es einen Taxistand. Taxis kann man auch telefonisch bestellen. Das Heranwinken eines Taxis auf der Straße ist unüblich.

Radfahren

Die meisten Orte der Provence lassen sich gut mit dem Fahrrad erkunden, auch wenn Radwege selten sind. Marseille, Avignon, Aix-en-Provence und Nizza haben ein Leihsystem mit Stationen in der ganzen Stadt eingeführt. Fragen Sie im Tourismusbüro nach Details *(siehe S. 237)*.

Zu Fuß unterwegs

Das Stadtzentren von Nîmes, Avignon und Aix-en-Provence kann man bequem zu Fuß erkunden. Marseille genießt noch immer einen zweifelhaften Ruf. Tatsächlich ist die Verbrechensrate hier nicht höher als in anderen Städten. Als Fußgänger kann man sich unbehelligt in den Straßen überall in der Stadt bewegen – mit der üblichen Vorsicht.

Auf einen Blick

Métro in Marseille

Métro (RTM)
W rtm.fr

Busse

Ligne d'Azur
W lignedazur.com

Taxis

Nice Allo Taxi Riviera
📞 04 93 13 78 78.

Taxi Marseille
📞 04 91 02 20 20.

Radfahren

Marseille
W levelo-mpm.fr

Nizza
W velobleu.org

Tram auf dem Boulevard Longchamp in Marseille

Textregister

Fett gedruckte Seitenzahlen beziehen sich auf die Haupteinträge.

A

Abbaye de Montmajour **147**
Abbaye de St-Michel de Frigolet **134**
Abbaye de St-Victor (Marseille) 155
Abbaye de Sénanque 14f, 28, 112, **168f**
Abbaye de Silvacane 15, 47, 112, **151**
Abbaye du Thoronet 28, 105, 106, **112**
Absolutismus **52f**
ADAC 250f
Aga Khan 54
Agay 128
Agoult, Gräfin von 175
Agrippa, Marcus 136
Ägyptischer Obelisk (Arles)
  Detailkarte 148
Aigues-Mortes 14, 29, 46, 131, **138f**
  Restaurants 212
Aiguines
  Tour: Gorges du Verdon 188
Air Berlin 245
Air France 245
Aix-en-Provence 15, 131, **152f**
  Architektur 27, 29
  Atelier Paul Cézanne 153
  Buchläden 221
  Cafés, Bars und Snacks 219
  Cathédrale St-Sauveur 152
  Feste und Festivals 37
  Fondation Vasarely 153
  Geschichte 41, 44, 50, 52, 57
  Hotels 200
  Jugendherbergen 197
  Musée Granet 152f
  Musée Estienne de Saint-Jean (Vieil Aix) 152
  Musée des Tapisseries 152
  Muséum d'Histoire Naturelle 152
  Pavillon de Vendôme 153
  Restaurants 212
  Römische Ruinen 53
  Studenten 238
  Tourismusbüro 237
  Unterhaltung 226f
  Zentrumskarte 153
Aktivurlaub **230–233**
Albert I, Fürst von Monaco 96, 98
Albert II, Fürst von Monaco 59, 95
Aldebert, Abt 75
Alexander I., Zar 110
Aliziari (Nizza) 221
Alleinreisende Frauen 241
Alpes-de-Haute-Provence **178–191**
  Feste und Festivals 229
  Hotels 201
  Regionalkarte 180f
  Restaurants 216f

Alpes Maritimes **64–103**
  Feste und Festivals 228
  Hotels 198f
  Restaurants 208–211
  Regionalkarte 66f
  Skifahren in den Alpes d'Azur 100
Les Alpilles 131, **145**
  Tierwelt 22
Les Alyscamps (Arles) 150
Les Ambassadeurs Club (Avignon) 227
American Express 242
Les Amis de Calanques 233
Angeln 35, 231
Anna von Österreich 138, 176
Anne (Heilige) 176
Annot **191**
Anthropométrie (Klein) 89
Ansouis **177**
Antibes 13, 65, 66, **76**
  Hotels 198
  Restaurants 208
Antike 42f
Anvers, Matthieu d' 68
APF 197
Apotheken 241
Apt 15, **176**
Aquädukte
  Pont du Gard **135**
Aqualand (Fréjus) 226f
Aquarien
  Marineland (Villeneuve-Loubet) 78
  Musée Océanographique (Monaco) 98
Aragon, Louis 87
Arc de Triomphe (Orange) 165
Architektur
  Architekturstile **28f**
  Bergdörfer (*villages perchés*) 24f
  Ländliche Architektur **26f**
Les Arcs-sur-Argens **111**
  Tour: Côtes de Provence 112f
Les Arènes (Arles) 149, 150, 227
  Detailkarte 148f
Les Arènes (Nîmes) 28, 136, 227
Arles 14, **148–150**
  Detailkarte 148f
  Église St-Trophime 148, 150
  Feste und Festivals 36, 37, 38
  Flughafen 245
  Geschichte 41
  Hotels 200
  Kryptoportikus 150
  Les Alyscamps 150
  Les Arènes 149, 150, 227
  Mittelalter 46
  Musée de l'Arles Antique (Arles) 150
  Musée Départmental de l'Arles Antiques 150
  Musée Réattu 148, 150
  Restaurants 212f

Römische Ruinen 44f, 131, 150
Unterhaltung 227
van Gogh 149
L'Arlésienne (van Gogh) 149
Arnaud, Brüder 183
Ärzte 241
ASPTT Tennis (Marseille) 227
Atelier Paul Cézanne (Aix-en-Provence) 153
Ateliers Marcel Carbonel (Marseille) 221
Atout France (Französische Tourismuszentrale) 197, 237
Aubagne **157**
Augustus, Kaiser 44
  Fréjus 129
  Nîmes 136
  Statuen 93, 167
Aups 108
Auron 100, 227
Austrian 245
Autobahnen 250
Autobahngebühren 250
Autofahren **250–252**
  ADAC 250f
  Autobahnen 250
  Benzin 252
  Fähren 249
  Fly-and-Drive-Paket 245
  Geschwindigkeitsbegrenzungen 251
  Landstraßen 251
  Maut 250
  Mietwagen 250f
  Musée de l'Automobiliste (Mougins) 70
  Parken 252
  Straßenkarten 251
  Verbindungsstraßen 251
  Verkehrsregeln 251
  siehe auch Touren
Autoroute du Soleil 59
Avignon 14, 62, 159, 161, **170–172**
  Avignon zur Zeit der Päpste **48f**
  Bars 219
  Cathédrale Notre-Dame-des-Doms 172
  Collection Lambert 172
  Detailkarte 170f
  Feste und Festivals 37, 226, 229
  Flughafen 245
  Geschichte 41, 53
  Hotels 201
  Jugendherbergen 197
  Krankenhaus 241
  Läden 221
  Musée Calvet 172
  Musée Lapidaire 172
  Musée du Petit Palais (Avignon) 171, 172
  Palais des Papes 17, 29, 48f, 171, 172
  Restaurants 215
  Tourismusbüro 237

Unterhaltung 226f
Zwei Tage in Avignon 12
Avignon, Schule von 31, 50, 134, 171, 172
Avis 251

B

Bac, Ferdinand 103
Ballett *siehe* Tanz
   Feste und Festivals 38
Bandol 105, **116**
   Feste und Festivals 39
   Strände 35
Banken **242**
   Öffnungszeiten 237, 242
Banknoten 242
Le Bâoli (Cannes) 227
Bar-sur-Loup
   Restaurants 208
Bar des Oiseaux (Nizza) 226
Barbentane 29, **134**
Barcelonnette **182f**
Bardot, Brigitte 21, 58, 59, 72, 126
Bargème 48, 109
Bargemon 25, **110**
Barjols **108**
Barri 162
Le Barroux
   Tour: Dentelles 163
Bars 218
Basilique de Notre-Dame-de-la-Garde (Marseille) 18, 155
La Bastide de Gordes 233
Le Bastidon 159
Baumette, Pointe de 128
Baux, Lords of 131, 146
Les Baux-de-Provence 14, 25, 131, **146f**
   Cathédrale d'Images 146f
   Feste und Festivals 39
   Fondation Louis Jou 146
   Hotels 200
   Musée d'Histoire des Baux-de-Provence 146
   Musée des Santons 146
   Restaurants 213
Béatrice 47
Beaucaire 14, **143**
Beaulieu **92**
   Hotels 198
   Restaurants 208
Beaumes-de-Venise
   Tour: Dentelles 163
Beauvoir, Simone de 79
Beckett, Samuel 80, 173
B & Bs 195, 197
Bédoin 164
Behinderte Reisende 238f, 247
   Hotels 196, 197
   Restaurants 203
Belle Époque **54f**
Belmondo, Jean-Paul 21
Belsunce, Jean, Bischof von Marseille 53

Benedikt XII., Papst 48
Benedikt XIII., Gegenpapst 49
Bennett, Gordon 92
Benzin 252
Bernardines (Marseille) 226
Bernhardt, Sarah 166
Bernus, Jacques 168
Berthier (Mineraloge) 146
Bertone, Honoré 99
Beuil 68
Bévéra (Fluss) 101
Bier 218
Biot **78**
   Glaswaren **78**
   Hotels 198
   Läden 221
   Restaurants 208
Bizet, Georges 32
Blanc, Isadore 189
Blanqui, Louis-Auguste 68
Blumen **164**
Bogarde, Dirk 33
Bokelmann, Christian
   Im Casino von Monte Carlo 54f
Bollène **162**
Bonaparte, Lucien 114
Bonaparte, Prinzessin Pauline 70
Bonette, Cime de la 23, 183
Bonnard, Pierre 30, 65
   L'Été 80
   Musée des Beaux-Arts (Nizza) 89
   Musée Renoir (Cagnes-sur-Mer) 82
   Nu Devant la Cheminée 124
   St-Paul-de-Vence 79
Bonnieux
   Restaurants 215
   Tour: Petit Luberon 175
Boote **249**
   Wassersport 232f
Bootsfahrten 249
Borghese, Kardinal 170
Bories 26, 43, **173**
   Village des Bories (Gordes) 173
Bormes-les-Mimosas **120f**
   Feste und Festivals 39
   Hotels 199
Borsalino 21
Botticelli, Sandro 172
Boucher, François
   L'Obéissance Récompensée 137
Bouches-du-Rhône und Nîmes **130–157**
   Erdbeben 55
   Feste und Festivals 228f
   Hotels 200
   Regionalkarte 132f
   Restaurants 212–215
Boule siehe Pétanque
Brangwyn, Sir Frank 165
Brantes 164
Braque, Georges 79, 81
   Oiseau dans le Feuillage 81
   Les Poissons 80

La Bravade (St-Tropez) 36, 228
Brayer, Yves 146
Bréa, François 102
Bréa, Louis
   Altargemälde in Antibes 76
   Altargemälde in der Chapelle de la Miséricorde (Nizza) 85
   Altargemälde in Lucéram 99
   Altargemälde in Monaco 98
   Gemälde in der Église St-Jean-Baptiste (Les Arcs) 111
   Kreuzigung 31
   La Pietà 94
   St-Nicolas 94
   La Vierge au Rosaire 78
Bréa, Schule von 31, 93
Brecht, Bertolt 116
Breil-sur-Roya
   Restaurants 208
Der brennende Dornbusch, Triptychon (Froment) 50f
Brignoles **113**
Brougham, Lord 72
Budget 251
Burgen
   siehe Châteaux und Burgen
Burgess, Anthony 33
Busse 251, 252f

C

Cabrières-d'Avignon-Gordes
   Hotels 201
Cadarache 179, 186
Cadenet **177**
   Restaurants 215
Caderousse 168
La Cadière-d'Azur
   Hotels 199
   Restaurants 211
Caesar, Julius 44
   Arc de Triomphe (Orange) 165
   Fréjus 129
   Glanum 28, 145
Cafés 218, 219
Cagnes-sur-Mer 13, **82**
   Feste und Festivals 36
   Restaurants 208
Les Calanques 22, 34f, 42, **157**
Calder, Alexander
   Les Renforts 80
Callian 110
Camargue 19, 62, 131, **140–143**
   Flughafen 245
   Ländliche Architektur 26
   Nationalpark 56
   Strände 34
   Tierwelt 22
La Camargue, Coucher de Soleil (Ziem) 30
Camoin, Charles
   Fenster zum Hafen von St-Tropez 123
   St-Tropez, la Place des Lices et le Café des Arts 124
Campanile 196

Camping 196f
 Féderation Française de Camping et de Caravanning 196
Camus, Albert 33
Canal du Midi 52
Canavesio, Giovanni 78, 99, 101
Cannes 13, **72f**
 Buchläden 221
 Cafés und Bars 219
 Feste und Festivals 38
 Filmfestival 36, 57, 59, 65, 72
 Geschichte 56
 Hôtel Carlton 73
 Hotels 198
 Musée de la Castre (Cannes) 73
 Palais des Festivals et des Congrès 72
 Restaurants 208
 Strände 35
 Tourismusbüro 237
 Unterhaltung 227
 Zentrumskarte 73
Canova, Antonio 89
Cantini, Jules 155
Canyon Forest (Villeneuve-Loubet) 226f
Canyoning 231, 233
Cap d'Antibes
 Hotels 198
Cap Ferrat 13, **89**, **90f**
Cap Martin 65
Cap Sicié 34
Capa, Robert 86
Caprais (Heiliger) 74
Carcès
 Tour: Côtes de Provence 112
Carlone, Giovanni 89
 La Chute de Phaëton 83
Carnaval de Nice 39, 228
Carpentras 15, 52f, 159, **168**
 Restaurants 215
Carracci, Annibale 156
Carré d'Art (Nîmes) 136
Cascade de Courmes 69
Casinos
 Cannes 72, 227
 Monaco 54f, 96f, 98, 227
 Nizza 227
Cassian (Heiliger) 155
Cassis 14, **157**
 Hotels 200
 Restaurants 213
Castellane 13, 180, **190**
 Hotels 201
 Restaurants 216
 Tour: Gorges du Verdon 189
 Tourismusbüro 233
Castellum (Nîmes) 137
Cathédrale (Monaco) 98
Cathédrale d'Images (Les Baux-de-Provence) 146f
Cathédrale de la Major (Marseille) 154
Cathédrale Notre-Dame-des-Doms (Avignon) 12, 172
Cathédrale Notre-Dame et St-Castor (Nîmes) 137
Cathédrale Ste-Anne (Apt) 176

Cathédrale et Cloître St-Léonce (Fréjus) 129
Cathédrale Ste-Marie-de-la-Seds (Toulon) 117
Cathédrale Ste-Réparate (Nizza) 12, 89
 Detailkarte 84f
Cathédrale St-Sauveur (Aix-en-Provence) 152
La Caume 145
Cavaillon 15, 20, **174**
 Restaurants 216
Les Caves du Roy (St-Tropez) 227
Cazin, Jean-Charles 121
CEDAC de Cimiez (Nizza) 226
La Celle
 Hotels 199
Cental, Baron de 177
Centre Anti-Poison (Marseille) 241
Centre Chorégraphique National (Aix-en-Provence) 226
Centre Jean Giono (Manosque) 186
Centre des Renseignements des Douanes 236f
Ceramic Crea (Antibes) 226f
Céramiques Dominique N B (Vallauris) 221
Cézanne, Paul 15, 30, 54, 108
 Atelier Paul Cézanne (Aix-en-Provence) 153
Chagall, Marc 31, 65, 80
 Grab 79
 Mosaik in der Chapelle Ste-Roseline (Les Arcs) 111
 Moses im Schilfrohr 79
 Musée Chagall (Nizza) 12, 89
Le Chalet-Reynard 164
Chanel, Coco 56, 102
Chapelle de la Miséricorde (Nizza)
 Detailkarte 85
Chapelle du Rosaire (Vence) 79, 86
Chapelle St-Nicolas (Avignon)
 Detailkarte 170
Char, René 32
Charlemagne siehe Karl der Große
Charles d'Anjou, Graf der Provence 47
Charles du Maine, Graf der Provence 50
Charles II, Graf der Provence 114
Charles III, Fürst von Monaco 96
Charles IX, König 151
Chartreuse de la Verne
 Tour: Massif des Maures 121
Chartreuse du Val-de-la-Bénédiction 12
Château-Arnoux
 Hotels 201
 Restaurants 217
Château Virant 233
Châteauneuf-du-Pape 14, 19, 159, **168**
 Feste und Festivals 36
 Geschichte 49
 Restaurants 216

Châteaux und Burgen
 Ansouis 177
 Barbentane 29, 134
 Beaucaire 143
 Bergdörfer *(villages perchés)* 24
 Château-Musée Grimaldi (Cagnes-sur-Mer) **82f**
 de l'Empéri (Salon-de-Provence) 151
 Entrecasteaux 108f, 112
 Entrevaux 191
 Gordes 173
 d'If (Marseille) 156
 La Napoule 128
 des Papes (Châteauneuf-du-Pape) 168
 Roquebrune-Cap-Martin 102
 Royal de Provence 144
 Sisteron 182
Chemins de Fer de Provence 185, 247
Chéret, Jules 89
Chorégies d'Orange (Orange) 37
Churchill, Winston 57, 102, 157
La Chute de Phaëton (Carlone) 83
Cians, Gorges du **68**
Cime de la Bonette 23, 183
Cimetière du Vieux Château (Menton) 103
Cinéma Chambord (Marseille) 227
Cinémathèque (Nizza) 227
Cité Radieuse (Marseille) 29, 58, 156
Clemenceau, Georges 111
Clemens VI., Papst 48f, 172
Clemens VII., Gegenpapst 48f
Clérissy, Antoine 190
Clews, Henry 128
CNCDC Châteauvallon 226
Cocteau, Jean 57, 65, **103**
 Chapelle Notre-Dame (Fréjus) 129
 Freskos in der Chapelle St-Pierre (Villefranche-sur-Mer) 92
 Musée Jean Cocteau – Collection Séverin Wunderman (Menton) 103
 Noce imaginaire 30
 Salle des Mariages (Menton) 103
 Suzy Solidor 82
Cogolin
 Restaurants 211
 Läden 221
 Tour: Massif des Maures 121
Colbert, Jean-Baptiste 136
Colette 33
Collection Lambert (Avignon) 172
Collobrières
 Hotels 199
 Restaurants 211
 Tour: Massif des Maures 120
Colmars **184**
Colombe d'Or (St-Paul-de-Vence) 59, 79
Comité Departemental de la Randonée Pédestre 233

TEXTREGISTER | **257**

Comps-sur-Artuby **109**
Comtat Venaissin 47, 48, 51, 53
La Condamine 96
Conrad I, Graf von Ventimiglia 102
Corniche de l'Estérel 105
Corso de la Lavande (Digne-les-Bains) 37, 229
Côte d'Azur
   Die Provence entdecken 10, 13
   Strände 34
Côte Bleue 22
   Strände 34
Côte Varoise 35
Côtes de Provence
   Tour: Côtes de Provence **112f**
   Weine 105, 159
Cotignac 105, 109
Coudou Parc (Six-Fours-les-Plages) 226f
Courbet, Gustave 156
Courmes
   Restaurants 209
Cours Saleya (Nizza)
   Detailkarte 84
Cousteau, Jacques 98, 105, 116
Couvent de la Présentation (Manosque) 186
Coward, Noël 56
CRIJ 196f
Crown Blue Line 249
Cunningham, Merce 80

D

Dalí, Salvador 69
Dante Alighieri 93, 146
Daudet, Alphonse 21, 32, 131
   Maison de Tartarin (Tarascon) 144
   Moulin de Daudet **147**
Daumier, Honoré 156
David, Jacques-Louis
   Napoléon überquert die Alpen 183
David-Néel, Alexandra 184
Deauville, le Champ de Courses (Dufy) 125
Delon, Alain 21
Les Demoiselles d'Avignon (Picasso) 77
Deneuve, Catherine 79
Dentelles de Montmirail 15
   Tour **163**
Depardieu, Gérard 21
Derain, André 157
Deutscher Camping-Club 197
Diebstahl 240
Digne-les-Bains 179, **184**
   Architektur 27
   Corso de la Lavande 229
   Feste und Festivals 37
   Restaurants 217
Diners Club 242
Disco 7 (Cannes) 227
Discos 226
Dolmen
   Pierre de la Fée 111

Dominikaner 79
Donat (Heiliger) 185
Draguignan **110f**
   Tourismusbüro 237
Dufy, Raoul 30, 157
   Deauville, le Champ de Courses 125
   La Jetée, Promenade à Nice 31
   Musée des Beaux-Arts (Nizza) 89
   Musée Calvet (Avignon) 172
   Musée Renoir (Cagnes-sur-Mer) 82
Dumas, Alexandre 32, 156
Duncan, Isadora 89
Durance (Fluss) 58, 179, 182, 185
Durand, Marie 139
Dürer, Albrecht 146
   Rhinocerus 51, 156
Durrell, Lawrence 33
Düsseldorfer Schule 155

E

Éco-Musée du Gouffre (Fontaine-de-Vaucluse) 169
École de Nice (Schule von Nizza) 58, 89
Edward VII, König von England 96f
Église Notre-Dame de l'Assomption (St-Tropez) 126
Église de Notre-Dame-de-la-Mer (Stes-Maries-de-la-Mer) 142
Église St-Michel-Archange (La Turbie) 93
Église St-Pierre (Avignon)
   Detailkarte 171
Église St-Trophime (Arles) 150
   Detailkarte 148
EHIC (European Health Insurance Card/Europäische Krankenversicherungskarte) 241
Einreise 236
Eintrittspreise 238
Eishäuser 27
Ellington, Duke 80
Ellis, William Webb 103
Empéri, Château de l' 151
En-Vau 157
Entrecasteaux, Château d' 108f
   Tour: Côtes de Provence 112
Entrecasteaux, Marquis von 152
Entremont 44
Entrevaux 179, **191**
   Feste und Festivals 37
Ephrussi de Rothschild, Béatrice 90f
Ermäßigungen
   Flugreisen 245
   Studenten 197, 238
   Züge 247
Ernst, Max 76, 110
Escoffier, Auguste 78
   Grab 79
Espace IGN 251
Espace Julien (Marseille) 226
L'Espace Tartarin (Tarascon) 144

Essen und Trinken
   Cafés, Bars und Snacks 218f
   Getränke **206f**
   Kochkurse 230, 233
   Läden 220
   Provenzalische Küche **204f**
   Souvenirs 223
   Trüffel **109**
   siehe auch Restaurants
Estérel
   Strände 35
Estérel, Massif de l' 23, **128**
Estienne, André 177
L'Été (Bonnard) 80
Etikette 237
Eugène de Savoy 52
Eugénie, Kaiserin 54, 102
Euro 242
Eurolines 251
Europäische Union 20
Europäisches Unfallprotokoll 241
Europcar 251
Eurostar 246f
Exposition International de la Fleur (Cagnes-sur-Mer) 36
Extremsport 230f, 233
Èze 13, 24, **92**
   Cafés 219
   Restaurants 209

F

Fabre, General Alexandre 110
Fabre, Jean-Henri
   L'Harmas de Fabre (Orange) 165
Fabrique de Pipes Courrieu (Cogolin) 221
Fähren 249
Fahrräder 232f, 252
Fauteuil Rocaille (Matisse) 86
Fayence 105, **110**, 190
   Hotels 199
   Restaurants 211
Fédération Française de Camping et de Caravaning 196
Fédération Française de Canoë-Kayak 231, 233
Fédération Française de Cyclisme 233
Fédération Française de Golf 233
Fédération Française de la Montagne et de l'Escalade 233
Fédération Française de Naturisme 233
Fédération Française de Randonée Pédestre 233
Fédération Française de Ski 233
Fédération Française de Sports Sous-Marins (Marseille) 227, 233
Fédération Française de Voile 227, 233, 249
Fédération Française de Vol Libre 227, 233
Fédération Française de Vol à Voile 233

Feiertage 39
Félibrige 54
Fenster zum Hafen von St-Tropez (Camoin) 123
Féria (Nîmes) 36
Féria Pascale (Arles) 36
Féria des Vendanges (Nîmes) 38
Ferienwohnungen 196f
Fermes auberges 202
Fernsehen 243
Feste und Festivals 36 – 39, **228f**
Festin des Courgourdons (Nizza) 36
Festival d'Art Lyrique (Aix-en-Provence) 37
Festival d'Avignon 37, 226, 229
Festival du Cirque (Monaco) 39
Festival International de la Danse (Cannes) 38
Festival du Jazz – Jazz à Juan (Juan-les-Pins) 226
Festival du Jazz (Nizza) 226
Festival de Musique (Menton) 37
Festival de Musique Classique (Toulon) 226
Festival de la Navigation de Plaisance (Cannes) 38
Festival de la Sorgue (Fontaine-de-Vaucluse und L'Isle-sur-la-Sorgue) 37
Fête du Citron (Menton) 39
Fête des Gardians (Arles) 36
Fête du Jasmin (Grasse) 37
Fête du Mimosa (Bormes-les-Mimosas) 39
Fête des Prémices du Riz (Arles) 38
Fête du Prince (Monaco) 38
Fête de St-Jean 37
Fête de la St-Marc (Châteauneuf-du-Pape) 36
Fête de Ste Maria Salomé (Stes-Maries-de-la-Mer) 37
Fête de la Tarasque (Tarascon) 37
Fête de la Transhumance (St-Rémy) 36
Fête du Vent (Marseille) 38
Fête de la Véraison 37
Fête du Vin (Bandol) 39
Feuerwehr 241
Film *siehe* Kino
Fitzgerald, F. Scott 33, 56, 65, 76, 79
Fitzgerald, Zelda 33, 56
FKK-Urlaub 232f
Flayosc
 Tour: Côtes de Provence 113
Flughäfen 244f
Flugreisen **244f**
Fly & Drive-, Fly & Rail-Pakete 245
FNAC 226
Foire Internationale de Marseille (Marseille) 38
Foire aux Santons (Marseille) 39
Fondation Émile Hugues (Vence) 78f
Fondation Henry Clews (La Napoule) 128

Fondation Louis Jou (Les Baux-de-Provence) 146
Fondation Maeght (St-Paul-de-Vence) 59, 63, 79, **80f**
Fondation Vasarely (Aix-en-Provence) 153
Fontaine-de-Vaucluse 14f, 159, **169**
 Feste und Festivals 37
Fontvieille **147**
 Hotels 200
Forcalquier 15, **186**
 Hotels 201
 Restaurants 217
Forêt de Turini **101**
Forum Nice Nord 226
Fossatti, Dominique 110
Foster, Norman 136
Fox-Amphoux
 Hotels 199
Fragonard (Grasse) 233
Fragonard, Jean-Honoré 31, 90
 Geburtsort 70
 Villa-Musée Fragonard (Grasse) 70
François I, König
 Château d'If (Marseille) 156
 St-Paul-de-Vence 79
 Vence 78
 Villages perchés 25
Franken 46
Franz von Paula (Heiliger) 121
Französische Revolution 53
Französische Zentrale für Tourismus (Atout France) 196, 237
Fréjus 13, 105, **129**
 Cathédrale et Cloître St-Léonce 129
 Geschichte 58
 Hotels 199
 Restaurants 211
Fréjus-Plage 35
Fremdenlegion 157
French Connection (Film) 21
»French Connection« (Drogenring) 59
Fresko mit Propheten (Giovanetti) 48
La Friche la Belle de Mai (Marseille) 225, 227
Froment, Nicolas 152
 Der brennende Dornbusch, Triptychon 50f
Fronleichnam 20
Frühgeschichte **42f**
 Vallée des Merveilles 101
Frühling 36
Frühstück 195, 218

G

Galerien *siehe*
 Museen und Sammlungen
Gallorömische Zeit **44f**
Garbo, Greta 65, 79
La Garde-Freinet
 Tour: Massif des Maures 121
Gardians, Hirten der Camargue 26, 140, 142

Gardon-Tal 135
Garnier, Charles 98
 Casino (Monaco) 96, 98
 Oper (Monaco) 55, 96f
Gärten *siehe*
 Parks und Gärten
Gassendi, Pierre 184
Gefahren im Freien 241
Geißelung Christi (15. Jh.) 155
Genesius 150
Georg (Heiliger) 149
Geschichte **40 – 59**
Gesundheit **241**
Giacometti, Alberto
 L'Homme qui marche I 80
Gigondas
 Tour: Dentelles 163
 Restaurants 216
GIHP (Groupement pour l'Insertion des Personnes Handicapées Physiques) 197
Gilles (Heiliger) 143
Gilot, Françoise 77
Ginès-Informationszentrum 142
Ginoux, Charles 120
Giono, Jean 32
 Centre Jean Giono (Manosque) 186
Giovanetti, Matteo 172
 Prophetenfresko 48
Giovanetti da Viterbo 134
Girocard (frühere Maestro-/EC-Karte) 242
Giscle (Fluss) 127
Gîtes de France 196
Glanum 28, 44f, 131, **145**
Glaswaren
 Biot **78**
 Souvenirs 222
Gleizes 172
Glockentürme, schmiedeeiserne 27
Godeau, Bischof von Vence 78
Gogh, Vincent van 55, 131
 Arles 149
 L'Arlésienne 149
 Musée Estrine Centre (St-Rémy-de-Provence) 144f
 Vincents Stuhl 30
Golf 227, 231, 233
Golf de Cannes 227
Golf Grand Avignon 227
Golf de la Salette (Marseille) 227
Golfe-Juan 54, 76
Gorbio **102**
Gordes 15, 42f, 160, **173**
 Hotels 201
 Restaurants 216
Gorges du Cians **68**
Gorges du Loup 13, **69**
Gorges du Verdon 13, 63, 179, 190
 Tierwelt 23
 Tour **188f**
Gorges de la Vésubie 23, 99
Gottesdienste 239
Gould, Frank Jay 76
Gourdon 13, **69**
Goya, Francisco de 146

TEXTREGISTER | 259

Gracia Patricia, Fürstin von Monaco 58f, 95
   Grab 98
Grammont, Georges 124
Grand Luberon **176**
Grand Prix Automobile de Formule 1 (Monaco) 36, 225, 227
Grand Théâtre de Provence **226**
Les Grands Bateaux de Provence-Mireio 249
Granet, François 153
Grasse 13, **70**
   Feste und Festivals 37
   Läden 221
   Parfum 54, 70, **71**
   Restaurants 209
Greene, Graham 21, 33, 59
Gregor XI., Papst 49
Gréoux-les-Bains **186f**
Griechen 41, 42, 131
Le Griffu (Richier) 148
Grimaldi (Familie) 49
   Château-Musée Grimaldi (Cagnes-sur-Mer) 82
   Grafen von Beuil 68
   Grimaud 127
   Monaco 94f, 98
   Puget-Théniers 68
   Roquebrune-Cap-Martin 102
Grimaldi, François 94
Grimaldi, Gibelin de 127
Grimaldi, Hannibal 68
Grimaldi, Jean-Henri 82
Grimaldi, Rainier 82
Grimaud **127**
   Hotels 199
   Tour: Massif des Maures 121
Große Pest von Marseille 41, 52f
Grotte Cosquer 42
Grotte de l'Observatoire (Monaco) 42f, 98
Grottes de St-Cézaire-sur-Siagne 68f
Grottes Troglodytiques (Villecroze) 108f
Grottes du Vallonet (Roquebrune-Cap-Martin) 102
Guarinone, Guarino 85
Guiberto, J.-A. 84
Guiramand, Jean 152
Gyptis 42

H

Hackman, Gene 21
Handwerk
   Läden 221
   Themenferien 230, 233
Hannibal 43, 168
L'Harmas de Fabre (Orange) 165
Haussmann, Baron 110f
Haustiere, Mitnahme von bei der Einreise 237
Haut Var 105, **108f**
Haute-Provence, geologischer Naturpark 23
Heiliges Römisches Reich deutscher Nation 47

Helikopter-Service 244f
Hemingway, Ernest 33, 76
Herbst 38
Hermentarius (Heiliger) 111
Hertz 251
High Club/Studio 47 (Nizza) 227
Hippodrome de la Côte d'Azur (Cagnes-sur-Mer) 225, 227
Höhlen
   Grotte de l'Observatoire (Monaco) 42f, 98
   Grottes de St-Cézaire-sur-Siagne 68f
   Grottes Troglodytes (Villecroze) 108f
   Grottes du Vallonet (Roquebrune-Cap-Martin) 102
   Höhlenmalereien 42, 157
   Les Calanques 157
L'Homme qui marche I (Giacometti) 80
Honorat (Heiliger) 74, 93
Hostellerie Bérard 233
HotBrass Club (Aix-en-Provence) 226
Hôtel des Arts (Toulon) 117
Hôtel des Monnaies (Avignon)
   Detailkarte 170
Hotel Négresco (Nizza) 29, 88f
Hôtel de Paris (Monte Carlo) 65
Hôtel Thalazur (Antibes) 233
Hotelketten 196
Hotels **194–201**
   Alpes-de-Haute-Provence 201
   Ausstattung 196
   B & Bs 195
   Behinderte Reisende 197
   Bouches-du-Rhône und Nîmes 200
   Familienhotels 195
   Hotelkategorien 196
   Hotelketten 196
   Hotelpreise 195
   Hotelsuche 194
   Hoteltypen 194f
   Kinder 195
   Offizielle Kategorien 195
   Reservierung 196
   Riviera und Alpes Maritimes 198f
   Var und Îles d'Hyères 199f
   Vaucluse 201
Hugenotten 190
Hughes, Émile 78
Hugo, Victor 32
Huilerie Ste-Anne (Grasse) 221
Huxley, Aldous 33, 116
Hyères 13, 21, **119**
   Restaurants 211
   Unterhaltung 227
   siehe auch Îles d'Hyères
Hypermarchés (Großmärkte) 220

I

Ibis 196
Île du Levant 56
Île de Porquerolles 13
   Hotels 199
   Restaurants 211

Île de Port-Cros
   Hotels 199
Île St-Honorat 74
Île Ste-Marguerite 74f
Îles d'Hyères 23, 62f, **118f**
   Feste und Festivals 228
   Hotels 199f
   Regionalkarte 106f
   Restaurants 211f
Îles de Lérins 13, **74f**
Im Casino von Monte Carlo (Bokelmann) 54f
Ingram, Sir William 102
Innozenz VI., Papst 48, 134
InterContinental Carlton (Cannes) 55, 73
Intérieur au Phonographe (Matisse) 31
L'Intermédiaire (Marseille) 226
Internet 243
InterRail 247
Islam 239
L'Isle-sur-la-Sorgue 15, **169**
   Feste und Festivals 37
   Restaurants 216
Isnard, Jean-Esprit 114
Isola 2000 59, 100, 227
Les Issambres 107

J

Jancarthier Voyages (Aix-en-Provence) 245
Jardin des Cordeliers (Digne-les-Bains) 184
Jardin Exotique (Monaco) 96, 98
Les Jardins de la Fontaine (Nîmes) 137
Jazz 224, 226
Jazz à Juan (Juan-les-Pins) 37, 226
Jazz à Toulon (Toulon) 37
Jean de Florette 21, 157
Jeanne, Königin 51
Jimmy'Z (Monaco) 227
Johannes XXII., Papst 48, 168
Johanniter 143
La Joie de Vivre (Picasso) 77
Joinville-le-Pont
   Unterhaltung 227
Joséphine, Kaiserin 89
Jou, Louis 146
Juan-les-Pins 13, **76**
   Bars 219
   Feste und Festivals 37
   Hotels 198
   Restaurants 209
   Strände 35
   Unterhaltung 226f
Juden
   Carpentras 52, 168
   Geschichte 48, 51
   Musée Juif Comtadin (Cavaillon) 174
   Synagogen 239
   Vaucluse 159
Jugendherbergen 196f
Julius II., Papst 172

K

Kaffee 218
Kajakfahren 227
Kanufahren 231, 233
Karl der Große, Kaiser 185
Karl der Kahle 46
Karl V., Kaiser 50, 51
Karl V. (Tizian) 51
Karl Martell 46
Karneval 20
   Carnaval de Nice 39, 228
Karr, Jean-Baptiste 128
Karten
   Aix-en-Provence 153
   Alpes-de-Haute-Provence 180f
   Arles 148f
   Avignon 170f
   Bouches-du-Rhône und Nîmes 132f
   Camargue 140f
   Cannes 73
   Côtes de Provence (Tour) 112f
   Dentelles (Tour) 163
   Europa 16
   Gorges du Verdon 188f
   Îles de Lérins 74f
   Künstler 30
   Marseille 156
   Massif des Maures (Tour) 120f
   Nîmes 137
   Nizza 84f, 88
   Petit Luberon (Tour) 174f
   Pont du Gard 135
   Provence 16f, 62f
   Provence (Die Provence entdecken) 10f
   Provence (Weinbaugebiete) 206f
   Riviera und Alpes Maritimes 66f
   Strände der Provence 34f
   Straßenkarten 251
   St-Tropez 122f
   Toulon 117
   Var und Îles d'Hyères 106f
   Vaucluse 160f
Katharina von Medici 71
Katholische Kirche 239
Kaufhäuser 220
Kelten 42
Keramik
   Moustiers **190**
   Musée de la Faïence (Marseille) 155
   Souvenirs 222
   Traditionelle Keramik 110
   Vallauris **76**
Kinder
   Hotels 195
   Restaurants 203
Kino 21, 226
   Filmfestival von Cannes 36, 57, 59, 65, 72
Kirchen 239
   Eintritt 238
   siehe auch einzelne Städte
Klassische Architektur 29

Kleidung
   Restaurants 203
Klein, Yves
   Anthropométrie 89
Klettern 232f
Klima 36–39
KLM 245
Kochkurse 230, 233
Kommunikation **243**
Konstantin I., Kaiser 150
Konsulate 241
Krankenhäuser 241
Krankenwagen 241
Kreditkarten
   Notrufnummern 242
   Restaurants 202
Kreuzgang von St-Trophime (Arles)
   Detailkarte 149
Kreuzigung (Bréa) 31
Kreuzzüge 46f, 127, 131
Kriminalität 240
Kryptoportikus (Arles) 148, 150
Kunst
   Höhlenmalereien 42
   Künstler **30f**
   Läden 221
   Themenferien 230, 233
   siehe auch Museen und Sammlungen

L

La Fresnaye, Roger de
   Le Rameur 124
Labadié, Alexandre 155
Labadié, Marie-Louise 155
Labyrinthe de Miró (Miró) 81
Lacoste 159
   Tour: Petit Luberon 175
Lagarde-d'Apt
   Restaurants 216
Lambert, Yvon 172
Lambot, J. 113
Ländliche Architektur **26f**
Laura von Avignon 48, 169
Laurencin, Marie 172
Lawrence, D. H. 56, 78
Le Clézio, J.-M. G. 33, 59
Le Corbusier 28, 102
   Cité Radieuse (Marseille) 29, 58, 156
Le Nôtre, André 69, 109
Le Levant 118
Le Landou 35, **120**
   Restaurants 211
Lavendel **186**, 230, 233
   Corso de la Lavande (Digne-les-Bains) 229
Léger, Fernand 31, 76
   Mosaik 78
   Musée National Fernand Léger (Biot) 78
   La Partie de Campagne 81
Léopold II, König von Belgien 54, 89, 90
Lez (Fluss) 162
Lhote, André 173
La Liberté Enchaînée (Maillol) 68

Liégeard, Stéphen 32
Ligue de la Côte d'Azur Tennis (Nizza) 227
Ligue Régionale de Provence de Sports Équestres 233
Liseuse à la Table Jaune (Matisse) 87
Liszt, Franz 175
Livingstone, Dr. David 92
Loisirs Accueil 197
Lorques **112**
   Tour: Côtes de Provence 113
Louis II d'Anjou 144, 152
Louis II, Fürst von Monaco 56
Louis IX (St-Louis), König 190
   Aigues-Mortes 29, 131, 138f
   Geburtsort 113
   Kreuzzüge 46f
Louis XI, König 50
Louis XIII, König 52
Louis XIV, König
   La Turbie 93
   Marseille 52
   Monaco 98
   Orange 165
Louis-Philippe, König 72
Loup, Gorges du 13, **69**
Lourmarin
   Hotels 201
   Tour: Petit Luberon 175
Luberon 159
   Grand Luberon **176**
   Petit Luberon (Tour) **174f**
   Tierwelt 22, **174f**
Lucéram **99**
Lufthansa 245
Lurs **185**

M

Maeght, Aimé und Marguerite 80
   Gräber 79
Maillol, Aristide 68
   La Nymphe 125
Maison Carré (Nîmes) 28, 136
Maison de la France *siehe* Atout France
Maison des Papillons (St-Tropez) 126
Maison du Parc 233
Malaucène 164
   Tour: Dentelles 163
Mallet-Stevens, Robert 119
Malraux, André 80
Malteserorden 153
Mann mit der eisernen Maske 74f, 156
Manchello 103
Mandelieu-la-Napoule
   Restaurants 209
Manet, Édouard 172
Mann, Heinrich 33
Mann, Thomas 33, 116
Mann mit Schaf (Picasso) 77
Manon des Sources 21, 157
Manosque 179, **186**
   Restaurants 217
Mansfield, Katherine 33, 103

TEXTREGISTER | 261

Manufacture des Tapis de Cogolin (Cogolin) 221
Maquis **56f**
Marcel (Heiliger) 108
Mariä Himmelfahrt (Feiertag) 37
Maria Jakobäa, hl. 45, 142, 229
Maria Magdalena, hl.
  Pèlerinage des Gitans (Stes-Maries-de-la-Mer) 36, 229
  Reliquien 47, 62, 114
  Les Saintes-Maries-de-la-Mer 45, 142
  St-Maximin-la-Ste-Baume 114
Maria Salomé 45, 142, 229
Mariä Verkündigung (Meister von Aix) 51
Marie-Antoinette, Königin 90
Marineland (Antibes) 226f
Marius, Konsul 44
Märkte 220
Marseille 14, 131, 133, **154–156**
  Abbaye de St-Victor 155
  Banken 242
  Basilique de Notre-Dame-de-la-Garde 155
  Buchläden 221
  Cafés, Bars und Snacks 219
  Cathédrale de la Major 154
  Château d'If 156
  Cité Radieuse 156
  Feste und Festivals 38f
  Flughafen 244f
  Geschichte 41, 42, 51, 52, 54f, 56f
  Große Pest 52f
  Hotels 200
  Kolonialausstellung (1922) 57
  Krankenhaus 241
  Läden 221
  Métro 59, 253
  Musée des Arts Décoratifs, de la Mode et de la Faïence 155
  Musée des Beaux-Arts 156
  Musée Cantini 155
  Musée des Civilisations de l'Europe et de la Méditerranée (MuCEM) 155
  Musée des Docks Romains 154
  Musée Grobet-Labadié 155
  Musée d'Histoire de Marseille 154f
  Restaurants 213
  Römische Ruinen 44f, 131
  Tourismusbüro 237
  Unterhaltung 226f
  La Vieille Charité 154
  Zentrumskarte 156
Martha (Heilige) 46f, 144
Martigues **151**
  Restaurants 214
Martini, Simone 172
Mas (Bauernhöfe) 26f
Le Mas Candille (Mougins) 233
Maßeinheiten 27
Masséna, Marschall 89, 101
Massif de l'Estérel 23, **128**
Massif des Maures 23, 105, 106
  Tour **120f**

Massif de la Ste-Baume 23
MasterCard 242
Matisse, Henri 30, 65, 157
  Chapelle du Rosaire (Vence) 79, 86
  Fauteuil Rocaille 86
  Fondation Maeght (St-Paul-de-Vence) 80
  Intérieur au Phonographe 31
  Liseuse à la Table Jaune 87
  Musée Matisse (Nizza) 12, 63, **86f**, 88
  Nature Morte aux Grenades 87
  Nu Bleu IV 86
  Tod 58
  Torse Debout 87
Matisse, Jean 87
Maugham, W. Somerset 33, 89
Maurice von Nassau 165
Maussane-les-Alpilles
  Restaurants 214
Maximin, Bischof von Aix 114
Mayle, Peter 33, 159
Maynier, Jean 174
Le Mazarin (Aix-en-Provence) 227
Mazarin, Michel, Erzbischof von Aix-en-Provence 152
Médecin, Jacques 59
Medizinische Versorgung 241
Meegeren, Han van 31
Mehrwertsteuer 220, **236**
Meißen 91
Meister von Aix
  Mariä Verkündigung 51
Ménerbes
  Restaurants 216
  Tour: Petit Luberon 175
Menton 13, **102f**
  Cimetière du Vieux Château 103
  Feste und Festivals 37, 39
  Geschichte 54, 57
  Hotels 198
  Musée des Beaux-Arts 103
  Musée Jean Cocteau 103
  Musée de Préhistoire Régionale 103
  Restaurants 209
  Salle des Mariages 103
  Strände 34f
Menüs 203
Mercure 196
Mercury Cinéma (Nizza) 227
Mérimée, Prosper 32, 112
Merveilles, Vallée des 43, 101
Métro Marseille 253
Michelangelo 172
Mirabeau, Comte de 152, 156, 177
Miralhet, Jean 85
Miró, Joan 76, 79, 80
  Labyrinthe de Miró 81
Mistral (Wind) 27
Le Mistral (Aix-en-Provence) 227
Mistral, Frédéric 32, 131
  Félibrige 54
  Mirèio 54, 55

Musée Camarguais (Camargue) 143
Mistral – Les Indiennes de Nîmes (Nîmes) 221
Mitfahrzentralen 252
Mittelalter **46f**
Mittelalterliche Architektur 29
Mittelmeerhäfen 249
Mobiltelefone 243
Moderne Architektur 29
Modigliani, Amedeo 65, 79
Moissac-Bellevue 108
Molinard (Grasse) 70
Monaco 13, 65, **94–98**
  Buchläden 221
  Cafés und Bars 219
  Cathédrale 98
  Feste und Festivals 36, 38f
  Grand Prix 56
  Hotels 198
  Monte Carlo **96f**
  Musée Océanographique 95, 98
  Musée des Souvenirs Napoléoniens et Archives Historiques du Palais 98
  Nouveau Musée National de Monaco 98
  Palais Princier 94, 98
  Restaurants 209
  Unterhaltung 227
Monet, Claude 30
Mons **109**
Mont de Cordes 42
Mont Pelat **183**
Mont Ventoux 15, 22, 159, **164**
Montagne Ste-Victoire 15, 22, 108, 153
Montand, Yves (und Simone Signoret) 21, 79
Montauroux 110
Monte Carlo 65, **96f**
  Casino 54f
  Feste und Festivals 39
  Oper 55
  Strände 34
  Unterhaltung 227
Montfort, Simon de 47
Montpellier
  Flughafen 245
Montpensier, Herzogin von 152
Moscheen 239
Mougins 13, **70**
  Restaurants 209
Moulin de Daudet **147**
Le Moulin de Mougins (Mougins) 70
Moustiers-Ste-Marie 53, **190**
  Fayencen **190**
  Hotels 201
  Restaurants 217
  Tour: Gorges du Verdon 188
Münzen 242
Muret, Schlacht von (1213) 47
Museen und Sammlungen
  (allgemein)
  Eintrittspreise 238
  Öffnungszeiten 237

Museen und Sammlungen *(einzeln)*
Atelier Paul Cézanne (Aix-en-Provence) 153
Centre Jean Giono (Manosque) 186
Château du Gourdon **69**
Château-Musée Grimaldi (Cagnes-sur-Mer) **82f**
Collection Lambert (Avignon) 172
Éco-Musée du Gouffre (Fontaine-de-Vaucluse) 169
Eco'Parc Mougins 70
Fondation Émile Hugues (Vence) 78f
Fondation Henry Clews (La Napoule) 128
Fondation Louis Jou (Les Baux-de-Provence) 146
Fondation Maeght (St-Paul-de-Vence) 79, **80f**
Fondation Vasarely (Aix-en-Provence) 153
L'Harmas de Fabre (Orange) 165
Maison Alexandra David-Néel (Digne-les-Bains) 184
Maison de Tartarin (Tarascon) 144
Musée des Alpilles (St-Rémy-de-Provence) 144, 145
Musée Angladon (Avignon) 12, 172
Musée de l'Annonciade (St-Tropez) 63, **124f**
Musée d'Anthropologie Préhistorique (Monaco) 98
Musée Archéologique (Cavaillon) 174
Musée Archéologique (St-Raphaël) 128
Musée Archéologique et Musée d'Histoire Naturelle (Musée de Nîmes) (Nîmes) 136f
Musée des Arômes et du Parfum (Graveson) 144f
Musée de l'Art Culinaire (Villeneuve-Loubet) 78
Musée d'Art et d'Histoire de Provence (Grasse) 70
Musée d'Art et d'Histoire d'Orange 165
Musée d'Art Moderne et d'Art Contemporain (MAMAC) (Nizza) 12, 29, 89
Musée des Arts Asiatiques (Nizza) 89
Musée des Arts Asiatiques (Toulon) 117
Musée des Arts Décoratifs, de la Mode et de la Faïence (Marseille) 155
Musée d'Arts Décoratifs et de la Modernité (Gourdon) 69
Musée d'Arts et Histoire (Bormes-les-Mimosas) 121
Musée des Arts et Traditions Provençales (Draguignan) 111
Musée de l'Aventure Industrielle (Apt) 176
Musée des Beaux-Arts (Menton) 103
Musée des Beaux-Arts (Nîmes) 137
Musée des Beaux-Arts (Nizza) 89
Musée Bibliothèque Pétrarque (Fontaine-de-Vaucluse) 169
Musée de la Boulangerie (Bonnieux) 175
Musée Calvet (Avignon) 12, 172
Musée Camarguais (Camargue) 143
Musée de la Castre (Cannes) 73
Musée Chagall (Nizza) 12, 89
Musée de la Citadelle (St-Tropez) 126
Musée des Civilisations de l'Europe et de la Méditerranée (MuCEM) (Marseille) 155
Musée Comtadin-Duplessis (Carpentras) 168
Musée Départemental de l'Arles Antique (Arles) 150
Musée Départemental Ethnologique (Forcalquier) 186
Musée des Docks Romains (Marseille) 154
Musée de l'Empéri (Salon-de-Provence) 151
Musée Estienne de Saint-Jean (Vieil Aix) (Aix-en-Provence) 152
Musée Estrine Centre (St-Rémy-de-Provence) 144f
Musée Extraordinaire de Georges Mazoyer (Ansouis) 177
Musée de la Faïence (Moustiers-Ste-Marie) 190
Musée Gassendi (Digne-les-Bains) 184
Musée Granet (Aix-en-Provence) 152f
Musée Grobet-Labadié (Marseille) 155
Musée d'Histoire (Fontaine-de-Vaucluse) 169
Musée d'Histoire et d'Archéologie (Antibes) 76
Musée d'Histoire et d'Archéologie (Apt) 176
Musée d'Histoire des Baux-de-Provence (Les Baux-de-Provence) 146
Musée d'Histoire Locale (St-Paul-de-Vence) 79
Musée d'Histoire de Marseille (Marseille) 154f
Musée International de la Parfumerie (Grasse) 70
Musée Jean Cocteau – Collection Séverin Wunderman (Menton) 103
Musée Juif Comtadin (Cavaillon) 174
Musée Lapidaire (Avignon) 172
Musée de la Lavande (Lagarde-d'Apt) 233
Musée de la Légion Etrangère (Aubagne) 157
Musée Maginot de la Seconde Guerre Mondiale (Sospel) 102
Musée Magnelli (Vallauris) 76
Musée Masséna (Nizza) 12, 89
Musée Matisse (Nizza) 12, 63, **86f**, 88
Musée des Merveilles (Tende) 101
Musée Municipal (Draguignan) 111
Musée Municipal Méditerranéen (Cassis) 157
Musée National Fernand Léger (Biot) 78
Musée National de la Marine (Toulon) 116f
Musée National Picasso (Vallauris) 76
Musée Nature en Provence (Riez) 187
Musée Océanographique (Monaco) 95, 98, 226f
Musée de l'Olivier (Château Grimaldi) 83
Musée du Pays Brignolais (Brignoles) 113
Musée du Petit Palais (Avignon) 12, 171, 172
Musée Pétrarque (Fontaine-de-Vaucluse) 169
Musée de la Photographie (Mougins) 70
Musée Picasso (Antibes) 76
Musée Pierre de Luxembourg (Villeneuve-lès-Avignon) 12, 134
Musée de la Préhistoire (Moustiers-Ste-Marie) 190
Musée de Préhistoire Régionale (Menton) 103
Musée Provençal du Costume et du Bijou (Grasse) 70
Musée Réattu (Arles) 148, 150
Musée Renoir (Cagnes-sur-Mer) 82
Musée des Santons (Les Baux-de-Provence) 146
Musée Simon Segal (Aups) 108, 109
Musée Souleïado (Tarascon) 144
Musée des Souvenirs Napoléoniens et Archives Historiques du Palais (Monaco) 98
Musée des Tapisseries (Aix-en-Provence) 29, 152
Musée Terre et Temps (Sisteron) 182
Musée Théo Desplans (Vaison-la-Romaine) 162
Musée de la Tour Carrée (Ste-Maxime) 127
Musée du Trophée des Alpes (La Turbie) 93
Musée de la Vallée (Barcelonnette) 183
Musée du Vieux Nîmes (Nîmes) 136
Musée du Vieux Toulon (Toulon) 117

Musée du Vin (Châteauneuf-du-Pape) 168
Musée Vivant de l'Abeille (Valensole) 187
Musée Ziem (Martigues) 151
Muséum d'Histoire Naturelle (Aix-en-Provence) 152
Nouveau Musée National de Monaco (Monaco) 98
Salle de l'Habitat Rural en Pays d'Aigues et Musée des Faïences et des Céramiques (La Tour d'Aigues) 177
Villa Ephrussi de Rothschild mit Garten (Cap Ferrat) 63, 89, **90f**
Villa Grecque Kérylos (Beaulieu) 92
Villa-Musée Fragonard (Grasse) 70
Village des Bories (Gordes) 173
Musik
  Feste und Festivals 37
  Oper und klassische Musik 224, 226
  Rock und Jazz 224f, 226

N

Nachkriegszeit **58f**
Nantes, Edikt von 51
Napoléon I, Kaiser 183
  Belagerung von Toulon 53
  Fort Carré (Antibes) 76
  Landung am Golfe-Juan 54, 76
  Massif de l'Estérel 128
  Musée des Souvenirs Napoléoniens et Archives Historiques du Palais (Monaco) 98
  Musée du Vieux Toulon 117
  St-Raphaël 128
  Sisteron 179
Napoléon III, Kaiser 54, 89
Napoléon überquert die Alpen (David) 183
La Napoule 128
Nationalfeiertag 37
Nationalparks
  Camargue 56
  Mercantour 23, **101**, 183
Nationalparks und Naturparks **22f**
Nature Morte aux Grenades (Matisse) 87
Nazis 57
Négresco, Henri 88f
Nelson, Admiral 187
Nice, Le Casino de la Jetée (Dufy) 31
Niederschläge 38
Nietzsche, Friedrich 32
Nijinsky 97
Nikolaus II., Zar 88
Nîmes 14, **136f**
  Cafés, Bars und Snacks 219
  Carré d'Art 136
  Castellum 137
  Cathédrale Notre-Dame et St-Castor 137
  Feste und Festivals 36, 38, 228f
  Flughafen 245
  Geschichte 41
  Hotels 200
  Jardin de la Fontaine 137
  Läden 221
  Les Arènes 28, 136
  Maison Carré 28, 136
  Musée Archéologique et Musée d'Histoire Naturelle 136f
  Musée des Beaux-Arts 137
  Musée du Vieux Nîmes 136
  Porte d'Auguste 136
  Regionalkarte Bouches-du-Rhône und Nîmes 132f
  Restaurants 214
  Römische Ruinen 131
  Unterhaltung 227
  Zentrumskarte 137
Niven, David 89
Nizza 19, 21, 65, 67, **84–89**
  Architektur 29
  Behinderte Reisende 238
  Cafés, Bars und Snacks 219
  Carnaval de Nice 39, 228
  Cathédrale Ste-Réparate 12, 89
  Detailkarte 84f
  Feste und Festivals 36
  Flughafen 244f
  Geschichte 42, 52f, 54, 56
  Hotel Négresco 88f
  Hotels 198
  Krankenhaus 241
  Läden 221
  Musée d'Art Contemporain 89
  Musée des Arts Asiatiques 89
  Musée des Beaux-Arts 89
  Musée Chagall 89
  Musée Masséna 12, 89
  Musée Matisse **86f**, 88
  Palais Lascaris 89
  Restaurants 210
  Strände 34f, 58
  Tourismusbüro 237
  Unterhaltung 226, 227
  Zentrumskarte 88
  Zwei Tage in Nizza 12
Nizza, Schule von 31
Noailles, Vicomte de 119
Noce imaginaire (Cocteau) 30
Noël (Les Baux-de-Provence) 39
Nostradamus 32, 50
  Geburtsort 144
  Salon-de-Provence 151
Notre-Dame, Kloster (Nizza) 12
Notre-Dame-des-Anges
  Tour: Massif des Maures 120
Notre-Dame de Secours (Ronzen) 68
Notrufnummern 241
  Kreditkartensperrung 242
Novak, Kim 59
Noves, Laura de 32
Novotel 196
Nu Bleu IV (Matisse) 86
Nu Devant la Cheminée (Bonnard) 124
La Nymphe (Maillol) 125

O

L'Obéissance Récompensée (Boucher) 137
Öffentliche Toiletten 241
Öffnungszeiten 237
  Banken 237, 242
  Läden 220
  Post 243
Oiseau dans le Feuillage (Braque) 81
Oper 37, 224, 226
Opéra de Nice (Nizza) 226
  Detailkarte 84
Opéra de Toulon (Toulon) 226
Opéra Municipal (Marseille) 226
Oppède, Baron von 159
Oppède-le-Vieux 159
  L'Orage (Signac) 124
  Tour: Petit Luberon 174
  Restaurants 216
Orange 14, **165–167**
  Arc de Triomphe 165
  Architektur 27
  Feste und Festivals 37
  Geschichte 41, 53
  L'Harmas de Fabre 165
  Musée d'Art et d'Histoire d'Orange 165
  Römische Ruinen 44f, 62, 159, 165, 166f
  Théâtre Antique et Musée d'Orange **166f**
Orange, Fürsten von 165
Orchestre Philharmonique de Monte-Carlo 224, 226
Otéro, La Belle 73
Ostern 20, 36
Ouvèze (Fluss) 162

P

Pagnol, Marcel 32f, 57, 131, **157**
  Geburtsort 157
  Jean de Florette 21, 157
  Manon des Sources 21, 157
  Marius, Fanny und César in Marseille 56
Palais des Festivals et des Congrès (Cannes) 72
Palais de Justice (Nizza)
  Detailkarte 84
Palais Lascaris (Nizza) 12, 89
  Detailkarte 85
Palais des Papes (Avignon) 12, 17, 29, 48f, 171, 172
  Detailkarte 171
Palais Princier (Monte Carlo) 94, 98
Palais des Sports (Marseille) 227
Palais des Sports (Nizza) 227
La Palud-sur-Verdon
  Tour: Gorges du Verdon 189
Pannenhilfe 250f
Papagayo (St-Tropez) 227
Päpstliches Avignon **48f**
Parc National du Mercantour 23, **101**, 183
Parc Naturel Régional de Camargue 233

Parc Ornithologique du Pont-de-
  Gau 142f
Parc des Sports (Avignon) 227
Parc Zoologique de Fréjus 226f
Parfum **71**
  Grasse 54, 70
  Parfum und Aromatherapie
    (Kurse) 230, 233
  Souvenirs 222
Parfumerie Fragonard (Grasse)
  221
Parfumerie Galimard (Grasse) 221
Parken 252
Parks und Gärten
  Belvédère Pasteur (Bollène) 162
  Jardin Biovès (Menton) 103
  Jardin Botanique des Cordeliers
    (Digne-les-Bains) 184
  Jardin Botanique Exotique
    (Menton) 103
  Jardin des Colombières (Menton)
    103
  Jardin Exotique (Èze) 92
  Jardin Exotique (Monaco) 96,
    98
  Jardin de la Fontaine (Nîmes)
    137
  Villa Ephrussi de Rothschild (Cap
    Ferrat) 91
La Partie de Campagne (Léger) 81
Pass/Personalausweis 236
Pasteur, Louis 162
Paul III., Papst 78
Pavillon, Pierre 152
Pavillon de Vendôme (Aix-en-
  Provence) 153
Paysage Méditerranéen (de Staël)
  31
Peille **99**
Peillon 24, **99**
  Restaurants 210
Pelat, Mont **183**
Pèlerinage des Gitans (Stes Maries-
  de-la-Mer) 36, 228f
Le Pelle-Mêle (Marseille) 226
Les Péniches Isles de Stel 249
Les Pénitents des Mées 21, 47,
  185
Pernes-les-Fontaines 47, 53, 168
  Hotels 201
  Restaurants 216
Persönliche Sicherheit 240
Pertuis 15, **177**
Pétanque (Boule) 19, 231
Petit Luberon 15
  Tour **174f**
Le Petit Monde d'Émilie (Gréoux-les-
  Bains) 187
Petrarca 32, 48f, 159, 164
  Musée Pétrarque (Fontaine-de-
    Vaucluse) 169
Pferde
  Camargue 140
  Reiten 227, 232f
Philipe, Gérard 121
Phönizier 41, 42
Piaf, Edith 89
Piat, Yann 121

Picasso, Pablo 65, 76, **77**
  Colombe d'Or (St-Paul-de-Vence)
    79
  Die Ziege 77
  Keramik 19, 30, 76
  La Joie de Vivre 77
  Les Demoiselles d'Avignon 77
  Mann mit Schaf 77
  Mougins 70
  Musée National Picasso (Vallauris)
    76
  Musée Picasso (Antibes) 76
  Musée Réattu (Arles) 150
  Schloss Grimaldi (Antibes) 58
  Tod 59
  Violine und Notenblatt 77
Picknick 203, 218f
Pierre de la Fée (Dolmen) 111
Place de l'Horloge (Avignon)
  Detailkarte 170
Plage de Paloma (Cap Ferrat) 89
Plage de Passable (Cap Ferrat) 89
Plage de Piémanson 35
Plaine de la Crau
  Tierwelt 22
Plateau de Valensole 179, 180, 186
Point Sublime
  Tour: Gorges du Verdon 189
Polanski, Roman 72
Polizei 240
Pompejus 44
Les Ponchettes (Nizza)
  Detailkarte 85
Pont de l'Artuby
  Tour: Gorges du Verdon 189
Pont du Bornègre 135
Pont du Gard 14, 41, 131, **135**
Pont Julien 44
Pont de la Lône 135
Pont Ornithologique du Pont-de-
  Gau 140
Pont Roupt 135
Pont St-Bénézet (Avignon) 12
  Detailkarte 170
Porquerolles 118
Port-Cros 118f
Port-Grimaud 58, **127**
  Hotels 199
Porte d'Auguste (Nîmes) 136
Post 243
Postimpressionisten 124
Pra d'Astier 68
Prassinos, Mario 145
Préalpes de Grasse 23
Preiswert reisen 238
Procession aux Limaces (Roque-
  brune-Cap-Martin) 36
Procession de la Passion (Roque-
  brune-Cap-Martin) 37
Promenade des Anglais (Nizza) 12
Protis 42
Provence, Grafen der 99, 113
Provence, Marcel 190
Provence Verte 233
Puget, Pierre 31
  Erschöpfung 116f
  Hôtel Boyer d'Eguilles (Aix-en-
    Provence) 152

Kraft 116f
Le Sacrifice de Noé 156
Maria mit Kind 112
St-Étienne-Engel (Bargemon) 110
Vieille Charité (Marseille) 154
Puget-Théniers **68**
Puy, Delphine de 177

Q

Quarton, Enguerrand 12, 134

R

Radfahren 232f, 252f
Radio 243
Raimbaud (Troubadour) 163
Rainier III, Fürst von Monaco 58, 95
Rallye de Monte-Carlo 39
Ramatuelle **121**
Rambot, Jean-Claude 52
Le Rameur (La Fresnaye) 124
Rauchen 203
Raymond VI, Graf Toulouse 143
Raymond Bérenger III 47
Raymond Bérenger IV 177
Raymond Bérenger V 182
Réattu, Jacques
  Musée Réattu (Arles) 150
Reinach, Théodore 92
Reisebusse 252
Reiseinformationen **244–253**
  Alpes-de-Haute-Provence 181
  Autofahren **250–252**
  Bootsfahrten 249
  Bouches-du-Rhône und Nîmes
    133
  Busse 251, 252f
  Flugreisen **244f**
  Métro in Marseille 253
  Radfahren 252f
  Reisebusse 252
  Riviera und Alpes Maritimes 66
  Taxis 252
  Trams 253
  Var und Îles d'Hyères 107
  Vaucluse 161
  Zu Fuß unterwegs 253
  Züge **246f**
Religion 20
Religionskriege 50f
Rencontres Internationales de la
  Photographie (Arles) 37
René von Anjou, König 41, 50f, 131
  Aix-en-Provence 152
  Tarascon 144
Les Renforts (Calder) 80
Renoir, Pierre-Auguste 30f, 65, 111
  Les Collettes (Cagnes-sur-Mer)
    82
  Musée Renoir (Cagnes-sur-Mer)
    82
La Réserve (St-Raphaël) 227
Résistance **56f**
Restaurants **202–219**
  Alpes-de-Haute-Provence 216f
  Behinderte Reisende 203
  Bouches-du-Rhône und Nîmes
    212–215

Etikette 203
Getränke **206f**
Kinder 203
Preise 202
Provenzalische Küche **204f**
Rauchen 203
Reservierung 202
Restaurantkategorien 203
Riviera und Alpes Maritimes 208–211
Speisekarte 202
Var und Îles d'Hyères 211f
Vaucluse 215f
Vegetarische Gerichte 203
Weinauswahl 202f
siehe auch Essen und Trinken
Reyer, Ernest 120
Rhinocerus (Dürer) 51, 156
Rhône
 Die Provence entdecken 11, 14
Rhône-Delta
 Strände 34
Richelieu, Kardinal 74, 127, 143
Richier, Germaine
 Le Griffu 148
Rieu, Charloun 146
Riez 187
Riquier, Guiraut 47
Riviera und Alpes Maritimes **64–103**
 Feste und Festivals 228
 Geschichte 41, 42, 58
 Hotels 198f
 Regionalkarte 66f
 Restaurants 208–211
 Strände 34f
Roaix
 Restaurants 216
Rocher de la Baume 181, 182
Rocher des Doms (Avignon)
 Detailkarte 171
Rockmusik 224, 226
Rodin, Auguste 111
Rognes 55
Romanische Architektur 28
Römer 41, **44f**, 131
 Aix-en-Provence 152
 Architektur 28
 Arles 150
 Cavaillon 174
 Fréjus 129
 Glanum 28, 44f, 131, **145**
 Gréoux-les-Bains 186
 La Turbie 93
 Le Trophée des Alpes (La Turbie) 93
 Marseille 154
 Nîmes 136f
 Orange 165, 166f
 Pont du Gard **135**
 Riez 187
 Vaison-la-Romaine 162
 Vaucluse 159
Ronzen, Antoine de
 Notre-Dame de Secours 68
Ronzen, François
 Retable 114
Roquebrune-Cap-Martin 65, **102**

Feste und Festivals 36, 37
 Geschichte 54
 Restaurants 210
Roseline (Heilige) 111
Rostand, Edmond 32
Roudole (Fluss) 68
Rouget de Lisle, Claude Joseph 53
Rougon
 Restaurants 217
Roussillon 15, 159, **173**
Roux, Brüder 163
Roya-Tal 101
Rubens, Peter Paul 70, 111, 137, 156
Ruhl, Henri 73

S

Sabran, Elzéar de 177
Sabran, Familie 177
Sabran, Gersende de 177
Le Sacrifice de Noé (Puget) 156
Sade, Marquis de 32, 159
 Château de Lacoste 175
Sagan, Françoise 33
Sagy, Léon 176
Salernes 108f
Salle des Mariages (Menton) 103
Salon-de-Provence **151**
 Hotels 200
 Restaurants 214
Sanary-sur-Mer 35, 105, **116**
Santoline, l'Herbier de St-Rémy (St-Rémy-de-Provence) 221
Santons (Krippenfiguren) 52, 146, 222
Saorge **101**
Sarah (Heilige) 142, 229
Sarazenen (Araber) 46, 79, 121, 127, 129
Sartre, Jean-Paul 79
Sault 164
Le Scat (Aix-en-Provence) 226
Schlangen 239
Schlösser *siehe*
 Châteaux und Burgen
Schriftsteller **32f**
Schwimmen, Sicherheit 241
Schwule und Lesben 238f
Scipio 144
Segeln 227, 232, 249
Seguret
 Hotels 201
 Restaurants 216
Seillans 110
 Hotels 199
Le Sémaphore (Nîmes) 227
Sénanque, Abbaye de 14f, 28, 112, **168f**
Septentrion 76
Serignan-du-Comtat
 Restaurants 216
Sernhac 135
Serre, Michel 156
 Vue du Cours pendant la Peste 52f
Sert, Josep Lluis 79, 80
Seyne-les-Alpes 28, **182**

Shopping **220–223**
 Fachgeschäfte 220
 Kaufhäuser 220
 Kunst und Handwerk 221
 Märkte 220
 Öffnungszeiten 220
 Souvenirs **222f**
 Spezialitäten 221
 Wein 221
Siagne-Tal 68
Sicherheit und Gesundheit **240f**
Sidonius (Heiliger) 114
Signac, Paul 30, 126
 L'Orage 124
 Le Temps d'Harmonie 125
Signoret, Simone 79
Silvacane, Abbaye de 15, 47, 112, **151**
Simpson, Tommy 164
Sisteron 179, **182**
 Architektur 27
 Geschichte 57
Skifahren 59, 227, 232, 233
 Alpes d'Azur **100**
Smollett, Tobias 32
Snacks 218f
SNCF 247
SNCM Ferryterranée 249
Sofitel 196
Solidor, Suzy 82
Sommer 37
Sonnenscheindauer 37
Sophia-Antipolis, Technologiepark 59
Sorgue (Fluss) 159, 169
Sospel **102**
 Restaurants 210
Souleïado (Avignon) 221
Soutine, Chaim 172
Spas
 Digne-les-Bains **184**
 Gréoux-les-Bains **186**
 Themenferien 232f
Spoerry, François 58, 127
Sport **230–333**
Le Sporting d'hiver (Monte Carlo) 227
Ste-Agnès 102
 Restaurants 210
St-André-les-Alpes **191**
St-Blaise 42, 43
St Bonnet 135
St-Cézaire-sur-Siagne **68f**
Ste-Croix, Lac de 188
Ste-Croix du Verdon
 Restaurants 217
St-Exupéry, Antoine de 33, 56, 128
St-Gilles 14, **143**
St-Honorat et les Saints de Lérins 74
St-Jean-Cap-Ferrat 89
 Bars 219
 Hotels 198
 Restaurants 210
Stes-Maries-de-la-Mer 14, 142f
 Feste und Festivals 36, 38
 Geschichte 44, 45
 Hotels 200

Stes-Maries-de-la-Mer *(Fortsetzung)*
  Pèlerinage des Gitans 36, 228f
  Restaurants 214
St-Martin-Vésubie 29
  Restaurants 210
Ste-Maxime **127**
St-Maximin-la-Ste-Baume 62, 105, **114f**
St-Paul-de-Vence 13, 24f, 59, 65, **79**
  Cafés 219
  Hotels 199
  Restaurants 210f
St-Raphaël 35, **128**
  Restaurants 212
  Unterhaltung 227
St-Rémy-de-Provence 14, **144f**
  Hotels 200
  Läden 221
  Restaurants 214
St-Tropez 13, 105, 107, **122–126**
  Cafés 219
  Detailkarte 122f
  Église Notre-Dame de l'Assomption 126
  Feste und Festivals 36
  Geschichte 56f, 58, 59
  Hotels 199
  La Bravade 36, 228
  Maison des Papillons 126
  Musée de l'Annonciade **124f**
  Musée de la Citadelle 126
  Restaurants 212
  Strände 35
  Tourismusbüro 237
  Unterhaltung 227
St-Tropez, la Place des Lices et le Café des Arts (Camoin) 124
Ste-Victoire, Montagne 15, 22, 108, 153
Stade Vélodrome (Marseille) 226
Staël, Nicolas de 76
  Paysage Méditerranéen 31
Stanley, H. M. 92
Starck, Philippe 58
Stierkämpfe **225**
  Arles 150
  Nîmes 136
Stoffe
  Shopping 221
  Souvenirs 223
Strände **34f**
  Cannes 72
  Cassis 157
  Le Lavandou 120
Strom 239
Studenten 197, 239
Le Studio des Fragrances (Grasse) 233
Süe, Louis 124
Suez-Kanal 55
Suffren, Admiral Pierre André de 123, 126
Süskind, Patrick 71
Suzy Solidor (Cocteau) 82
Swiss 245
Synagogen 239
  Carpentras 168

T

Tange, Kenzo 89
Tanz 38, 225, 227
Tarascon 14, 131, **144**
  Feste und Festivals 37
  Geschichte 50f
Tarasque (Drachen) 37, 46, 144
Tarinologie Workshop (Grasse) 233
Taschendiebe 240
Tauchen 227, 232
Taxis 252f
Telefonieren 243
  Telefonkarten 243
  siehe auch Mobiltelefone
Temperaturen 39
Templer 68, 78, 127
Le Temps d'Harmonie (Signac) 125
Tende **101**
Tennis 227, 231, 233
TGV (Train à Grande Vitesse) 59, 246
Theater 224f, 226f
Théâtre de l'Alphabet (Nizza) 227
Théâtre Antique (Arles)
  Detailkarte 149
Théâtre Antique et Musée d'Orange **166f**
Théâtre des Carmes (Avignon) 226
Théâtre du Merlan (Marseille) 226
Théâtre National de la Criée (Marseille) 226
Théâtre de la Semeuse (Nizza) 226
Themenferien und Aktivurlaub **230–233**
Thermen
  Digne-les-Bains **184**
  Gréoux-les-Bains **186**
  Themenferien 232f
Les Thermes de Constantin (Arles)
  Detailkarte 148, 150
Théoule-sur-Mer
  Restaurants 211
Le Thoronet
  Tour: Côtes de Provence 112
Tickets
  Unterhaltung 224
  Züge 246f
Tierwelt **22f**
  Camargue 140f
  Îles d'Hyères 118f
  Luberon **174f**
  Parc National du Mercantour 101, 183
  Parc Ornithologique du Pont-de-Gau 142
  Vogelbeobachtung 231, 233
Le Tiffany's (Monaco) 227
Tintoretto 79
Tizian
  Karl V. 51
Toiletten *siehe* Öffentliche Toiletten
Torpès (Heiliger) 126, 228
Torse Debout (Matisse) 87
Touët-sur-Var 68
  Restaurants 211
Toulon 105, **116f**
  Cathédrale Ste-Marie-de-la-Seds 117
  Feste und Festivals 37
  Flughafen 245
  Geschichte 50, 52f, 57
  Hôtel des Arts 117
  Hotels 199
  Musée National de la Marine (Toulon) 117
  Restaurants 212
  Unterhaltung 226
  Zentrumskarte 117
Toulouse, Grafen von 162
La Tour d'Aigues 15, **177**
Touren (mit dem Auto)
  Côtes de Provence **112f**
  Dentelles **163**
  Gorges du Verdon **188f**
  Massif des Maures **120f**
  Petit Luberon **174f**
Tourettes 110
Tourismusbüros 237
Tourtour 108
  Hotels 200
Trams 253
Travel Connaisseur France 245
Trinkgeld in Restaurants 202
The Trolleybus (Marseille) 227
Le Trophée des Alpes (La Turbie) 93
Trophime (Heiliger) 147, 150
Troubadoure 32, 41, 47, 146
Trüffeln 109
Tuck, Edward 93
La Turbie 13, 41, 44, **93**
  Église St-Michel-Archange 93
  Musée du Trophée des Alpes 93
  Restaurants 209
Turini, Forêt de **101**

U

Ubaye-Tal 182
Umweltbewusst reisen 239, 245
Union Rempart 233
Unterhaltung **224–229**
  Casinos 225, 227
  Discos und Clubs 226f
  Feste und Festivals 228f
  Information 242
  Kino 226f
  Oper und klassische Musik 224, 226
  Rock und Jazz 224, 226
  Spaß für Kinder 226f
  Sportevents 225, 227
  Stierkämpfe 225, 227
  Tanz 225, 227
  Theater 224f, 226f
  Tickets 224, 226
Urban V., Papst 49
Urban VI., Papst 48
Utopia Cinéma (Avignon) 227
Uzès 131

V

Vacqueyras
  Tour: Dentelles 163
Vadim, Roger 58

Vaïre-Tal 191
Vaison-la-Romaine 15, **162**
  Geschichte 59
  Hotels 201
  Römische Ruinen 44f, 159, 162
  Tour: Dentelles 163
Valard, Antoine 171
Valberg 100
Valbonne
  Restaurants 211
Valensole **187**
Valensole, Plateau de 179, 180, 186
Vallauris **76**
  Läden 221
Van Dongen, Kees 89
Van Loo, Carle 89
Van Loo, Jean-Baptiste 93, 117
Var und Îles d'Hyères **104–129**
  Feste und Festivals 228
  Hotels 199f
  Regionalkarte 106f
  Restaurants 211f
Var (Fluss) 68
Vasarely, Victor 30, 127, 173
  Fondation Vasarely (Aix-en-Provence) 153
Vauban, Marschall Sébastien 53
  Antibes 76
  Colmars 184
  Entrevaux 191
  Forte Ste-Marguerite (Îles de Lérins) 74
  Seyne 182
  Toulon 52
  Villages perchés 25
Vaucluse **158–177**
  Feste und Festivals 229
  Hotels 201
  Regionalkarte 160f
  Restaurants 215f
Vegetarische Gerichte 203
Vence 13, 25, **78f**
  Hotels 199
  Restaurants 211
Vendôme, Kardinal de 153
Ventoux, Mont 15, 22, 159, **164**
Véran (Heiliger) 78, 174
Verdon, Gorges du *siehe* Gorges du Verdon
Vergé, Roger 70
Veronese, Paolo 93
Versicherungen 241
  Autos 250
  Krankenversicherung 241
Vers-Pont-du-Gard
  Restaurants 214f
Vésubie, Gorges de la 23, 99
Vésubie, Vallée de la **99**
Via Notte (Cannes) 227
Victor (Heiliger) 155
Victoria, Königin von England 54, 70, 88, 96, 102

Vidauban
  Tour: Côtes de Provence 113
La Vie (Chagall) 80
Vieille Charité (Marseille) 154
Vierge de Pitié (Schule von Avignon) 171
Les Vignerons des Baux **233**
Vilar, Jean 229
Villa Grecque Kérylos (Beaulieu) 92
Villa Île-de-France (Cap Ferrat) 90
Villa-Musée Fragonard (Grasse) 70
Villa de Noailles (Hyères) 119
Village des Bories (Gordes) 173
Village des Tortues 226f
  Tour: Massif des Maures 120
Le Village Voom Voom (Juan-les-Pins) 227
Villages perchés **24f**
  Èze **92**
  Gorbio **102**
  Gourdon **69**
  Grimaud **127**
  Peillon **99**
  Ste-Agnès 102
  St-Paul-de-Vence **79**
Villanova, Familie 78
Villecroze 108
Villefranche-sur-Mer 13, **92**
  Bars 219
  Hotels 199
  Restaurants 211
Villeneuve, Admiral 187
Villeneuve, Arnaud de 111
Villeneuve, Herren von 78
Villeneuve-lès-Avignon 12, 49, **134**
  Buchläden 221
  Hotels 200
  Restaurants 215
Villeneuve-Loubet **78**
  Feste und Festivals 36
  Les Vins Luberon **233**
Violine und Notenblatt (Picasso) 77
Visa (Kreditkarte) 242
Vögel
  Camargue 140f
  Parc Ornithologique du Pont-de-Gau 142
  Vogelbeobachtung 231, 233
Vorwahlnummern 243
Voyages Wasteels (Marseille) 245
Vue du Cours pendant la Peste (Serre) 52f
Vuillard, Édouard 89

W

Wagner, Richard 175
Währung **242**
Waldbrände 58f, 241

Wandern 232f
  Sicherheit 241
Warhol, Andy 89
Wasserfälle
  Cascade de Courmes 69
Wassersport 232f
Watteau, Antoine 137
Weihnachten 20
Wein
  Läden 221
  Provenzalische Weine **206f**
  Restaurants 203
  Weinberge 230, 233
Wells, Charles Deville 97
Weltkrieg, Erster 56
Weltkrieg, Zweiter **56f**, 117
Wetter 36–39
Wharton, Edith 32
Whisky à Gogo (Juan-les-Pins) 227
Wilhelm der Gute 127
Wind, Mistral 27
Windsor, Herzog von 89
Windsor, Herzogin von (Wallis Simpson) 56, 89
Windsurfen 227, 232
Winter 39
Wintersport 59
  Alpes d'Azur **100**
Wittstock, Charlene 59, 95
Wylie, Laurence 159, 173

Y

Yeats, W. B. 102

Z

Zeiger, Augustin 112
Zeit 239
Zeitungen und Zeitschriften 243
Zenith-Oméga (Toulon) 226
Die Ziege (Picasso) 77
Ziem, Félix 151, 157
  Camargue, Coucher de Soleil 30
  Musée Ziem (Martigues) 151
Zisterzienser 47, 105, 112, 151, 168f
Zola, Émile 32
Zoll 236f
Zoos
  Jardin Exotique et Zoo de Sanary-Bandol (Bandol) 116
  Jardins Olbius Riquier (Hyères) 119
  Parc Zoologique (Cap Ferrat) 89
Züge **246–248**
  Fly & Rail-Pakete 245
  TGVs (Trains à Grande Vitesse) 59, 246
  Le Train des Pignes **185**

Danksagung und Bildnachweis

Dorling Kindersley bedankt sich bei allen, die bei der Herstellung dieses Buchs mitgewirkt haben.

Hauptautor
Roger Williams ist Autor und hat lals Redakteur für das *Sunday-Times*-Magazin gearbeitet. Er schrieb zwei Romane und viele Reiseführer. Zudem war er Mitherausgeber des Buchs *Over Europe*, dem ersten, das Europa aus der Vogelperspektive zeigt. Seit über 30 Jahren schreibt er über die Provence.

Weitere Autoren
Adele Evans, John Flower, Robin Gauldie, Jim Keeble, Anthony Rose, Martin Walters.

Ergänzende Fotografien
Demetrio Carrasco, Andy Crawford, Lisa Cupolo, Franz Curzon, Philip Freiberger, Nick Goodall, Steve Gorton, Michelle Grant, John Heseltine, Andrew Holligan, Richard McConnell, Neil Mersh, Ian O'Leary, Clive Streeter.

Ergänzende Illustrationen
Simon Calder, Paul Guest, Aziz Khan, Tristan Spaargaren, Ann Winterbotham, John Woodcock.

Kartenrecherche
Jane Hugill, Samantha James, Jennifer Skelley, Martin Smith (Lovell Johns).

DK London
Deputy Editorial Director Douglas Amrine
Deputy Art Director Gaye Allen
Managing Editor Georgina Matthews
Production Controller Hilary Stephens
Bildrecherche Susan Mennell
DTP Salim Qurashi
Kartenkoordination Simon Farbrother, David Pugh
Kartografie Uma Bhattacharya, Kunal Singh, Jennifer Skelley, Samantha James (Lovell Johns Ltd, Oxford)
Researcher Philippa Richmond
Mitarbeit Azeem Alam, Vincent Allonier, Michelle Arness Frederic, Rosemary Bailey, Shahnaaz Bakshi, Laetitia Benloulou, Josie Bernard, Marta Bescos Sanchez, Tessa Bindloss, Hilary Bird, Nadia Bonomally, Kevin Brown, Margaret Chang, Cooling Brown Partnership, Guy Dimond, Joy Fitzsimmonds, Lisa Fox-Mullen, Anna Freiberger, Rhiannon Furbear, Vinod Harish, Victoria Heyworth-Dunne, Jackie Grosvenor, Swati Gupta, Annette Jacobs, Stuart James, Laura Jones, Nancy Jones, Rupanki Kaushik, Rakesh Kumar Pal, Cécile Landau, Erika Lang, Delphine Lawrance, Francesca Machiavelli, James Marlow, Sonal Modha, Sachida Nand Pradhan, Claire Naylor, Helen Partington, Sangita Patel, Susie Peachey, Katie Peacock, Alice Peebles, Pure Content Ltd, Carolyn Pyrah, Philippa Richmond, Ellen Root, Kavita Saha, Sands Publishing Solutions, Baishakhee Sengupta, Sailesh Sharma, Bhaswati Singh, Catherine Skipper, Amelia Smith, Priyanka Thakur, Amanda Tomeh, Daphne Trotter, Janis Utton, Conrad van Dyk, Vinita Venugopal, Dora Whitaker, Sophie Wright, Irina Zarb.

Weitere Hilfe gewährten
Louise Abbott; Anna Brooke, Manade Gilbert Arnaud; Brigitte Charles, Monaco Tourist Board, London; Sabine Giraud, Terres du Sud, Venasque; Emma Heath; Nathalie Lavarenne, Musée Matisse, Nizza; Ella Milroy; Marianne Petrou; Andrew Sanger; David Tse.

Fotoreferenz
Bernard Beaujard, Vézénobres.

Genehmigung für Fotografien
Dorling Kindersley dankt folgenden Institutionen für die freundlich gewährte Fotografiererlaubnis:
Fondation Marguerite et Aimé Maeght, St-Paul-de-Vence; Hôtel Négresco, Nizza; Monsieur J.-F. Campana, Rathaus Nizza; Monsieur Froumessol, Rathaus Cagnes-sur-Mer; Musée Ephrussi de Rothschild, St-Jean-Cap-Ferrat; Musée Jean Cocteau, Menton; Musée International de la Parfumerie, Grasse; Musée Matisse, Nizza; Musée National Message Biblique Marc Chagall, Nizza; Musée Océanographique, Monaco; Musée Picasso/Château Grimaldi, Antibes; Salle des Mariages, Hôtel de Ville, Menton, sowie den Kirchen, Museen, Hotels, Restaurants, Läden und Sehenswürdigkeiten, die wir aus Platzgründen leider nicht alle einzeln nennen können.

Bildnachweis
l = links, m = Mitte, o = oben, r = rechts, u = unten.

Wir haben uns bemüht, alle Urheber ausfindig zu machen und zu nennen. Sollte dies in einigen Fällen nicht gelungen sein, bitten wir dies zu entschuldigen. Versäumtes werden wir gern in der nächsten Auflage nachholen.

Kunstwerke wurden mit freundlicher Genehmigung folgender Copyright-Inhaber reproduziert:
ADAGP, Paris und DACS, London 2011: 30or, 31or, 31ul, 34or, 78or, 80or, 80mlo, 80mlu, 81ol, 81mr, 81ur, 82mu, 82mru, 89ul, 103or, 111ur, 123mru, 124mo, 124um, 125mro, 125mru, 148mo;
ARS, NY und DACS, London 2006: 63ol, 80mlu;
DACS, London 2006: 136ol;
Estate of Francis Bacon/DACS, London: 225ul;
Succession H. Matisse/DACS, London 2006: 31mr, 86or, 86mlo, 86ul, 87om, 87mr, 87ur;
Succession Miro/ADAGP, Paris und DACS, London 2006: 81mro;
Succession Picasso/DACS, London 2006: 30ur, 77ml, 77mr, 77mlu, 77um, 77mr.

Dorling Kindersley dankt folgenden Personen, Institutionen und Bildarchiven für die freundliche Erlaubnis zur Reproduktion ihrer Fotografien:
Alamy Images: AA World Travel Library 155mlu; Peter Bowater 178; Tor Eigeland 14ml; Chris Hellier; Hemis 13ol, 158, 200, Neil Juggins 204ml; Justin Kase zeightz 240ml; Justin Kase zfourz 58ol; Melvyn Longhurst 203um; Barry Mason 247m; Pictures Colour Library 246mlo, 251om; Pixonnet.com/Goran Strandsten 240ul; Travelshots.com 238ol; Travel Pictures 122mlu; Dave Watts 231m; Gregory Wrona 12ur, 236ur.
Restaurant Alexandre: Michel Kayser/Alain Guilhot/Fédéphoto 214om.
Alvey & Towers: 246ur.
Ancient Art & Architecture Collection: 43o u. mu, 44ul, 47ol.
Archives de l'Automobile Club de Monaco: 56mlo.
Artephot, Paris: Plassart 31m.

La Bastide de Voulonne: 195or.
La Belle Aurore FRCAM:
Hostellerie Bérard: 230mro, 211ol.
La Bonne Étape: 197mr, 217um.
Bridgeman Art Library: Christie's, London 51mru, 54–55; Giraudon 51ol, 52ul; Schloss Charlottenburg, Berlin 183or.

Campagne, Campagne!, Paris: Jolyot 96ur; J. L. Julien 35um; Meissonnier 163mlo; Meschinet 142ml; Moirenc 245ol; Pambour 175ol, 176o; Picard 163or.
Cephas: Mick Rock 206ur, 207mro und ur.
Jean-Loup Charmet, Paris: 32ml; © Antoine de Saint-Exupéry/Gallimard 33mlo; 41u, 46ul, 50mlo und mu, 53o und m, 5or, 56o, 57ol, 136ml, 144ol, 157om, 164mlu.
Bruce Coleman: Adrian Davies 118ul; JLG Grande 140ml; George McCarthy 23ol; Andrew J. Purcell 119m und ul; Hans Reinhard 141om, 175ul, um und ur; Dr. Frieder Sauer 118ml; Roger Wandscheidt 164ml; K. Wolfe 164um.
Colombe d'Or: 203om.
Corbis: Sophie Bassouls 33mr; Cubolmages srl 15um; Owen Franken 231om; Chris Hellier 101or; Image Source 15or; Pascal parrot/Sygma 36ur; Robert Harding World Imagery/Gavin Hellier 64.

BILDNACHWEIS | 269

Joe Cornish: 27or.
Lisa Cupolo: 110om.
Culture Espaces, Paris: 90or und mlo; Véran 91ol.

Photo Daspet, Avignon: Musée du Petit Palais, Avignon 49ul; Palais des Papes, Avignon 48mlu und ul.
Diaf, Paris: J.-P. Garcin 37mu; J.-C. Gérard 228 ol und um, 155ur; Camille Moirenc 166m; Bernard Régent 30or; Patrick Somelet 162ur.
Direction des Affaires Culturelles, Monaco: 95mro.
Domaine de Cabasse: 201ul.
Dreamstime.com: Chaoss 10mlo; Rene Drouyer 234 – 235; Fotoluminate 12om; Wieslaw Jarek 1m; Evgeny Prokofyev 155om; Radomír Rezny 18; Richard Semik 60 – 61; Luboslav Tiles 2 – 3; Typhoonski 11or.

Europäische Kommission: 242.
Mary Evans: 32ul, mru und ur, 32mru, 49ur und o, 51ur.
Jane Ewart: 26mlu, 27mru, 29m, 62mlo, 80mlo, 131u, 167mro und mr.
Explorer Archives, Paris: mr; L Bertrand 42mu; Jean-Loup Charmet 128ml, 151mru; Coll. ES 50mlu und ul; Coll. G. Garde 37mro; J. P. Hervey 68ol; J. & C. Lenars 41m; M. C. Noailles 69ur; Peter Willis 44mlo; A. Wolf 47mu.

La Ferme de la Huppe: 216or.
Fondation Auguste Escoffier, Villeneuve-Loubet: 78m.
Fondation Maeght, Saint-Paul-de-Vence: Claude Germain 81ol und mro; Coll. M et Mme Adrien Maeght 81mr.
Frank Lane Picture Agency: N. Clark 174ur; Fritz Polking 22o; M. B. Withers 140mo.

Galerie Intemporel, Paris: Les Films Ariane, Paris 58– 59.
Éditions Gaud, Moisenay: 74ul, 90ur, 91um, ur, 146ol, 185mr.
Getty Images: Peter Adams 220mlo; AFP/Valery Hache 224ul; The Bridgeman Art Library/Gallo-Roman 148ml; M. Gebicki 192 – 193; hemis.fr/Bertrand Gardel 130; Hemis/ Bertrand Rieger 20m; Hemis/Jose Nicolas 220ur; The Image Bank/Peter Adams 20ol; The Image Bank/Remi Benali 36ml; Wirelmage/Tony Barson 59ur.
Giraudon, Paris: 31or, ul und ur, 32or, 40, 44ur, 52mlo u. ur, 137u, 149ur, 176m; Lauros-Giraudon 42mlo, 49mru, 50or (Detail), 50 – 51, 53mlu, 55mu, 57mu (alle Rechte vorbehalten), 77ol und or, 114ul, 129m, 138mlo, 148mo, 150or; Musée de la Vieille Charité, Marseille 42or; Musée de la Ville de Paris, Musée du Petit Palais/Lauros-Giraudon 30mlu; Musée des Beaux-Arts, Marseille 52 – 53, 53ul, 156mlo; Musée du Vieux Marseille, Marseille 52mlu, 54mlo.
Grandes Grottes de St-Cézaire: 69ml.

Robert Harding Picture Library: 39ur.
Hemisphere Images: Bertrand Gardel 253or.
Hôtel du Cap-Eden-Roc, Cap d'Antibes: 195ur.
Hulton-Deutsch Collection: 32mo, 33ul; Keystone 98or.

Illustrated London News Picture Library: 54u.
InterContinental Carlton, Hotel, Cannes: 194um.
ISIC: 238m.
Le Jardin de la Gare: 215u.
Jardins Secrets: 196ol.
Le Julien: 213or.

Catherine Karnow, San Francisco: 114mlo.
The Kobal Collection: United Artists 75ol.

Édouard Loubet, Restaurant: 215om.
Louis XV, Monaco: Bernard Touillon 209ur.

Daniel Madeleine: 187ur.
Magnum Photos: Bruno Barbey 228mru; René Burri 58mru; Elliott Erwitt 95ur.

Mairie de Nîmes: Jean-Charles Blais 136o (alle Rechte vorbehalten); Francis Bacon 225ul (alle Rechte vorbehalten).
Mansell Collection: 43u, 46ur, 47ul, 55mo, 56ul.
Le Mas d'Entremont: 212um.
Le Mesclun: 216ul.
Éditions Molipor, Monaco: 98ur; mit freundlicher Genehmigung von SBM 55mru, 98mlo.
Musée d'Art Classique de Mougins: 13mr.
Musée de L'Annonciade, St-Tropez: E. Vila Mateu 123mru, 124–125 alle.
Musée Archéologique de La Vaison-la-Romaine: Christine Bézin 45mlu.
Musée d'Art Moderne et d'Art Contemporain, Nizza: 89ul.
Musée Fabre, Montpellier: Leenhardt 139u.
Musée de la Photographie, Mougins: 70m.
Musée Matisse, Nizza: © Service photographique, Ville de Nice 86or, mlo und ul, 87om, mr, um und ur.

Négresco, Hotel, Nizza: 198ur, 210um.

L'Olivier Restaurant: 202ul, 217ol.
OSF: Mike Hill 140m; Tom Leach 164ur; Frank Schneider Meyer 140mu.
OTC Marseille: 253ul.

Palais des Festivals et des Congrès, Cannes: 72mlo, 73ol.
Pastis, Hotel: 194mo, 199or.
Photolibrary: 236mlo.
Photo Resources: CM Dixon 45mru.
Planet Earth Pictures: John Neusch Wander 118ur; P. Sloanes 23u.
Popperfoto: 33um, or, 76ur.

Retrograph: 34or.

SA Aéroports: 244um.
Photo SCALA, Florenz: The Print Collector / Heritage-Images 8 – 9.
Service de Presse de la Ville de Cagnes-sur-Mer: 83mr.
SNCF: 59um, 248or.
Frank Spooner: Robin Ekta Orop 71um; Gamma / C. Viojard 71mo, um.
Superstock: Hemis.fr / Camille Moirenc 104.
Sygma: 79or; Keystone 57um.
Éditions Tallendier, Paris: Bibliothèque Nationale 46 – 47.
Terres du Sud, Venasque: Philippe Giraud 48mlo, 49mo und ul und ur, 68ur, 74um, 85mro, 109ur, 171mru, 172u.
Les Terraillers: 208ul.
La Trattoria, Monaco: Frédéric Ducout 209ol.
Travel Library: Philip Enticknap 97o und ur.

La Vague d'Or: 212ol.

Wallis Photothèque, Marseille: 38mro, mlu und ur, 39mo; Bendi 252or; Clasen 59ol, 71mlo; Constant 186ur; Di Meglio 119mo; Giani 100or, 225or; Huet 189or; LCI 35ur, 180or; Leroux 20ur; Poulet 100m; Royer 100mr und ul; Tarta 196ur.
Roger Williams: 105, 143ul, 169or, 174m, 185um, 188mlo.

Vordere Umschlaginnenseiten: **Alamy Images:** Peter Bowater lor, Hemis lmlo; **Corbis:** Robert Harding World Imagery/Gavin Hellier ror; **Getty Images:** hemis.fr/Bertrand Gardel lum; **Superstock:** Hemis.fr/Camille Moirenc rur.

Umschlag
Vorderseite: **4Corners:** Olimpio Fantuz.
Rückseite: DK Images.
Buchrücken: **4Corners:** Olimpio Fantuz o.

Alle anderen Bilder © Dorling Kindersley.
Weitere Informationen unter
www.dkimages.com

Sprachführer Französisch

Notfälle

Hilfe!	Au secours!	[o səˈkuːr]
Stopp!	Arrêtez!	[arɛˈte]
Rufen Sie einen Arzt!	Appelez un médecin!	[aˈple œ̃ medˈsɛ̃]
Rufen Sie einen Krankenwagen!	Appelez une ambulance!	[aˈple yn ɑ̃byˈɑ̃ːs]
Rufen Sie die Polizei!	Appelez la police!	[aˈple la pɔˈlis]
Rufen Sie die Feuerwehr!	Appelez les pompiers!	[aˈple le pɔ̃ˈpje]
Wo ist das nächste Telefon?	Où est le téléphone le plus proche?	[u e lə teleˈfɔn lə ply prɔʃ]
Wo ist das nächste Krankenhaus?	Où est l'hôpital le plus proche?	[u e lɔpiˈtal lə ply prɔʃ]

Grundwortschatz

Ja	Oui	[wi]
Nein	Non	[nɔ̃]
Bitte	S'il vous plaît	[sil vu plɛ]
Danke	Merci	[mɛrˈsi]
Entschuldigung	Excusez-moi	[ɛkskyˈse mwa]
Guten Tag	Bonjour	[bɔ̃ˈʒuːr]
Auf Wiedersehen	Au revoir	[o rəˈvwaːr]
Guten Abend	Bonsoir	[bɔ̃ˈswaːr]
Vormittag	le matin	[lə maˈtɛ̃]
Nachmittag	l'après-midi	[laprɛmiˈdi]
Abend	le soir	[lə swaːr]
gestern	hier	[jɛːr]
heute	aujourd'hui	[oʒurˈdɥi]
morgen	demain	[dəˈmɛ̃]
hier	ici	[iˈsi]
dort	là	[la]
Was?	Quoi?	[kwa]
Wann?	Quand?	[kɑ̃]
Warum?	Pourquoi?	[purˈkwa]
Wo?	Où?	[u]

Nützliche Redewendungen

Wie geht es Ihnen?	Comment allez-vous?	[kɔˈmɑ̃-t ale vu]
Danke, sehr gut.	Très bien, merci.	[trɛ bjɛ̃ mɛrˈsi]
Ich freue mich, Sie kennenzulernen.	Enchanté de faire votre connaissance.	[ɑ̃ʃɑ̃ˈte də fɛr votrə kɔnɛˈsɑ̃ːs]
Bis bald.	À bientôt.	[a bjɛ̃ˈto]
Das ist gut.	C'est bien.	[sɛ bjɛ̃]
Wo ist / sind …?	Où est / sont …?	[u ɛ / sɔ̃ …]
Wie weit ist es nach …?	Combien de mètres / kilomètres y-a-t-il d'ici à …?	[kɔ̃ˈbjɛ̃ də ˈmɛːtrə / kiloˈmɛːtrə jaˈtil diˈsi a …]
Welches ist die Richtung / der Weg nach …?	Quelle est la direction pour …?	[kɛl ɛ la dirɛkˈsjɔ̃ puːr]
Sprechen Sie Deutsch?	Parlez-vous allemand?	[parˈle vu alˈmɑ̃]
Ich verstehe nicht.	Je ne comprends pas.	[ʒə nə kɔ̃ˈprɑ̃ pa]
Könnten Sie etwas langsamer sprechen, bitte?	Pouvez-vous parler moins vite, s'il vous plaît?	[ˈpuve vu parˈle mwɛ̃ vit sil vu plɛ]
Tut mir leid.	Excusez-moi.	[ɛkskyˈze mwa]

Nützliche Wörter

groß	grand	[grɑ̃]
klein	petit	[pəˈti]
heiß	chaud	[ʃo]
kalt	froid	[frwa]
gut (Adjektiv)	bon, bonne	[bɔ̃, bɔn]
gut (Adverb)	bien	[bjɛ̃]
schlecht	mauvais	[moˈvɛ]
genug	assez	[aˈse]
geöffnet	ouvert	[uˈvɛːr]
geschlossen	fermé	[fɛrˈme]
links	gauche	[goːʃ]
rechts	droite	[drwat]
geradeaus	tout droit	[tu drwat]
nah	près	[prɛ]
weit	loin	[lwɛ̃]
auf / über	en haut	[ɑ̃no]
hinunter / unter	en bas	[ɑ̃ ba]
früh	de bonne heure	[də bɔnœr]
spät	en retard	[ɑ̃ rəˈtaːr]
Eingang	l'entrée	[lɑ̃ˈtre]
Ausgang	la sortie	[la sɔrˈti]
Toilette	les toilettes, les WC	[le twaˈlɛt, le dubləˈve se]
mehr	plus	[ply]
weniger	mois	[mwɛ̃]
frei (nicht besetzt)	libre	[ˈlibrə]
frei (gratis)	gratuit	[graˈtɥi]

Telefonieren

Ich möchte ein Ferngespräch führen.	Je voudrais faire un interurbain.	[ʒə wuˈdrɛ fɛːr œ̃n ɛ̃teryrˈbɛ̃]
Ich versuche es später noch einmal.	Je rappelerai plus tard.	[jə rapleˈrɛ ply taːt]
Kann ich eine Nachricht hinterlassen?	Est-ce que je peux laisser un message?	[ɛskə ʒə pœ lɛˈse: œ̃ mesaːʒ]
Bitte warten Sie.	Ne quittez pas, s'il vous plaît.	[nə kiˈte pa sil vu plɛ]
Können Sie bitte etwas lauter sprechen?	Pouvez-vous parler un peu plus fort?	[puve vu parˈle œ̃ pœ ply fɔːr]
Ortsgespräch	communication locale	[kɔmynikaˈsjɔ̃ lɔˈkal]

Shopping

Wie viel kostet das?	C'est combien, s'il vous plaît?	[sɛ kɔ̃ˈbjɛ̃ sil vu plɛ]
Haben Sie …?	Est-ce que vous avez …?	[ɛskə vuz aˈveː]

SPRACHFÜHRER | 271

Deutsch	Französisch	Aussprache
Ich suche …	Je cherche …	[ʒə ʃɛrʃ]
Ich schaue mich nur um, danke.	Je regarde seulement, merci.	[ʒə rəˈgaːr sœlˈmã mɛrˈsi]
Akzeptieren Sie Kreditkarten?	Est-ce que vous acceptez les cartes de crédit?	[ɛskə vu aksɛpˈte le kart də kreˈdi]
Wann öffnen Sie?	A quelle heure ouvre le magasin?	[a kɛl œːr uvrə lə magaˈzɛ̃]
Wann schließen Sie?	A quelle heure ferme le magasin?	[a kɛl œːr fɛrm lə magaˈzɛ̃]
Dies hier.	Celui-ci.	[səˈlɥi si]
Das da.	Celui-la.	[səˈlɥi la]
teuer	cher	[ʃɛːr]
billig	pas cher, bon marché	[pa ʃɛːr bɔ̃ marˈʃe]
Größe (Kleidung)	la taille	[la taːj]
Größe (Schuhe)	la pointure	[la pwëˈtyːr]
weiß	blanc	[blã]
schwarz	noir	[nwaːr]
rot	rouge	[ruːʒ]
gelb	jaune	[ʒoːn]
grün	vert	[vɛːr]
blau	bleu	[blø]

Läden

Deutsch	Französisch	Aussprache
Antiquitätenladen	le magasin d'antiquités, brocante (fam.)	[lə magaˈzɛ̃ dãtikiˈte brɔˈkãt]
Apotheke	la pharmacie	[la farmaˈsi]
Bäckerei	la boulangerie	[la bulãʒəˈri]
Bank	la banque	[la bãːk]
Buchhandlung	la librairie	[la libreˈri]
Fischgeschäft	la poissonerie	[la pwasɔˈri]
Friseur	le coiffeur	[lə kwaˈfœːr]
Gemüseladen	le marchand de légumes	[lə marʃã də leˈgym]
Konditorei	la pâtisserie	[la patiseˈri]
Lebensmittelgeschäft	l'alimentation, l'épicerie	[lalimãtaˈsjõ lepisˈri]
Markt	le marché	[lə marˈʃe]
Metzgerei (Fleisch)	la boucherie	[la buʃˈri]
Metzgerei (Wurst)	la charcuterie	[la ʃarkyˈtri]
Postamt	la poste, le bureau de poste	[la pɔst lə byˈro də pɔst]
Reisebüro	l'agence de voyages	[laˈʒãːs də vwaˈjaːʒ]
Schuhgeschäft	le magasin de chaussures	[lə magaˈzɛ̃ də ʃoˈsyːr]
Supermarkt	le supermarché	[lə sypɛrmarˈʃe]
Tabakladen	le tabac	[lə taˈba]
Zeitungskiosk	le magasin de journaux	[lə magaˈzɛ̃ də ʒurˈno]

Sightseeing

Deutsch	Französisch	Aussprache
Bahnhof	la gare SNCF	[la gaːr ɛs ɛn se ɛf]
Bibliothek	la bibliothèque	[la bibliɔˈtɛk]
Busbahnhof	la gare routière	[la gaːr ruˈtjɛːr]
Fremdenverkehrsamt, Tourismusbüro	l'office du tourisme, les renseignments touristiques, le sydicat d'initiative	[lɔˈfis dy tuˈrismə, le rãsɛɲˈmãs turisˈtik, lə sẽdiˈka dinisjaˈtif]
Garten	le jardin	[lə ʒarˈdɛ̃]
Herrenhaus	l'hôtel particulier	[loˈtɛl partikyˈlje]
Kathedrale	la cathédrale	[la kateˈdral]
Kirche	l'église	[leˈgliːz]
Kloster, Abtei	l'abbaye	[labeˈi]
Kunstgalerie	le galerie d'art	[lə galeˈri daːr]
Museum	le musée	[lə myˈse]
Rathaus	l'hôtel de ville	[loˈtɛl də vil]
Wegen Ferien geschlossen	fermeture jour férié	[fɛrməˈtyːr ʒuːr feˈrje]

Im Hotel

Deutsch	Französisch	Aussprache
Haben Sie ein freies Zimmer?	Est-ce que vous avez une chambre libre?	[ɛskə vuz aˈve yn ˈʃãːbrə ˈlibrə]
Doppelzimmer	la chambre à deux personnes	[la ˈʃãːbr a dø pɛrˈsɔn]
mit Doppelbett	avec un grand lit	[aˈvɛk œ̃ grã li]
mit zwei Betten	à deux lits	[a dø li]
Einzelzimmer	la chambre à une personne	[la ˈʃãːbrə a yn pɛrˈsɔn]
Zimmer mit Bad	la chambre avec salle de bain	[la ˈʃãːbrə aˈvɛk sal də bɛ̃]
Dusche	la douche	[la duʃ]
Schlüssel	la clef	[la kle]
Ich habe reserviert.	J'ai fait une réservation.	[ʒɛ fɛ yn rezɛrvaˈsjõ]

Im Restaurant

Deutsch	Französisch	Aussprache
Haben Sie einen Tisch für …?	Avez-vous un table libre pour …?	[ave vu yn ˈtablə ˈlibrə puːr]
Ich möchte einen Tisch reservieren.	Je voudrais réserver une table.	[ʒə vuˈdrɛ rezɛrˈve yn ˈtablə]
Die Rechnung, bitte.	L'addition, s'il vous plaît.	[ladiˈsjõ sil vu plɛ]
Ich bin Vegetarier/in.	Je suis végétarien / végétarienne.	[ʒə sɥi vezetaˈrjɛ̃ vezetaˈrjɛn]
Kellnerin	Madame, Mademoiselle	[maˈdam madmwaˈzɛl]
Kellner	Monsieur	[məˈsjø]
Speisekarte	la carte, le menu	[la kart lə məˈny]
Tagesmenü	le menu à prix fixe	[lə məˈny a pri fiks]
Weinkarte	la carte des vins	[la kart de vɛ̃]
Gedeck	le couvert	[lə kuˈvɛr]
Glas	le verre	[lə vɛːr]
Flasche	la bouteille	[la buˈtɛj]
Messer	le couteau	[lə kuˈto]
Gabel	la fourchette	[la furˈʃɛt]
Löffel	la cuillère	[la kɥiˈjɛːr]
Frühstück	le petit déjeuner	[lə pəˈti deʒœˈne]

Deutsch	Französisch	Aussprache
Mittagessen	le déjeuner	[lə deʒœ'ne]
Abendessen	le dîner	[lə 'di'ne]
Hauptgericht	le plat principal	[lə pla prɛ̃si'pal]
Vorspeise	l'entrée,	[lɑ̃tre
	le hors d'œuvre	lə ɔr'dœ:vrə]
Tagesgericht	le plat du jour	[lə pla dy ʒu:r]
Kaffee	le café	[le ka'fe]
blutig	saignant	[sɛ'ɲɑ̃]
medium	à point	[a pwɛ̃]
durchgebraten	bien cuit	[bjɛ̃ kɥi]

Auf der Speisekarte

l'agneau	[a'ɲo]	Lamm
l'ail	[aj]	Knoblauch
la banane	[ba'nan]	Banane
le beurre	[bœ:r]	Butter
la bière	[bjɛ:r]	Bier
la bière à la pression	[bjɛ:r a la prɛ'sjɔ̃]	Bier vom Fass
le bifteck, le steak	[bif'tɛk, stɛk]	Steak
le bœuf	[bœf]	Rindfleisch
bouilli	[bu'ji]	gekocht
le café	[ka'fe]	Kaffee
le canard	[ka'na:r]	Ente
le chocolat	[ʃɔkɔ'la]	Schokolade
le citron	[si'trɔ̃]	Zitrone
le citron pressé	[si'trɔ̃ prɛ'se]	frisch gepresster Zitronensaft
les crevettes	[krə'vɛt]	Garnelen
les crustacés	[krysta'se]	Krustentiere
cuit au four	[kɥi o fu:r]	gebacken
le dessert	[de'sɛr]	Nachspeise
l'eau minérale	[o mine'ral]	Mineralwasser
les escargots	[ɛskar'go]	Schnecken
les frites	[frit]	Pommes frites
le fromage	[frɔ'ma:ʒ]	Käse
les fruits frais	[frɥi frɛ]	frisches Obst
les fruits de mer	[frɥi də mɛ:r]	Meeresfrüchte
le gâteau	[gɑ'to]	Kuchen
la glace	[glas]	Eiscreme
grillé	[gri'je]	gegrillt
le homard	[ɔ'ma:r]	Hummer
l'huile	[ɥil]	Öl
le jambon	[ʒɑ̃'bɔ̃]	Schinken
le lait	[lɛ]	Milch
les légumes	[le'gym]	Gemüse
la moutarde	[mu'tard]	Senf
l'œuf	[œf]	Ei
les oignons	[ɔ'ɲɔ̃]	Zwiebeln
les olives	[ɔ'li:v]	Oliven
l'orange	[ɔ'rɑ̃:ʒ]	Orange
le pain	[pɛ̃]	Brot
le petit pain	[pə'ti pɛ̃]	Brötchen
poché	[pɔ'ʃe]	pochiert
le poisson	[pwa'sɔ̃]	Fisch
le poivre	[pwa:'vrə]	Pfeffer
la pomme	[pɔm]	Apfel
les pommes de terre	[pɔm də tɛr]	Kartoffeln
le porc	[pɔ:r]	Schweinefleisch
le potage	[pɔ'pa:ʒ]	Suppe
le poulet	[pu'lɛ]	Hühnchen
le riz	[ri]	Reis
rôti	[ro'ti]	gebraten
la sauce	[so:s]	Sauce
la saucisse	[so'sis]	Würstchen
sec	[sɛk]	trocken
le sel	[sɛl]	Salz
le sucre	['sykrə]	Zucker
le thé	[te]	Tee
le toast	[tost]	Toast
la viande	[vjɑ̃:d]	Fleisch
le vin blanc	[vɛ̃ blɑ̃]	Weißwein
le vin rouge	[vɛ̃ ru:ʒ]	Rotwein
le vinaigre	[vi'nɛgrə]	Essig

Zahlen

0	zéro	[ze'ro]
1	un, une	[œ̃, yn]
2	deux	[dø]
3	trois	[trwa]
4	quatre	['katrə]
5	cinq	[sɛ̃k]
6	six	[sis]
7	sept	[sɛt]
8	huit	[ɥit]
9	neuf	[nœf]
10	dix	[dis]
11	onze	[ɔ̃:z]
12	douze	[du:u]
13	treize	[trɛ:z]
14	quatorze	[ka'tɔrz]
15	quinze	[kɛ̃:z]
16	seize	[sɛ:z]
17	dix-sept	[di'sɛt]
18	dix-huit	[di'zɥit]
19	dix-neuf	[diz'nœf]
20	vingt	[vɛ̃]
21	vingt-et-un	[vɛ̃teœ̃]
30	trente	[trɑ̃:t]
40	quarante	[ka'rɑ̃:t]
50	cinquante	[sɛ̃'kɑ̃:t]
60	soixante	[swa'sɑ̃:t]
70	soixante-dix	[swasɑ̃t'dis]
80	quatre-vingts	[katrə'vɛ̃]
90	quatre-vingts-dix	[katrəvɛ'diʃ]
100	cent	[sɑ̃]
200	deux cent	[dø'sɑ̃]
1000	mille	[mil]

Zeit

eine Minute	une minute	[yn mi'nyt]
eine Stunde	une heure	[yn œ:r]
halbe Stunde	une demi-heure	[yn dəmi'œ:r]
ein Tag	un jour	[œ̃ ʒu:r]
eine Woche	une semaine	[yn sə'mɛn]
ein Monat	un mois	[œ̃ mwa]
ein Jahr	un an	[œ̃ ɑ̃]
Montag	lundi	[lœ̃'di]
Dienstag	mardi	[mar'di]
Mittwoch	mercredi	[mɛrkrə'di]
Donnerstag	jeudi	[ʒø'di]
Freitag	vendredi	[vɑ̃drə'di]
Samstag	samedi	[sam'di]
Sonntag	dimanche	[di'mɑ̃:ʃ]

Vis-à-Vis

VIS-À-VIS-REISEFÜHRER

Ägypten · Alaska · Amsterdam · Apulien · Argentinien
Australien · Bali & Lombok · Baltikum · Barcelona &
Katalonien · Beijing & Shanghai · Belgien & Luxemburg
Berlin · Bodensee · Bologna & Emilia-Romagna
Brasilien · Bretagne · Brüssel · Budapest
Chicago · Chile · China · Costa Rica
Dänemark · Danzig & Ostpommern
Delhi, Agra & Jaipur · Deutschland · Dresden
Dublin · Florenz & Toskana · Florida
Frankreich · Griechenland · Griechische Inseln
Großbritannien · Hamburg · Hawaii · Indien · Irland · Istanbul · Italien
Italienische Riviera · Japan · Jerusalem · Kalifornien
Kambodscha & Laos · Kanada · Kanarische Inseln · Karibik · Kenia
Korsika · Krakau · Kroatien · Kuba · Las Vegas · Lissabon
Loire-Tal · London · Madrid · Mailand · Malaysia & Singapur
Mallorca, Menorca & Ibiza · Marokko · Mexiko · Moskau
München & Südbayern · Myanmar · Neapel · Neuengland
Neuseeland · New Orleans · New York · Niederlande
Nordspanien · Norwegen · Österreich · Paris · Peru · Polen · Portugal
Prag · Provence & Côte d'Azur · Rom · San Francisco
St. Petersburg · Sardinien · Schottland · Schweden
Schweiz · Sevilla & Andalusien · Sizilien · Slowenien
Spanien · Sri Lanka · Stockholm · Straßburg & Elsass
Südafrika · Südtirol & Trentino · Südwestfrankreich
Thailand · Thailand – Strände & Inseln · Tokyo
Tschechien & Slowakei · Türkei · USA ·
USA Nordwesten & Vancouver · USA Südwesten & Las
Vegas · Venedig & Veneto · Vietnam & Angkor
Washington, DC · Wien · Zypern

www.dorlingkindersley.de

Vis-à-Vis